에어 쇼크

에어 쇼크

생존을 위협하는 대기오염을 멈추기 위해 바뀌야 할 것들

팀 스메들리 | 남명성 옮김

예문아카이브

로빈과 실비아, 아이작, 토마스에게

Contents

2014년 3월 첫날, 런던 패딩턴에 있는 세인트메리 병원에서 큰딸이 태어났다. 하늘은 눈부시게 파랬고 잿빛 콘크리트 도로 위 화분 속에서는 노란 수선화가 희망을 품고 꽃망울을 피웠다. 나는 아버지가 된다는 것과 새로운 출발(그리고 얼른 커피를 마시고 싶어 하는 산모의 명령)이 주는 온갖 희망을 품은 채 비틀거리며, 새로운 날, 새로운 삶의 오전 공기 속으로 나갔다. 하지만 나는 내가 유럽에서 가장 대기오염이 심한 도시 가운데 하나에서 가장 오염이 심한 도로 가운데 하나를 따라 걷고 있다는 사실을 알아차리지 못했다. 그리고 또 우리가 한 달이나 계속된 대기오염 현상의 중심에 있다는 것도 몰랐다. 당시 대기오염 사태로 런던에서 600명이 사망했고 1570명은 응급으로 병원에 입원했다. 그들 가운데 일부는 내가 방금 걸어 나온 바로 그 병원에 입원했다.

하지만 그해 그 시점 뒤로 몇 주 몇 달이 지나면서야 비로소 나는 대기오염에 대해 깨닫기 시작했다. 상투적인 생각에 빠지는 건 질색이었지만, 부모가 되고 보니 갑자기 위험에 더 민감해지는 건 어쩔 수 없었다. 영화 〈패딩턴〉에는 태평한 히피 차림을 한 브라운 부부가 할리 데이비드슨 오토바이를 타고 산부인과 병원에 도착했지만 태어난 아기를 데리고 칙칙한 색깔의 미니밴 자동차를 타고 떠나는 장면이 나온다. 무안하게도 정말 있을 법한 일이다.

지속 가능성 전문 저널리스트인 나는 〈가디언〉 〈파이낸셜 타임스〉 〈BBC〉 그리고 〈선데이 타임스〉에 환경 문제에 관한 글을 오랫동안 써왔다. 하지만 모든 환경 문제 가운데 가장 직접적인 분야에 충분히 주의를 기울이지 못했다. 바로 우리가 들이마시는 공기 문제였다. 공기오염에 대해 그나마 생각해본 적이 있다면 스모그 때문이었을 것이다. 게다가 스모그는 왠지 다른 나라의 걱정거리 같았다. 하지만 이제 보호해야 할 아이가 생긴 나는* 본능적으로 런던 시내 자동차들의 움직임을 인식하기 시작했다. 맑은 날인데도 살짝 갈색 기운이 감도는 하늘과, 지하철을 타고 출퇴근하다 보면 새카매지는 콧구멍들이 또렷이 눈에 들어왔다.

내 깨우침과 동시에 다른 런던 시민들도 알게 된 사실이 있다. 보리스 존슨 런던 시장은 2014년 12월, 옥스퍼드 거리가 세계에서 디젤 배기가스 농도가 가장 높다고 〈이브닝 스탠더드〉에 고백했다. 이런 사실을 알게 되어 그저 놀랐다고만 한다면, 아주 절제된 표현인 셈이다. 내가 첫 유모차를 사려고 딸을 데리고 갔던 쇼핑 거리가 '세상에서' 가장 오염이 심한 곳이라고? 건강 유해성 경고나 공공정보 안내판은 어디

---

* 물론 꼭 부모가 아니더라도 이런 문제들을 알아차릴 수 있다는 점에는 전적으로 동의한다. 사실 내 유전자를 아이에게 물려주기 전에 행동에 나서지 못해서 무척 부끄럽다.

에어 쇼크

있었지? 항의 시위는 왜 보이지 않는 거야? 내 눈에는 행복하고 아무 걱정 없는 쇼핑객들만 보일 뿐이었다. 2015년에 들어선 뒤 일주일도 지나지 않아 〈이브닝 스탠더드〉*에 또 이런 내용이 머리기사를 차지했다. '2015년 들어 나흘 만에 옥스퍼드 거리의 대기오염 수치가 EU의 연간 최고 허용치를 넘어섰다.' 기사는 'EU의 이산화질소(NO₂) 최고 허용치는 1세제곱미터당 200마이크로그램 이상'이라고 지적했고 어떤 '디젤 오염'에 대해 따지고 있었다. 그러나 나는 그런 말들이 무슨 뜻인지 전혀 몰랐다. 이산화질소가 뭐지? 왜 그게 나쁜 거야? 디젤은 또 뭐가 문제야?

직업적 본능에 따라 조사를 시작했다. BBC 등 몇 군데의 기사로 시작했지만, 주제는 금세 확대되었다. 영국뿐만 아니라 전 세계 여러 도시에 걸친 문제였다. 중국 베이징의 스모그는 너무 끔찍한 나머지 '에어포칼립스' 즉 '대기 재앙'이라 불리고 있었다. 소셜미디어에는 베이징의 학생들이 옆에 놓인 책상이 간신히 보이는 상황에서 책상 위로 몸을 웅크린 채 앉아서 시험을 보는 사진이 돌아다녔다. 스모그 때문이다.

〈가디언〉은 '디왈리 축제 후 델리를 뒤덮은 유독성 스모그'라는 기사에서, 인도 델리에서는 '대기 중의 유해한 입자들과 작은 물방울들이 안전 허용치보다 42배 많은 양'이라고 지적했다. 무슨 입자를 말하는 거지? 작은 물방울은 또 뭐야? 안전 허용치?

그러다 사망자 수를 발견했다. 2016년 말 세계보건기구(WHO)는 야외 대기오염으로 세계에서 3백만 명이 사망했다고 발표했다. 2018년

---

* 〈이브닝 스탠더드〉와 특별한 관계가 있어서가 아니라, 런던에 살다 보면 가판대에 놓인 〈스탠더드〉의 머리기사를 보지 않을 수가 없다.

WHO는 사망자 수가 420만 명으로 늘었다고 발표했다.* 영국 왕립의 사학회에 따르면 영국에서 매년 대기오염과 관련해 죽는 사람이 4만 명에 이른다고 한다. 하지만 공기로 옮는 이 질병들은 뭐란 말인가?

나는 문제가 있는 도시들을 방문해 도대체 무슨 일이 벌어지고 있는 건지 말해줄 전문가들을 만나야겠다고 마음먹었다. 그들과 만나 들은 이야기들은 광범위하고 심각했다. 그래서 나는 기사를 쓰는 대신 책을 내야겠다고 결심하게 되었다. 내가 이야기를 나누었던 미국의 저명한 역학자 데브라 데이비스 박사의 말에 따르면, "환경의 영향으로 병석에 누운 사람들은 그들이 왜 죽어가는지조차 제대로 알지 못한다". 이제 그들도 이유를 알아야 한다.

내가 들은 이야기 가운데 일부는 듣기 괴로울 정도였다. 베이징 시민들은 스모그가 얼마나 심각한지 대낮에도 하늘이 시커메졌고 질병이 끊임없이 이어졌다고 말했다. 2017년 말 델리에 도착한 나는 그때까지 보거나 들이마셨던 가운데 가장 끔찍한 스모그를 경험했다. 그런데도 그 도시의 분위기는 밝아 보였는데, 지난주보다 공기 상태가 훨씬 나아졌기 때문이라고 했다. 일주일 전에는 지상에 들러붙은 무거운 연기 때문에 길거리 개들이 죽어가다가 아무 집에나 침입해 들어가곤 했다는 것이다. 그런데도 그 주에 델리 단축 마라톤 대회가 열렸는데, 참가자들은 마스크를 착용했고 눈이 따갑다고 호소했다.

1990년대 멕시코시티는 델리보다 대기오염이 더 심했다. 현재 인도 주재 멕시코 대사인 멜바 프리아는 과거 대기 상황이 최악에 달했을

---

* 실내 공기오염을 원인에 포함하면 숫자는 7백만 명이 된다. 하지만 이 책에서는 주로 야외 대기오염을 다룰 것이다. 야외 대기오염은 우리가 공통으로 겪고 있는 문제이며, 연대해 해결해야 할 책임이 있기 때문이다.

때 멕시코시티에서 보낸 젊은 시절 경험을 말해주었다. "교육부 장관이 6학년(11살)을 대상으로 조사했는데, 아이들 가운데 80퍼센트는 하늘은 회색이라고 말했고 10퍼센트는 갈색이라고 말했어요. 하늘이 파란색이라고 대답한 아이들은 겨우 10퍼센트에 불과했죠…… 그러더니 새들이 하늘에서 떨어지기 시작했어요. 작은 새들이었죠. 길을 걷고 있는데 갑자기 죽은 참새들이 떨어져 있고…… 멕시코시티에는 다른 무엇보다 벌새가 아주 많았어요. 그런데 벌새가 한 마리도 남지 않았어요. 마치(이 대목에서 그녀는 숨을 깊이 들이마셨다) '우리 새들이었잖아. 어떻게 새들이 다 없어져버린 거지?'라고 말해야 하는 상황이었던 거예요." 스모그가 너무 심해 모든 학교가 두 달 동안 문을 닫아야 했다. "동료가 겪은 일인데, 엄청나게 충격적이었기 때문에 아주 똑똑히 기억하고 있어요." 프리아는 말한다. "그녀의 아이는 집에 있었어요(학교가 문을 닫았던 기간이었다). 아이는 아파트에 갇힌 신세였다고 했어요. 어느 날 아이가 말했다는 거예요. '엄마, 창문 친구가 오늘은 아파요.' 엄마는 무슨 말이냐고, '창문 친구'가 뭐냐고 물었죠. 아이는 상당히 멀리 떨어진 다른 건물에 사는 다른 아이와 친구가 되었던 거예요. 두 아이는 서로 창가에 서서 신호를 보내는 놀이를 하고 있었던 거죠. 둘 다 집에서 나갈 수가 없었으니까요. 정말이지 심난한 이야기였어요."

  하지만 나는 강력한 희망의 메시지를 발견하기도 했다. 현재 멕시코시티는 문제를 해결했다. WHO에서 작성한 가장 오염된 도시 순위에서 멕시코시티의 자리는 상당히 아래로 내려갔다. 실은 거의 900위권에 있으며, 이는 이탈리아의 고풍스러운 도시 카르피 그리고 사이클 대회로 유명한 프랑스의 루베와 비교할 만한 수준이다. 도시들은 도저히 살 수 없는 수준의 스모그 단계에 이르렀다가 가까스로 아슬아슬한 고비에서 빠져나왔다. 정치로 그리고 정부의 의지로 그들은 효과적인 해결책을 찾아냈다. 20세기 전반 가정에서 태우는 지저분한 석탄과 도심의 발전소가 서로 도와가며 거의 모든 도시 거주자들의 생명을 단축했고, 결국 1948년 미국 펜실베이니아의 도노라 참사*와 1952년 런던 '스모그 사태'를 일으키는 것으로 그 정점을 찍었다. 격렬한 항의와 법률 제정 그리고 행동 변화가 뒤따랐고 1956년 영국에서, 그리고 1970년 미국에서 각각 '대기오염 방지법'이 만들어졌다. 이는 환경 관련 입법의 국제 지표가 되었다.

하지만 도노라 참사나 런던 스모그 사태와 달리 오늘날 스모그는 대부분 눈에 보이지 않는다. 석탄을 태운 짙은 연기는 이제 아주 작은 입자와 화학물질로 바뀌었다. 현대과학은 이제 막 눈이 보지 못하는 것들을 밝혀내기 시작하고 있다. 주차장에 있는 자동차들과 찬장에 있는 물건들을 생산하는 과정에서 태어난 이름 모를 살인 물질들이다. 하지만 대부분 사람들은 현대과학 전문지를 읽지 않는다. SUV를 타고 아이들을 학교에 데려가는 부모들은 자동차 내부의 오염 상태가 바깥 길거리보다 네다섯 배 더 심하다는 말을 한 번도 들어본 적이 없다. 마찬가지로, 유럽과 미국에서 수십 년 동안 진행한 연구에 따르면 대기오염이 아이들의 폐 발육을 방해하고 있다는 사실도 알지 못한다. 또 대기오염 때문에 생식 능력이 감소되고, 심장마비와 치매의 원인이 되는 등 대기오염이 인생의 모든 단계에서 우리에게 영향을 미치고 있다는 사실도 알지 못한다.

---

* 도노라 참사에 관해서는 4장에서 좀 더 자세히 살펴보겠다.

에어 쇼크

대기오염에 장기간 노출되어 병원에 입원하고 있는, 런던의 사이클 선수 닉이 내게 말했다. "대기오염은 느리고 끝없이 계속되고 눈에 띄지 않은 상황이고, 사람들은 느리고 끝없이 계속되고 눈에 띄지 않는 상황에 대해서는 그다지 잘 반응하지 못해요. 우리 모두 그저 모래 속에 머리를 처박고 있죠. 우리가 보지 못한다는 사실 때문에 상황은 더 나빠지고 있습니다. 상황을 사람들에게 현실적으로 알려야 할 필요가 있어요." 여전히 우리는 석탄 연기 기둥을 눈으로 볼 수 있으며, 특히 폴란드와 인도, 중국에서 찾아볼 수 있다. 그러나 모든 도시를 위협하는 공동의 적은 자동차이다. 나는 아무리 최신형 자동차라고 해도 보이지 않는 나노먼지와 이산화질소 가스로 이루어진 배기가스를 내뿜는다는 사실을 알게 되었다. 그것들은 우리가 직면하고 있는 가장 끔찍한 적들이다. 심장약학 교수인 데이비드 뉴비는 3장에서 나노먼지들이 어떻게 우리 혈액 속에서 모습을 드러내고 동맥을 막아 고혈압과 심장마비를 일으키는지 말해준다. 차가 막히는 곳에서 생산되는 이런 오염물질은 자동차가 있는 곳이라면 어느 도로에서든 모습을 드러낸다. 여러분이 사는 곳 도로에도 나타날 것이다.

내가 가장 많이 들은 불평은 '그런 건 우리에게 아무런 해를 입힌 적이 없다'는 식의 주장이다. 그러니까 '우리가 어릴 때는 이런 이런 자동차들이 다녔고 이런 이런 걸 불태우곤 했지만 봐, 우린 괜찮잖아'라는 식이다. 하지만 대개는 조금만 깊이 파고들면 그런 사람들은 꾸준히 건강에 문제를 갖고 있음을 고백하곤 한다. 이를테면 천식이라든지 반복적인 건강 문제, 건초열 같은 것들이다. 예를 들면 내가 아이였던 1980년대에는 도로에 다니는 모든 차량은 납이 섞인 연료를 사용했다. 어린 시절 납에 노출되면 감정 조절과 의사결정을 담당하는 뇌의 부분이 줄어든다고 알려져 있고, 그로 인해 충동 조절이 잘되지 않고 공격적 행동이 늘어난다고 한다. 인간 혈액 속 자연스러운 납의 농도는 혈액 1데시리터 당 약 0.016마이크로그램이다.(µg/dl) 하지만 세계적으로 사용된 납 첨가 휘발유 때문에 1976년부터 1980년까지 5세 미만 미국 아이들의 혈중 납 농도 중앙값은 15µg/dl로 정상 수치에 비해 거의 천 배가 높았다. 1979년부터 신시내티의 연구원들은 임신부들을 모집해 태아의 혈액을 채취했고 아이들이 만 6세 6개월이 될 때까지 혈액 채취를 매년 반복했다. 그런 다음 이런 자료들을 2005년 10월의 범죄 기록과 비교했는데(아주 오랜 기간에 걸친 연구였다) 혈중 납 농도가 높을수록 체포된 비율이 높았고, 특히 폭력적 범죄로 체포된 비율이 높았다. 감정 조절을 방해하는 물질에 중독되었으니 놀랄 일도 아니다. 여섯 살일 때 혈중 납 농도가 5µg/dl가 높을수록 미국에서 청소년기에 폭력 범죄로 인해 체포될 위험이 거의 50퍼센트나 증가한 것이다.

그 이후로 영국과 오스트레일리아를 포함한 다른 국가에서 '납과 범죄'에 관한 비슷한 연구들이 진행되었고, 대체로 같은 결론에 도달했다. 주요한 인구통계학적인 변수들을(나이, 교육 정도, 수입 등) 감안해 보정을 한 뒤에도 대기 중에 포함된 납은 폭력적 범죄에 대한 가장 결정적 요인이었다. 런던대학교 인지발달학과 우타 프리스 명예교수는 1980년대 교통량이 많은 런던 동부에 살았던 어린이들에 대한 납중독의 영향에 관한 연구를 했다. 그녀는 2018년 BBC와의 인터뷰에서 "연구 결과는 엄청났으며 부모의 사회경제적인 수준 같은 다른 원인 때문이라고 치부할 수 있는 수준이 아니었습니다. 아이들의 인지능력과 행동에 해로운 영향을 미쳤고, 혈중 납 농도가 높아질수록 아이큐 점

수가 낮아지는 면이 분명하게 드러났는데 그건 엄청난 발견이었어요"
라고 회상했다.

납 오염에 관한 이야기는 현대적 우화이다. 그 이야기는 잘 알려진
독성물질을 이용해 수익을 올리려는 한 탐욕스러운 회사에서 시작한
다(이 이야기는 3장에서 하겠다). 이 이야기는 또한 한 가지 근원에서 비
롯된 한 종류의 오염이 미치는 힘과 범위를 보여준다. 그건 바로 자동
차 엔진이다. 지구의 그 하잘것없는 짧은 기간의 역사 때문에 이제 얇
은 납으로 이루어진 층이 지구 전체를 덮고 있다. 그 가운데 일부는 우
리 부모님이 1980년대에 몰던 볼보 자동차 때문에 생겼다. 하지만 멕
시코시티의 경우처럼 납이 섞인 휘발유는 마찬가지로 해피엔딩을 맞
았다. 그런 결말은 국제사회가 힘을 합쳤던 흔하지 않은 사례로, 그들
은 중요한 건강 문제를 이해하고 그 문제를 불러온 오염원의 사용을
금지했다. 선진국 대부분은 단계별로 납이 섞인 휘발유의 사용을 금
지했는데, 가장 중요한 이유는 그런 휘발유가 1980년대와 1990년대
에 건강에 미친 유해한 영향 때문이었다. 미국 어린이의 혈중 납 농도
는 1988년에서 2004년까지 84퍼센트가 감소했다. 1999년 미국 어린
이들의 혈중 납 농도 중앙값은 15μg/dl에서 겨우 1.9μg/dl로 줄었다.[*]

또 내가 자주 맞닥뜨리는 다른 불평은 '모든 상황에 들어맞는 해결
책은 존재하지 않는다'든가 '물론 '이곳' 도시는 다르지'라는 식의 대
꾸였다. 하지만 사실 조사를 하면 할수록 공기가 깨끗한 도시를 위한
한 가지 청사진이 떠올랐다. '비전문가'에 외부인인 내 신분은 금세 내
게 힘이 된다는 걸 알게 되었다. 서로 다른 분야에서 일하는 학자들과

---

[*] 그런데도 자연적인 수치보다 100배나 더 높다. 독성학자들은 납 오염에서 '안전한 수준'이라
는 건 존재하지 않는다고 한다.

정책 결정권자들은 생각보다 별로 대화를 나누지 않았고 각자 하는 일의 성격상 서로 다른 전문 분야에만 빠져 있었다. 조사를 하고 다니던 중에 누군가 해준 이야기가 기억에 남는다. "회의에 갔더니 역학자들은 방 이쪽에 모여 앉아 있고 독성학자들은 반대편에 모여 앉아 있더라고요." 매우 다양한 분야와 국가를 가로질러 방의 양쪽을 오가며 본 뒤에 다른 사람들이 따라올 수 있는 상세한 계획을 수립할 수 있었다. 이 책의 각 페이지에서 그 계획이 무엇인지 상세히 설명할 생각이다. 하지만 약간의 스포일러를 먼저 말해주고 싶다. 만일 아늑한 모닥불이든 엔진 속 휘발유든 여러분이 태우는 뭔가가 여러분이나 이웃에게 어떤 해도 입히지 않는다고 생각한다면(나도 전에는 그렇게 생각했다) 이제 당신은 충격을 받게 될 것이다.

2장에서 우리가 호흡하는 공기에 포함된 오염물질로 이루어진 화학적 칵테일에 대해 설명하고 있지만 그보다 앞서 소개해야 할 것이 있다. 자주 나오게 될 내용이기 때문이다. 바로 미세먼지(PM)라는 단어이다. 미세먼지는 도로의 먼지부터 연기까지 공기 중에 떠다니는 작은 고체 입자를 말하는 것으로, 우리에게 가장 오랜 시간 동안 피해를 준다. 과학자들은 PM이 어떻게 생겨났는지가 아니라(예를 들어 석탄 연기, 농업 먼지, 자동차 배기가스 등) 입자의 크기로 정의한다. 큰 입자들은 PM10이라고 부른다. 지름이 10마이크로미터 이하인 입자를 모두 가리키는 용어이기 때문인데, 대략 사람 머리카락 굵기의 10분의 1정도 된다. PM10은 맨눈으로 보면 연기나 안개처럼 보인다. 일반적인 상황에서라면 PM10은 인간의 자연적인 방어벽, 이를테면 코털 같은 것으로 쉽게 걸러낼 수 있다. 하지만 지름이 2.5마이크로미터 이하인 PM 2.5는 전혀 다른 문제이고 그보다 더 작은 '나노먼지'는 더욱 심각하다. 대개 현대적 연소 기술의 결과인 먼지들은 더 작아져서 많은 양이라고 해도 눈으로 볼 수가 없으며 인간 신체의 방어벽을 통과할 수 있고 폐의 벽을 통과해 곧장 혈액 속으로 침투할 수 있다. 이 책에서는 주로 이 PM2.5를 다룰 것이라는 점은 스포일러가 아니다. 그런 물질들은 현대 대기오염 과학과 규제에서 가장 초점을 맞추고 있는 대상이다.

다른 도시끼리 PM2.5의 농도를 비교하는 건 간단하지 않다. PM은 공기 1세제곱미터에 포함된 입자의 양을 측정한 것인데($\mu g/m^3$), 건강을 위해 WHO에서 권고하는 수준은 $25\mu g/m^3$이지만, 대부분 국가는 각자 허용치를 정해두고 있다. EU는 $50\mu g/m^3$이고 미국은 $65\mu g/m^3$인 식이다. 이런 값들을 측정하는 공식 감시측정소들은 대부분 그 수가 너무 적거나 적합하지 않은 곳에 자리 잡고 있다. 나는 많은 도시에서 측정소들이 숫자를 왜곡하기 위해 일부러 공기가 상대적으로 깨끗한 지역에 자리한 것 아닌가 하는 대중의 의심을 목격했다. 그래서 가능한 상황에서는 공식 데이터를 언급하기도 했지만, 이 책을 쓰기 위해 여행하는 동안 '레이저 에그2'라고 부르는 휴대용 PM2.5 측정기를 갖고 다녔다. 어디를 가든 '에그'를 켜서 PM2.5의 $\mu g/m^3$ 수치를 확인할 수 있었다. 같은 도시에서도 도로마다 측정값은 매우 다른 결과를 보여주기도 했지만, 내게는 유용한 참고 도구가 되어주었다.

그리고 처음부터 다루고 싶은 가스가 또 있다. 아니, 어떤 범주에 속하는 가스들이라고 해야겠다. 바로 온실가스이다. 특정 지역 주변* 공

---

* 주변이라는 표현은 실내공기와 다른 '바깥' 공기와 다를 것 없는 말이지만 WHO 등에서 사용하고 있는 단어이다. 많은 보고서에서는 오직 '주변' 공기라는 표현을 쓰지만 나는 지금부터 대부분 그냥 '바깥' 공기라는 단어를 사용할 예정이다.

기의 오염은 여러 가지 중요한 면에서 기후변화와는 다른 양상을 보인다. 우리는 주요한 온실가스, 즉 이산화탄소(CO_2)와 메탄가스(CH_4)를 공기 중에서 놀랄 정도로 많이 들이마실 수 있지만 그래도 건강에 전혀 해가 되지 않는다. 마찬가지로 사람들에게 큰 건강 문제를 일으키는 평범한 대기오염물질들-다시 말해 PM2.5와 지표면 오존, 이산화질소-은 지구온난화에는 별다른 영향을 미치지 않는 경향이 있다(그런데도 예외는 존재하며 그런 경우 확인하게 될 것이다). 하지만 두 가지 주제를 분리하는 가장 쉬운 방법은 대기오염에 관한 글을 쓸 마음이 생기도록 만들어주기도 했다. 그건 바로 지역적 문제는 해당 지역에서 풀어야 한다는 논리였다. 한 국가의 탄소배출이 전 세계적으로 기후변화를 가져오는 건 맞지만 공기의 질에 대해서는 같은 원리가 적용되지 않는다. 한 국가의 오염된 공기가 주변 국가로 국경을 넘어가는 '월경' 문제가 일부 존재하지만 대부분 오염은 특정 지역에 매우 국한된 일이다. 가장 작은 나노먼지들은 생겨난 곳에서 몇 미터를 벗어나지 못한다. 이산화질소의 수명은 대개 하루를 넘지 못하고 대부분 그보다 짧다. 그 말은 이산화질소가 아주 멀리 가지 못한다는 뜻이다. 이산화질소는 외진 시골 지역에서는 전혀 찾아볼 수가 없을 것이다. 지표면 오존은 지나칠 정도로 반응이 민감해 몇 시간이면 사라질 수 있다. 그러니 만일 여러분이 사는 마을이나 도시가 내가 제안하는 계획을 모두 따른다면 여러분은 주변 국가가 어떤 짓을 하든 또는 세계 반대편의 나라들이 무슨 짓을 하든 상관없이 '반드시' 더 깨끗한 공기를 들이마실 수 있게 될 것이다. 여러분이 사는 거리의 사람들만 겨우 계획에 동참하도록 설득할 수 있을 뿐 여러분이 사는 도시의 나머지 사람들은 여전히 공기를 오염시킨다고 해도 여러분이 사는 거리의 공기는 다른 도로들, 바로 옆 도로보다 훨씬 더 깨끗해질 것이다. 그리고 참으로 우연히도 바깥 공기의 오염을 줄이려는 여러 시도들은 온실가스 배출량을 줄이고 기후변화를 막는 경향이 있다.

하지만 2014년 런던의 병원을 나설 때 나는 이런 사실을 아무것도 알지 못했다. 내가 몸을 추스르는 아내와 태어난 지 하루 된 딸을 조심스럽게 모시고 기다리는 가족용 회색 자동차로 갈 때 우리는 바로 그날의 심각한 대기오염 현상에 노출된 것이다. 2014년 3월의 대기오염 현상은 실제로는 2016년 12월 전문가 과학 잡지인 〈인바이런먼트 인터내셔널〉에 실리기 전까지는 정확하게 알려지지 않았다. 연구자들은 오염이 최고에 달했던 사건을 정부가 그 당시에는 그저 '사하라 먼지'로 인한 구름으로 치부했다는 걸 밝혀냈다. 사하라 먼지는 자연적인 현상으로 쉽게 희생양으로 삼을 수 있었다. 하지만 잡지에 기고한 연구자들에 따르면 당시 런던의 자동차들이 만들어낸 이산화질소는 주변 농장들의 농업 암모니아와 결합했다. 당시 오염된 대기 가운데 사하라 먼지가 차지하는 비중은 20퍼센트도 되지 않았다. 그 보고서를 읽은 나는 화가 나면서도(어떻게 정부가 그렇게 중대한 사안에 대해 국민을 속일 수 있단 말인가?) 동시에 궁금증이 생겼다(농장의 소가 뿜어낸 오줌이 어떻게 공기를 더럽힐 수 있단 말인가?) 나는 배워야 할 것이 많았다. 공부는 흥미로웠고 가끔은 피가 끓어오를 것처럼 화가 나기도 했지만 궁극적으로는 희망이 가득한 여정이었다.

1부

원인

Clearing
the Air

가장 끔찍한 스모그

──────── **런던 : 1952년**

부모님은 두 분 모두 1952년생이다. 외할아버지인 설원 베이트는 내 고향 탬워스 지역의 변호사였고 버밍엄 로스쿨에서 강의했다. 그리고 어떻게든 피하려고 했지만 가끔은 어쩔 수 없이 런던에도 가야 했다. 클레어 이모의 기억에 따르면 외할아버지가 한 번은 고등법원에서 진행하는 재판에서 사용하기 위해 양가죽에 쓴 엘리자베스 1세 시대의 증서를 지니고 열차로 런던에 가야 한 적이 있었다. 외할아버지는 수도 런던을 매우 싫어했다. 사람이 너무 많고 너무 더러웠다. 집에 돌아오자마자 몸을 씻곤 했다. 나는 그런 이야기를 들으면서 어쩌면 외할아버지가 거꾸로 우월의식을 느끼는 것이 아닌가 싶었다. 랭커스터 출신인 외할아버지는 어쩌면 중부에 있는 탬워스가 갈 수 있는 남쪽 끝이라고 생각했는지도 몰랐다. 그러다가 1952년의 런던의 그레이트 스모그 사태를 알게 되면서 갑자기 외할아버지가 런던을 전염병이라도 되는 것처럼 싫어한 것이 이해되기 시작했다.

1952년 런던의 초겨울 날씨는 매서웠고 남부 잉글랜드 전 지역에 걸쳐 많은 눈이 쌓여 있었다. 실내 온도를 높이기 위해 런던 시민들은 집에서 많은 양의 석탄을 태웠다. 이렇게 특별한 한파가 닥치면 대부분 가정은 석탄가루로 밤새 불을 덮어 두어 아침이 될 때까지 난방을 유지했다. 도심에 있는 발전소에서 전력을 공급했는데, 배터시와 사우스 뱅크에 있는 발전소들은 석탄을 태우고 교회 첨탑보다 높은 굴뚝에서 연기를 뿜어냈다. 겨울이면 사람들이 더 많은 연료를 태우고 더 많은 연기를 뿜어내는 것뿐 아니라, '기온 역전' 현상이 발생하는 환경이 이루어지기도 한다. 만일 지면에 가까운 공기가 높은 곳 공기보다 차가우면 바닥에 잠기게 되는 것이다. 게다가 하늘이 맑고 바람이 없으면서 지면에 습기가 많아 축축하면 안개까지 만들어진다. 그리고 런던은 오래전부터 안개로 유명한 곳이다. 런던 토박이들이 '완두콩 수프 같다'라고 하는 짙은 안개는 디킨스와 코난 도일의 이야기 그리고 터너와 모네(주로 겨울에 런던을 찾았던 그는 노란 불빛 아래 소용돌이치는 스모그에 매료되었다)의 그림 속에서 낭만적으로 그려졌다.

1952년 12월 5일 금요일 익숙한 짙은 안개가 다시 한번 런던 전체에 깔렸다. 하지만 이번 안개는 다음 날 그리고 그다음 날이 되어도 걷히지 않았다. 오래 이어지는 기온 역전 현상으로 매연의 농도는 '평소' 수준의 56배나 되었다. 공식 기록에 따르면 일부 지역에서 시정이 겨우 1야드(91센티미터)에 불과해 런던에서 가장 낮은 기록을 세웠다. 사람들은 자기 발조차 제대로 보지 못했다. 앞을 볼 수 없게 된 통근자들이 다리에서 발을 헛디뎌 얼음장 같은 템스강으로 빠지고 플랫폼에서 열차가 들어오는 철로로 떨어지기도 했다. 스모그가 시작하고 12시간이 지나지 않아 수천 명이 호흡 곤란을 겪기 시작했고 병원에 입원하는 사람의 수가 극적으로 증가했다.

기상청 자료에 따르면 당시 발생한 스모그는 20킬로미터에 걸쳐 퍼졌으며 다음과 같은 오염물질을 포함하고 있었다. 연기 입자(현재 우리가 '블랙 카본' 또는 PM10이라고 부르는 것)천 톤, 이산화탄소 2천 톤, 염산 140톤, 불소 14톤이었다. 가장 끔찍한 것은 370톤의 이산화황이 화학변화를 일으켜 안갯속 물방울에 매달리면서 8백 톤의 황산이 되었다는 사실이었다. 이런 것들이 닷새 동안이나 공기 중에 자욱하게 섞여 있었다.

새들러즈 웰즈 극장의 〈라 트라비아타〉 공연은 관객들이 무대 위를 볼 수 없게 되면서 중단되었다. 스미스필드 가축 시장에서는 농장주들이 위스키에 적신 천으로 소의 머리를 덮어 소들을 보호하려 애썼다. 스모그가 페인트처럼 유리창에 들러붙는 바람에 사람들은 차량을 포기해야만 했다. 플리트가에 주재하던 〈노던 휘그〉 신문의 기자는 12월 6일 토요일에 "스모그는 상점과 사무실 안으로 스며들었고 온종일 전등을 켜두어야만 했다…… 연기가 뒤섞인 "완두콩 수프" 안개는 지역 주민의 건강을 해칠 뿐 아니라 알게 모르게 스모그에 섞여 있는 화학물질들이 건물의 석재나 벽돌을 부식시켰고 나무들을 시커멓게 변하게 했다"라고 썼다. 초기 기사에서는 초조함에서 비롯된 농담이 섞여 있기도 했다. 〈데일리 텔레그라프〉는 첫 번째 희생자를 보도하면서 "안개에 앞을 보지 못하게 된 청둥오리 한 마리가 풀럼의 아이필드 로드를 걸어 집으로 향하던 존 맥클린 씨와 부딪혔다. 양측 모두 경상을 입었다"라고 했다. 〈타임스〉는 더 무시하는 듯한 칼럼을 통해 "안개는 고대 브리튼의 주인이다. 보우디시어의 조상이 상륙했을 때도 안개가 맞이했다. 굴뚝 연기 규제가 생기기도 전에 안개를 자유롭게 여기저기 밀려다녔다." 어쩌면 이런 언론의 유도 때문이었는지 처칠의 보수당 정부의 초기 대응은 고압적이었다. 주택부 장관 해럴드 맥밀런은 하원에서 '경제적으로 광범위하게 고려할 사항이 있다'라고 말했다. 달리 말하자면 기상 현상에 대한 걱정보다 산업적 필요성이 우선시된다는 뜻이었다.

당시 런던정치경제대학 3학년이던 로이 파커는 런던의 공중보건 역사 센터에서 열린 목격자 세미나를 정리한 '빅 스모그 : 1952년 런던 스모그 사태 이후 50년'에서 스모그 초기의 기사들은 대개 예정된 운동 경기들의 취소를 우려했다고 회상했다. "나를 포함한 다수는 사람들 건강이 어떻게 될 것인지에 관해서는 그다지 신경 쓰지 않았습니다. 나는 당시에 재앙의 전체 규모를 깨달았어야 했습니다. 그때 증기 기관차를 몰던 아버지는 1914년부터 1918년까지 벌어진 일차세계대전에서 독가스에 노출된 경험이 있었는데, 석탄가루와 유황을 들이마신 것과 비슷한 여러 가지 증상을 보였습니다. 아버지는 항상 숨쉬기 힘들어했습니다. 그때 주말에 본 연세 56세의 아버지는 대단히 스트레스를 받은 모습으로 숨을 몰아쉬면서 몸부림치고 있었습니다. 하지만 그러면서도 자전거를 타고 일하러 나가야 한다고 고집을 부렸습니다. 당시 영국의 산업 노동자 계층에서 만성 기관지염이 얼마나 일반적이었는지 지금 생각하면 잘 이해가 되지 않을 정도입니다. 우리 가족의 남자들은 모두가 이런 증상을 겪고 있었습니다."

나흘째 되던 날 분위기가 바뀌었다. 〈하틀풀 노던 데일리 메일〉은 당시의 스모그를 "거대한 암막 같은 안개가 깔렸고…… 어찌나 안개가 짙은지 경찰 순찰차 대부분이 움직일 수 없었으며, 경찰은 999건의

신고 전화에 도보로 움직이며 대응했다"라고 전했다. 스미스필드 시
장의 가축들은 죽어갔고 일부 소유주들은 서둘러 가축들을 도살해달
라고 부탁하기도 했다. 월요일 아침 신문에 한 기자는 이렇게 보도했
다. "그냥 완두콩 수프가 아니라 온갖 것이 모두 들어 있다. 전채요리,
생선, 고기, 후식, 짭짤한 스낵, 블랙커피에다 웨이터의 노려보는 표정
까지. 스모그로 눈은 따갑고 숨을 쉴 수가 없다…… 트래펄가 광장에
서는 소리만 들릴 뿐 분수를 눈으로 볼 수가 없다. 동료 기자는 블랙프
라이어스 다리 중간에서 지하철역을 찾는 사람을 보기도 했다."

닷새째 되던 날인 12월 9일 화요일에 안개가 걷히고 사람들로 넘쳐
나는 병원에 괴한 기사가 나기 시작하자 사람들은 사건의 심각성을
깨닫기 시작했다. 바로 그 4년 전 펜실베이니아의 도노라에서 벌어졌
던 참사 때처럼 장의사에는 관이 모두 동이 났고 조화를 만들 꽃까지
떨어지고 말았다. 교통이 혼잡해지고 거의 앞을 볼 수 없는 상황이 이
어지면서 많은 사람이 병원에 가보지도 못하고 집에서 사망했다. 로
즈메리 메릿은 2012년 〈BBC 월드 서비스〉 방송에 나와 그녀의 아버
지가 스모그를 뚫고 2킬로미터가 넘는 거리를 걸어서 직장에서 돌아
왔다고 회상했다. 그날 밤 아버지는 "엄청나게 기침을 하다가 얼굴이
파래졌고, 어머니가 이웃 사람들을 깨워 도움을 청했는데…… 앰뷸런
스가 없어서 아버지를 병원으로 모셔가지 못했습니다.' 그녀의 아버
지는 다음날 사망했다. 시신은 거실에 두었고 3주가 지나고 나서야 과
로에 지친 장의사가 크리스마스 직전에 시신을 매장할 수 있었다. '그
뒤로 저는 거실에 들어가지 않았습니다." 그녀는 말했다. "거실은 늘
매우 추웠어요."

그 일주일 동안에만 런던에서 4703명이 사망했다. 평소보다 3000명

많은 수였다. 환경적인 재앙과 런던의 독특하고 유명한 안개가 겨우 몇 년 전 독일에 가해진 닷새 동안의 융단폭격으로 인한 일반 시민 사망자보다 많은 희생자가 났다. 노약자들만 목숨을 잃은 것은 아니었다. 어떤 구급차는 복무 중인 21세의 해군 선원을 실어날랐다. 의사인 호러스 파일은 영국의 채널4에서 1999년 제작한 다큐멘터리 〈살인 안개〉에서 '그렇게 젊은 사람이 그런 식으로 호흡 곤란과 치명적인 심장마비를 겪는 상황은 한 번도 본 적이 없다'라고 술회했다. 구급차가 도착했을 때 병원은 이미 희생자들로 넘쳐나고 있었다. 두 번째 병원도 마찬가지였다. 구급차가 세 번째 병원을 찾아 출발한 뒤 수병은 도중에 사망했다. 최종적으로 집계한 사망자 수는 8000명에서 12000명에 이른다고 알려져 있으며, 추가로 수천 명이 폐와 심장과 관련한 질병으로 평생 어려움을 겪었다.

1930년대와 1940년대 런던의 지상 대중교통은 아무것도 배출하지 않는 전차가 대부분을 담당하고 있었고, 그중에는 이층전차도 있었다. 하지만 전차는 빠른 속도로 내연기관에 자리를 빼앗겼다. 마지막으로 남았던 런던의 전차는 1952년 7월 5일 디젤 버스로 교체되었다. 그레이트 스모그가 벌어지기 바로 다섯 달 전이었다. 12월까지 8000대의 새 디젤 버스가 거리로 나왔고, 겨울 안개에다 배기가스를 보태기 시작했다. 킹스 칼리지 병원의 흉부내과의로 〈살인 안개〉 다큐멘터리에서 인터뷰를 한 배리 그레이는 1950년대 전차에서 디젤 버스로의 변화는 '런던 시민들의 건강에 어마어마한 충격을 가한 재앙이었다'라고 표현했다.

로이 파커는 학생으로 그레이크 스모그를 개인적으로 경험한 뒤 대기오염 연구에 일생을 바쳤다. 그는 1952년 영국에 석탄 난로가 대략

1200만 개 있다고 계산했다. 또한 2만 량의 증기기관차가 저질 석탄을 태우고 있었고 배터시 발전소 한 곳에서만 매주 1만톤의 석탄을 태우고 있었다. 1950년대의 런던 사람들에게 증기기관차와 석탄 난로를 없앤다는 상상은 오늘날 휘발유나 디젤을 사용하는 자동차를 도로에서 모두 없앤다는 생각만큼이나 어려운 것이었다. 하지만 놀랍게도 10년이 조금 더 걸려서 바로 그런 일이 벌어졌다. 1953년 대기오염대책위원회는 공기의 오염과 호흡기 질환 사이에 명백한 연관이 있다는 사실을 보고하면서 영국의 대기오염방지법(1956년)을 만드는 기반을 쌓았다. 1955년 영국 철도 시스템의 완벽한 현대화가 선언되었고, 사실상 석탄을 사용하는 증기기관의 시대는 끝났다. 배터시 발전소는 1975년 마침내 문을 닫았다. 1970년대가 되자 런던의 '완두콩 수프' 안개는 과거의 유물이 되었다. 피터 브림블콤 교수는 2002년 공중보건 역사 센터에서 열린 목격자 세미나의 사회를 맡았다. 세미나에서 나는 그에게 그레이트 스모그 발생 50주년을 맞아 이제 문제가 해결되었다는 생각이 드는지 질문했다. "당연합니다." 그는 즉시 대답했다. "확실히 그렇게들 생각하는 것 같습니다…… 사람들은 엄청나게 변했다고 믿고 있습니다."

———————— 런던 : 2010년대

2016년 4월 어느 추운 아침 런던의 트래펄가 광장에서 한 시위자가 런던의 상징적 유적인 넬슨 기념비를 기어올랐다. 앨리슨 개리건은 여러 달 동안 넬슨 기념비 등반을 계획했다. 희미하게 해가 떠오르는 아침 그녀와 한 명의 동료는 시커멓게 검댕이가 묻은 넬슨 제독의 얼굴에 반짝이는 하얀색 방독면을 씌웠다. 경험 많은 그린피스 활동 가인 그녀는 런던의 대기오염 상황을 강조하고 싶은 마음이었다. 왕립의사학회와 왕립소아과 및 어린이 건강학회는 최근 매년 영국에서 대기오염으로 인한 어린이 사망 건수가 4만 건에 이르며 그 가운데 만 건이 런던 시민이라고 추정했다. 런던에서 일부 오염된 지역 어린이들은 같은 나이 다른 아이들의 평균에 비해 폐활량이 5~8퍼센트 부족했다. 2013년 런던 남부에 사는 9살 엘라 키시데브라는 천식으로 반복되는 입원을 거듭하다 사망했는데, 그녀의 죽음에 대기오염이 어떤 영향을 끼쳤는지에 대한 조사가 이루어졌다.* 2017년 1월 상원 의회의 존스 여남작은 '시민의 건강을 보호하려는 의욕이 없는 정부의 범죄적인 방치'라고 비난했으며 〈타임스〉는 '300명이 사망한 스모그 열흘 뒤에 나온 교통량 억제 요구'라는 제목으로 1면에 기사를 실었다.

자, 런던은 문제를 1970년대에 해결했다는데 뭐가 그렇게 끔찍하게 잘못된 걸까? 1972년의 환경 편람 '영국의 새로운 전투'에서 저자인 H. F. 월리스는 역사 속에서 경고의 불빛을 피워올렸다. "휘발유 배기가스에 햇빛이 영향을 미치면서 생겨난 로스앤젤레스형 "스모그"도 영국에서 발생할 수 있다. 도로에 등장하는 새 자동차들은 여전히 똑같이 공기를 오염시킬 수 있을 것이고, 앞으로도 새 자동차는 계속 늘어날 것이다." 월리스는 1957년에서 1967년 사이 '영국의 여객용 철도망은 23395킬로미터에서 16000킬로미터 이하로 대폭 줄었다'고 했고, 같은 기간 동안 버스 서비스의 5분의 1이 사라졌다. 사람들은 자

---

* 2018년 7월에 사우샘프턴 대학의 면역약리학 교수인 스티븐 홀게이트는 원인 규명에 도움이 될 증언을 제출했는데, '불법적인 수준의 대기오염이 없었더라면 엘라는 사망하지 않았을 것'이라면서 그녀의 사망진단서는 대기오염을 죽음의 원인이 되는 요소로 명기하여야 한다는 '단호한 입장'을 내놓았다.

에어 쇼크

동차로 대체하지 않을 수 없었다. 그가 글을 썼을 당시 영국 도로에는 승용차가 겨우 천4백만 대뿐이었다. 2017년 말 기준으로 영국에는 3천7백70만대의 교통수단이 등록되어 있으며, 그 가운데 3백십만 대 정도가 자동차이다. 그리고 그 가운데 천2백4십만대(월리스가 글을 썼던 시기의 전체 차량과 맞먹는 수)가 디젤 차량이다.

데이비드 뉴비 교수가 2000년대 초반 대기오염에 관해 연구를 시작했을 때, 그는 다른 그레이트 스모그의 생존자들과 마찬가지로 오염된 공기가 건강에 미치는 영향은 그리 크지 않으리라 생각했다. 1990년대와 2000년대에 들어서면서 한때 런던을 숨 막히게 하던 빅토리아시대의 도심 석탄 발전소들은 문화의 전당으로 탈바꿈했다. 데이드모던과 배터시 발전소는 이제 연기가 아닌 관광객들이 가져오는 돈을 뿜어내고 있다. 두 곳은 우리의 더 진보한 시대를 보여주는 높은 증거처럼 서 있다.

하지만 현재 영국 심장재단 연구센터의 심장병학 교수인 뉴비는 그와 우리의 대기오염에 대한 이해를 완전히 뒤집어놓을 연구를 시작하려고 하고 있었다. 2007년 뉴비와 그가 이끄는 팀은 건강한 자원자들을 모아 밀폐된 실험실에 넣고 사이클에 앉아서 페달을 밟도록 했다. 그런 다음 실험실을 디젤 배기가스로 채웠다. 그는 "사람들이 내 윤리성을 의심했죠"라고 인정했다. "하지만 나는 아마 실험에 참여한 사람들이 공부하러 갈 때 걷는 길거리의 오염 수준이 더 나쁠 거라는 점을 지적했습니다." 그들의 연구 결과는 정말이지 충격적이었다. 일반적인 도로 수준의 차량 배기가스에 노출된 사람들의 혈액은 걸쭉해지고 더 쉽게 엉겨 붙었다. 즉각적으로 심장에 스트레스가 가해지는 걸 알 수 있었다. 혈압은 올랐고 동맥은 눈에 띄게 좁아졌다. 뉴비가 '자발적으로 만들어내는 대기오염'이라고 부르는 흡연과 놀라울 정도로 비슷했다. 다만 길거리의 대기오염은 끊을 수가 없다는 점이 달랐다. "사람들은 천식이 아니라 대기오염으로 인한 심장병과 심장마비로 죽고 있었습니다. 나를 포함해 많은 사람이 놀랐습니다."

나쁜 공기는 역사책에만 있는 것이 아니다. 사실 현재 공기 속에는 런던의 그레이트 스모그 당시의 공기보다 오염물질이 더 많다. 차이점은 현대의 오염물질을 만들어내는 오염원에서 생기는 미세먼지(PM)는 너무 작아 눈으로 볼 수 없다는 것이다.

영국 인구의 거의 3분의 2에 가까운 사람들은 대기오염 수준이 EU의 법적 허용치를 웃도는 지역에서 살고 있다. 그린위치의 지방의원으로 낮에는 초등학교 교사로 일하고 있는 댄 소프가 들려준 얘기다. "제가 근무하는 윈드러시 초등학교는 템스 수문 방벽 바로 옆에 있습니다. 그러니까 울위치 선착장과 대형 로터리가 한쪽에 있고 그 뒤로는 산업단지가 있는 거죠. 중장비 차량을 페리에 싣고 내리는 곳입니다. 중장비 차량이 로터리에 들어설 때 살짝 사고만 나도 교통이 정체되기 마련이고 그러면 심각한 대기오염이 시작되는 겁니다. 일단 그렇게 되면 일종의 아마겟돈 상황이 되는 거죠."

남부 런던에서 오래 살아온 닉 허시는 자전거 경주를 하며 자랐다. 친구들이 축구에 빠졌을 때 그의 우상은 투르 드 프랑스에서 우승한 미겔 인두라인과 그레그 레몬드였다. 그 이후 그는 늘 사이클을 탔고 사이클 경주에 대한 꿈은 점차 평범한 사이클 통근자의 삶으로 바뀌었다. 2005년 5월 32살로 런던에 살던 그는 '건초열' 증상이 시작되었다. "눈이 따끔거리면서 찌르는 듯하던 게 기억나고요, 제대로 숨을 쉴 수가 없었습니다." 그는 내게 말한다. "그 뒤로 얼마 지나지 않아 특정 음식을 먹을 수 없는 증상도 생기기 시작했습니다. 마치 엄청난 히스타민 전투를 벌이는 것 같았죠. 자전거를 타는 일이 고통스럽게 느껴지기 시작했고, 특히 날이 따뜻한 계절에 더 심했습니다. 하지만 건초열의 진행 경과와는 들어맞지 않았어요. 도무지 이해할 수가 없었습니다." 남서부 런던의 주요 도로 근처에서 생활하던 그는 호흡기에 심각한 문제가 생기면서 결국 두 번이나 응급실 신세를 져야 했다. "NHS(영국 국민 보건 서비스)는 뭐가 문제인지 알아내기 위해 실제로 매우 신속하게 검진했습니다. 그들이 알아낸 바로는 제 폐활량은 평균보다 상당히 좋았습니다. 그러니 호흡에 문제가 있을 이유가 없었죠. 여러 가지 진단을 통해 원인이 아닌 걸 지워나가기로 했습니다. 꽃가루는 아닌 것으로 밝혀졌습니다. 다이어트도 마찬가지였죠."

마침내 병원의 칙칙한 상담실에서 그는 이유를 들을 수 있었다. "의사가 그냥 이렇게 말하더군요. '네, 대기오염이 원인입니다. 런던에 오신 걸 환영합니다.' 세상에서 가장 평범한 상황을 말해주는 것 같았습니다. 마치 매일 벌어지는 일이라도 되는 것처럼요." 그는 이야기를 들려주며 화가 난 것 같았다. "만일 그렇게 간단하고 확실한 거라면 왜 우리가 그런 상황에 대해 더 많이 알고 있지 못한 거죠? 그리고 왜 사람들은 그런 일에 화를 내지 않고 있는 겁니까?"

EU 법률에 따르면 한 도시는 일 년에 18번까지 이산화질소(NO_2)의 시간당 최대 허용치를 위반할 수 있다. 2016년 런던은 겨우 7일 만에 연간 허용 위반 횟수를 초과하고 말았다. 2017년에는 기간이 닷새로 줄었고 연간 가능한 위반 횟수를 1월 5일에 모두 써버리고 말았다. 2017년 10월 NO_2를 줄이겠다는 정부의 계획은 너무나 형편이 없어서 고등법원으로부터 불법적이고 부적당하다는 판결을 받았다. UN 인권

이사회까지 개입해 만든 영국의 대기오염에 대한 22페이지짜리 보고서에 따르면 오염된 공기의 영향으로 영국이 부담하게 될 보건 비용은 연간 180억6천만 파운드에 달할 것으로 추정했다. 2017년 발행된 보고서는 다음과 같이 혹평하고 있다.

"대기오염은 계속해 영국을 괴롭히고 있다. 아동과 노인층 그리고 기존에 건강에 문제가 있던 사람들은 사망하거나 질병 또는 장애를 얻게 될 중대한 위험에 처해있으며 빈곤층과 소수집단에서는 그 위험이 더욱 크다."

2000년대의 런던은 그레이트 스모그에서 교훈을 배우기는커녕 디젤 배기가스의 국제적 중심지가 되었고, NO₂와 미세먼지 오염의 가장 강력한 진원지가 되고 말았다.* 1950년에는 전 세계에 자동차가 3천5백만 대가 존재했다. 오늘날에는 영국에만 그에 맞먹는 수의 자동차가 있다. 그러는 사이 대기오염방지법으로 도심에서 사라졌던 나무와 석탄 연소 행위가 예상외로 되살아나고 있다. '재생 연료'를 사용하는 '바이오매스 난로'라는 식으로 이름을 바꾼 제품들이 활발하게 장려되고 있다.

2018년 정부의 한 협의 문서에서는 '가정에서의 고체연료 연소 증가가 우리의 공기 품질에 영향을 미치고 있으며, 현재 국내 PM 배출에 가장 큰 원인을 제공하는 요소가 되고 있다'라고 밝히고 있다. 런던 도심에서 나무를 태우는 행위가 도심에서 유발되는 PM2.5의 31퍼센트를 차지하고 있으며 이는 아마도 1950년대 이후 최초의 상황일 것이다.

---

* 2장과 3장에서 이런 오염물질에 대해 더 자세하게 알아보고, 5장에서는 특히 디젤에 대해 알아볼 예정이다.

UN 인권이사회 보고서는 '유아 사망률을 낮추고 기대수명을 늘리기 위해 최대한 신속하고도 효과적인 행동에 나서거나 가능한 모든 방법을 동원하지 않는다면 영국 정부는 책임지고 있는 인명과 건강, 어린이 발달의 보호라는 의무를 저버리게 될 것이다'라고 결론 내렸다. 2018년 WHO의 공기 품질 자료에 등장하는 51개 영국 도시와 마을 가운데 무려 44곳이 WHO의 PM2.5 최대 권고 허용치를 훌쩍 넘어섰다.

─────────── 베이징 에어포칼립스 '대기 재앙'

2008년 베이징 주재 미국 대사관은 논란의 여지가 있는 결정을 내렸다. 시민에게 공식적으로 대기오염 자료를 제공하지 않는 국가에서 미국 대사관이 옥상에 대기오염 감지장치를 설치한 것이다. 해당 장비는 정확하게 말하자면 메트원MetOne사의 BAM1020과 에코테크Ecotech사의 EC9810 모니터였다. 이후 같은 해에 대사관은 매시 정각 PM2.5 농도를 트위터로 자동으로 발표하기 위해 @beijingair이라는 트위터 계정을 개설했다.

중국 당국이 여러 차례 중단을 요구했지만 대사관은 계속 PM2.5 농도 수치를 발표했다. 중국환경보호부 부부장인 우샤오칭은 기자회견에서 말했다. "외교관은 주재 지역의 법률과 규정을 존중하고 준수해야 합니다. 우리는 해당 대사관과 영사관들이 중국 법률을 존중해, 대기 품질 자료의 발표를 멈추기 바라고 있습니다." 미국 국무부의 마크 토너는 이렇게 응수했다. "우리는 대사관과 영사관 직원들을 포함한 미국 주재원들에게 외부활동의 안전에 관해 매일 더 나은 의사결정을 내릴 때 사용할 자료를 제공하고 있습니다."*

이런 활동의 이유는 분명하다. 중국, 그 중에서도 허베이성의 북쪽 하늘은 해가 갈수록 잿빛으로 변해가고 있다. 2004년 중국의 탐사보도 기자인 차이징은 어린아이에게 하늘의 별을 본 적이 있느냐고 물었다. 아이는 본 적이 없다고 대답했다. 파란 하늘을 본 적이 있니? 아이는 "조금 파래요"라고 대답했다. "하얀 구름을 본 적이 있니?" "아뇨." 2009년 중국 환경보호부에서는 주요 도시에서 '연무'(스모그라는 단어가 공식적으로 사용되기 전까지 스모그를 완곡하게 이르던 말이다)를 관찰하는 시범 사업을 벌였고, 같은 해 각 도시에서 연무가 관찰된 기간이 적게는 51일에서 많게는 211일이라는 사실을 확인했다.

"제가 처음으로 그렇다고 느낀 건 1990년대 후반 실제 눈으로 볼 수 있게 되면서였습니다." 2017년 12월 베이징에서 만난 미국인 사업가 매니 메넨데스는 말한다. 매니는 중국이 국제무역에 국경을 개방했을 때부터 그곳에서 일하면서 1980년 미국과 중국의 최초 합작회사가 만들어질 수 있도록 중개를 맡았다. "예전에 어땠는지 기억하고 있습니다. 공장들이 완전히 도심에 있었어요. 그래야 접근하기가 편하니까요. 지속성이나 도시계획의 면에서 볼 때 불가능한 방식이었죠." 매니는 중국에서 수십 년 일하면서 건강에 문제가 생겼다는 점을 인정한다. "숨을 잘 쉴 수가 없어요. 마스크를 가지고 있고 마스크를 착용하려고 합니다. 마스크를 자주 착용해야 하는데 그렇지 못해요. 오염물질 배출이 많아지고 PM2.5 농도가 높아지면……" 그는 이 말을 하면

---

* 미 국무부는 이후 델리 주재 대사관을 포함 전 세계 20개 대사관에서 같은 제도를 운용하도록 했다. 여행을 다니면서 일반적으로 미국 대사관의 측정 자료가 해당 지역의 국민들이 가장 신뢰하는 자료라는 걸 알 수 있었다. 실시간 자료는 www.airnow.gov에서 확인할 수 있다.

에어 쇼크

서 기침을 하느라 말을 잇지 못했다. 마치 하려던 말 때문에 기침이 난 것 같았다. "……그러면 숨을 제대로 쉴 수가 없게 되고 그런 상태가 적어도 일주일에서 열흘 동안 이어졌습니다. 증상이 사라지질 않아요." 그의 직장 동료들은 가족을 베이징 밖으로 이사하도록 하기도 했다. 그들은 자녀가 '호흡기에 문제를 겪으면서 자라는 걸 원하지 않았기 때문'이다.

베이징에서 활동하고 있는 NGO인 공공환경연구소(IPE)가 2010년에 처음으로 대기질지수(AQTI)를 발표했을 때 중국에서는 그 어떤 도시에서도 이용 가능한 일일 대기질 측정치가 존재하지 않았다. IPE의 보고서는 정부에서 발행한 '중국의 환경 상태에 관한 연례 보고서'에 포함된 산업용 자료와 불충분한 숫자를 이용하지 않을 수 없었는데, 그 보고서로는 (정의되어 있지도 않은) 국가 기준에 따라 1등급부터 3등급으로 분류한 도시들(실제 도시명은 없음)이 등급별로 몇 곳이나 되는지조차 자세히 확인할 수도 없었다.

이에 대응해 2010년에 나온 IPE의 보고서는 전혀 몸을 사리지 않는 태도를 보여 중국의 많은 사람과 서방의 많은 관련자를 놀라게 했다. 보고서는 '최근 들어 대기오염은 중국의 도시들이 당면하고 있는 가장 긴급한 환경 문제이다'라고 명시했는데, 그렇게 공개적으로 의견을 밝힌 조직은 IPE가 처음이었다. '나쁜 대기질은 수천만 명 도시 주거자들의 생명에만 영향을 미치는 것이 아니라 그들의 건강과 안전을 위협한다. 중국은 급속한 산업화와 발전 과정을 겪고 있으며, 그런 상황은 많은 도시에서 대기오염의 주요한 이유가 되고 있다. 현재 중국은 포괄적이고 전국적인 대기오염 및 건강 감시 체계를 갖추지 못하고 있다.' 애매한 정부의 보고서와 달리 IPE는 주범이 누구인지 열거하고 있다. '석탄 연소로 인한 오염…… 이산화황(SO_2) 그리고 도심 구역의 부유 입자 오염 문제…… 자동차의 증가로 인한 배기가스 오염의 증가. 연무, 광화학 스모그 그리고 산성비 같은 대기오염 문제는 날이 갈수록 점점 두드러지고 있다.'

그러는 사이 미국 대사관의 대기질 감시장치는 트위터에 계속 자료를 올렸다. 트위터 서비스 자체는 2009년 세워진 중국의 '만리방화벽'에 막혀있었지만 몇 가지 스마트폰 앱과 웨이보(중국판 트위터)에서는 그런데도 @beijingair에서 발표하는 자료를 받아 보여주었다. 만일 PM2.5 측정치가 공기 세제곱미터 당 200마이크로그램($\mu m/m^3$)보다 더 높으면 @beijingair 계정은 자동으로 '매우 유해' 경고를 내보냈다. $400\mu m/m^3$ 이상이면 경고는 '위험'으로 바뀌었다. 하지만 $500\mu m/m^3$ 이상이 되는 상황은 발생하지 않으리라 여겼는지, 그런 상황이 되면 부주의하게도 경고는 '미치도록 나쁨'으로 바뀌도록 프로그램되어 있었다.

2010년 11월 18일 발생하지 않을 것 같은 상황이 닥쳤다. 측정치가 $503\mu m/m^3$이 되면서 저녁 8시에 첫 번째 '미치도록 나쁨' 경고가 발표되었다(수치는 다음 날 $569\mu m/m^3$가 되면서 최고를 기록했다). 미국 대사관과 중국 당국 모두에게 상당히 곤란한 상황이었다. 경고 문구는 재빨리 '측정 불가'라는 내용으로 정리되었지만 피해는 이미 발생한 뒤였다. '미치도록 나쁨'라는 경고 문구는 들불처럼 번져나갔다. "중국의 소셜미디어가 이 문구를 포착해 웨이보에서 리트윗하기 시작했습니다." IPE 사무국장인 케이트 로건은 내가 IPE의 베이징 사무소를 방문했을 때 회상했다. "중국 시민들이 관심을 보이기 시작한 거죠."

그러다가 2013년 '에어포칼립스'가 발생했다. 미국 대사관이 2010

년에 500μm/m³라는 수치로 트위터 세계를 흔들어 놓았다면 2013년 1월 12일에 발표 수치는 800μm/m³가 넘었다. 심지어 이제는 어쩔 수 없이 공식 측정치를 발표하고 있는 베이징시 환경보호국조차 PM2.5 농도가 700μm/m³가 넘는다고 발표했다. 스위스에서 태어난 영국인으로 중국에 거주하는 리암 베이츠는 회상한다. "오후 6시쯤 되어서 해가 지면서 모든 것이 어둡게 보이는 것 같은 느낌이었어요. 하지만 실제로는 점심시간이었습니다. 말도 안 되는 상황이었죠. 실제로 세상 종말이 온 것 같은 느낌이었습니다. 대낮인데 하늘은 검게 변하고, 사람들은 진정으로 두려움에 빠지기 시작했어요. 전에는 믿지 않던 사람들조차 이렇게 말했죠. '좋아, 이번엔 진짜 난리가 났군.'"

1월 10일에서 14일까지 μm/m³ 측정치는 세 자리 숫자 아래로 절대 떨어지지 않았다. 한 달 내내 평균치가 200μm/m³ 정도였다. 그 정도의 농도라면 평균적인 공항 흡연실 농도(2012년의 한 미국 연구에 따르면 167μm/m³이다)보다도 더 나쁜 수준이다. WHO는 건강을 위한 하루 최고 허용치를 25μm/m³로 설정해두고 있다. 〈사우스 차이나 모닝 포스트〉는 베이징 어린이 병원이 에어포칼립스 기간 동안 하루에 7천 명이 넘는 환자를 받았으며 호흡기 질환으로 치료를 받은 어린이의 수는 5년 만에 최고치를 기록했다고 보도했다.

에어포칼립스가 있던 해 외국인 거주자와 부유한 현지인들의 아이들을 위한 사립학교인 베이징국제학교는 야외 운동장에 거대한 밀폐 돔을 세웠다. 이제 더는 숨 쉴 수 없는 공기와 접촉하지 않도록 하기 위해서였다. 여과 장치를 통과한 공기는 거대한 환풍기를 통해 주입되어 돔의 구조물을 떠받치고, 수업료를 내는 학생들은 다시 '야외'에서 놀 수 있게 되었다. 마찬가지로 그해 PM이 섞이지 않은 압축 공기로 가득 찬 음료용 캔이 판매되었다. '청정 티베트'를 포함해서 여러 가지 '맛'의 공기를 베이징 거리에서 살 수 있었다. 중국의 호황기가 절정에 달한 상황에서 사업가인 천광뱌오가 만들어 판매한 것만 아니었다면 공기 캔은 완벽한 행위예술로 보였을 것이다. 천광뱌오는 천2백만 개의 공기 캔을 판매해 7백만 달러(5백만 파운드가 넘는다)를 벌어들였다. 사람들은 깨끗한 공기를 간절히 원했고 기꺼이 돈을 낼 의사가 있었다.

실제로 에어포칼립스는 일회성의 대기오염 사태가 아니었다. 그저 겨울만 되면 벌어지는 상황에서 최악의 날들이었을 뿐이다. 2015년을 기준으로 중국의 폐암 발병률은 30년 동안 465퍼센트 증가했는데, 흡연율은 같은 기간 실제로 낮아졌다. 2013년 장쑤성에서 한 여덟 살짜리 여자아이가 최연소 폐암 환자가 되었다. 아이를 치료한 의사는 원인이 대기오염이라고 믿고 있다. 2015년 베이징 마라톤 대회에서 PM2.5 농도 때문에 여섯 명의 참가자가 심장마비를 일으켰다. 한 신문에서는 그해 베이징 공기가 최악인 날에는 평범한 시민이 담배 25개비를 피운 것과 같은 양의 오염물질을 들이마시게 된다고 발표했다. 2015년 최악의 수치를 기록한 중국의 선양시는 PM 오염 수치가 $1400\mu m/m^3$나 되었다('미치도록 나쁨' 수준의 오염 사흘 치가 한꺼번에 닥친 양이다). 이건 담배 64개비를 피우는 것과 맞먹는 수치였다. 아무리 대단한 골초라고 해도 그렇게 많은 양의 담배를 피우는 것은 매우 힘들 것이다.* 물론 다른 점은 선양에서는 어린아이들과 병약자들도 실질적으로 줄담배를 피운 것과 마찬가지였다는 것이다.

---

* 담배를 끄자마자 다시 피워 무는 방식으로 평균 10분마다 한 개비씩 담배를 피운다고 해도 64개비를 피우려면 10시간 반이 걸린다.

　　　　　　　　　　　　　　　　　　　　　에어 쇼크

중국의 스모그는 런던의 과거에 처했던 그리고 현재 처한 곤경을 한꺼번에 압축해 놓은 것과도 같다. 가정에서 태우는 석탄과 고체연료로 인한 연기, 산업 오염물질 그리고 현대식 교통체계가 뿜어내는 배기가스까지. 2001년만 해도 중국의 도로 위 차량의 수는 천8백만 대에 불과했다. 2015년이 되자 등록 자동차의 수는 2억7천9백만 대가 되었다.

——————— 델리, 2017년

2017년 11월 6일, 벨기에익 필리페 국왕과 마틸데 왕비는 델리에서 한 기념식에 참석했다. 제일차세계대전 당시 플랑드르에서 전투에 참여했던 인도 병사들을 추모하는 자리였는데, 연무 속에 휩싸인 의장대는 정확히 백 년 전의 포연과 머스터드 가스를 떠올리게 했다. 하지만 이 장면은 계획해 재연한 것이 아니었다. 그날 오전 11시 델리 주재 미국 대사관의 PM2.5 농도 측정치는 사람이 질식할 정도인 986μm/m³였다. 모디 인도 총리가 단체 사진 촬영을 위해 벨기에 국왕 부부와 포즈를 취할 때가 되어서는 사람들이 의장대를 눈으로 볼 수가 없을 정도였다. 다음 날 PM 농도는 최고로 올라 1486μm/m³로 역사상 최고치를 기록했다. PM 농도는 11월 17일이 되고 나서야 두 자리로 떨어졌다(하지만 그것도 잠깐에 불과했다).

델리에 있는 비영리단체 과학환경센터에 따르면 '델리와 그 주변 스모그의 주요한 원인은 자동차, 관리되지 않는 공사장과 도로에서 발생하는 먼지, 쓰레기 소각, 펀자브와 하리아나에서 논에 남은 볏짚의 소각 그리고 바람 없이 정체 상태를 유지하는 겨울의 시작 시기인 날씨이다. 물론 디왈리 축제의 불꽃놀이도 포함해야 한다'라고 한다. 스모그에 대응해 주지사인 아빈드 케지리왈은 3일 동안 각급 학교가 문을 닫도록 했고, 도심에 있는 바다르푸르 석탄 발전소의 가동을 10일 동안 중지시켰다. 외신들은 "'속수무책입니다" 스모그 사태를 맞은 델리 주민들'(《가디언》, 2017년 11월 8일자) 그리고 '뉴델리의 공기 오염 "하루 50개비의 담배보다 더 나쁜 수준"'(《스카이 뉴스》, 2017 11월 11일자)의 제목을 달아서 보도했다.

11월 19일 인도의 TV 채널 NDTV는 다음과 같은 열정적인 시작으로 토론 프로그램을 방송했다. "이번 주, 북부 인도에 사는 시청자라면 스모그로 오염된 유독성 공기가 모든 도시를 잠식하는 동안 죽느니만 못한 경험을 하셨을 겁니다. 하지만 삶은 전처럼 계속 이어지는 것 같군요. 대기질이 끔찍한 단계에서 매우 나쁜 수준으로 내려갔을 때 우리는 실제로 환호했습니다. 지도자들은 굳게 입을 다물고 있는 상황에서 환경 관련 장관들은 '그래도 보팔 가스 참사만큼 끔찍하지는 않잖아'라고 말하고 있습니다. 연구가 거듭되면서 당시 참사로 인한 사망자가 수백만 명까지 늘어나고 있는데도 말입니다. 시민들과 정부의 보건 전문가들인 우리는 어떻게 힘을 합쳐 이런 건강 위기 상황을 타개해나갈 수 있을까요?"

11월 22일, 나는 델리에 도착한다. 내가 탄 비행기가 하강하기 시작하자 담요 같은 잿빛 구름이 비행기 날개에 의해 갈라지기를 기다리고 있다. 하지만 비행기가 고도를 낮출수록 잿빛 광경은 구름이라고 보기에는 너무 평평하고 단정한 모양을 하고 있다. 그리고 반투명한 모습이다. 구름 너머 건물들이 진흙탕 웅덩이 바닥의 자갈처럼 보인다. 그때에서야 지금이 해가 떠 있는 맑은 대낮이라는 생각이 든다.

잿빛 구름은 스모그다. 공항에서 나는 인도에서 전화기에 사용할 SIM 카드를 사고 택시를 부른다. 대중교통수단을 이용하지 않는다는 뿌리 깊은 죄책감이 나를 괴롭히지만, 자동차는 현대 델리의 이야기를 완성할 필수적 요소이다. 나는 직접 도로를 봐야 한다. 차들은 더듬거리며 가다서기를 반복하고, 도로는 아무리 좁아도 네다섯 차선이 넘는데도, 차선이 몇 개인지에 상관없이 운전자들은 조금이라도 틈이 생기면 별다른 이득도 없으면서 차체를 끼워 넣고 본다. 택시 뒷자리에 앉은 나의 레이저 에그는 PM2.5 수치가 $300\mu m/m^3$이 넘는다는 걸 보여주고 있다. 개인적으로 단 한 번도 경험해본 적 없는 수치이다. 호흡과 심장의 박동을 최소한으로 유지하기 위해 모든 행동을 가능한 한 천천히 해야 한다는 생각을 해둔다. 앞으로 며칠 동안 나는 델리의 도로 위에서 끊임없이 울려대는 소음에 익숙해질 것이다. 거칠게 코를 풀어대는 소리. 운전자건 보행자건 할 것 없이 모두는 콧물을 들이마셨다가 땅에 뱉어낸다. 꼭 그래야 할 필요가 없었기에 무례하게 보일 수도 있다. 시간이 지나면서 스스로 그런 행동을 하는 나를 발견한다.

민박 숙소에서 집주인인 반다나는 토스트와 뜨거운 차로 나를 환영한다(그녀는 영국인을 잘 아는 것이 분명하다). "아주 좋은 날에 도착하셨네요." 그녀는 탄성을 내지른다. "스모그가 사라졌어요!" "사라져요?" 희부연 하늘과 에그의 측정치를 본 나는 놀라면서 대답한다. "아, 그럼요. 지난주에는 농도가 1000이었답니다." 그녀는 AQI를 언급하며 말한다.* "지금은 겨우 200정도 된답니다. 하루 전쯤에 걷혔어요." 그

---

* AQI(대기질지수)는 일부 정부 기관과 공기 품질 측정 앱에서 공기 중의 모든 오염물질을 한데 묶어 건강에 관한 전반적인 경고를 할 때 소통하기 위해 사용한다. 하지만 경험적으로 AQI가 200 이상으로 올라가면 PM2.5 $\mu m/m^3$ 농도 역시 비슷한 수치를 기록하게 된다.

런데도 그녀는 내게 마스크를 사라고 조언한다. 그리고 도로 주변을 걸을 때만이라도 마스크를 쓰라고 말한다. "하루를 보내고 나면 목이 따갑게 느껴질 거예요." 그녀는 말한다. "하지만 그렇게 되면 그냥 물을 주전자에서 따뜻하게 한 다음 입을 헹구세요. 목욕하는 것과 같아요. 보통은 그렇게 하면 효험이 있답니다." 그녀가 짐을 풀라면서 나를 두고 나가자 나는 방에 있는 실내 공기청정기로 손을 뻗어 조금 더 강하게 튼다. 하지만 헐렁거리는 창문틀 주위에서 커튼이 펄럭거리자 별로 효과가 없을 거라는 생각이 든다. 잠자리에 든 뒤에도 에그의 수치는 70µm/m³ 아래로 떨어지는 법이 없다. 다음 날 아침, 몇 명 안 되는 일꾼이 내가 묵는 아파트 맞은편에서 손으로 벽돌을 하나씩 뜯어내며 연립주택을 철거하고 있다. 그들은 추위를 막으려고 불을 피우고 그 위에서 요리도 한다. 그들이 뭘 태우는 건지 볼 수는 없지만 느글거리는 달콤한 냄새가 난다. 에그 수치는 200µm/m³ 이상으로 치솟는다.

오후에는 인도공과대학(IIT)을 방문한다. 넓은 잔디밭과 도로가 1970년대에 지은 3층도 되지 않는 학교 건물들을 감싼 채 지평선 위로 펼쳐져 있다. 토목공학과 건물 2층에서 '무케시 카레 교수'라는 명판이 붙은 갈색 문을 찾는다. "저는 1991년 IIT 델리의 교수가 되고 난 뒤부터 계속 대기 품질 분야에서 연구하고 있습니다." 카레 교수는 내게 말한다. "델리는 1990년대에 CO[일산화탄소] 문제를 겪고 있었습니다. 하지만…… 이제 문제는 고온 연료 사용으로 인한 NO_2와 CO입니다. 물론 PM2.5도 문제죠. 디젤 역시 또 다른 원인입니다." 델리는 최근 세계에서 주변 공기가 가장 오염이 심한 주요 도시로 뽑혔다. 2014년 델리의 공식 PM2.5 연중 평균치가 153µm/m³로 WHO의 권고치의 15배나 되고, 550μm/m³를 넘는 날이 자주 발생하고 있다(이는 베이징의 '미치도록 나쁨' 수준인 500을 넘는 수치이다).

중앙도로연구소(CRRI)를 방문하자 환경수석연구원으로 지난 25년 동안 도로에서의 오염물질 배출을 연구해온 니라즈 샤르마 박사는 책상 서랍으로 손을 뻗는다. "저는 뉴스 기사를 오려서 보관하는 걸 아주 좋아합니다." 그는 설명한다. "이것들 좀 보시죠." 그는 조심스럽게 오려서 보관한 두꺼운 신문기사 철을 내민다. 나는 그 가운데 일부를 소리 내어 읽는다. "델리의 대기질은 약간 좋아지지만 다시 아주 나쁜 수준으로 떨어진다", "이번 디왈리 축제를 맞은 델리의 공기 오염은 덜하지만 대기질은 여전히 나빠서 안전 기준에 미치지 못하고 있다", "불꽃놀이가 시작되자 공기 오염이 치솟았다고 정부가 발표", "낮은 풍속으로 인해 델리의 대기질은 매우 나쁜 수준", "델리, 도무지 견딜 수 없는 수준", "스모그가 도시를 질식시키고 있다. 의사들은 건강 비상사태를 선언". 나는 동의하냐고, 진짜 건강 비상사태라고 생각하냐고 묻는다. "그렇습니다. 이번에는 그렇게 말해야겠군요. 25년 만에 처음으로, 한 열흘쯤 전에 저는 야외에서 질식하는 듯한 기분을 느꼈습니다. 전에도 여러 번 불편한 기분을 느꼈습니다만, 이번에는 목을 조르는 것 같았습니다."

내가 글을 쓸 당시 세계에서 두 번째로 큰 도시였던 델리의 인구는 UN의 예측에 따르면 2014년 2천4백9십만 명에서 2030년에는 3천6백만 명이 될 거라고 한다. 도시가 팽창하면서 자동차와 도로 역시 늘어나고 있다. 샤르마 박사는 2010년 델리의 자동차는 약 6백만 대였다고 말한다. "지금은 천만 대입니다." 자동차로 인한 공해는 델리에서 발생하는 전체 공해의 약 72퍼센트를 차지하고 있는 것으로 밝혀졌다. 1970년에서 1971년 사이에는 겨우 23퍼센트에 불과했던 것과 대조적이다. 인도의 다른 도시들은 다른 방향으로 발전하기로 선택했다. 뭄바이 지역은 비슷한 규모인 2천70만 명의 인구가 살고 있으면서도 같은 기간 차량이 100만 대에서 170만 대로 증가하는 데 그쳤다.

델리의 여성 기업인인 슈바니는 내게 말한다. "매년 아이들이 분무기를 이용해 약을 흡입하는 걸 더 많이 보게 됩니다. 아이들은 기침하고 병들어요. 특히 어린아이들이 말이죠. 제 친구도 아이가 평생 무슨 약을 먹어야 한다고 합니다. 그리고 그 원인이 되는 건 우리가 들이마시는 공기 말고는 다른 것이 있을 수가 없어요."

내게 뭔가 증거를 보여주고 싶은 마음에 그녀는 전화기 속에 저장해둔 사진을 한 장 찾아서 보여준다. 몇 달 전 신문의 1면을 촬영한 것으로 인도에서의 주요 사망원인에 대한 기사이다. 1990년의 주요 사망원인 다섯 가지는 설사와 하기도 합병증, 조산 합병증, 결핵, 홍역이었다. 2016년이 되자 심장병이 갑자기 1위에 오르면서 1990년에 겨우 3.7퍼센트에 불과했던 질병 부담과 비교해 전체 질병 부담에서 8.7퍼센트를 차지하게 되었다. 사망원인 2위는 만성 폐 장애였고 그 뒤로는 여전히 설사, 그 다음에는 하기도 합병증과 심장마비가 뒤따랐다. 새롭게 5위 안으로 들어온 질병들은 모두 대기오염과 강력한 연관 관계가 있었다.* 중앙오염통제위원회의 대기연구소장은 2017년 7월 〈힌두스탄 타임스〉와의 인터뷰에서 델리는 지난 535일 동안 대기질이 '좋음'이었던 날이 단 하루도 없었다고 말했다.

경제학자이자 경제 저널리스트로 '델리의 고등학생 학부모 엄마'라

---

* 6장에서 살펴보겠지만 심장마비와 심장병을 합치면 대기오염과 관련한 사망에서 폐질환보다 더 우위를 차지하게 된다.

고 소개한 조티 판데 라바카레는 걱정스러워하는 부모들을 위해 운동 단체 운영을 돕고 있다. 그녀의 집은 나무가 많은 중산층 동네에 있는데, 그 지역에는 구석구석 물이 충분하게 공급되는 공원들이 자리 잡고 있다. 출입문마다 밖에 경비원이 지키고 있다. 그런 동네라면 공해 같은 불쾌한 것들에 감염되지 않을 것 같지만, 내가 갖고 다니는 에그는 수치가 280μm/m³라고 말하고 있다. 몇 줄기의 햇빛이 야외의 공기를 마치 다락 먼지처럼 비추고 있다.

조티는 일부 외국 대사관들은 이제 델리를 '기피 근무지'로 분류하고 있다고 말한다. 이제 델리에 가족을 동반하고 부임하는 외교관은 없다. 유나이티드 에어라인 항공사는 최근 스모그가 최악인 11월에 델리로 가는 항공편을 없앴다. "이제 그런 상황은 국제사회에서 공공연한 비밀이 됐어요." 그녀는 말한다. "누구나 알지만 입 밖에 꺼내고 싶지 않은 내용이죠." 그녀의 전화기에서 콜드플레이의 '옐로우'라는 음악을 이용한 벨이 큰소리로 울린다. "혹시 병원에서 온 전화면 받아야 해요." 그녀는 사과하듯 말한다. "괜찮아요. 병원이 아니네요. 흥미로운 게 있어요, 팀. 제게 이 싸움은 이제 개인적인 일이 되었습니다. 어머니가 얼마 전에 폐암 진단을 받았어요. 어머니는 오랫동안 델리에서 살았습니다. 우리 가족 중에 지금까지 암 환자는 없었어요. 어머니는 담배도 피우지 않아요. 그냥 델리의 공기로 숨 쉰 것뿐이죠."

내가 델리를 떠나고 며칠 후에 그곳에서 국제 크리켓 대회가 열렸다. 인도와 스리랑카의 숙명적인 대결이었다. 경기 중에 스모그 수치가 올라 심판이 20분 동안 경기를 중단하고 양측 팀 의사와 논의를 했다. 스모그 때문에 국제 크리켓 경기가 중단된 것은 처음 있는 일이었다. 경기는 재개되었지만 두 명의 투수가 숨쉬기가 어렵다면서 경기

장을 벗어났다. "선수들이 경기장에서 나와 구토를 했습니다." 스리랑카팀의 코치는 기자들에게 불만을 털어놓았다. "탈의실에 산소통이 준비되어 있더군요."

LA의 '광화학 스모그'

로스앤젤레스에 처음으로 내려앉은 스모그는 1943년에 발생했다. 많은 사람이 일본의 화학전 공격이라고 생각해 두려워했고 도시 전체가 공포에 빠졌다. 하지만 사실 위협은 국내에서 자라난 것이었고, 스모그 발생은 예측 가능했던 일이었다. 멕시코시티나 베이징과 마찬가지로 로스앤젤레스는 천연의 오염물질 집합 장소였다. 지질학적으로 움푹한 곳에 자리 잡은 도시는(면적은 4천 제곱킬로미터 정도) 높은 산들로 둘러싸여 공기가 흘러서 빠져나갈 수가 없었다. 20세기 초 제강공장과 화학산업단지, 쓰레기 소각장에서 뿜어내는 연기가 움푹 파인 지형을 천천히 채우기 시작했다. 1943년 스모그가 발생하자 정부 기관들은 캘리포니아 공과대학의 생화학자인 아리 얀 하겐스미트 박사에게 조사를 의뢰했다. 그가 진행한 연구에서 오존 오염이 일으킨 과정이 확인되었고 '광화학 스모그'라는 명칭이 붙었다.

하겐스미트의 논문 '로스앤젤레스의 대기오염 관리'는 1954년 12월 〈엔지니어링 앤드 사이언스〉에 발표되었는데 다음과 같이 결론을 내렸다. '스모그 상태의 대기를 화학적으로 분석한 결과 엄청난 종류의 물질들이 포함되어 있었는데, 그 중에는 이산화황과 먼지가 있었고, 그것들은 다른 산업 분야에서 문제를 일으키는 존재로 잘 알려져 있다. 유기물질의 광화학산화라는 발견은 오존 형성을 가져오는데, 이는 탄화수소 배출 관리가 필요하다는 과학적 증거를 추가로 제시하고 있다.' 1977년 〈뉴욕 타임스〉에 실린 하겐스미트의 부고는 다음과 같은 내용을 기리고 있다. '그는 연료의 연소로 발생하는 공해에 대해 정유 및 자동차 산업과 맞서 거의 단신으로 전투를 벌였으며…… 업계로 하여금 굴뚝에서 내뿜는 연기를 여과하도록 유도했고, 자동차 산업단지가 설비를 발전시켜 배출가스를 줄이도록 했고, 산업의 확장에 있어서 계획적 통제가 필요하다는 의견을 반복 개진했다.'

하지만 그가 멈추지 못했던 한 가지는 로스앤젤레스가 자동차를 사랑한다는 사실이었다. 데브라 데이비스 박사는 1955년까지 로스앤젤레스에 거주하는 5백 만 명의 시민들 가운데 절반 정도가 자동차를 소유할 것이며 매년 5만8천 톤의 연료를 소모하리라 예측했다. 로스앤젤레스는 과거 전차와 전차를 위한 2400 킬로미터에 달하는 전차 선로로 잘 알려져 있었다. 하지만 런던과 마찬가지로 전차는 자동차에 자리를 내어주고 말았다. 데이비스는 1954년에 '과거 할리우드를 누볐던 등유에 젖은 전차와 전철이 불타면서 거대한 모닥불이 타올랐다'라고 썼다. 만일 20세기 중반에 전기 대신 화석연료를 더 선호하게 된 실수를 한 장으로 요약해 보여주는 모습이 있다면 바로 이 장면일 것이다.* 1950년에서 1970년 사이 남부 캘리포니아의 인구는 두 배로 늘었고, 그 사이 자동차 수는 세 배가 되었다. 로널드 레이건 주지사는

---

* 1900년 뉴욕에는 600대의 전기 택시가 있었다. 당시 도로에 있는 모든 차량의 3분의 1에 해당하는 숫자였다. 심지어 포르쉐조차 1898년에 전기만으로 움직이는 'P1'이라는 모델을 생산했을 정도였다. 그런데 어떻게 된 것일까? 1908년 일반인이 구입 가능할 정도인 최초의 대량생산 자동차인 포드의 모델T는 전기 엔진의 경쟁자인 휘발유 구동 엔진을 채택했다. 그 뒤 텍사스에서 발견된 원유가 갑자기 시장으로 밀려들었다. 이내 석유를 통제하고 배분하는 것이 강대국의 위치를 결정하게 되었고, 더욱 많은 소비가 권장되었고 보조금이 지급되었다. 상대적으로 전기 차량은 중요하지 않은 국내적 관심거리로 전락했다.

1974년 주민들에게 '절대적으로 필요한 경우를 제외한' 자동차 운행을 제한하고 배기가스 감축을 위해 운행속도를 낮출 것을 촉구했지만 별 효과가 없었다. 1980년대 캘리포니아에서 진행한 연구들이 자동차 공해가 건강에 미치는 영향을 조사했는데 뜻밖에 심장 혈관계 질병에 의한 조기 사망률이 높다는 결과가 나왔다.

1979년부터 1983년까지 캘리포니아 대기자원위원회 위원장이었던 메리 니콜스는 이렇게 회상한다. "대기 중에서 휘발성 유기화합물 또는 VOC를 단순히 감축하는 것은 대단히 논쟁의 여지가 있으며 소송의 대상이 되었습니다. 그 말은 서던 캘리포니아 에디슨 같은 회사들과 장시간 청문회를 해야 한다는 것인데, 그들은 온갖 종류의 과학 전문가들과 활발한 전투를 벌이면서 우리가 배기가스를 제한하기 위해 노력해서는 안 된다는 사실을 설득하기 위해 애썼습니다." 최악의 상황이 되면 LA의 스모그는 "공기를 들이마실 때마다 폐가 타들어갑니다. 그리고 냄새도 고약하죠. 실제로 스모그는 냄새와 맛을 갖고 있습니다. 원래 공기라는 건 그래서는 안 되는 겁니다." 니콜스가 말한다. "공기에서 공업용 화학물질 맛이 나는 겁니다. 그리고 보기에도 좋지 않아요. 눈으로 볼 수 있습니다. 스모그는 눈으로 보이는 모든 것을 뒤덮습니다. 그리고 사람들은 건물이나 기념탑 위에서 스모그가 미친 영향을 볼 수 있어요. 대리석과 석재를 먹어치우거든요. 그리고 사람과 동물에(반려동물들도 마찬가지로 스모그를 경험하게 됩니다) 미치는 영향을 보면 숨쉬기 어렵게 만들고, 결국 사람들은 야외활동을 덜 할 수밖에 없게 됩니다. 사람들은 밖에 나가지 말라는 경고를 듣게 되죠. 실내에 갇히고 마는 겁니다."

샘 애트우드는 1980년대 샌버너디노 〈선〉과 샌타페이 〈뉴멕시칸〉

에서 일간지 기자로 일했다. 1990년 그는 스모그가 건강에 미치는 영향에 대한 8부작 기사로 내셔널 저널리즘 상을 수상했다. "1987년경 남부 캘리포니아에서 신문기자로 일할 기회가 생겼습니다." 그는 회상한다. "그래서 면접을 보러 날아갔죠. 지금도 그런 경험을 실제로 할 수 있을 겁니다. 그러니까, 문자 그대로 담요 같은 스모그 속으로 날아가는 거죠. 공항에서 16킬로미터도 떨어져 있지 않은 아름다운 샌 가브리엘 산맥은 전혀 눈으로 볼 수가 없습니다. 공황 발작이 일어날 것 같았고, 이런 생각이 들었습니다. '내가 여기서 뭘 하는 거지? 내가 이런 공기를 들이마시게 된다는 거야?!'" 샘이 탄 비행기는 흔히 내려지는 1단계 스모그 경보 상태에서 착륙했다. 오존 농도가 높다는 경보도 내려져 있었다. "그 정도 수준이 되면 누구나 실제로 효과를 느낄 수 있습니다. 깊이 숨을 들이마실 수가 없고, 뭔가 무거운 것이 가슴을 짓누르는 것처럼 느껴지면서 대기질이 공기를 들이마시고 있는 모든 사람에게 영향을 미치고 있다는 사실을 부정할 도리가 없게 되는 거죠." 그는 말을 잇는다. "로스앤젤레스는 늘 끔찍한 오존 문제를 겪고 있으며 그 문제는 여전히 우리에게 가장 큰 과제가 되고 있습니다."

2012년과 2014년 사이 LA는 높은 오존 농도로 인한 '적색경보'를 81번 발령했다. 대조적으로 플로리다주는 적색경보가 단 하루에 그쳤다. UCLA(로스앤젤레스 캘리포니아대학교)의 교수이자 청정대기센터장인 수잰 폴슨은 오늘날 문제는 "여전히 내연기관 자동차와 오프로드 차량, 건설용 차량, 비행기, 기차, 선박 등 다른 것들입니다. 어마어마한 물품이 LA로 해상운송되고 있으며 아시아에서 미국으로 들어오는 물량의 절반 정도가 LA와 롱비치의 항구를 통과하고 있습니다"라고 말한다. 폴슨은 요약해 말한다. "만일 우리가 바로 내연기관을 전부 없앤다면 대기오염의 상당히 많은 부분을 해결할 수 있을 겁니다."

2016년 미국 폐협회에서 발행한 연례 대기상황 보고서에 따르면 캘리포니아의 12개 도시가 매년 오존 오염이 증가하는 것으로 나타났는데, LA는 최근 16번의 보고서 가운데 15번 '가장 오염된' 도시의 위치를 차지했다. 2016년 한 해 동안 서부 여러 주의 5개 도시는 보고서가 작성된 이래 최악의 단기 오염 사태를 경험했는데, 대부분 여름 가뭄과 산불로 인한 상황이었다. '하지만 그 외에도 원인은 더 있었다. 오염물질의 농도가 높은 날들은 나무를 연료로 사용하는 난방용 난로와 먼지 폭풍, 산불이 원인이었고 거기에다 발전소, 트럭, 버스, 기차, 선박, 산업 현장에서 뿜어낸 가스가 날씨 때문에 한 곳에 머물게 된 이유로 발생했다.' 전국적으로 미국인 열 명 가운데 4명 이상이(44퍼센트) 건강에 적합하지 않은 오존 농도 또는 먼지 공해를 겪는 지역에서 살고 있다. 2009년에서 2011년 사이의 결과보다 비율이 더 높아졌다. 미국에서 PM2.5 한 가지로 인한 사망이 교통사고로 인한 사망보다 두 배 많았다. 미국 폐협회는 또한 '미국의 대기오염방지법*을 약화하고……더 건강한 공기를 위해 싸우는 국가의 능력을 손상하려는' 강력한 세력이 있다고 경고하기도 했다. 트럼프 행정부가 들어서면 그런 우려는 금세 옳았던 것으로 드러나게 될 것이다.

---

* 1970년의 대기오염방지법은 1990년에 개정되면서 미국 환경보호국(EPA)에게 대기오염 배출 가스를 단속하고 이산화질소, 미세먼지, 이산화황, 일산화탄소, 납, 오존 등 공중건강에 해가 되는 것으로 여겨지는 6가지의 주요 '공기 오염물질 기준'에 대한 국가주변대기품질기준(NAAQS) 또는 허용 한도를 설정할 수 있는 권한을 부여했으며, 각 주 정부는 어떻게 목표를 이룰 것인지 보여주는 주별 시행 계획을 수립하도록 했다.

센강 좌안에 있는 에어파리프 사무실에 도착하자, 아멜리에 프리츠는 피곤한 모습이어서 미안하다고 말한다. 파리의 **'자동차 없는 날'** 다음 날이었기 때문이다. 파리시가 시민들에게 하루 동안 차 없이 지내도록 설득하는 날인 '자동차 없는 날'은 이제 연례행사가 되었다. 파리의 공식 대기질 감시기구인 에어파리프의 환경생물학자인 프리츠는 밤늦도록 기자들과 이야기를 나누었다. 그녀는 마지막 TV인터뷰를 자신의 집에서 했다. "너무 피곤해서 사무실에 있을 수가 없었어요. 그래서 그냥 '그래, 좋아요. 하지만 지금 우리 집으로 오셔야겠어요'라고 말했습니다."

그녀는 내게 위층 사무실을 보여준다. 그곳에 있는 커다란 탁자 위에는 다양한 보고서와 신문들이 쏟아진 채로 놓여 있다. "파리는 지리적인 상황에서 보면 아주 운이 좋은 경우예요." 그녀는 말을 시작한다. "땅이 매우 평평하고 산으로 둘러싸여 있지 않은 데다 대규모 공장도 없죠. 산업 현장이 아니고 바람과 비도 많아요. 이런 상황은 대기질에 아주 좋은 영향을 줍니다. 하지만 구름이 낮게 깔리고 바람이 불지 않으면 기본적으로 차고 안에서 자동차를 운행하는 것이나 마찬가지죠."

2016년 11월 30일부터 12월 17일까지 파리 및 주변 지역은 10년 사이 가장 길고 가장 극심한 대기오염 사태를 겪었다. 교통과 난방으로 배출된 지역의 가스 때문에 PM10 농도가 짙어진 데다 바람이 불지 않자 파리 전체는 실내에 시동 걸린 자동차를 세워둔 차고가 되고 말았다. 11월 30일 수요일 파리 도심 샌드니의 시간당 PM2.5 측정치가 최고 $195\mu m/m^3$까지 올랐고, 다음 날 오페라광장의 NO_2 수치는 질식 수준인 283μm/m³으로 최고치를 기록했다. 주말이 되면서 상황은 호전되었지만 다음 주가 되자 다시 나쁜 상황이 반복되었다. 시민들이 자가용을 사용하지 않도록 모든 대중교통과 파리의 공공 자전거 임대 및 전기자동차 임대가 무료로 바뀌었다. 천식을 앓는 2천 명 이상의 어린이들이 파리의 병원 응급실에서 치료를 받았다. 12월 8일이 되자 일간지 〈20 미니츠〉는 1면 기사에서 '목숨을 위협하는 연기'라며 탄식했다. TV 뉴스 채널인 〈프랑스 24〉는 '지역 당국과 정부는 서로 큰 의견 차이를 드러냈고, 현재 대기오염 수준을 두고 서로 비난했다'라고 보도했다. 그러는 와중에 환경 운동 웹사이트인 '오염 멈추기'는 '이런 최악의 오염 상황에서 파리에 사는 것은 20제곱미터 넓이인 방에서 하루에 담배 여덟 개비를 피우는 것과 마찬가지'라고 주장했다.

국가 공공 건강 기구인 공중보건프랑스에 따르면 대기오염으로 프랑스에서 일 년에 4만8천 명이 사망하며 그 가운데 3만4천 명은 죽음을 '피할 수 있었다'고 한다. '결과를 보면 평균적으로 거주자가 10만 명 이상인 도시 지역에서는 PM2.5 때문에 30년 남은 기대수명이 15개월 짧아진다. 인구가 2천 명에서 10만 명 사이인 지역에서의 기대수명 단축은 평균적으로 10개월에 그쳤다. 시골 지역에서는 평균적으로 기대수명이 9개월 단축되는 것으로 예측되었다.' 그러나 결정적으로 이런 연구 결과는 2016년 12월에 발생한 최고의 오염 사태와는 연결이 되지 않는다. 공중보건프랑스가 2007년부터 2010년까지 프랑스의 17개 도시를 연구한 결과 '매일 긴 시간 오염된 공기에 노출되는 것이 건강에 미치는 영향이 가장 크며, 오염이 단기간에 최고조에 달하는 상황이 미치는 영향은 한계가 있었다.'

많은 문제가 1970년대에 시작되었다. 센강의 제방을 따라 더 넓은 도로를 내기 위해 레 알 시장을 철거했고, 파리 도심으로 자동차들이 좀 더 쉽게 접근할 수 있도록 지하 터널 도로를 건설했다. 그러면서 도시를 감싸고 도는 외곽순환도로를 건설하기 시작해 1973년에 완공했다. 이런 정책은 혼잡을 덜기는커녕 더 많은 교통량을 만들어냈을 뿐이다. 2010년 3백6십만 명의 일 드 프랑스의 거주자들은(파리와 그 주변에 사는 사람들) 잠재적으로 자동차들이 유발한 NO_2의 연중 한계치를 초과하는 상황에 노출될 가능성이 생겼고, 1997년부터 매년 측정한 도로변 NO_2 수치는 계속 올라갔다. 델리나 베이징과 비교하자면 파리의 PM2.5 문제는 대수롭지 않을 수 있지만, 산화질소와 관련한 문제(NO_2 + NO)는 다른 두 도시보다 더 심각하다. 2010년 에어파리프 연례 보고서는 '일반적인 장소 그리고 도로변에서의 이산화질소 수치의 상승은 아마도 디젤 차량에서 뿜어내는 최초의 NO_2와 관련이 있을 수도 있다. 요즘 새로 나온 디젤 차량이 대부분 갖추고 있는 필터가 미립자 배출량을 줄이는데 기여하고 있지만, 반대로 NO_2의 배출을 상당량 끌어올리고 있기도 하다. NOx와 관련된 배기가스에서 NO_2가 차지하는 비율이 점진적으로 증가한다는 사실은 확인이 되었다.' 높은 오염 수치로 파리 시민들에게 경고가 발령된 건 2012년에 44일이었다. 2013년에는 매일 일 드 프랑스 지역에서 자동차를 이용한 이동이 천4백6십만 건 발생했는데, 그 가운데 65퍼센트가 파리 지역에서 발생했다고 추정되고 있다. 2017년 에어파리프 보고서는 주요 도로를 따라 측정한 NO_2 수치가 도로에서 멀리 떨어진 곳보다 두 배에 이르며, 가끔은 EU의 연간 최고 허용치보다 두 배 더 높다는 사실을 발견했다.

아멜리에는 현재 파리의 대기오염을 'NO_2 더하기 PM10 그리고

PM2.5의 결합'이라고 묘사한다. "그리고 벤젠과 관련된 문제도 조금 남아 있죠. 그리고 지역에 따라 도시 바깥쪽의 오존 문제도 있고…… 또 농업 분야와 나무를 태우는 문제 역시 남아 있습니다." 그녀는 현재의 대기오염은 "대중이 가장 관심을 두고 있는 것 가운데 하나죠. 사실상 직업이나 취업 다음으로 두 번째 관심이 많은 분야입니다. 그러니까 기본적으로 엄청나게 신경을 쓰고 있고, 사람들은 스스로 건강에 대해 매우 걱정스러워하고 있는 겁니다." 에어파리프가 진행한 여론조사는 파리 전체 주민의 절반이 NO_2 수치가 건강에 필요한 한계점을 넘고 있다는 사실에 신경 쓰고 있다는 걸 확인해주고 있다.

2017년 파리 시민으로 56세의 요가 강사인 클로틸데 노네즈는 프랑스가 그녀를 대기오염으로 영향으로부터 보호하는 데 실패했다면서 국가를 상대로 소송을 제기하는 전례 없는 행동에 나섰다. 30년 동안 파리에서 살아온 그녀는 아무리 건강한 식단을 유지하고 운동을 해도 건강이 악화하는 걸 목격했다. 2016년 스모그 발생 당시 자신의 건강이 그 어느 때보다 나빠지자 그녀는 둘 사이에 연관이 있다는 의심을 하게 되었다. 그녀를 진찰한 의사 역시 그렇다고 확인해주었다. "저를 치료한 의사가 말하길 파리의 공기는 너무 오염이 심해서 우리는 썩은 공기를 마시고 있다고 했어요." 그녀는 〈프랑스 앵포〉와의 인터뷰에서 말했다. "저를 진료한 의사에게는 저와 같은 다른 환자들도 있었는데, 어린이와 아기들도 있었습니다. 저를 진찰한 심장병 전문의도 같은 말을 했습니다." 노네즈의 변호사인 프랑수아 라포르그는 〈르 몽드〉와의 인터뷰에서 1년에 프랑스인 4만8천 명의 죽음을 막으려면 뭔가 해야 한다고 말했다. "우리가 국가를 비난하는 이유는 대기오염의 희생자들이 겪고 있는 의학적 문제가 당국이 대기오염을 막기 위해 행동에 나서지 않은 결과라고 믿기 때문입니다."

2017년 2월 15일 유럽연합 집행위원회는 파리를 포함한 19곳의 대기유지구역에서 반복적으로 NO₂ 허용치를 위반한 사실에 대한 대처가 부실하다는 마지막 경고를 프랑스에 보냈다. 경고 내용에는 '주변 대기 품질과 유럽을 위한 청정 대기에 관한 EU 법률(명령 2008/50/EC)은 대기질의 허용 범위를 정해두고 있으며, 그 기준은 EU의 어느 곳에서도 초과할 수 없고 회원국들에게 시민이 해로운 대기오염물질에 노출되는 정도를 제한하도록 의무를 부여하고 있다. 이러한 의무에도 불구하고 파리에서는 대기의 품질이 문제로 남아 있으며…… 자동차에서 배출되는 NOx 관련 물질 전체 중에서 약 80퍼센트는 디젤 엔진 자동차에서 비롯되고 있다.'

국제적 상황

위에서 언급한 다섯 개 도시는 2010년까지 무엇이 국제적 문제가 되고 있는지 간단하게 줄여 보여준다. 대기오염은 열악한 위생과 오염된 식수를 추월해 세계에서 조기 사망을 끌어내는 환경적 요인 가운데 1위를 차지했다. 가장 최근 WHO의 추정에 따르면 매년 약 4백 2십만 명이 야외 대기오염으로 사망하고 있으며, 이는 HIV/AIDS와 결핵 그리고 교통사고로 사망하는 사람들의 숫자를 모두 합친 것보다 훨씬 많다고 한다. 2018년 WHO 통계로 보면 세계에서 열 명 가운데 아홉 명이 현재 오염물질 농도가 높은 공기를 들이마시고 있다고 한다. 유니세프는 2십억 명의 어린이가 WHO의 대기오염 기준을 초과하는 곳에 살고 있으며, 6십만 명에 가까운 5세 이하 어린이가 매년 대기오염으로 발생했거나 악화한 질병으로 사망하고 있다고 믿고 있다.

이것은 유럽이나 인도 중국 또는 미국에 국한된 문제가 분명히 아니다. WHO의 주변 대기오염 데이터베이스에 따르면 2016년 세계에서 가장 오염이 심한 도시는 이란의 자볼이었다. '최고의 대기오염 도시 상위 50곳'에서 아프리카를 대표하고 있는 곳들은 카메룬의 바멘다, 우간다의 캄팔라 그리고 나이지리아의 카두나이다.(물론 WHO는 '아프리카와 서태평양 일부 지역에 관해서는 대기오염 자료가 심각할 정도로 미비하다'는 점을 지적하고 싶어 한다) 콜롬비아의 보고타 같은 남아메리카의 도시들이 있는 높은 고도는 산 위 분지에 갇힌 디젤 오염물질에 숨이 막힌다는 뜻이다. 사실 소득이 낮거나 중간인 국가들의 거의 모든 도시(97퍼센트)는 WHO의 대기 품질 지침을 따르지 못하고 있다.

전 세계는 연기로 몸살을 앓고 있다. 불이 붙는 것이라면(그리고 특히 화석연료라면) 우리는 기꺼이 태울 것이다. 그 연기 속에 무엇이 있는지, 연기가 결국 어디로 가는지 신경 쓰지 않은 채. 자, 그럼 **도대체** 그 연기 속에는 무엇이 있을까? 그리고 그 연기는 **결국** 어디로 가는 걸까?

Part 2

가스에 둘러싸인 삶

벼락치기 화학 공부를 할 필요가 있다는 건 금세 명백해졌다. 특히 대기화학을 공부해야 했다. 어떤 오염물질은 다른 것보다 더 나쁘고 어떤 오염원은 다른 것들에 비해 더 중요했는데, 그런 것들을 구분해 내는 일에 도움이 필요했다. 과학적 깨우침을 향한 내 육체적 여행의 시작은 정신적 여행처럼 정신없었다. 나는 길을 잃은 채 목적지도 없이 별 특징 없는 어느 날 특징 없는 잿빛 로터리에서 헤매고 있었다. 돌고 있는 로터리(정신적 로터리가 아니라 실제 존재하는 로터리)는 잉글랜드의 요크 외곽에 있었다. 다행스럽게도 앨리 루이스 교수가 나와 나를 맞아주었다. 여름학기가 끝난 뒤여서 보통은 바쁘고 웅성거리는 대학 캠퍼스는 가게들이 문을 닫고 난 시간의 지방 상점 거리 분위기를 풍겼다. 해외 유학생 몇 명이 느릿느릿 걸어 다녔고 박사후연구원들이 평균 연령을 눈에 띄게 올려놓았으며 앨리 루이스 같은 학자들은 평화롭고 조용한 분위기를 최대한 활용해 발표할 논문이나 연구자금 신청서 작성 작업을 하고 있었다. 대기화학 분야에서 수십 년 동안 현장 경험을 쌓은 교수인데도 청바지에 빛바랜 파타고니아 티셔츠 차림인 앨리는 전혀 교수처럼 보이지 않았다.

우리가 출입구로 걸어가고 있는 사이 화학과에 어울리게도 작은 트럭 한 대가 출입문 밖에서 용기에 액체질소를 재주입하고 있었다. 불안해진 나는 재빨리 방향을 바꾸어 그 옆을 지나갔다.* "예전에는 주변 지역 학교 교사들이 와서 수업에 필요한 만큼 빌려 갈 수 있도록 해주곤 했죠." 앨리가 내게 말한다. "교사들이 보온병을 하나 가져오면 그냥 공짜로 채워갈 수 있도록 해준 겁니다. 물론 지금은 그렇게 못하죠." 그는 덧붙여 말했지만, 정확히 왜 그런지는 몰랐다.

그는 울프슨 대기화학연구소의 연구실을 구경시켜 주었다. 새로 지은 건물인 연구소 건물은(2012년 신축) 대기오염에 새롭게 관심이 쏠리지 않았다면 이곳에 없었을 터였다. 예전에는 대기오염이 자선기금의 관심을 끌 정도로 매력적이지 못했다. 2000년대 초반만 해도 앨리 같은 대기화학자들은 제대로 버텨내지 못했다. 그가 속한 부서는 1960년대에 지은 낡은 건물에서 다른 분야 연구원들과 섞여 힘든 시간을 보내야 했고, 연구실에서는 시끄러운 분석 장비가 울려댔다. 이제 그는 내게 연구실을 보여주면서 천장에서부터 내려와 벽을 덮은 방음 패널에 감사해한다. 장비들은 예전과 다를 것이 없지만 지금은 그저 배경음 비슷한 정도의 소음만 내고 있다. 질량분석기 한 대가 말레이시아에서 가져온 기체를 분석하고 있다. 자동차 엔진 크기의 번쩍거리는 가스 측정기가 바닥에 자리를 잡고 있다. 비행기에 실려 높은 고

---

* 나는 액체질소로 몸이 얼어붙은 다음 이유도 알 수 없이 바닥에 쓰러져 수천 개의 조각으로 박살 나는 내용의 SF영화를 너무 많이 본 것이 틀림없다.

에어 쇼크

도의 오염을 측정하고 막 돌아온 참이다. 영국답게도 고가의 첨단 장비들 옆에 훨씬 비전문적으로 보이는 장비가 함께 서 있다. 은박지에 싼 모습도 보이고 구리선으로 둘둘 감은 병 속에서 뭔가가 끓고 있다.

앨리는 카보베르데에 있는 관측소를 찍은 거대한 사진 앞에 멈춰 선다. 요크대학교가 수십 년 동안 대서양 연안의 오염을 연구하고 있는 곳이다. 지난해 40년 만에 처음으로 관측소에서 에탄 농도 상승이 기록되었다고 한다. 아마도 미국이 셰일가스 추출 사업을 벌인 것이 원인일 것이라고 한다. 하지만 그는 한 가지 가스를 또는 한 가지 오염물질을 따로 떼어내 이해할 수는 없다고 말한다. 복잡한 화학 작용이 벌어지고 있기 때문이다. "우리기 말하는 대기는 본래 낮은 온도에서 타고 있는 겁니다. 모닥불이랑 약간 비슷합니다. 우리가 집어넣는 쓰레기를 거의 전부 태우죠. 만일 저온 연소하는 대기가 없다면 오염물질은 모이면서 계속 쌓여만 가겠죠. 그러니까 우리는 우리가 방출하는 사실상 모든 것이 결국 반응해서 CO_2와 물로 변한다는 사실에 의지해 사는 겁니다." 사실상 모든 것? "네. 전부 그런 건 아니니까요."

가스에 대해 말하자면 대기오염에는 몇몇 주인공이 있고, 일부 조연들도 있으며 단역(물론 가끔은 주인공 자리를 차지하기도 한다)도 존재한다. 깨끗한 공기의 78.09퍼센트는 분자 질소(N_2)가 차지한다. 나머지 20.95퍼센트는 산소와 미량의 가스들로 이루어져 있는데, 아르곤이 0.93퍼센트이고 이산화탄소가 0.04퍼센트이다. 지구의 생명체들은 그 미묘한 균형에 익숙해져 있다.(아니, 다른 식으로 말하자면 의지하고 있다고 할 수 있다) 오염된 공기라고 하면 당연히 우리가 뭔가 들이마시면 안 되는 걸 호흡하고 있다는 뜻이다. 미량 가스에 우리 몸과 어울리지 않도록 만들어진 뭔가가 섞여 들어오는 것이다. 그렇다면 우리가 마시는 공기에 들어온 침입자는 누구이며 어떻게 섞여 들어왔을까? 그리고 그 가운데 우리가 가장 신경 써야 하는 건 뭘까?

이산화질소

우리가 호흡하는 질소는('N_2'라고 부르는데 질소 원자 두 개가 붙어 있기 때문이다) 불활성인데, 다른 어떤 것에도 화학적 반응을 보이지 않는다는 것이다. 질소는 칵테일을 섞는 용기가 되어 다른 좋은 성분, 그러니까 이 경우에서는 산소를 우리 혈액 속에 전달하는 역할을 한다.[*] 하지만 소위 '반응성 질소'는 화학적으로 다른데, 뭔가가 질소 분자를 잘라 떨어뜨린 다음 원자들을 다른 것과 결합하도록 하기 때문이다. 자연스럽게 이런 현상이 발생할 때도 있는데, 이를테면 번개가 치면서 충분한 열기가 공급되면 질소와 산소가 묶이면서 산화질소 가스가 생기는 식이다. 그러나 우리가 사는 도시와 마을에서 일산화질소(NO)와 이산화질소(NO_2)라고 불리면서(합쳐서 NOx라고 한다) 질소산화물을 만들어내는 가장 큰 원인은 바로 자동차 배기가스이다. 모든 자동차 엔진은 사실상 아주 작은 번개 생성기라고 할 수 있는데, 결국 모든 도로는 끝없는 폭풍으로 가득 차 있는 것이다. 이산화질소는 중대한 건강 문제를 일으킬 수 있고, 그래서 가장 우려되는 것이지만 일산화질소는 덜 해로운 대신 공기 중에서 빠른 반응 속도로 더 많은 이산화질소를 만들어내는 경향이 있다.

---

[*] 질소는 또한 상대적으로 무거운 기체다. 오랜 세월 지구 중력이 작용해 우리에게 지금의 대기를 주었다는 뜻이다. 대기 중에서 멀리까지 올라가면(열권) 헬륨과 수소처럼 가벼운 기체들이 훨씬 많이 존재한다.

에어 쇼크

영국에서 2015년 진행된 환경식품농무부 연구에 따르면 도시의 NOx 배출의 80퍼센트는 자동차에서 나오며 그 가운데 3분이 1이 디젤 차량에서 배출된다고 한다. 보일러 연소에서 발생하는 가스가 나머지 20퍼센트의 대부분을 차지한다. 비행기들도 NOx를 머리 위에서 뿌려주는데, EU에서 발생하는 교통량에서 발생하는 모든 NOx 배출 가운데 14퍼센트를 차지한다. 유럽에서 비행기 운항으로 발생하는 NOx 배출은 1990년에서 2014년 사이에 두 배로 늘었으며 2014년에서 2035년까지 추가로 43퍼센트 증가할 것으로 예측된다. 2010년, 모든 비행경로 기록을 컴퓨터로 분석했더니 오염물질의 이동이 그저 국경을 넘은 것뿐 아니라 한 대륙에서 다른 대륙으로 퍼졌다는 사실이 밝혀졌다. 순항 고도로 날아가는 비행기들이 퍼뜨리는 배기가스는 바람에 실려 만 킬로미터를 날아가는데, 일반적으로 비행기 항로에서 동쪽으로 향한다. 그러므로 유럽과 북미에서 높은 고도를 비행하는 비행기들은 아시아에 배기가스를 날리는 셈이다. 반면에 산업과 에너지 생산 분야는 일반적으로 전체 NOx 오염의 약 4분의 1을 차지하고 있다. 배출된 NOx는 결국 우리 폐를 나쁘게 만들거나 숲과 땅, 물을 산성화한다. 멕시코만에서의 반응성 질소에 의한 조류의 대규모 증식 현상은 1950년대에 처음 발견되었는데, 그로 인해 죽은 조류(질소 오염을 가속하는 원인이 된다)가 지나치게 쌓이면서 산소가 부족한 '데드 존'이 만들어졌다. 2017년 데드 존은 22720km²까지 늘었다는 것이 밝혀졌다(비교해보면 이스라엘과 요르단에 접한 유명한 '사해'의 면적이 겨우 605km²에 불과하다).

——————— 암모니아

공기 중에서 화학 반응을 보이는 질소 기반의 또 다른 가스는 암모니아(NH_3)로 질소 원자 하나와 수소 원자 세 개가 결합한 형태이다. 대기 중에서 암모니아는 호흡기로 들어가고 폐와 눈을 자극하며 NOx보다 생태계를 훨씬 더 산성화한다. UN 식량농업기구(FAO)에 따르면 인간의 인위적 행동 가운데 암모니아를 만들어내는 가장 중요한 원인은 농업이라고 한다. 소와 가금류 두 가지만 해도 질소가 많이 함유된 단백질 사료를 먹는데, 그 가운데 많은 부분이 소화되지 않은 채 오줌을 포함한 배설물로 나오면서 공기 중에 암모니아를 내보낸다. "대기 오염의 화학적 특징 가운데 하나죠." 앨리가 설명한다. "암모니아와 NOx는 각각 가스지만 공기 중에서 서로 반응하면 작은 액체 방울로 변하고, 그걸 사람이 그걸 들이마실 수 있습니다. 만일 그런 작은 방울이 커지면서 제대로 된 환경을 만날 수만 있다면 계속 진행해서 구름 씨앗이 될 수도 있어요. 그리고 비가 얼마나 많이 내리게 될지 정할 수도 있습니다. 우리는 현재 그저 얼마나 많은 오염물질이 다른 환경 영역으로 스며들 수 있는지, 그리고 날씨에 영향을 미칠 수 있는지 정도만 알아내고 있습니다." 산업화 전 시대의 전 세계 암모니아 배출량은 현재 수준의 30퍼센트에도 미치지 못했을 것으로 추측된다. 암모니아 배출량이 증가한 것은 계속 늘기만 하는 세계 인구 그리고 고기 섭취에 대한 선호 때문이다. 2015년 기준 EU에서 암모니아 배출량의 94퍼센트가 농업에서 비롯된 것인데, 그 가운데 절반은 소를 키우면서, 4분의 1은 비료에서 생겼다.

오존

그러나 NOx가 대기오염의 현재 스타이고 언론 관심의 대부분을 차지하고 있지만, 오존은 훨씬 오래전부터 신문 머리기사를 장식해 왔다. 1950년대 LA에서 캘리포니아공과대학의 하겐스미트 박사는 오존이 '이산화질소가 있는 상태에서 유기물에 비친 햇빛의 반응으로 공기 중에서 만들어진다'라는 사실을 발견했다. 다른 말로 하면 이산화질소가 공기 중 유기물(VOCs, 다음 페이지에서 만나게 될 내용이다) 입자와 함께 존재할 때 만일 해가 비치는 날이라면 오존이 만들어진다. 이런 반응은 특히 덥고 맑은 날이라면 몇 시간 만에 이루어지며 그러면 병원에 입원하는 사람들이 급격히 늘게 된다. 오존에 노출되면 폐 조직이 손상되고 천식 발작이 일어나며 노약자가 가장 위험에 처하게 된다. 유럽환경청에 따르면 오늘날 오존에 대한 노출은 매년 유럽에서 14400건의 조기 사망을 유발하고 있다고 한다. 하지만 이건 우리만의 문제가 아니다. 높은 농도의 오존은 대부분 식물과 동물에게도 유독하다. 밀이나 옥수수, 쌀, 콩과 같은 주요 작물은 지표면의 오존 오염에 민감해서 오존 오염은 세계적 식량 안전에 걱정거리가 되고 있다.

현재 미국의 건강을 고려한 오존 농도 기준은 십억분율로 계산한 ppb 단위로 75이다. 밀리그램과 킬로그램은 무게를 나타내는 단위기 때문에 가스에는 잘 적용되지 않는다. 그래서 공기 중 가스는 주어진 표본 공기 속에 해당 성분이 얼마나 많이 들어 있는지 확인해야 한다. 미국 국가환경서비스센터(NESC)에서 발행한 유용한 자료표를 보면 1ppb라는 것은 감자칩이 든 10톤짜리 주머니 속에 두 손가락으로 소금을 살짝 집어서 넣는 정도라고 한다. 만일 가스 오염물질이 많이 발견된다면(소금을 양동이로 퍼서 넣기 시작한다는 뜻이다) 일부분을 확인해서 ppm 단위로 측정하는 편이 더 쉬울 것이다. 현재 미국의 건강을 위한 오존 농도 기준치는 75ppb이다. WHO는 2016년에 권고 허용치를 과거 60ppb에서 8시간 평균 50ppb로 줄였는데, '최근 확인된 일일 사망률과 낮은 오농도 사이의 확실한 연관 관계'에 의한 것이라고 한다. 하겐스미트가 처음 발견했을 당시 LA의 오존 농도는 600ppb를 초과했다.

다른 대기오염물질은 물질을 만들어내는 오염원에 가까이 갈수록 더 해롭지만, 오존의 발생은 대개 오염원에서 수 킬로미터 떨어진 곳에서 이루어지곤 한다. "사람들은 어떤 지역의 오존이 2시간에서 24시간 사이에 만들어졌다고 생각하는 경향이 있어요." 앨리가 말한다. "평균적인 바람 속도가 초속 10미터라면 바람이 움직이는 경로에서 200에서 400킬로미터 떨어진 곳에서 오존이 만들어지게 됩니다. 그러니까 보통 오존은 도심의 문제가 아니에요. 도심에서 멀어지면서 조금씩 증가하죠." 그러므로 LA나 베이징, 보고타 같은 도시들은 이러지도 저러지도 못하는 상황에 부닥쳐 있다. 산에 둘러싸인 분지 지형에 갇힌 오존은 깜박 잊고 담가둔 티백처럼 계속 우러나오게 된다.

오존의 태양 자외선과의 반응은(대기가 계속 타오르는 불꽃이라는 걸 다시 떠올리기 바란다) 또한 수산기(OH)의 주요한 원천이 된다. 수산기는 한 개의 수소 원자가 한 개의 산소 원자와 결합한 것이다. 수산기는 '유리기'를 만들어내는데 유리기는 반응성이 좋고 매우 짧은 시간 존재하지만 그렇게 짧은 순간에도 큰 피해를 줄 수 있다.(수산기가 대기 중에 존재하는 건 0.01초에서 1초 사이의 시간이다.) UCLA의 대기화학과 교수인 수잰 폴슨은 OH를 '뭔가로부터 수소를 떼어내고 물이 되기를 원하는 아주 작은 분자'라고 묘사하면서 '그것들은 거의 늘 전투에서 승리한다'라고 묘사한다. 결과적으로 수산기는 걸리는 것이라면 뭐든 산화시킨다(부식시킨다).* 하지만 수산기는 나쁜 영향만 주는 게 아니다. 수산기는 대기 중에서 매우 중요한 청소 작업을 한다. 수산기가 없다면 대기 중 온실가스는 계속 쌓일 것이라고 폴슨은 말한다. 그러니까 수산기를 엄청나게 공격적인 경비견이라고 생각하면 된다. 효과적이지만 누구든 개의 목줄을 놓고 싶지는 않을 것이다.

　오존은 물론 다른 이유로 유명하기도 하다. 바로 '오존층' 때문이다. 오존층은 자연스럽게 대기 중에 생겨나는데, 지구 표면에서 15에서 35킬로미터 사이쯤에 있으며 보호막을 형성해 지구를 태양의 중파장 자외선으로부터 보호한다. 지구 대기권에 있는 오존의 91퍼센트 이상이 오존층에 속해 있고 본질적으로 지구에 생명체들이 존재할 수 있도록 허락하고 있다. 오존층은 행성에 얼굴에 바르는 선크림 같은 존재다. 그러니까 위에 오존층이 있는 건 좋은 일이다. 우리는 단지 오존층이 지상에 없기를 바라는 것이다. 오존층을 제외하고 남은 오존의 9퍼센트는 지상에서 만들어지는데, 대부분 우리가 배출하는 것이다.

──────────── **휘발성 유기화합물**

　햇빛, NO_2와 함께 오존의 세 번째 필수 전구체는 VOCs, 즉 휘발성 유기화합물이다. 끓는 점이 낮아 '휘발성'을 띠는데 공기 중으로 쉽게 증발해 사라진다는 뜻이다. '유기'라는 말은 농장에서 생산한 유기농

───────

* '산화 스트레스'와 유리기로 비롯된 건강 문제에 대해 6장에서 살펴볼 예정이다.

식품이라는 뜻이 아니다. 화학에서 '유기'라는 말은 탄소와 수소 원자를 모두 갖고 있다는 뜻이다. 그리고 '화합물'이라는 건 탄소와 수소 원자가 이루는 고리의 수에 따라 수없이 많은 다른 형태를 띨 수 있어 붙인 이름이다. 자신의 작은 사무실에서 나와 대화를 나누던 앨리가 지적한다. "지금 이 방안에는 아마도 3천 가지의 서로 다른 VOCs가 있을 겁니다." 예를 들면 마무리용 광택 페인트는 크실렌을 방출한다. 주유소에서 기름을 넣을 때 나는 냄새는 벤젠(C_6H_6), 톨루엔(C_7H_8) 그리고 크실렌(C_8H_{10})이 섞인 것이다. 세계적으로 VOCs를 가장 방출하는 것은 나무인데, 대부분 이소프렌(C_5H_8)의 형태를 띤다. VOCs를 방출하면 미국의 스모키산맥이나 오스트레일리아의 블루산맥처럼 숲 위쪽에 푸르스름한 안개가 형성된다. 그걸 보고 로널드 레이건 대통령은 1981년에 "나무는 자동차보다 더 많은 공해의 원인이 됩니다"라고 했는데[*] 기본적으로는 맞는 말이다. "VOCs의 90퍼센트가 나무에서 생긴다는 말은 사실 맞는 말입니다." 앨리가 말한다. "하지만 당연히 나무에서 생기는 VOCs의 거의 전부는 아마존에서 나오죠. 그곳은 완벽하게 깨끗한 곳이어서 VOCs만 있을 뿐 NOx는 전혀 존재하지 않아요. 그러니 그냥 공기 중으로 올라가서 산화된 다음 사라지고 맙니다. 자연적인 순환입니다. 반면에 도시에서는 만일 NOx 농도가 20ppb이고 VOCs 농도가 1000ppb이고 햇빛이 비친다면 시간당 20ppb 정도의 비율로 오존이 생성될 겁니다. 그 정도면 진짜 높은 비율입니다."

그렇다면 VOCs가 관심의 대상이 된 가장 큰 이유는 뭘까? 바로 오존이 만들어지는 걸 돕기 때문이다. 하지만 일부 VOCs는 직접적으

---

[*] 1965년 서부지역 목재협회를 방문한 레이건은 또 자신을 향해 열광적인 환호를 보내는 벌목 노동자 관중에게 '나무는 다 나무죠. 여러 그루 살펴볼 필요 있습니까?'라고도 말했다.

에어 쇼크

로도 해롭다. 벤젠은 잘 알려진 발암물질이고 톨루엔은 중추신경계에 유독하다. 1995년 나이지리아의 대도시 라고스에 대한 연구는 야외 벤젠 수치가 250~500μm/m³라고 밝히고 있다(EU의 허용치는 겨우 5μm/m³이다). 벤젠과 톨루엔의 원인 가운데 잉크나 세제, 매니큐어처럼 잘 알려지지 않은 것들도 있다. 그러나 가장 중요한 원인은 놀랍지 않다. 바로 자동차의 연료이다. 1995년 라고스에 관한 연구에서는 오염이 '배기가스를 많이 뿜어내는 많은 자동차와 자주 벌어지는 교통 체증의 합작품'이며 '디젤 차량이 뿜어내는 검은 연기' 때문이라고 정확히 지적했다.

더욱 복잡하고 가장 위험한 유기화합물은 다환방향족탄화수소(PAHs)인데 벤조[c]페난트렌[$C_{18}H_{12}$], 벤조[a]피렌[$C_{20}H_{12}$], 벤조[e]피렌[$C_{20}H_{12}$] 등이 있다. 이것들은 화석연료와 바이오매스(농업 잔재물처럼 아직 화석화되지 않은 유기 연료)의 연소로 만들어진다. PAH에의 노출은 호흡기 장애와 암과 연관이 있고 유전자적 돌연변이가 일어나기도 한다. 나프탈렌[$C_{10}H_8$]은 자극적인 향 때문에 일부 방충제에 들어가는 중요한 성분으로 쓰이는데, 들이마시거나 많은 양을 섭취하면 적혈구가 파괴될 수 있다. 글을 쓰는 시점에도 나는 '99퍼센트 순도'를 자랑하는 '나프탈렌 좀약' 100그램짜리 상품을 이베이에서 4.65달러에 살 수 있다.(사지는 않았다)

PAH 벤조[a]피렌[$C_{20}H_{12}$]을 만들어내는 가장 큰 원인은 농사 후에 남은 그루터기를 태우는 일이다. 추수를 마치면 그루터기만 남은 밭은 태우는 게 보통이다. 아프리카에서 인구밀도가 두 번째로 높은 르완다에서는 대부분 영세 농업에 종사한다. 르완다에서 밭을 태우면서 발생한 연무는 반년 동안 이어지기도 한다. MIT와 르완다의 공동 프로젝트인 르완다 기후관측소의 수석 연구원인 랭글리 디윗은 "관측소는 시골 산꼭대기에 있고, 아프리카의 중앙, 동부, 남부의 대기를 측정하고 있어요. 르완다에서 바이오매스를 태우는 철이 되면 영향이 크다는 사실이 밝혀지고 있습니다. 르완다에는 12월에서 2월 그리고 6월에서 8월 건기가 두 번 있는데, 그 기간이 불을 놓는 철입니다."

농사를 지으면서 새로운 농지를 위해 불을 지르기도 하는데, 그러면서 원시 산림을 불태우기도 한다. 1976년에서 2010년 사이 75만km² 넘는 브라질 아마존 산림이 사라졌다. 원시 밀림의 15퍼센트에 맞먹는 면적인데, 브라질의 PM2.5 절반 이상이 그로 인해 발생했다. 아시아의 적도 지역에서는 관목 식물이나 이탄지를 정리하기 위해 불을 놓는 경우가 많다. 2015년 9월과 10월 이런 식의 불은 1997년 엘니뇨 현상에 따른 산불 이후 아시아 적도 지역에서 가장 많은 이산화탄소를 방출하는 원인이 되었다. 짧은 기간 이런 종류의 오염으로 인해 11880명이 추가로 목숨을 잃었을 것으로 추정된다.

1990년 초반까지 영국과 유럽에서도 농지에 불을 놓는 행위가 PAH 방출의 가장 큰 원인이 되었다. 영국 시골 지방에서 어린 시절을 보낸 나는 매년 가을 들판이 검은 연기에 휩싸여 있고 농부들이 불길 뒤에서 천천히 걸어 다니면서 불을 더 넓게 퍼뜨리는 모습을 본 기억이 있다. 어린 내게 그런 광경은 멋지게 보였다. 하지만 앨리는 내게 그 시절이 실제로 어땠는지 자료를 보여주었다. 그는 노트북 컴퓨터를 열어 1990년부터 2009년까지의 영국의 벤조[a]피렌 방출량 그래프를 보여주는 강의 자료를 찾아냈다. 1990년 전체 벤조[a]피렌의 방출량은 6만kg으로 기록되었는데 농업 관련 소각으로 인한 발생이 거의 절반에 이르는 2만7천kg 정도였다. 1993년 영국에서 농업 관련 소각이 금지

되자 농업 분야에서의 방출량이 문자 그대로 즉시 사라졌는데, 전체 벤조[a]피렌 방출량은 1990년의 절반으로 줄었고 그 외 산업 분야에서만 발생하고 있다. 그 뒤 1995년에 공업 분야의 방출을 억제하자 연간 총방출량은 다시 1만kg 이하로 줄었다. 5년 전보다 겨우 6분의 1수준이었다. 2009년에는 주요 방출 원인은 한 가지로 줄었고(나무를 사용하는 가정용 난로) 양은 연간 약 3천kg이 되었지만 2002년부터 매년 늘어나고 있다.

PAH 농도는 개발도상국의 공업화된 도심 지역에서 매우 높은 수치를 보인다. 2002년과 2009년 사이의 여러 연구를 보면 알제리 알제의 PAH 수치는 8~29세제곱미터 당 나노그램(ng/m^3)이었고 베트남의 호찌민시는 38~53ng/m^3, 말레이시아의 쿠알라룸푸르는 3.1~48ng/m^3이었다. 영국 정부의 대기질 기준 전문가 위원회(EPAQS)는 PAH에 대한 연평균 기준치를 매우 낮은 0.25ng/m^3으로 제안했는데, 이유로 폐암, 피부암, 방광암과의 연관성을 들었다. 만성적으로 또는 오랜 기간 PAHs에 노출되면 면역기능 감소, 백내장, 간과 신장의 손상, 황달, 폐기능 이상 등의 건강 문제가 생길 수 있으며, 개발도상국에서는 폐암에 걸릴 확률이 높아진다.

────────── **이산화황**

내가 만일 1980년대에 이 책을 쓰려고 했다면(또는 그보다 앞선 그 어떤 산업 시대에도) 이산화황이 주인공 노릇을 했을 것이다. 이산화황은 현재나 과거에 산성비의 중심 성분이고, 황을 포함하는 화석연료를 많이 태우면 늘 발생했다. 석탄과 원유는 모두 황을 높은 비율로 포함하고 있다. 산업혁명이 진행 중이던 1850년 이산화황의 발생 원인은 대개 산업 분야에서의 화석연료 연소와 세계적인 화산 활동이 절반씩 차지했다. 백 년이 지나고 난 뒤 공기 중 이산화황의 90퍼센트는 인간이 만들어낸 것으로 추정하고 있다.

그러나 우리가 산성비라는 단어를 더는 많이 듣지 못하는 이유는 전 세계가(호수의 물고기들이 죽기 시작하고 오래된 건물의 겉면이 촛농처럼 녹아내린 후에야) 연료에서 황을 제거하기 위해 어떤 고생도 마다하지 않았기 때문이다. 1985년 UN의 이산화황 배출 감축을 위한 헬싱키 의정서는 매우 효과가 컸다. 1980년부터 2013년 사이 미국의 연간 이산화황 평균 농도가 87퍼센트 감소했고 유럽에서는 이산화황 배출이 1990년부터 2009년 사이에 76퍼센트 줄었다. 하지만 연료에서 황을 제거하는 비용은 적지 않았다. 그 말은 많은 개발도상국과 국제 선박운송 업계에서는 여전히 황을 함유한 저질 연료를 기본적으로 사용하고 있다는 뜻이다.

2000년에서 2010년 사이 세계 이산화황 농도에서 아시아가 차지하는 비중은 41퍼센트에서 52퍼센트로 높아졌는데, 같은 기간 북미와 유럽(러시아를 포함)이 차지하는 비중은 38퍼센트에서 25퍼센트로 줄었다. 중국은 2010년에 세계 전체 이산화황의 30퍼센트인 29메가톤을 방출했다. 또 델리에서는 발생한 이산화황의 55퍼센트가 도심에 있는 두 개의 석탄발전소에서 배출되었다. 2000년 이후 이산화황을 배출하는 오염원을 인공위성을 이용해 측정하고 있는데,[*] 그 자료

---

[*] 인공위성을 이용해 실제 처음으로 이산화황을 측정한 것은 1979년이다. 하지만 당시 보이저 1호 위성이 측정한 것은 지구가 아닌 목성의 위성 이오의 대기였다. 그 말은 우리는 20년 동안이나 우리가 사는 지구의 SO_2보다 멀리 떨어진 천체의 SO_2에 대해 더 잘 이해하고 있었다는 뜻이다.(1메가톤은 100만 톤이다)

를 통해 2016년 전체적으로 세계에서 이산화황을 가장 많이 배출하는 '상위 500' 곳을 알아낼 수 있었다. 그 순위에는 297개의 발전소, 53개의 용광로, 65개의 원유 및 가스 관련 공장과 76곳의 화산이 포함되어 있다. 러시아의 노릴스크에 있는 용광로들은 위성이 확인한 바로는 아마도 인간이 만들어낸 이산화황의 단일 최대 배출처가 될 것인데, 한 군데 오염원에서 쏟아내는 이산화황의 양이 1.9메가톤에 달한다.[*](비교해보면 매우 큰 화산인 이탈리아의 에트나산이 일 년에 0.5에서 1.2메가톤을 배출한다)주3. 그러나 만일 국제 선박운송을 국가로 간주한다면 러시아를 우습게 이길 수 있을 것이다. 2003년의 한 연구에서 보면 선박에서 나오는 SO_2는 12.98메가톤이다.(에트나산의 10배에서 26배나 된다.)

대기오염 이야기 속에서 이산화탄소(CO_2)와 메탄(CH_4)같은 온실가스는 5촌 사이쯤 된다. 그들은 같은 가문(화석연료 연소나 농업 관련 소각)에 속하지만, 그것들 때문에 몸이 병들지는 않는다(물론 기후변화로 인한 건강 악화는 심각하지만). 하지만 대기오염의 원인에 대처하다 보면 동시에 온실가스의 원인에 대해서도 대처하게 되는 경향이 있다. 비용 대비 효과 측면에서 보자면 대기오염을 막다 보면 지역의 건강 문제를 해결하는 **동시에** 국제적 기후 재난을 줄이는 두 가지 이득을 얻을 수 있다.

탄소는 근본적 순환 시스템 속에서 모든 살아 있는 것들의 일부를

---

[*] 대기 중 CO_2의 양이 이렇게 많았던 마지막 시기는 약 3백만 년 전인 플라이오세(世) 때였다. 그때는 CO_2 농도가 365~410ppm 정도로 수천 년간 유지되었는데, 그 기간에 북극 온도는 2011년에 비해 11~16℃ 더 높았고, 해수면은 25미터 정도 더 높았다. NASA에 따르면 만일 우리가 계속 이런 식으로 행동하고 인류가 화석연료를 앞으로 몇백 년 사이에 모두 써버린다면 CO_2 농도는 1500ppm까지 계속 상승할 것이라고 한다.

구성한다. 탄소 원소는 끊임없이 자신을 새로운 용도에 빌려준다. 그 대상이 흙이든 식물이든 동물의 몸이나 가스든 상관없다. CO_2는 그런 탄소 기반의 가스 가운데 하나로 탄소 원자 하나와 산소 원자 두 개가 결합한 형태이다. 금성과 화성 같은 다른 행성들은 CO_2가 대기의 대부분을 차지하고 있는 데 비해 지구의 대기에는 CO_2가 훨씬 적은데 그 이유는 지구의 액체 상태의 물과 식물이 흡수하고 먹고 살기 때문이다. 바다에서 이산화탄소가 녹으면 탄산이 생성된다.

그린란드와 남극(매년 내린 눈이 층층이 쌓여서 나무의 나이테처럼 오래전부터의 공기 자료가 보관되어 있다)의 빙하 코어 채취 덕분에 우리는 10만 년이라는 합리적으로 예측 가능한 주기로 CO_2가 180ppm에서 280ppm의 농도로 최고치와 최저치를 기록했다는 사실을 알고 있다. 하지만 1950년 CO_2는 인류 역사상 처음으로 300ppm이라는 수준을 깨뜨렸다. 그리고 계속 올라가고 있다. 2016년은 누구도 원하지 않는 이정표에 도달했다. 당시는 일 년 중 대기 중 이산화탄소 농도가 대개 최저치를 나타내는 때였는데, 바로 북반구의 식물이 CO_2를 먹어치우는 한여름 직후였다. 하지만 9월의 CO_2 농도는 400ppm에 도달했고 떨어질 줄을 몰랐다. 400ppm이 어떤 상황인지 보여주기 위해 카본 비주얼의 블로그는 작은 회사의 좁은 회의실에서 공기 중 CO_2 농도가 400ppm이라면 그건 실내에 커다란 냉장고가 두 대 있는 셈이라고 비유했다. 농도가 100ppm 상승하는 데는 대략 7천 년이 걸린다. 이번에는 66년이 걸렸다. 대기 중 CO_2 농도는 2005년과 2015년 사이 단 10년 동안에 20ppm이 올랐다. 대기 중 CO_2 농도가 오르면서 바다의 생물들은 높아지는 산성도로 고통받기 시작했고, 조개껍데기가 잘 형성되지 않거나 산호 백화가 일어나는 등의 문제가 발생했다.

에어 쇼크

화산이 CO_2이 자연적인 원천이지만 인간이 불태워 만들어내는 양에는 대적하지 못한다. NASA의 지구 관측소에 따르면 화산은 매년 130에서 380백만 톤의 이산화탄소를 뿜어내는데 비해 인간은 약 3백억 톤으로 화산보다 100배에서 300배 많은 양을 화석연료의 연소를 통해 만들어낸다. 미국에서 온실가스의 가장 큰 고정 배출원은 발전소이다. 2009년 미국의 전체 온실가스 방출량 중에서 에너지 생산 분야가 86퍼센트를 차지했다. 대기에서 CO_2를 흡수할 열대 우림을 베어내고 불태우면서 악순환이 반복되고 있다. CO_2를 흡수할 나무들이 줄어들고 있고 나무를 태우면 더 많은 탄소가 공기 중으로 돌아가고 있다(추가로 NOx와 다환방향족탄화수소도 배출된다). 인도네시이에서는 거의 이해가 불가능할 규모라 할 수 있는 산불이 거의 지난 10년 내내 맹위를 떨쳤는데, 대부분 그저 팜유 농장을 만들기 위한 것이었다. 인도네시아의 열대림 가운데 80퍼센트가 이런 식으로 사라졌다. 1997년과 1998년 사이의 불은 보르네오와 수마트라에서 약 9백7십만~천백7십만 헥타르(대략 오하이오주의 면적이다.)를 불태우면서 4백5십만~6백만 헥타르의 열대 저지대 우림과 백5십만~2백십만 헥타르의 이탄토 지대를 파괴했다. 배출된 탄소 추정량은 그해 **전 세계에서** 화석연료로 인한 연간 배출량의 13~40퍼센트에 맞먹는 양이다. 2015년의 산불은 그보다 더 큰 피해를 입혔다.

일산화탄소

탄소가 불에 타면 산소와 결합한다. 탄소가 산소 원자 두 개와 친하게 어울리면 이산화탄소가 만들어진다. 만일 산소 원자 한 개와 만나면 일산화탄소(CO)가 된다. 데브라 데이비스가 말하는 것처럼 충분한 양이라면 두 가지 모두 사람을 죽일 수도 있다. 하지만 일산화탄소가 훨씬 소량으로 같은 일을 할 수 있다. 자연스럽게 자연에 존재하는 0.2ppm 정도 농도의 일산화탄소는 무해하기 때문에 별로 중요하지 않다. 그러나 자동차 배기가스나 철강 공장 그리고 담배 연기 등에서 비롯되는 높은 농도의 일산화탄소는 진정한 신스틸러가 될 수 있는 카메오 배우들 가운데 하나라고 할 수 있다. 대부분 시간 동안 일산화탄소는 스크린에 얼굴을 내밀지 않지만 등장했다 하면 결과가 어떨지 우리는 잘 알고 있다. 일산화탄소는 겨우 2500ppm의 농도만으로도 적혈구에 포함되어 몸을 돌아다니는 헤모글로빈에 의해 운반되는 산소의 양을 줄이는 방식으로 사람을 죽음에 이르게 한다. 적지만 주목할 만한 수의 사람들이 매년 캠프장에서 밤에 온도를 높이기 위해 일회용 바비큐를 텐트 안에서 피웠다가 목숨을 잃곤 한다. 텐트의 지퍼를 닫는 행위로 문자 그대로 일산화탄소에 의해 운명이 봉인되고 마는 것이다. 1970년대와 1980년대의 자동차 배기가스는 야외 공기의 일산화탄소 농도를 위험한 수준까지 끌어올렸고 촉매 변환기를 설치해 일산화탄소를 재처리하면서 해결되었다. 런던 도심 말리본 로드에서 측정한 수치에 따르면 1998년에서 2009년 사이 일산화탄소 농도는 매년 12퍼센트씩 급격하게 감소한 것으로 나타났다. 하지만 일산화탄소가 모두 사라진 것은 아니다. 이산화황과 마찬가지로 유럽과 북미에서의 일산화탄소 감소는 남반구와 아시아에서의 동시 증가에 위협받고 있다. 인도 역시 1990년에서 2010년까지 일산화탄소 배출량이 서서히 증가하고 있고 중국에서의 배출량은 2000년 이후 유의미한 수치로 빠르게 증가하고 있는데, 대체로 엄청나게 증가하는 자동차 소유량과 디젤 연료, 철강 및 화학 관련 제조산업에 원인이 있다.

──────────── 메탄

산소를 포함하지 않은 탄소 가스는 메탄(CH_4)이다. 탄소 원자 하나에 수소 네 개가 결합한 형태이다. 유기물이 동물 뱃속에서 소화되거나 박테리아에 썩을 때 발생한다. 그러니 메탄이 발생하는 원천은 대부분 쓰레기더미나 농업 분야 그리고 화석연료이다. 원유가 단지 썩은 유기물에 불과하다는 사실을 생각해보면 원유 위쪽에 쌓여 있는 가스는 대부분 메탄일 것이다. 바로 그 가스를 채취해 파이프를 통해 우리가 사용하는 가스레인지로 보내는 것이다. 직접 메탄가스를 흡입해 발생하는 건강 문제는 매우 적지만(영국에서 가정에 공급하던 매우 독성이 높은 석탄가스가 1960년대와 1970년대에 천연가스로 교체된 것은 다른 문제이다), 폭발의 위험성이 매우 높다. 만일 집의 실내가 메탄가스로 가득 찼을 때 높은 농도의 가스를 들이마신다고 해도 죽지는 않지만, 혹시 라이터를 켠다면 목숨을 잃게 될 것이다. 온실효과 측면에서 보면 메탄 분자 한 개는 CO_2 분자 20개와 맞먹는다.

그러니 메탄가스의 배출 증가는 문제가 된다. 현재 대기 중 메탄 농도는 산업화 이전 수준의 두 배가 넘는데, 가장 큰 원인은 목축업과 논농사, 쓰레기 매립지이며 천연가스 공급망에서 흘러나온 것도 영향을 미친다. 1750년 세계적인 메탄 농도 평균치는 772ppb로 추정되었다. 2011년이 되자 평균치는 1803ppb로 올랐다. 2008년과 2009년 사이 델리의 메탄 농도는 거주 지역에서 652ppb에서 5356ppb 사이를 오갔으며, 소위 '비허가 거주 지역'이나 빈민가에서는 15220ppb까지 올라갔다. 2006년에서 2010년 사이 전체 메탄가스 배출량의 거의 50퍼센트는 삼륜차와 버스에서 사용하는 CNG(압축 천연가스) 연료에서 나왔다.

하지만 농업은 메탄가스 배출 원인에서 쉽게 가장 큰 부분을 차지하는데, 2015년 EU에서 배출한 메탄가스의 54퍼센트는 농업 분야에서 나왔다. 미국의 메탄가스 전체 배출량 가운데 22퍼센트는 오직 가축들의 소화 작용에서 나온다. 미국의 전체 메탄 배출량 가운데 10에서 12퍼센트는 순수하게 소고기 생산업에서 나온다. 소 한 마리가 하루에 메탄을 500리터까지 만들어낼 수 있다. 우려스럽게도 이런 식의 배출은 세계적으로 육류 소비가 늘면서 증가할 것으로 보인다. FAO는 2015년에 비해 2025년에는 전 세계적으로 육류 생산이 16퍼센트 증가할 것이며 같은 기간 동안 우유 생산은 23퍼센트 증가할 것으로 예측했다. 미국 지질조사국에 따르면 습지나 화산에서 배출하는 자연적인 메탄가스의 양은 매년 2억 톤가량이라고 한다. 한편 자동차와 산업 활동으로 인해 발생하는 메탄은 연간 약 240억 톤이다.

지금까지 언급한 모든 가스가 인간이 만들어내기도 했지만 자연적 발생도 있었던 것에 비해 어떤 가스는 전적으로 인간이 만들어낸 것들이다. 흥미 위주의 신문기사에서처럼 프랑켄슈타인 오염물질이라고 부르고 싶지만 그러지 않다(이미 그렇게 부른 셈이지만).

할로카본 화합물은 탄화수소에서 수소를 제거하고 그 대신 한 개 이상의 할로겐 원자(염소, 플루오린, 브롬 또는 요오드)로 대체함으로써 만들어진다. 가장 잘 알려진 것이 CFCs이며 생겨나면 오랫동안 사라지지 않는다. 어떤 것들은 대기 속에서 단지 몇 년 존재하는 게 아니라 몇백 년 동안 사라지지 않고 남는다. 거의 사라지지 않는 것에 가까운 퍼플루오르메탄은 수명이 5만 년이나 된다.(1초만 살고 사라지는 유리기와 비교된다) 1930년 이전에는 가정에서 냉장고에 사용하는 냉각 가스로 선호하던 것이 프로판과 암모니아, 이산화황이었다. 불안정한 가스들이 수많은 폭발과 사망 사고를 일으킨 것은 놀라운 일이 아니다.[*] 1982년 제너럴모터스는 인정받는 엔지니어인 토마스 미즐리에게 (이름을 기억해둘 것. 나중에 다시 등장하는 인물이다) 해결책을 만들어낼 것을 주문했고, 그는 불안하지 않은 성질을 가진 불활성 CFCs의 사용을 제안했다. 이미 19세기에 처음 합성해냈지만, 아직 상업적 용도를 찾지 못하고 있던 물질이었다. 미즐리는 비할 데 없이 낮은 인화성을 보여주기 위해 새로운 가스를 조금 입으로 들이마셨다가 촛불을 향해 불어 보였다. 촛불은 폭발하지 않고 꺼졌다. CFCs는 금세 냉장고와 에어컨에서 널리 쓰이게 되었고, 화학적으로 잘 반응이 일어나지 않고 독성이 없는 특징으로 인해 소화기, 에어로졸 스프레이의 분사제, 전자제품 제조공장에서의 용제, 플라스틱의 발포제 등에서도 쓰이게 되었다.

하지만 지나치게 불활성인 CFCs는 나중에 재앙과도 같은 결과를 가져오게 된다. "너무 오랫동안 사라지지 않는 특성이 있어서 성층권까지 올라가게 된 거예요." 앨리가 설명한다. "지표면에서는 햇빛이 할로겐을 함유한 분자의 결합을 깨뜨릴 정도로 강하지 않아요. 대기 중에서 할로겐을 가진 분자의 결합을 깨뜨리려면 성층권까지 높이 올라

---

[*] 냉장고는 불안정한 기체를 밀폐된 파이프 시스템 안쪽에 가두어 두는 방식으로 작동한다. 가스는 냉장고 뒤 파이프 속에서는 액체로 압축되고 상대적으로 온도가 높지만, 냉장고나 냉동고의 내부 파이프로 들어가기 직전에 다시 팽창해 가스가 되면서 갑자기 차가워진다. 분사된 에어로졸이 공기 중으로 뿜어져 나가면서 갑자기 차가워지는 원리와 비슷하지만, 냉장고의 경우 가스가 계속 순환하는 파이프 시스템 내부에 갇혀 있는 것만 다르다.

가 햇빛이 더 강해지는 것밖에는 방법이 없어요. 그래서 가스가 대기 중에서 오랫동안 흘러 다니다 결국에는 적은 양이 성층권까지 올라가게 되는 것이고, 그곳의 강력한 햇빛이 실제로 분자 결합을 깨뜨리는 겁니다." 그 단계에서 염소가 마침내 자유롭게 풀려나면서 유리기가 되어 짝을 지을 산소를 애타게 찾아 헤매게 된다. 오존은 3개의 산소 원자를 갖고 있으므로 CFCs에서 발생한 염소에 의해 빠르게 파괴된다. 그리고 대부분 CFCs는 수명이 수십에서 수백 년이기 때문에 여러분이 어린아이일 때 배출된 CFCs는 아마도 여전히 끈질기게 대기권의 위쪽으로 올라가고 있을 것이다.

CFCs는 그저 가장 잘 알려진 프랑켄슈타인 오염물질일 뿐이다(죄송하게도 이제 이름이 입에 붙어버리고 말았다). 〈랜싯〉 환경오염 보건위원회(2018)에 따르면 1950년 이후 14만 개 이상의 새로운 화학물질과 살충제가 만들어졌다고 한다. 그 가운데 5천 가지는 어마어마한 양이 생산되어 '환경에 널리 퍼져 거의 모든 인간이 그 물질에 노출되었다'라고 할 수 있는데, '안전성이나 독성을 확인하기 위해 어떤 식으로든 시험을 실행한 것은' 채 절반도 되지 않는다. 위원회에 따르면 새로운 화학물질에 대한 엄밀한 시판 전 평가는 오직 '지난 10년 사이[2007~2017]에 그것도 소수의 고소득 국가에서만 진행되었다'라고 한다. 영국의 최고의료담당관의 보고서 역시 '우리는 사람들이 평생 접하게 될 수천 가지의 화학적, 물리적, 생물학적 오염물질 가운데 겨우 몇 가지만을 감시하고 있을 뿐'이라며 동의하고 있다.

하늘이라는 한계

앨리 루이스를 만난 경험은 대기가 천천히 타고 있는 불꽃이라는 사실을 인식하는 데 도움을 주었다. 우리가 불 속에 많은 화학물질을 던져 넣으면 대기는 그것들을 걸러내기 위해 더욱 몸부림칠 것이다. 그러나 이런 과정은 또한 공기의 높이에 의존하고 있다. 그렇다. 우리가 숨 쉬는 공기층은 높이가 한정되어 있다. 그리고 그 높이는 어쩌면 여러분이 생각하는 것보다 낮을 수 있다.

대기권에서 가장 낮은 구역으로 지표면에서 가장 가까운 곳은 대류권인데, 대류권 가운데 우리가 생활하고 공기를 들이마시는 곳(그리고 지금까지 말한 가스들이 모두 배출되는 곳)은 '대기 경계층'이라고 한다. 대기 경계층의 높이는 지표면 위 겨우 몇 미터에서 몇 킬로미터까지 계속 변한다. 나는 영국 기상청에서 대기질 부서를 맡고 있는 폴 애그뉴를 만나 이 부분에 대한 설명을 요청했다. 폴은 자신이 원자력공사에서 일했고 뉴멕시코에서 러시아인들과 미국인들을 도와 우주에서 원자력을 이용해 전기를 만들어내는 프로젝트를 수행하는 것으로 직장 생활을 시작했다는 이야기로 시작했다. 우주 원자력 발전이 가망성이 없는 것이 확실해지자 그는 대신 기상학으로 분야를 바꿨다. 하지만 그는 금세 대기화학이 로켓 과학보다 훨씬 복잡하다는 걸 알게 되었다. 그의 설명에 따르면 경계층이란 '지구 표면에 가까운 대기의 한 부분으로 언덕이나 대류처럼 지표면의 특색에 강력한 영향을 받으며 난기류가 자주 발생하는 곳'이라고 했다. 들은 이야기를 머릿속에 그려보려 애쓰며 나는 경계층의 위쪽 한계가 구름 아래 평평한 부분이냐고 물었다. "경계층의 높이를 대략 어림잡을 때 그렇게 생각하면 괜찮을 수도 있습니다. 그 말이 들어맞지 않을 때도 있기는 해요. 하지만 구름층 아래쪽이 경계층 높이를 가늠하는 합리적인 지표가 될 수 있습니다."

기억해보면 파리에서 에이파리프의 환경생물학자인 아멜리에 프리츠는 이렇게 묘사했다. "문을 닫은 차고에서 차의 시동을 걸어놓은 것과 같아요. 경계층 꼭대기는 마치 뚜껑처럼 우리를 덮고 있는 겁니다." 2016년 12월 파리에서는 "이 경계층이 50미터 내외이고 가끔은 그보다 낮죠"라고 그녀는 내게 말한다. "우리는 오염물질을 20미터 정도 높이 안쪽에서 공기와 섞고 있어요. 그래서 오염 농도가 미친 것처럼 올라가는 겁니다. 우린 기본적으로 우리가 배출한 오염물질을 들이마시고 있어요." 런던의 킹스 칼리지에서 대기질 모델링을 강의하는 숀 비버스 박사 역시 내게 말한다. "여름에는 태양이 경계층 안에서 많은 난기류를 만들어냅니다. 여름이 특별히 덥지 않은 영국에서조차 그렇죠. 빠른 속도로 지표면 온도가 높아지면 그 위쪽 공기가 열을 받게 되고 그러면서 난기류가 형성되면 경계층의 높이가 올라가는 겁니다. 그 반대도 마찬가지죠. 밤새 지표면이 빠른 속도로 식으면 경계층은 낮아지고, 특히 겨울에는 더욱 그렇습니다." 고비 사막에서는 경계층이 낮에는 지면에서 4킬로미터까지 높아지지만, 밤에는 곤두박질친다. 그럴 때 일어서면 차분하고 난류라고는 존재하지 않는 대류권의 '자유 대기' 속으로 머리가 들어가게 된다.

대기 경계층은 가끔 '혼합층'이라고도 하는데, 그곳이 대기층에서 지표면과 유일하게 계속 접촉하기 때문이다. 그곳에서는 다른 온도와 풍속이 서로 소용돌이치고 모든 것이 뒤섞인다. 하지만 그보다 위쪽 부분은 반응을 일으킬 표면이 없어서 상대적으로 차분하다. 두 층 사이의 경계면은 놀라울 정도로 효과적이어서 대부분 오염물질은 스스로 다른 화학물질들과 끊임없이 반응을 일으키면서 수명이 짧다는 간단한 이유로 낮은 층 경계면 아래 머물게 된다. CFCs가 수십 년 동안 살아남고 느린 속도로 위쪽 대기층으로 올라가는 것이 유별나게 보이는 이유가 여기에 있다.

도시 환경에서는 경계층의 높이가 대기질에 결정적 역할을 한다고 앨리는 말한다. "대부분 도시는 매일 거의 같은 양의 오염물질을 배출합니다. 그러니까 오염 농도가 어떻게 될지 결정하는 건 기상적 요인이죠. 베이징처럼 연중 상대적으로 바람이 적은 곳에서는 밤에 경계층이 낮아지는 게 큰 문제입니다. 런던 역시 경계층이 낮지만, 대개 바람이 더 불기 때문에 그런 현상이 일어나지 않거든요." 기압은 이런 상황에서 중요한 역할을 한다. 고기압인 상황에서는 대기가 정체하면서 오염 농도가 올라가게 되고 저기압일 때는 대개 날씨가 습하고 바람이 불기 때문에 오염물질은 퍼지거나 비에 씻겨나가게 된다.

오랜 기간에 걸쳐 만성적 건강 문제를 일으키는 오존을 제외한 대부분 오염물질은 낮은 경계층 때문에 겨울에 더 농도가 높다. 불행하게도 겨울은 우리가 보일러와 화목난로를 풀가동하는 때이기도 하다. 또 사람들은 차가운 보도 위를 걷기보다는 따뜻한 자동차 안에 있기를 더 선호하기도 한다. "그러니까 더는 나쁠 수 없는 최악의 상황인 거죠." 비버 박사가 말한다. 도시는 한 가지 작은 이점이 있는데, 도시에서는 시골 지역보다 열기가 갇힌 채 방출되기 때문에 결국 경계층이 더 높아진다. 바로 '도시 열섬' 현상이라고 알려진 것이다. 하지만 그런 이점보다 애초에 오염물질이 발생한 곳이 그 도시라는 점이 더 중요하다. 수백만 대의 차량과 난방기구들이 공기 중으로 오염물질을 쏟아내고 있는 판에 경계층이 수십 미터 정도 높아진다고 해서 크게 달라질 것은 없다. 그뿐 아니라 도시의 건물들은 '거리 협곡' 현상을 만들어낸다. 거리 양쪽에 높은 건물이 있고 경계층이 그 위를 덮거나 심지어는 건물 높이보다 낮을 경우, 오염물질은 사방에서 막힌 채로 있게 되고, 우리는 그걸 뚫고 걷거나 자전거를 타고 차를 몰고 유모차를 밀게 된다. 런던에서 가장 분주한 쇼핑거리면서 관광객들의 관심 대상인 옥스퍼드 스트리트는 공기 오염에 최악인 거리 협곡 가운데 한 곳이다.

그러므로 정확한 오염물질의 양과 우리가 오염물질에 오염된 정도를 측정하는 일은 정말로 복잡한 과학이다. 내가 사는 잉글랜드 남부 옥스퍼드셔에서는 대기질 측정을 지방 당국에서 확산 튜브를 이용해 실시한다. 확산 튜브는 1970년대 이후 영국 그리고 국제적으로 주변 공기 속 NO_2 농도를 측정하기 위해 널리 사용하는 것으로, 작은 플라스틱 시험관 속에 화학 시약이 들어 있다. 트리에탄올아민이라는 시약은 공기 중의 NO_2를 직접 흡수한다. 실험실에서 트리에탄올아민을 제거한 뒤 분석하면 튜브가 공기에 노출된 순간의 평균 NO_2 농도를 알 수 있다. 대개 한 달에 한 번 채취해 시험하므로 월별 평균치밖에 기록할 수 없고, 그러니 수치가 높은 시간대나 높은 날은 따로 알 수가 없다. 확산 튜브는 기껏해야 경험에서 우러난 추측이라고 할 수도 있다. 게다가 정확성도 그다지 높지 않아 영국 정부 스스로도 신뢰율을 25퍼센트라고 말하고 있다. 하지만 영국의 지방 당국들이 대기질 측정을 위해 가장 많이 사용하는 방식이다. 좀 더 정확하고 세부적인 자료를 남기기 위해 좀 더 큰 마을과 도시들은 임시지만 '자동 관측기'를 사용하기도 한다. 그러면 최소한 NOx와 미세먼지를 거의 실시간에 가까운 방식으로 알아낼 수 있다. 가장 가까운 곳에 있는 관측기는 옥스퍼드 하이 스트리트에 있는 것으로 집에서 48킬로미터 정도 떨어져 있다. 그래서 딸아이가 다니는 학교로 걸어서 출발하기 전에 공기가 어떤지 확인해보고 싶어도 별로 쓸모가 없다.

영국 최고의료담당관 샐리 데이비스 여사는 2018년 연례보고서(전체 348페이지로 이루어져 있다)의 초점을 대기오염에 맞추기로 했다. 그녀는 들어가는 말에서 경고했다. '우리는 대기오염이 건강에 미치는 영향에 대해 효과적으로 관측하고 이해하고 자료에 따라 행동할 시스템을 갖추지 못하고 있다.' 영국 정부의 전체 자동관측 시스템(AURN, 자동 도심 지방 네트워크)을 설치해 제공하기로 계약을 맺은 회사가 에어 모니터스라는 곳이다. 회사의 창업자이자 이사인 짐 밀스는 실제로 현재 영국의(그리고 다른 많은 국가도 마찬가지이다) 관측 방식은 전혀 통하지 않는다고 동의한다. "영국은 관측 능력을 키워야 합니다. 10파운드짜리 확산 튜브에 의존해 NO_2를 측정하고 있는 곳이 너무 많아요. 그렇게 관측을 해 봐야 알 수 있는 건 월별 수치가 유럽 기준을 넘었는지 넘지 않았는지 정도일 뿐, 아무 가치가 없는 겁니다. NO_2를 측정하는 확산 튜브로는 대기질을 개선할 수 없어요. 이렇게 중요한 문제를 두고 무관심한 위원회 사람들을 보면 아주 애가 탑니다."

현실적으로 사람들은 스스로 매일 어떤 오염물질에 노출되는지 알지 못한다. 어쩌다가 확산 튜브 바로 옆에 한참 동안 서 있게 된다고 해도 알지 못한다. 그리고 운이 좋아서 짐이 운영하는 고성능 자동 관측기가 설치된 도시에 살고 관측기가 설치된 거리에 있어도 **여전히** 알지 못할 수 있다. 짐은 마담투소 박물관이 있는 런던의 메릴본 로드 지역이 '런던에서 가장 오염이 심한 곳 가운데 하나'라고 내게 말한다. "그곳에 있는 AURN 관측소는 가장 첨단의 최신 최고 장비를 사용합니다. 가로와 세로가 각각 8미터와 4미터 정도인데, 웨스트민스터 의사당 건물 바로 밖에 있습니다. 그 관측소가 일종의 최고 중의 최고로 인정을 받고 있죠. 하지만 **그쪽** 지역에 대한 관측, 그러니까 마담투소 박물관 앞에 줄을 서서 기다리고 있는 사람이 오염물질에 노출된 정도는 실제로 관측소가 수집한 수치의 세 배일 수도 있고 그 반대일 수도 있습니다. 날씨에 따라 다른 거죠. 믿을 수 없을 정도로 복잡하고 역동적인 상황인 겁니다."

어떤 수준의 오염 농도를 지킬 것이냐에 관한 문제에서(즉 우리 건강에 어느 정도의 위협 요소를 받아들일 수 있느냐에 관한 문제) WHO는 기준치를 추천하고 있는데, 국제적으로 나라마다 받아들이는 정도가 다르다. WHO 기준은 대개 거의 모든 국가나 지역에서 설정한 기준보다 엄격한데, 그 가운데 가장 무시당하고 있는 기준이 이산화황에 관한 것이다. WHO는 일반인들은 24시간 내 이산화황 농도가 8ppb이상인 환경에 노출되지 않기를 권고하고 있는데, EU는 최고치를 48ppb로, 캐나다는 115ppb, 미국은 140ppb로 정해두고 있다. 2008년 5월 미국 환경보호청(EPA)는 내부 과학자들과 자문위원회로부터 오존 기준치를 80ppb에서 60ppb로 낮추라는 권고를 받았음에도 법원 명령이 내려지고 나서야 마지못해 75ppb로 내렸다. WHO의 권고는 50ppb였다. 미국의 오존 기준치가 여전히 세계에서 최고라는 사실은 대기 오염물질에 대한 과학적 이해와 우리를 오염에서 지키기 위한 규제 사이의 부조화가 얼마나 위험한지를 보여주고 있다.

그리고 만일 런던 같은 도시를 관측 센서로 가득 채운다고 해도 똑같은 이익 충돌은 여전히 발생한다. 런던 올림픽 전에 런던의 시민운동단체인 클린 에어에서 일하는 사이먼 버켓은 오염 억제제(칼슘 마그

네슘 아세테이트)를 도로에 분사하며 가는 트럭을 보고 택시를 잡아서 뒤따라갔다. 트럭은 런던의 오염 관측 장비들이 있는 도로를 그대로 따라가고 있었다. "그런 작업은 런던의 오염 수준에 전혀 효과를 내지 못해요. 그래 봐야 불법적인 행동으로 결과를 감출 뿐인 겁니다." 버킷은 말한다.

Part 3

미세먼지

지금까지 살펴본 모든 가스의 부작용에도 불구하고 그 모두를 앞서는 대기오염 물질이 있다. 그건 가스가 아니다. 고체인 미세먼지(PM)이다. PM은 도로 먼지부터 매연까지 공기 중에 떠다니는 입자들로 우리 건강에 가장 큰 피해를 준다. 첫 장에서 이미 접했지만 다시 한번 확인하고자 한다. 과학자들은 PM을 생성 원인(석탄 연기인지 농업 먼지인지 배기가스인지)이 아니라 크기로 정의한다. 가장 큰 종류인 PM10은 지름이 10마이크로미터 이하인 모든 걸 가리킨다(대충 사람 머리카락 굵기의 10분의 1 정도 된다). 더 작은 PM2.5는 지름이 2.5마이크로미터 이하이다(머리카락 굵기의 40분의 1이다). 그리고 작은 사촌인 나노먼지는 0.1마이크로미터 이하이다(여기서부터 머리카락과의 비교는 조금 의미가 없다*). 그리고 대체로 크기가 작을수록 우리 건강을 더 효과

---

* 그래도 알고 싶다면 머리카락 굵기의 1000분의 1 크기이다. 나노먼지는 0.001마이크로미터까지 측정하지만 그러면 사람 머리카락의 10만분의 1 크기가 될 것이다.

적으로 파괴한다.

　나는 인터넷에서 싸구려 PM2.5 측정기를 사지 말라는 경고를 받았다.(솔직히 대부분 비싼 제품을 파는 판매자들의 경고였지만) 하지만 내 책상 위에는 중국에서 새로 산 바로 그 물건이 놓여 있다. 베이징에 있는 스타트업 기업인 카이테라에서 만든 '레이저 에그2'이다. 이 제품을 사기로 결심한 건 킹스 칼리지 런던의 프랭크 켈리가 이메일로 추천했기 때문이다. 그의 동료가 비싸고 실험실에서 정교하게 조정을 거친 제품들과 비교 시험을 했는데, 레이저 에그2가 오히려 더 나은 성능을 보였다고 했다. 이 제품은 기내용 여행 가방에 잘 들어갔고 PM2.5를 세제곱미터당 마이크로그램($\mu g/m^3$) 단위로 잘 측정해냈다. 이 책을 쓰기 위해 여행을 하는 동안 어디서든 과학적으로 엄격하게 판단하는 대신 재빨리 '맥박을 재듯' 내 '에그'를 켜볼 수 있었다. 1장에서 본 것처럼 이 기계는 아주 유용한 여행 동반자가 되어 주었다. 그러나 녀석이 처음 깔끔한 모습으로 내 사무실 책상 위에 도착했을 때는 제대로 작동하기나 할지 확신이 들지 않았다. 측정기는 꼼짝도 하지 않은 채 $1\mu g/m^3$을 가리켰다. 기계 내부로 공기를 빨아들이는 동안 윙 소리를 냈기 때문에 작동이 된다는 건 알 수 있었다. 잠깐 숫자가 $3\mu g/m^3$까지 올라가면서 흥분이 되기도 했지만, 수치는 다시 $1\mu g/m^3$로 돌아왔다. 그래서 점심시간에 에그를 들고 주방으로 가 내가 자주 해 먹지만 연기가 많이 나는 요리를 일부러 해보았다. 프라이팬에 토르티야 샌드위치를 구운 것이다. 주철로 만든 묵직한 프라이팬을 골랐는데, 그런 프라이팬은 요리 후에도 설거지를 하는 게 아니라 사용할 때마다 닦아내기만 하는 그런 종류였다. 이론적으로 요리를 할 때 나오는 기름기가 일종의 자연적인 '안 들러붙는' 표면을 만들어내는 것이다. 그러나 그 말은 전에 타고 남은 찌꺼기가 다시 프라이팬을 사용할 때 탄다는 뜻이었다. * 요리하는 동안에도 내 '에그'는 별로 신경을 쓰지 않더니 샌드위치가 바삭거리며 익자 수치가 $220\mu g/m^3$까지 올랐고 $280\mu g/m^3$을 넘더니 마침내 $401\mu g/m^3$의 최고치를 기록했다. 내가 당시 임신 중이던 아내와 샌드위치를 먹기 위해 주방 테이블에 앉아 있는 동안 창문을 활짝 열어두었는데도 측정치는 꼼짝하지 않고 $180\mu g/m^3$에 머물렀다. 다음에 토르티야 샌드위치 요리를 할 때는 오븐에서 했는데, 에그의 측정치는 간신히 $7\mu g/m^3$까지 올랐다.

공기 속 잔인하게 자리 잡은 가스들도 PM2.5와 비교하면 그 중요성이 옅어지고 만다. 유럽환경국이 2012년 유럽 40개국에서 대기오염에 의한 조기 사망을 조사했더니 432000명은 원인이 PM2.5였다. 그 다음 원인은 이산화질소(NO_2)와 오존(O_3)이었는데, 각각 얼마 되지 않는 75000건과 17000건의 조기 사망의 원인이 되었다. 또 다른 세계적인 연구들도 마찬가지의 결과를 얻어냈다. 대충 대기오염에 의한 다섯 건의 죽음 가운데 네 건이 PM2.5가 원인이었다.

영국 심장재단 연구센터의 심장병학 교수인 데이비드 뉴비는 2000년대 초반 대기오염 연구를 시작했다. 책을 쓰면서 그와 많은 이야기를 나누었는데, 그는 현재 미립자 오염물질이 건강에 미치는 영향에 관한 분야에서 저명한 사람 중 한 명이다. 그러나 약 20년 전 그가 처

---

* 내 위생 관념에 의문을 제기하기 전에 이 방법이 세계 많은 지역에서 일반적이라는 사실을 알아두기 바란다. 친구 한 명이 과거 자전거를 타고 몽골을 여행했는데, 그곳 일반 가정에 초대를 받아 전통 요리를 맛보게 되었다. 말이 통하지 않는 상황에서 친구는 설거지를 해 고마움을 표시하기로 했다. 시커메진 깊은 냄비를 닦는 일은 벅찼지만 윤이 나도록 즐겁게 냄비를 닦았고 결국 원래 그랬던 것처럼 깨끗하고 반질거리게 만들었다. 웃음을 지으며 자신이 해낸 일을 보여주자 가족 모두의 얼굴에 두려운 표정이 떠올랐던 일을 친구는 아직도 잊지 못하고 있다. 친구는 십 년 동안 쌓인 양념을 없애버리고 만 거였다.

에어 쇼크

음으로 이 분야를 연구하기 시작했을 때, 그는 검은 연기에서 나오는 커다란 먼지 덩어리가 가장 나쁜 영향을 미칠 거로 생각했다. "하지만 실제로는 크고 거친 종류의 입자들은 상기도에서 걸러낼 수 있습니다. 우리가 지금 이야기하는 입자들은 폐까지 바로 들어가는 거예요. 자동차들은 대개 PM2.5를 만들어내는데, 그 가운데 대부분은 PM0.1보다 작은 나노먼지들입니다. 믿기 어려울 정도로 작죠. 연소 과정에서 나오는 입자들 속에는 금속과 휘발유나 디젤로 덮인 유기물이 있어요. 흡연자 폐에서 나오는 타르랑 아주 많이 닮았죠. PM 오염의 결과 사진도 같습니다."

킹스 길리지 런던에서 환경 건강을 연구하는 교수이자 대기오염의 의학 효과 위원회(COMEAP) 정부 자문회의 의장인 프랭크 켈리를 만나서는 더 많은 걸 배운다. 런던으로 가는 기차 속에서 나는 노트북을 열고 새로 산 에그를 옆 테이블에 올려놓고 이메일을 작성하면서 가끔 바라본다. 밴베리에서 런던으로 남쪽을 향해 가는 동안 에그의 수치는 계속 5~10μg/m³를 유지하더니 기차가 하이 위컴을 떠나자마자 12~15μg/m³으로 올라간다. 에어컨이 작동하는 열차 내부인데도 불구하고 대도시로 접근하면서 수치는 천천히 슬금슬금 올라간다. 런던 메릴본 역으로 접근하는 터널 속에서 기차가 속도를 늦추다가 멈추는데 아마도 앞쪽 플랫폼이 준비되기를 기다리는 것 같다. 코에서 디젤 냄새가 나더니 에그의 수치는 20대와 30대를 지나 올라가기 시작하고, 80대까지 오른다. 우리는 이제(아마도 나를 제외한 기차 승객들은 알지 못하겠지만) 83μg/m³의 디젤 입자들(WHO에서는 '인간에게 암을 유발할 수 있다'고 분류했다)에 절여지고 있다. 터널을 빠져나와 다시 움직이기 시작하자 수치는 다시 60대로 떨어진다. 런던 지하철로 들어서 플랫폼이 있는 층으로 내려가자 지하철 열차가 들어오고 있는지 익숙하고 따뜻한 공기가 훅 불어온다. 수치는 100을 지나 솟구치더니 121에서 자리를 잡는다. 지하칠 열차에 올라타자(런던에서는 누구도 서로 대화를 하지 않기 때문에 내가 달걀 모양을 한 알람 시계 같은 물건을 무릎 위에 올려놓고 있어도 아무도 뭔지 물어보지 않는다) 수치는 60대 중반에 내내 머문다. 한 자리 숫자나 낮은 두 자리 숫자와 비교해 불안할 정도로 높은 수치와 함께 그날 아침을 시작한다.

마침내 킹스 칼리지 런던의 프랭크 켈리 교수 연구실에 도착한 나는 그에게 에그 측정기를 추천해줘 고맙다고 말한다. 그리고 그날 아침 오는 내내 PM 수치가 어땠는지 들려준다. "만일 지상에서 디젤 기차를 타고 있었다면 디젤 엔진에서는 PM2.5와 그보다 더 작은 입자들이 많이 방출되었을 겁니다. 기본적으로 불완전 연소 때문에 발생하는 것들이죠. 그에 반해 지하철에서 볼 수 있는 건 대개 먼지 입자들이에요. 흙이나 레일이 마모되면서 발생하는 것들입니다."

하지만 이런 식의 연구들은 매우 새로운 것들이다. 런던 시장은 2017년 켈리의 COMEAP 위원회에 지하철의 대기오염 수준을 조사해달라고 요청했는데, 우리가 만나는 시점에서 그 보고서가 나오려면 오래 기다려야 한다. 설명을 위해 켈리는 간략한 PM 연구의 역사를 들려준다. "내가 강의를 하면서 보여주는 슬라이드 가운데 하나는 1950년대부터 2010년까지의 연표를 보여줍니다." 그는 말한다. "연표는 1950년대 후반부터 1980년대 초반에서 1990년대에 이르기까지 블랙 카본과 이산화황 수치가 극적으로 떨어지는 모습을 보여줍니다. 영국의 대기오염방지법과 도심 발전소 폐쇄로 인한 결과죠. 만일 1980년대 후반과 1990년대 초반 영국에서 과학자를 포함한 그 누구에게든 대기질에 관해 물어봤어도 모두 문제될 것 없다고 했을 겁니다. 사실은 새로운 골칫거리가 있으며 작은 입자들이라는 정보를 미국에서 얻어내기 시작한 건 1990년대 중반이 되고 난 뒤에 불과합니다. 일단 보고서를 읽어야 어떤 내용인지 알 수 있는 거죠. PM이 진짜로 다시 주된 관심사가 되기 시작한 건 21세기에 들어서일 겁니다."

나는 PM을 만들어내는 원천이 대략 세 가지라는 걸 배운다. 자연적인 에어로졸*, 이차적인 PM, 일차적인 PM이 그것이다. 자연적인 것에는 바다 소금, 모래, 먼지, 꽃가루, 화산재가 포함되며 기본적으로 아주 작아서 바람에 떠올라 공기 중으로 퍼질 수 있는 자연적인 것이면 모두 포함한다. 이런 자연적 입자들이 공기 중에 있어야 물이 증발하면서 모여 구름을 형성할 수 있다. 바다에서 배출되는 에어로졸은 문자 그대로 부서지는 파도에서 떠오르는데, 지구 대기 중에서 가장 자연적이고 흔한 에어로졸이다. 또 다른 흔한 종류는 모래 폭풍 같은 광물 먼지이다. 하지만 '자연적인 먼지'라고 해서 늘 '자연적으로 발생'했다는 뜻은 아니다. 20세기 초 농업 분야에서의 부주의와 가축 방목으로 미국 서부의 먼지의 양은 500퍼센트나 증가했고 1930년대의 '황진 현상'을 일으켰다. 식량과 물 부족 사태로 그때와 비슷한 사막화 현상이 현재 전 세계적으로 일어나고 있다.**

보통은 자연적인 에어로졸을 두려워할 필요는 없다.(바이러스나 곰

---

* '에어로졸'이라는 과학 용어는 겨드랑이에 뿌리는 탈취제를 떠올리게 할지도 모르지만, 사실 그건 고체나 액체 미립자가 공기 중에 떠 있는 상태를 나타내는 말이다.
** 황진 현상은 면적이 넓은 국가에만 국한된 것이 아니라 어느 나라든 나무와 산울타리 같은 자연경관을 망치면 벌어질 수 있는 일이다. H. F. 윌리스는 1968년 농업 분야에서의 과실 때문에 '잉글랜드 동부는 역사상 가장 끔찍한 먼지 폭풍을 겪었다'라고 기록하고 있다. "해당 지역은 바람을 막을 수 있는 덤불들이 새로운 집약적 농업 방식 때문에 더는 존재하지 않았다. 밀려오는 먼지구름이 하늘을 채웠고……"

팡이 포자는 제외해야 하지만, 그건 전혀 다른 이야기다) 뉴비는 그의 특징적인 '실험실 연구'를 시도했던 일을 회상한다. 실험에서 그는 자원자들을 에든버러의 도로에서 수집한, 그가 생각하기에는 낮은 수준의 디젤 오염물질에 노출했다. 이번에는 보통 나타나곤 하는 실험 자원자들의 건강에 대한 부정적 영향이 없었다. PM 표본의 화학적 구성을 분석했더니 그럴 만도 했다. 99퍼센트가 나트륨과 염화물이었다. 공기 표본을 채취하던 날의 바람 방향과 에든버러가 바다에서 가깝다는 이유로 실험에 참여한 자원자들(분명히 안심했을 것이다)은 그저 바닷바람에 노출된 것이다. 기술적으로야 PM2.5 수치가 높았지만 문제의 PM2.5는 소금이었고, 어쨌거나 자원자들에게 해를 끼치지 않았다. 앨리는 말한다. "영국 같은 조그만 섬나라에서 사람들이 갑상샘종에* 걸리지 않는 이유 가운데 하나는 바다의 소금 입자를 요오드와 함께 들이마시기 때문이에요. 대기 중에 바다 소금 같은 물질이 필요하죠."

하지만 이차적 입자들은 조금 더 복잡하다. 이들은 공기 속에서 화학적 공정으로 만들어진다. MIT의 화학엔지니어링 교수인 베시 크롤은 공기는 자연스럽게 생성되는 새로운 입자들로 가득 차 있다고 설명한다. 여러 가지 가스와 VOCs(휘발성 유기화합물)는 서로 반응하고 모여서 가스 입자에서 액체 방울이 되었다가 결국에는 고체가 되는 여행을 거친다. 나는 대부분 PM2.5는 일차적인 입자(고체인 그을음과 먼지의 조각)일 거로 생각했다. 그러나 꼭 그렇지는 않다고 제시는 말한다. "적어도 사람들이 사는 지역에서는 그렇습니다. PM2.5는 대부분 이차적이죠. 큰 것이 석탄 연소나 황 함유량이 높은 디젤에서 배

---

* 목의 갑상샘이 부어오르면 큰 울대뼈와 조금 비슷해 보이기도 하는데, 대부분 요오드가 부족해 발생하며 내륙국에서 흔히 볼 수 있다.

에어 쇼크

출되는 이산화황입니다. 황은 황산이 될 때까지 산화한 다음 응축해서 황산염 입자가 됩니다. 대부분 황산염은 이차적입니다. 대부분이라고 해도 될 겁니다." 나는 그런 대답을 예상하지 못했다. 누구든 미세먼지를 걸러내는 필터에 관해 이야기할 때면 마음속에 떠올려야 할 가치가 있는 말이었다. 자동차 엔진이든 다른 어느 곳에서든, 필터는 고체 입자들을 걸러낼 수 있겠지만 가스 형태로 배출되어 나중에 입자가 되는 건 어찌할 도리가 없을 것이기 때문이다. 예를 들어 암모니아 가스는 대기 중에서 NOx 가스와 반응해 질산암모늄 같은 고체 입자를 형성한다. 암모니아는 가스일 수 있지만 이차적 PM 생성 과정을 통해 유럽 전체 PM2.5 가운데 10에서 20퍼센트 만큼을 만드는데 기여한다. 도시 지역이라고 할지라도 마찬가지이다. 내 딸이 태어났던 2014년 런던에서 발생한 연무는 농장에서 발생한 암모니아가 런던의 자동차들에서 생겨난 NOx와 섞여 만들어진 질산암모늄 입자에서 비롯되었다. 영국 기상청의 폴 애그뉴는 내게 말한다. "대기질이 나빠지는 상황이 되면 대개는 이차적 PM2.5가 대량으로 만들어져 이동하는 경우입니다. 그리고 특히 질산암모늄의 경우 초미세먼지를 아주 효과적으로 만들어냅니다."

그래서 높은 NOx 수치는 높은 PM2.5 수치로 이어진다. NOx가 이차적 PM을 만들어내는 역할을 하기 때문이다. 어떻게 보면 NOx가 높으면 PM이 높다는 것이고, 최소한 NOx가 많으면 PM이 많아질 것이다, 라는 말이 된다. 미국 연방고속도로국의 연구에 따르면 미국 전체 PM2.5 가운데 이차적 PM이 차지하는 비율은 30퍼센트에서 90퍼센트 사이로 제각각이라고 한다. 2015년 유럽의 여러 국가가 자동차 엔진의 배기가스에 관해 수행한 한 연구를 보면 생성된 이차적 PM의 양은 일차적으로 배출된 전체 양, 그러니까 배기 파이프에서 나온 것보다 평균적으로 세 배 더 많다는 사실을 밝혀냈다.

비교적 쉽게 이해할 수 있는 일차 오염물질 입자, 즉 고체 상태로 직접 공기 중으로 배출되는 것들 가운데 의심할 것 없는 최고 중량급 챔피언은 '블랙 카본'이다. 그건 기본적으로는 그을음이다. 화석연료 또는 고체연료를 태우는 동안 만들어지는 탄소 입자. 그러나 그을음에 대해 사람들이 잘 모르는 것들이 있을 수 있다. 물에서는 녹고 빛과 열을 흡수하는 능력을 갖췄다는 것이다. 그러므로 그을음이 공기 중에 많으면 대기의 온도를 올릴 수 있는데, 태양의 열기를 흡수해 방출할 수 있다. 예를 들어 산불이 나서 엄청난 양의 블랙 카본이 만들어지면 그것은 지구온난화에 중요한 원인이 된다. 2013년 베이징 기상과학연구원이 발표한 논문은 블랙 카본이 태양 빛과 적외선을 직접 흡수하기 때문에 '지구 대기권 시스템 내부의 에너지 균형을 어지럽힌다'고 하면서 심지어는 '구름층 공기에 열을 가해 구름이 증발하고 감소하게 할 수 있다'라고 말했다. 이는 아시아의 지역 온난화와 우기에 내리는 비에 대한 악영향 두 가지 모두와 연결되어 있다.

1996년 세계의 블랙 카본 연간 전체 발생은 각각 야외 소각(42퍼센트), 화석연료(38퍼센트), 고체연료(20퍼센트)를 통해 이루어졌다. 어떻게 블랙 카본이 생성되는지 생각해보려면 학교 과학 실험시간에 사용했던 분젠버너를 생각해보면 된다고 앨리 루이스가 말한다. "두 가지 설정이 있습니다. 파란색 설정은 완전 연소 설정인데, 필요 이상으로 공기를 사용하지 않으면서 온도는 매우 높이 올라가고 물과 CO_2 말고는 폐기물이 전혀 나오지 않습니다. 그런 다음 버너를 노란색 설정으로 바꾸면 불꽃이 노란색으로 깜박거리면서 그을음이 생깁니다. 조직

화되지 않은 탄소 조직은 깔끔한 별개의 분자가 되기를 멈추고 검은 가루가 되는 거죠." 그을음은 본래 불완전 연소로 생긴 바삭거리는 탄소이다. 바삭거리는 탄소는 다른 화학물질을 흡수하는 스펀지 역할을 하는데, 형제인 숯과 아주 많이 닮았다. 숯은 수백 년 동안 물 정화에 쓰였는데, VOCs 같은 유기화학물질이 화학적으로 숯에 들러붙기 때문이다. 지저분한 물에 숯을 넣으면 불순물이 천천히 숯에 들러붙고 물은 마실 수 있게 바뀐다. 공기 중에 블랙 카본이 섞여 있으면 같은 상황이 발생하는데, 한 가지 확실한 부정적인 면이 있다. 우리가 불순물을 포함해 그것들을 들이마신다는 것. "자동차 배기구에서 직접 배출되는, 이렇게 부서지기 쉬운 수정 같은 구조의 순수한 탄소는 매우 빠른 속도로 오물에 뒤덮입니다." 앨리가 설명한다. "블랙 카본은 화학물질을 당기는 자석 같습니다."

블랙 카본이 독성이 매우 강하다는 건 거의 말할 필요조차 없다. 블랙 카본은 폐를 흡연자처럼 까맣게 만든다. 르완다 기후관측소의 랭글리 디윗은 내게 "나이로비의 도로 주변에 관해 단기간 연구를 했는데, 블랙 카본 농도가 매우 높았습니다. 동아프리카에서는 도로 주변의 오염 노출 정도가 중요합니다. 많은 사람이 도로를 따라 걷거나 배기가스에 많이 노출된 채 오토바이로 이동하거든요."

유럽에서 일차적 입자의 수도는 폴란드이다. 광범위하고 강력한 석탄 산업에 쓰레기 소각 행위가 만연해서 여름에 상대적으로 나쁘지 않았던 오염 수준이 겨울에는 세계 최고 수준으로 치솟는다. 세계은행의 2015년 자료에 따르면 폴란드의 에너지 조합에서 석탄이 차지하는 비율은 81퍼센트로 이웃인 독일의 44퍼센트(또는 프랑스의 2퍼센트)와 비교가 된다. 크라쿠프에 사는 기업가 마치에이 리스는 2015년 11

월 특별히 끔찍했던 스모그에 대해 말한다. "어느 날 크라쿠프에서 오토바이를 타고 신기술 단지 구역으로 넘어가는 다리를 지나고 있었는데 스모그가 어찌나 심한지 거의 아무것도 보이지 않았습니다. 스모그 같지도 않았어요. 마치 우유처럼, 하늘에 우유를 뿌려놓은 것 같았죠. 공산주의가 무너지고 나서 정말 상황이 안 좋아졌어요. 가스 가격이 너무 올랐고 사람들은 집에서 난방을 위해 석탄과 숯은 물론 쓰레기까지 태우기 시작했습니다. 우리는 여전히 이런 식으로 잡동사니를 태우는 난방기들을 가스나 지역난방으로 바꿔야만 하는 상황입니다."

블랙 카본이 불에서 비롯된다는 걸 생각한다면 PM2.5를 만드는 대규모(그리고 증가하는 중인) 원천이 가정의 난로와 장작 연소라는 것은 놀랄 일은 아니다. 가정용 난방을 위해 연료로 나무를 사용하는 일은 실제로 선진국에서도 증가하고 있고, 가끔은 '재생 연료'로 장려되기도 한다. 2013년과 2014년에 영국에서 PM2.5의 강력한 배출 증가(+29퍼센트)가 포착되었다. 그 당시 유일한 변화는 가정 연료용 나무 소비가 증가했다는 것뿐이었다. 2015년 PM10의 40퍼센트가량이 가정용 난로에서 나왔는데(디젤 차량이 차지하는 비율의 두 배) 150만개의 난로는 이미 설치되어 있었고 매년 20만 개가 추가로 팔리고 있었다. 1956년 제정된 대기오염방지법에 따라서 '청정 대기 구역'이 설정되어 나무를 태우는 연기가 런던을 포함한 영국 대부분 도시에서 여전히 금지되고 있음에도 이런 상황이다. "청정 대기 구역은 전혀 감시되고 있지 않아요." 앨리가 말한다. "대부분 사람은 심지어 그들이 사는 곳이 청정 대기 구역인지 아닌지도 모릅니다. 그건 특히 런던 도심에서 문제가 됩니다. 그곳은 지난 20년 동안 PM2.5와 PM10 수치가 상당히 많이 낮아졌거든요. 이제 나무를 태우는 난로 때문에 PM

이 실제로 런던에서 다시 올라가고 있습니다.' 러시아워 시간에 수치가 최고를 기록하는 것이 아니라 '이제 금요일 밤과 토요일 밤에 런던에서 PM10 수치가 최고를 기록하고 있는데 그건 말도 안 되는 상황입니다." 앨리가 말한다. 그는 나무를 사용하는 난로와 차량을 비교하는 연구에 참여했는데 정말이지 충격적인 결과를 얻었다. "나무를 사용하는 난로 하나는 대충 7.5톤 트럭이 집 밖에 서서 공회전하는 것과 비슷합니다." 그는 내게 말한다. "그리고 그것조차 보수적인 판단입니다. 요크는 청정 대기 구역이지만 많은 사람이 나무를 사용하는 난로를 갖고 있어요. 나무를 태우는 난로 숫자와 같은 수의 트럭을 세워둘 장소조차 만들어내지 못할 겁니다."

환경부 장관이 '석탄 난방과 나무 난로의 연기 단속을 원한다'는 내용의 〈타임스〉 머리기사는 지난 세기에서나 있을 법한 일이었다. 사실은 2018년 1월 30일 자였다. 나무를 사용하는 난로는 과거 그리고 현재도 중산층이 꼭 가져야 할 물품으로 자리를 잡고 있다. 킹스 칼리지 런던의 개리 풀러는 심지어 가정과 라이프스타일을 다루는 〈그랜드 디자인〉 같은 TV 프로그램의 인기와도 연결해서 생각하고 있다. 완벽해 보이는 거실을 만들어 보겠다는 생각에 현재 영국에서 PM2.5를 가장 많이(일 년에 3만7천2백 톤) 만들어내는 원천은 가정에서 태우는 나무가 되었다. 2017년 〈뉴 사이언티스트〉는 나무를 태우는 난로가 '우리 건강을 해치고 지구온난화를 가속화한다'라고 평가했다. 이런 상황에서도 환경식품농무부(DEFRA)의 가정용 나무 연료에 관한 협의에서는(2018년 2월에 마무리) 나무 사용이나 새로운 난로의 설치를 '금지할 의사가 없을'뿐 아니라 오히려 '소비자들이 좀 더 깨끗한 나무를 태울 수 있도록 유도하겠다'는 의견이 나왔다. 연기가 많거나 적게 나는 연료는 있을 수 있지만, 깨끗하거나 '연기가 없는' 고체연료는 존재하지 않는다. 버밍엄 대학교 대기과학 교수인 롭 매켄지는 2017년 〈가디언〉에 '무연탄도 나무 장작보다 질소산화물을 더 많이 만들어내고, 두 가지 연료 모두 도저히 알아차릴 수 없지만 무엇보다 해로운 매우 작은 입자들을 만들어낸다'라고 했다.

유럽 대부분이 같은 상황이다. 아일랜드에서 콜린 오다우드 교수는 〈아이리시 타임스〉에 최악의 대기오염 상황은 가정에서 태우는 고체연료에 원인이 있다면서 연소되는 연료는 4퍼센트에 불과하지만 오염물질의 70퍼센트를 만들어낸다고 말했다. 그는 "이런 연료들이 온실가스 배출 면에서는 "녹색" 또는 "저탄소" 같은 단어로 장려되지만, 대기오염 면에서는 엄청난 충격을 준다는 사실이 큰 걱정입니다"라고 말하면서 그런 상황은 '깨끗한 공기 정책의 면에서 보면 시계를 거꾸로 돌리는 일'이라고 덧붙였다. 핀란드 헬싱키에서는 가정의 90퍼센트가 집에 벽난로를 갖추고 있다. 헬싱키를 포함한 대도시권에서 뭔가를 태워 발생하는 미세 입자 전체에서 약 4분의 1은 벽난로와 나무를 태우는 사우나에서 발생한다.

북아메리카 역시 이런 나무 난로 전염병에 면역이 되지 않았다. 메인주에서는 기본적 연료로서의 나무 사용이 2005년 7퍼센트에서 2015년에 13퍼센트로 늘었으며, 농촌인 몬태나주에서는 가정 난방용 나무의 연기가 겨울철 PM2.5 전체 배출량에서 80퍼센트를 차지하고 있다. 캘리포니아주의 샌 호아킨 밸리 베이신에서는 나무를 포함한 고체연료 연소가 겨울철 PM 발생의 가장 큰 원인으로 확인되었다. 이런 현상은 주요한 도시들에서도 마찬가지로 벌어진다. 새너제이와 애틀랜타, 몬트리올 그리고 시애틀에서 나무 연소는 겨울철 PM2.5 발생

에어 쇼크

량의 10퍼센트에서 39퍼센트만큼 기여하고 있다. 레이저 에그를 생산하는 카이테라의 CEO인 리암 베이츠는 콜로라도주 애스펀에서 열린 대기질 회의에 참석한 한 친구를 떠올린다. "스키장에 온 사람들은 벽난로를 피운 넓은 통나무집에 모여 앉아 있었습니다. 그런데 그 친구가 레이저 에그를 가져간 거예요. 기계를 켰더니 벽난로 하나만으로도 휴게실 실내에서 $450\mu g/m^3$ 정도가 나온 겁니다. 그 친구뿐 아니라 그곳에 있던 모든 사람이 충격을 받았죠. 아이러니한 건 그곳 사람들 모두가 실내공기 품질 전문가였다는 점입니다. 사람들은 기계가 고장 났다고 생각했고, 그래서 기계를 창문 밖으로 내밀었는데, 수치가 $2\mu g/m^3$로 떨어진 겁니다."

또 다른 형태의 일차적 PM은 미세한 금속 파편이다. 대기오염물질 가운데 원로 격인 납은 로마인들이 제련해냈는데, 20세기 중반에서 후반까지 자동차가 사용한 납 첨가 휘발유 덕에 다시 한번 이름을 날렸다. 테트라에틸납은 1921년 제너럴모터스의 엔지니어 토마스 미질리가 '엔진의 노킹'을 방지하기 위해 처음 휘발유에 첨가했다. 그렇다, 바로 'CFCs'에 등장했던 바로 그 토마스 미질리다. 생전에 그는 미국화학학회에서 주는 가장 영예로운 상인 프리스틀리 메달을 받았다. 사망한 뒤 과학 저술가 가브리엘 워커는 그를 두고 '지금까지 존재했던 모든 단일 유기체 중에 지구 대기에 가장 많은 손상을 입힌 자'라고 묘사했다.[*] 건강에 대한 첫 경고는 1923년 거의 즉각적으로 나타났다. 듀폰의 테트라에틸납 공장에서 일하던 노동자들이 '맹렬한 정신착란

---

[*] 미질리는 말년에 소아마비를 앓았고, 마지막으로 발명한 것은 자신이 침대와 휠체어 사이를 오갈 때 사용할 수 있는 하네스 장치였다. 그는 1944년 55세 때 자신이 발명한 하네스에 목이 졸려 사망했다.

증세'를 일으키며 사망하기 시작했다. 실패를 인정하기 싫었던 미즐리는 기자회견을 열고 테트라에틸납을 손에 붓고 60초 동안 가스를 들이마시면서(나중에 CFCs에 대해서도 같은 수법을 사용했다) 매일 그렇게 해도 병에 걸리지 않을 수 있다고 주장했다. 기자들은 만족해 돌아갔다. 미즐리는 비밀리에 휴가를 내고 납중독에 걸렸는지 진찰을 받았다.

역학자 데브라 데이비스는 납은 칼슘과 같은 전자 전하를 갖고 있기에 체내 전체에서 칼슘과 경쟁한다고 썼다. '뼈와 뇌, 혈액 그리고 신경계 전체 등 모두가 칼슘에 의존하고 있는데 납은 돌이킬 수 없는 손상을 일으킨다.' 납을 혈액 속으로 운반하는 데 있어서 작게 만들어서 불에 타는 액체에 넣은 다음 가스로 만들어 공중에 뿌리는 것만큼 좋은 방법은 없다고 그녀는 말한다. 에탄올을 첨가하면 아주 쉽게 '엔진 노킹'을 멈출 수 있지만, 에탄올은 특허를 낼 수가 없다. 테트라에틸납은 새로운 제조법을 사용하기에 특허를 낼 수가 있고 그래서 돈을 더 벌 수가 있다. 전 세계가 문자 그대로 돈에 중독된 것이다.

1983년 영국 왕립환경오염위원회는 납이 20세기에 너무 광범위하게 퍼져 '지구 표면 그 어디든, 어떤 형태의 생물이든 인간이 만들어낸 납에 오염되지 않은 구석이 있기나 한지 의심스럽다'라고 결론 내렸다. 세계적으로 납이 함유된 휘발유가 흔히 사용되었고, 1990년대 후반이 되어서야 대부분 주요 국가에서 사용을 금지하기 시작했다. 그러나 납 입자는 여전히 대기 중에서 발견되는데, 대개는 현재의 철강 산업에서 배출되며, 그런 곳들은 납과 동시에 수은을 배출하는 원천이 되기도 한다. 그리고 여러 다른 오염물질이나 방사성 물질과 달리 납은 시간이 지난다고 해서 분해되지 않는다. 납 입자는 도로 표면에서 날아오를 수도 있다. 도로 위에 표시할 때 노란색 안료로 크로뮴산 납을 자주 사용하며 70년 동안 사용했던 납 함유 휘발유에서 발생한 납도 여전히 다시 나타나 전 세계 대기 중에 떠다닐 수 있다. 베이징에서는 2000년에 납 함유 휘발유 사용이 금지되었는데도 2001년에서 2006년까지 납 농도가 증가했다. 납 휘발유 사용 금지로 인한 효과는 석탄과 오일 연소, 철강 산업과 시멘트 분진 등으로 상쇄되었다.

이런 모든 미묘한 차이와 다른 물질들은 'PM2.5'라는 포괄적 용어 속으로 사라지고 만다. "정말 그렇죠?" 앨리는 내가 마침내 깨우쳤다는 사실에 안도하며 동의한다. "PM2.5는 그냥 측정하기 편리한 방식입니다. 측정치는 공기 중 입자의 양이 얼마나 되는지 알려줄 뿐, 입자들이 산불에서 왔는지 블랙 카본인지 액체의 에어로졸인지 전혀 아무것도 말해주지 않습니다. 그런 측정 방식은 1970년대에 쓰이기 시작했는데 그것밖에 알지 못했기 때문입니다. 현재 이 분야에서 일하고 있는 사람에게는 그 방식은 상당히 빈약합니다." 현재 홍콩의 시티대학교에서 환경화학을 가르치는 교수인 피터 브림블콤은 1970년대 영국 정부를 위해 여러 과학 자문위원회에서 일했다. 그는 앨리의 판단에 동의한다. "심지어 1970년대 사람들이 이런 말을 했던 걸 기억합니다. '그래도 입자들이 다환방족탄화수소에 덮여 있잖아. 그건 복잡한 여러 가지 유기화합 물질이니까…….' 그런 논의가 있었던 것으로 압니다. 하지만 그것 역시 장비 문제였다고 생각해요. 당시에는 서로 뭐가 다른지 판단할 측정 장비가 별로 많지 않았거든요."

먼지구름이 여기저기서 불어오고 국경을 넘나드는 걸 생각하면 PM의 화학적 구성 요소를 정확하게 알아낸다는 건 여전히 쉽지 않다. 이들을 분리하는 한 가지 방법은 '이온 빔 분석' 같은 기술을 사용하는 것이다. 고속으로 움직이는 하전 입자는 뭔가와 부딪치면 상대방 물질의 종류에 따라 고유의 방식으로 속도가 느려지거나 방향이 바뀐다. 2004년 필리핀 마닐라에서 그 기술을 사용해 해당 지역의 대기오염 중 PM2.5를 분석했다. 결과는 PM2.5가 바이오매스 연소(39퍼센트), 오일 연소(21퍼센트), 소금(17퍼센트), 블랙 카본(14퍼센트), 흙(8퍼센트), 2행정 엔진 배기가스(1퍼센트)에서 발생했다는 거였다.

그렇게 모든 도시는 자신만의 독특한 PM 지문이 있다. 스웨덴 스톡홀름에서는 눈이 녹으면서 노출된 도로 표면을 겨울용 스노타이어가 깎아내면서 발생하는 도로 먼지에서 발생한 PM10이 74퍼센트를 차지할 때가 되면 봄이 왔다는 신호가 된다. 2012년 델리에서는 PM2.5의 가장 큰 단일 원천은 교통이고(17퍼센트) 그 뒤를 발전소(16퍼센트), 벽돌 가마(15퍼센트), 공장(14퍼센트), 일반 가정(12퍼센트), 쓰레기 소각(8퍼센트), 디젤 발전기(6퍼센트), 도로 먼지(6퍼센트), 건설(5퍼센트)가 뒤를 이었다. 2014년 케냐 나이로비에서는 광물성 먼지와 교통이 PM2.5 전체에서 74퍼센트를 차지했으며, 그 외에도 산업 활동, 소각과 바이오매스 연소 등이 다른 주요 원인이었다. 가장 속이 뒤집히는 표본은 1990년대 후반 멕시코시티인데, 도심에 2백만 마리의 떠돌이 개들이 매일 353톤의 배설물을 배출했다. 공기 중 PM10에는 '개 먼지'가 포함되어 있었는데 그건 마른 개똥 입자였다. 1999년 〈LA타임스〉는 메스껍다는 듯 '야외 매대에서 고객들에게 제공되는 토르티야와 타말레, 살사에 개 먼지와 다른 분진들이 포함되어 있어 사람들에게 만성적인 배탈을 일으키고 있다'라고 보도했다.

그러므로 다른 두 도시의 PM2.5 수치가 완벽히 같다고 해도 그걸 들이마시는 시민들에게 영향을 주는 위협은 매우 다를 수 있다.

2012년 중국의 저널리스트 차이징은 베이징에서 평범하게 일하러 나가면서 PM 입자 필터 겸 표본 수집장치를 들고 나갔는데, 수치가 305.91μg/m³을 기록했다. 필터는 순백색에서 완전히 검은색으로 바뀌었다. 오염물이 뭔지 알고 싶어진 그녀는 베이징대학의 싱화추 박사에게 분석을 의뢰했다. 표본 속에는 바이페닐, 아세나프텐, 벤조[e]피렌(알려진 발암물질 가운데 매우 강력한 중 하나), 플루오린(1947년 도노라 참사 당시 가장 중요한 역할을 한 오염물질 중 하나)를 포함해 15가지의 발암물질이 포함되어 있었다.

문제가 더 복잡해지느라 어떤 PM은 지역에서 배출되고 말지만 다른 입자들은 멀리 이동하기도 하는데 가끔은 그 거리가 수백에서 수천 킬로미터에 이르기도 한다. 많은 도시에서 일반적인 장소에서 관측하는 PM2.5 수준은 대부분 이런 '국경을 넘어온 오염물질'로 이루어져 있다. 르완다 기후관측소에서 디윗 박사는 키갈리의 PM2.5 농도의 가장 주요한 원천은 다른 지역의 농업 소각에서 비롯된 연무일 거라고 추측했다. 키갈리에서 발생한 오염물질은 '일 년 내내 발생한 전체 오염 평균치의 30~40퍼센트에 불과하다'라고 그는 말한다. 미국 서부에서 발생하는 산불 역시 미국 전체의 PM2.5 발생량 가운데 18퍼센트를 차지하며 계속 증가하고 있다. 캘리포니아에서 2017년 12월에 발생한 토마스 산불은 주 역사에 남은 가장 파괴적인 산불이었다. 콜로라도주립대학교의 대기과학 교수인 제프리 피어스는 기자회견에서 '토마스 산불은 이제 캘리포니아의 새로운 표준이 되었다'고 말했다. 산불은 이제 미국 전체에 걸쳐 연간 PM의 가장 큰 원천이 되어가는 중이다. 일 년도 지나지 않아 토마스 산불은 2018년 거의 두 배나 되는 면적을 불태운 멘도시노 복합 산불에 자리를 내주고 말았다.

런던에서도 PM의 75퍼센트는 다른 지역에서 넘어온 것들일 수 있다. 그런 사실을 알고 나서 나는 조금 낙담했다. 내가 그리려던 그림이 망가졌기 때문이다. 나는 모든 대기오염이 해당 지역의 문제이며 지역에서의 행동으로 해결할 수 있다고 생각하고 있었다. 지역을 넘어온 오염은 기후 변동처럼 들리기 시작했다. 그러니까 어떤 도시 또는 어떤 국가의 행동은 다른 도시나 국가가 아무 행동을 하지 않거나 심지어 더 많은 공해를 쏟아내면 궁극적으로는 아무 의미가 없다는 것이다. 그렇다면 75퍼센트가 다른 지역에서 왔다는 건 만일 우리가 모든 자동차와 버스, 나무 난로, 바비큐 식당을 전부 없앤다고 해도 그런 행동을 통해 그저 PM2.5 오염의 25퍼센트만 해결할 수 있다는 뜻인가? 나는 파리에 있는 아멜리에 프리츠에게 가장 먼저 의문을 전달했다. "글쎄요, 그건 우리가 보는 자료가 연간 평균인지 최고치인지에 따라 다를 것 같은데요. 대개 최고치 또는 오염 사태는 기상이 나쁜 상황이거나 또는 경계층이 낮아져 있거나, 바람이 없을 때죠. 기본적으로 스스로 오염물질을 만들어내기도 하고. 그런 건 대부분 지역적 이유죠. 하지만 매일의 수치, 연간 수치로 보자면 바람이 부니까 당연히 우린 이웃으로부터 오염물질을 받아요. 어떤 때는 바람이 돌면서 우리가 만들어낸 오염물질이 다시 우리에게 돌아오기도 해요. 우리는 오염물질을 많이 배출하니까요."

킹스 칼리지의 런던 대기 배출 일람(LAEI)에서 일하고 있는 숀 비버스 박사가 추가로 설명을 돕는다. "만일 당신이 런던의 평균적인 지역에 있다면 PM의 많은 부분이 밖에서 유입되는 것입니다. 그러나 만일 당신이 주요 도로 가까운 곳에 서 있다면 꼭 그렇지는 않아요. 그 지역에서 발생한 물질들을 접하게 되겠죠. NOx와 NO₂는 도시의 해당 지역에서 배출됩니다." 런던교통공사의 대기질 정책 분석가이면서 LAEI 에서도 일하는 이본 브라운은 내게 비슷한 말을 해준다. "다른 지역에서 비롯된 오염물질, 이걸 "지역적 배경"이라고 부르는데 그 비율은 지역과 오염물질 종류에 따라 매우 다양해질 수 있습니다. 예를 들어 농도가 가장 높은 곳인 도로 근처에서 가장 큰 원인은 도로 교통이죠. NOx의 경우를 보면 이런 도로 교통 요인이 75~80퍼센트를 차지하고 난방이나 지역적 배경은 훨씬 적은 비율입니다. 그러나 도로 주변에서 벗어나기 시작하면 오염 수준도 낮아지고 오염의 원인도 다양해지기 시작합니다." 그 말은 당신이 도로 근처를 벗어나면 PM2.5 수치는 예를 들어 $40\mu g/m^3$에서 $20\mu g/m^3$로 내려가지만, 그 $20\mu g/m^3$의 PM2.5 가운데 외부에서 넘어온 오염물질의 비율은 올라간다는 뜻이다. 나는 여러 날 조사를 하고 인터뷰를 통해 깔끔하게 정리를 하고 나서 안도의 한숨을 내쉬었다.

그 뒤 2017년 10월, 집에 있는 사무실 하얀 벽이 섬뜩한 오렌지색으로 물들었다. 이웃이 정원 울타리 너머에서 소리쳤다. "나와서 해 좀봐요." 해가 아직 하늘 높이 있었는데 지는 해처럼 벌겋게 물들어 있었다. 마침 그날은 기상청의 폴 애그뉴와 이야기를 나누던 날이어서나는 무슨 일이냐고 그에게 물어보았다. 사하라 먼지는 가끔 오염 농도가 높아질 때 희생양 노릇을 하곤 하지만 이번에는 진짜로 사하라먼지였다. "오염물질이 북아프리카에서 이곳까지 오려면 대기 중에서 아주 높은 곳, 몇 킬로미터를 밀려 올라가야 합니다." 폴이 설명한다. 이런 오렌지색 모래 구름은 최근 발생한 허리케인 오필리아에 밀려 영국 제도 전체를 가로질러 흘러갔다. 그러나 "사하라 먼지의 북아프리카로부터의 여행 대부분은 경계층 위쪽에서 이루어집니다." 폴이 말했다. 사하라 먼지는 우리 머리 위 수 킬로미터 위에서 노르웨이 북쪽에 도착할 때까지 높이를 유지하다가 "그곳 대기 위쪽에서 흩어질 확률이 높이요"라고 그는 말했다. 그러니까 외부에서 유입되는 오염물질은 대개 우리 머리 위보다 한참 높은 곳에 있고, 우리가 숨 쉬는 공기에는 영향을 미치지 않는다. 우리가 걱정해야 하는 것은 지표면 주변에서 벌어지는 상황이다.

심장병 전문가 데이비드 뉴비가 추가로 설명한다. "주변 입자에 대한 노출을 논할 때 생각해야 할 것이 두 가지 있습니다. 하나는 전체적으로 바탕이 되는 농도인데, 그 수치는 기상적인 요인에 좌우될 겁니다. 이를테면 바람이 어디에서 불어서 어디로 가는지…… 물론 멀리서 밀려온 것일 수도 있습니다. 그러나 우리가 도시 교통에 관해 이야기할 때 말하는 입자들은 도로 위에서 만들어집니다. 그리고 상당히 빨리 흩어지죠. 대개는 도로 주변으로부터 발생하는 지수적 감쇠죠. 10미터 떨어진 곳에서는 바로 자동차들 옆에 서 있을 때보다 농도가 매우 많이 낮아질 겁니다."

나라 전체에서 비율을 따질 때 NO_2와 PM2.5의 발생 원인에서 도로 교통이 차지하는 비율은 대개 20퍼센트 내외일 것이다. 산업 활동이나 발전소 등 다른 분야가 동등한 비율을 보이거나 가끔은 더 높은 비율을 차지할 때도 있다. 그러나 우리가 실제로 어디서 살고 일하고 돌아다니는지 생각해보면 우리는 발전소 옆보다는 도로 위나 근처에서 훨씬 많은 시간을 보낸다. 마을과 도시에서 자동차 가까이에 머문다면 가장 작은 입자들이 우리 혈액 속에 들어올 수도 있을 것이다. 그러므로 입자의 수(PN, 입자 전체의 양이나 무게가 아니라 한 모금의 공기 속에 든 전체 입자의 수)는 내가 그리던 그림의 마지막 조각이었다. 도시의 대기오염을 가져오는 일반적인 오염원들과 달리 자동차의 배기가스는 지표면에서 벌어지는 일이고 우리와 가깝고 사람들은 그걸 온종일 들이마신다. 그중에서 가장 작은 입자들인 PM0.1과 그보다 작은 것들인 '극미세먼지' 또는 나노먼지들은 점점 더 건강에 최악의 영향을 주고 있다. 그것들은 너무 작아서 무게로는 의미가 없다. 양이 아니라 수로 볼 때 그것들은 전체 PM2.5에서 가장 큰 비율을 차지한다. 그리고 우리 폐로 들어오는 것은 양이 아닌 수이며, 그 수가 사람들 건강에 가장 걱정거리가 된다.

프랭크 켈리는 '크기가 작아지면 유독성은 더 분명해지거나 강화될 수 있다'라고 썼다. '입자의 크기가 작을수록 유독성 물질이 들러붙을 면적이 증가하기 때문'이다. 이건 또 무슨 말인가? 크기가 작은 입자일수록 큰 입자보다 표면적이 넓다고? 이 말을 이해하는 데도 걱정스러울 정도로 한참 시간이 걸렸다. 물론 이 말은 한 개의 작은 입자가 문자 그대로 한 개의 더 큰 입자보다 표면적이 더 넓다는 뜻은 아니다. 더 큰 것은, 어쨌든 큰 것이니까. 그러나 만일 큰 입자가 있던 공간을 수많은 작은 입자로 채우면 그곳에는 전체적으로 더 넓은 표면적이 생긴다. 나는 자주 그러듯 스포츠의 예를 들어 상상을 해보았다. 평범한 축구공(미국 독자들은 풋볼 공을 생각할 수도 있겠다)은 둘레가 70센티미터이고 표면적은 약 1500cm²이다. 그리고 전체 부피는 5792cm³ 정도 된다. 골프공은 훨씬 작아서 둘레가 13cm 정도이고 표면적은 54cm², 부피는 40cm³ 정도 된다. 그러므로 부피로 보면 축구공이 차지하고 있던 공간에 골프공 156개를 넣을 수 있지만, 모든 골프공 전체 표면적으로 보면 8453cm²가 된다. 결국 축구공보다 표면적이 2.5m² 넓다. 이제 그런 상황을 나노 단위에서 156개의 작은 골프공을 들이마신다고 상상해보자. 그 156개의 작은 입자들은 세제곱미터당 그램이라는 단위(PM2.5를 측정할 때 선호하는 단위)로 보면 커다란 입자 한 개의 무게와 같을 테지만, 폐 조직에 더 잘 들러붙어 염증을 더 많이 일으킬 수 있다.

"표면적의 차이는 엄청나고 모든 독성 요소가 있는 곳은 표면입니다." 데이비드 뉴비는 반복해 말한다. "도로 주변이나 자동차들 사이에서의 오염 농도는 관측소에서 측정한 값보다 매우 높고 농축되어 있습니다." 자동차에서 발생하는 입자들 대부분은, 특히 최근에 생산된 자동차의 품질 좋은 여과 시스템을 거친 것들은 "PM0.1보다 작아요"라고 뉴비는 말한다.

오염 측정 회사 에어 모니터스의 창업자인 짐 밀스는 그가 일하는 분야에서는 그런 작은 입자들을 분리하고 찾아내는 것에 점점 더 관심을 두고 있다고 말한다. "우리는 이제 입자들의 수와 크기를 알려주고 그렇게 함으로써 '폐 침착 표면적'에 관해 많은 걸 알려줄 수 있는 기기를 만들어가고 있습니다. 폐 침착 표면적(LDSA)는 앞으로도 많이 듣게 될 용어입니다. 표면에 얼마나 많은 나쁜 물질이 들러붙을 수 있는지, 중요한 입자가 얼마나 많은지 알려줄 수 있어야 합니다. 입자들이 점점 더 작아지고 있거든요." 우리가 검은 연기 속에서 눈으로 볼 수 있는 PM10에 비해 나노먼지가 얼마나 작은지 비교해 설명하기 위해 짐이 말한다. "PM10 한 개의 무게가 1그램이라고 상상합시다. 물론 그렇지는 않아요. 그보다 훨씬 더 가볍습니다만, 그냥 하나의 질량 단위로 보거나 1그램이라고 하죠. 만일 사람들에게 그것과 비교해 PM1.8 입자 한 개의 무게가 얼마일까 물어보면 대부분 0.1그램이라고 대답할 겁니다. 완벽히 합리적이죠? 하지만 그렇지 않습니다. 만일

PM10 입자의 무게가 1그램이라면 PM1 입자의 무게는 1밀리그램, 즉 천분의 1그램이고 PM0.1 입자는 백만 분의 1그램입니다. 그런데도 자동차 배기구에서 나오는 디젤 입자의 대부분보다도 크기는 더 커요. 실질적으로 질량이 존재하지 않는 겁니다. PM10 입자 하나의 무게가 되려면 PM0.1 입자가 백만 개는 있어야 합니다. 직경이 10배가 되면 무게는 1000배가 됩니다. 결국 현대의 디젤 자동차에서 발생하는 입자들은 본질적으로 무게가 없다는 겁니다. PM10 입자보다 무게가 백만 배는 가벼우니까요." "하지만 PM10과 잘해봐야 PM2.5가 미세먼지 관련 법령과 규제, 측정에서 여전히 가장 중심이 되고 있지 않나요?" "그렇죠." 짐이 말한다. "정치인들은 말하죠." "아, 하지만 PM2.5와 PM10에는 크기가 0인 것들까지 전부 들어 있어요." "맞아요. 하지만 우리는 무게를 측정해야 하는 것이 아닙니다. 중요한 건 입자의 수와 표면적입니다."

LAEI에서의 작업을 통해 비버스 박사는 또한 '매우 작은 입자들이 수가 아주 많다고 해서 무게에는 그다지 영향을 미치지 않는다는 사실'을 발견한다. "사람들이 들이마시는 입자의 수는 지역에 따라 매우 천차만별입니다. 심지어 NOx보다 더 그렇습니다. 그 이유는 자동차들이 정말이지 어마어마하게 많은 수의 매우 작은 입자들을 쏟아내기 때문입니다. 도로 주변에서 일반적인 장소로 움직이면 입자의 수는 매우 가파르게 줄어듭니다." 비행기에서 배출되는 입자들도 마찬가지다. 2016년 LAX 공항 연구에서는 항공기에서 나오는 어마어마한 양의 배기가스에도 불구하고 PM2.5의 농도가 연구자들이 추측했던 것보다 낮다는 사실이 밝혀졌다. 그러나 입자의 수를 조사한 연구자들은 수치가 엄청나다는 걸 발견했다. 비행기에서 배출되는 입자들은 대개 나노먼지로 이루어졌고, PM2.5의 무게를 재는 기기로 포착하기가 어려웠다. 게다가 바람을 타고 이동하면서 대기 속에서 반응을 일으킨 입자들은 더 큰 입자로 뭉치면서 해당 지역의 PM2.5 지수를 높이는 데 이바지했다. 입자들은 비행기에서 골프공의 형태로 배출된 다음 주변 지역에 쏟아질 때는 함께 뭉쳐 축구공이 되었다.

표면적이 더 넓은 것 외에도 나노먼지들은 또 인간의 몸속으로 더 깊고 더 멀리 뚫고 들어간다. 2017년 뉴비가 지휘하는 에든버러의 연구팀은 어떻게 이런 일이 벌어지는지 완전히 밝혀내기 위해 출발했다. 그들은 금을 나노입자 크기로 분쇄한 다음 실험용 쥐와 자원자에게 들이마시게 하고 몸속 어디까지 가는지 지켜보았다. '입자들이 직접 혈액으로 들어갈 수 있는지' 여부는 오랫동안 해결하지 못한 질문으로 남아 있었다고 그는 설명한다. "우리는 어떤 입자여야 우리가 몸속에서 찾아낼 수 있으면서 그것이 누구든 몸에 전혀 손상을 입히지 않을 수 있을까, 하고 생각했죠. 우리는 방사능 표지법을 포함해 다양한 방식을 고민했습니다만, 결국에는 금을 쓰는 아이디어를 냈는데, 보통은 몸속에 금이 전혀 존재하지 않기 때문이기도 했고 또 비활성 물질이기 때문이기도 했습니다. 금이 산화하지 않기 때문에 사람들이 금으로 보석류를 만드는 거니까요. 그래서 전혀 아무런 해도 입히지 않죠. 작은 입자는 20나노미터[PM0.02]에서 50~60nm[PM0.05~6] 정도 되었죠." 먼저 쥐에게 실험했다. "크기가 작은 입자들은 훨씬 쉽게 혈액으로 들어갔습니다. 큰 입자들은 거의 전혀 들어가지 못했어요. 30nm[PM0.03] 내외의 크기가 가능 여부의 기준인 것 같았죠."

내 에그 PM2.5 계측기가 확인할 수 있는 가장 작은 입자는 PM0.3 또는 300nm 정도인데, 뉴비는 그보다 10분의 1 정도이거나(아니면 무게가 1000분의 1인) 그보다 더 작은 것들이 혈액 속까지 들어간다는 이야기를 하고 있었다. "결국 우리는 2nm[PM0.002]에서 200nm[PM0.2] 정도의 크기까지 실험을 했는데 지속적으로 30nm 정도의 크기에서 폐에서 혈액으로 직접 넘어가지 못하는 것 같더군요. 그래서 그런 식으로 동물실험을 해본 다음 결국 사람을 대상으로 실험을 했습니다. 건강한 자원자들을 골랐고 그들에게 마스크를 씌우고 금 입자가 일부 있는 밀폐한 실험실에 노출시켰어요. 그리고 호흡량을 늘리기 위해서 사이클을 조금 타도록 했습니다. 그런 다음 실험 참가자들의 혈액과 소변을 채취해서 금을 검출할 수 있는지 확인했죠. 당연하게도 금을 포착했습니다." 자원자들의 혈류 속 금은 일부 참가자들로부터는 노출된 지 15분 만에 확인이 가능한 예도 있었다. 또 쥐를 대상으로 한 실험에서 나노먼지는 기존의 염증이 있는 곳이나 동맥 속 지방 침착물이 있는 곳에서 모인다는 사실도 확인했다. 그래서 뉴비와 연구팀은 나노먼지를 흡입하면 동맥이 막히면서 급성 심혈관 질환, 다시 말해 심장마비나 뇌졸중을 일으킬 수도 있다는 결론을 내렸다. 동맥을 도로라고 생각한다면 원래 있던 염증이나 지방은 교통사고 현장이라고 할 수 있다. 들이마신 나노먼지들은 사고 현장에 몰리면서 교통 체증을 만들어내는 원인이라고 할 수 있다. PM0.1보다 더 작은 극미세먼지가 림프절, 비장, 심장, 간 그리고 심지어 뇌까지 포함해 사람 몸속 어디라도 갈 수 있으리라는 사실은 오래전부터 이론화되어 있었다. 이제 뉴비의 에든버러팀은 그걸 증명한 것이다.

그렇다면 문제는 나노먼지이며 우리가 들이마시는 전체 입자의 수가 우리 건강에 가장 큰 위험을 제기한다. 거칠게 말하자면 우리 몸은 공기 중 약간의 소금과 모래는 견뎌낼 수 있다. 하지만 30nm보다 작은 많은 양의 먼지입자, 우리의 동맥에서 헤엄쳐 다니고 콜레스테롤 주위에 뭉치는 입자들은 국경을 넘어온 오염물질이 아니다. 그것들은 우리 도로에서 나왔다. 더 명확히 말해 추진력을 위해 화석연료(썩은 생물학적 물질로 찬 오래된 호수)를 태우는 자동차를 포함한 탈것들에서 나온다.

Part 4

불이 없으면
연기도 없다

조사하던 나는 이쯤에서 끊임없이 떠오르는 의문에 완전히 옆길로 새고 말았다. 인류는 늘 대기오염과 살아온 것인가, 아니면 그것은 현대 사회 현상인가? 대답은 여러분이 생각하는 것처럼 얼른 나오지 않았다. 이번 장은 드라마를 쓰던 중에 쉬어가는 곳이라 생각해도 좋다. 잠시 숨을 고르고 모닥불 주위에 앉아 고대 조상들과 잠시 이야기를 해보자. 대기오염이 처음 생겨난 때는 언제일까? 그때 대기오염은 우리 조상에게 조금이라도 해를 끼쳤을까? 아니면 우리는 현대 사회에 접어들면서 약골이 되어버린 건가?

"1.6킬로미터 가면 신석기시대 발굴지를 볼 수 있습니다." 폴 골드버그 교수가 말한다. 스카이프로 통화하느라 내놓고 있는 그의 두 손이 얼어붙고 있다. 프랑스의 시골 지방, 페슈데라쥬라는 이름의 동굴 속 고고학 발굴 현장이라 인터넷 연결이 그다지 좋지 않은 건 당연한 일이다. 그러나 무슨 말을 하는지 알아들을 수 있다. "신석기시대 발굴지는 말이죠." 그는 말한다. "완전히 재로 뒤덮여 있어요." 보스턴대학교 지질고고학 명예교수인 골드버그는 **호모에렉투스**가 인류 최초로 불을 다뤘을지도 모르는 곳의 발견에 관여했다. 남아프리카의 본더베르크 동굴에서 골드버그와 그의 팀은 백만 년 전으로 거슬러 올라가는 잿더미 유물을 발견했다. 나는 그와 이 '불의 원년'에 대해 이야기를 나눌 기대를 하고 있는데, 그때 이후 불과 연기는 뭔가 지속적이고 철저히 인간의 영역이 되었다. 그러나 골드버그와 그가 일하는 분야의 다른 사람들은 확신하지 못하고 있다. 고고학적 증거들은 불을 발견하고 매일 사용했다기보다는 사실은 불의 사용이 인류 초기 역사에서 매우 오랜 기간 나타났다 사라졌다를 반복했다는 것을 보여주고 있기 때문이다. 어떤 인류는 불이라는 기술이 알려진 뒤에도 평생 불 없이 살기도 했다. 신석기시대가 되고 나서, 그러니까 최근 만2천 년 전이 되어서야 그들(우리 선조)들이 남긴 잿더미를 보고 즉시 사람이 살던 곳이라는 사실을 알 수 있게 되었다. 그럼 그사이, 약 98만8천 년 동안에 무슨 일이 있었던 걸까?

"본더베르크는 일회성이었어요!" 골드버그는 크게 소리쳤다. 그는 어쩔 수 없이 계속 소리치듯 말해야 했다. "가장 그럴듯해 보이는 곳은 여전히 이스라엘의 케셈 동굴입니다. 그곳은 겨우 30만에서 40만 년 된 곳이거든요. 그곳에는 잿더미 위에 다른 잿더미가 반복적으로 쌓여 있어요. 반복해서 불을 사용한 것이 틀림없습니다. 유럽과 중동은 불의 사용 기록이 서로 다른 것 같아요." 2016년 리버풀대학교의 한 논문은 '유럽의 초기 구석기시대 불 사용 유적지 숫자가 증가하고 있지만, 여전히 **상대적으로** 수가 부족하다는 점은 여전히 눈여겨볼 만하다'라며 인정하고 있다. 40만 년 정도 이상 된 유럽의 유적지에서 주기적으로 불을 사용한 증거는 거의 존재하지 않는다. 만일 아프리카의 호미닌이 유럽으로 이주하기 전에 불 사용법을 익혔다면 그 기술을 왜 가져오지 않았겠는가?

2015년 골드버그는 포르투갈에서 열린 '불과 **호모속**'이라는 심포지엄에 다른 학자 16명과 함께 초대받았다. 그 심포지엄의 주제는 불 사용의 시작과 그것이 인류 진화에서 해낸 역할이었다. 17명의 학자 중에는 캐나다의 사이먼 프레이저 대학교에서 고고학과 인류진화론을 강의하는 데니스 M. 샌드게스가 포함되어 있었다. 학자로서 초기에는 석기시대 도구에 관해 연구했던 그는 최근 들어 초기 인류가 불을 어떻게 사용했는지에 대한 의문에 다른 길로 빠져나가고 있던 참이었다. "약 40만 년보다 더 과거에는 불을 사용한 흔적이 있는 유적지가 대여섯 군데쯤 될 겁니다." 샌드게스는 캐나다에 있는 자신의 자택 사무실에서 내게 말한다. "그리고 그 유적지들 가운데 대단한 곳은 없어요. 그냥 불에 탄 뼛조각이 좀 있고, 빨갛게 변한 찌꺼기가 남아 있고…… 그렇게 긴 세월 불을 사용한 흔적이라 할 만한 증거는 믿기 어려울 정도로 적습니다. 저는 이런 유적지들이 인간의 활동과 연관되어 있다는 걸 믿을 수가 없습니다. 연관이 있을 수도 있지만, 그보다는 어쩌면 그냥 자연적으로 발화한 불이 남긴 흔적이라고 할 수 있겠죠. 그곳들 가운데 인류가 불을 사용한 흔적이라고 논증할 수 있는 곳은 전혀 없습니다. 40만 년 전이 되고 나서야 인류가 불을 사용했다는 확실한 증거가 나옵니다." 그리고 그는 다시 한번 이스라엘의 케셈 동굴을 지목했다.

케셈 동굴과 그 이전의 다른 모든 유적지 사이의 차이점은 불자리, 그러니까 불을 피우려고 일부러 만든(이 경우에는 4제곱미터) 구덩이의 존재 여부이다. 이스라엘 텔아비브에서 동쪽으로 12킬로미터 떨어진 석회암 산등성이에 있는 이곳 동굴은 현재까지 알려진 바로는 가장 먼저 인류가 주기적으로 불 주위에 둘러앉았던 곳이다. 동굴에 사람이 살았던 건 42만 년에서 22만 년 전인데, 불을 피운 구덩이는 30만 년 전의 것이다. 동굴의 시대를 생각하면 놀랍게도 이 유적지는 주기적으로 연기를 흡입한 효과를 들여다볼 수 있는 최초의 기회를 제공하고 있다. 2015년 아우토노마 데 바르셀로나 대학교의 카렌 하디는 한 논문을 통해 케셈 동굴에서 나온 호미닌 8명의 치아를 연구해 연기 흡입을 한 증거가 있는지 연구했다. 그녀는 미립자를 포함해 인류 역사에서 '최초로 기록될 호흡 자극물에 노출된 가장 오래된 증거'를 찾아냈다. 먹은 것이 아니라 호흡을 통해 입으로 들어간 크기 70nm 이하의 미세한 숯 조각이 치아에 붙어 있다는 사실은 '불이 있었다는 걸 시사하는 동시에 동굴 내부 공기에 연기가 존재했다는 걸 보여준다.'

그렇다면 이스라엘의 이 30만 년 전 불자리가 우리가 찾는 불의 시작이며 그 후로는 인류와 불이 늘 함께 존재했을까? 여전히 그렇게 간단하지만은 않다고 샌드게스는 말한다. 그와 골드버그는 최근 케셈 동굴의 거주자들과 동시대에 유라시아에서 살다가 4만 년 전쯤에 멸종한(또는 흡수되어 사라진) 네안데르탈인의 불 사용으로 관심을 돌렸다. "저희를 포함한 모두가 네안데르탈인은 늘 불을 사용했고 아마도 불을 피우는 방법도 알았을 것으로 추정했습니다." 샌드게스가 말한다. "그러다가 발굴을 통해 그들이 일정 기간은 분명히 불을 사용했지만 같은 유적지에서 오랫동안 불을 사용하지 않은 적도 있다는 걸 확인했습니다. 그리고 불을 피운 흔적이 거의 없는 시대는 이상하게도 추웠던 시기와 연관이 있더군요. 그 시대의 유물로 여전히 사람이 만든 물건과 뼈가 잔뜩 나오는 걸 보면 그들이 그 기간에 그곳에서 생활한 건 분명해요. 그 유적지를 버린 건 아니라는 거죠." 프랑스 남서부에 적어도 일곱 군데의 유적지가 이런 식으로 추운 기간에 불에 관한 증거가 적게 나오는 패턴을 보여주고 있다. 마지막 간빙기였던 13만 년 전에서 7만5천 년 사이에 쌓인 증거를 조사해보면 네안데르탈인은 불을 매우 자주 사용했다. 그것도 완벽하게 모습을 갖춘 불자리를 이용했다. 7만5천 년에서 4만 년 전 사이인 빙기에 같은 유적지에 쌓인 증거를 보면 더는 불을 사용하지 않은 것처럼 보인다. 발굴된 유적으로 보면 여전히 돌 도구가 나오고 있고 죽인 동물 뼈도 있지만, 그것들을 불에 대운 흔적은 없고 불자리 흔적두 뵈이지 않는다. 그 말은 네안데르탈인이 이미 발전된 불 관련 기술을 습득했음에도 불구하고 마치 불을 어떻게 피우는지 잊은 것처럼 보인다는 것이다. 독일에 있는 약 8만 년 전의 것으로 보이는 네안데르탈인 거주지 유적지에서는 2001년 제대로 만든 불자리에 더해서 잘 보존된 역청 덩어리들이 발굴되었다. 어쩌면 나무를 서로 붙이는 용도로 사용했을 수도 있는 역청은 여러 시간 동안 잘 조절하는 불 속에 나무껍질을 넣어두고 계속 높은 온도를 가해야만 만들어낼 수 있다.

"그러니까 아주 여러 가지 재미난 의문이 생기죠. 그들은 불이 필요 없었던 걸까요?" 골드버그가 말한다. "그리고 이 유적지는 본더베르크보다 훨씬 나중 세대란 말입니다. 인간 역사의 맨 처음이 아니라 맨 뒤에 속해요." 그렇다면 불은 인간의 삶에서 항상 곁에 붙어 있었던 것만은 아니라는 건가? "아니죠! 바로 그거예요. 이곳 프랑스의 네안데르탈인들은 8만 년에서 9만 년 전에 불을 사용했어요. 그러고는 날이 추워지자 불 사용을 멈췄습니다. 우린 이런 생각에 대해 오늘 발굴

현장에서 아침을 먹으면서 이야기했습니다. 원래는 '와, 우리가 불을 발견했어. 그게 인기를 얻으니까 누구나 불을 사용하고 있지'라는 생각이었죠. 그런데 그게 사실이 아니었던 겁니다. 그냥 그렇지 않았던 거예요."

이런 상황이 요리한 음식은 인류에게 다른 동물과 비교해 상대적으로 독특한 뇌 성장을 이룰 수 있게 했다는 '요리 가설'에 어떤 영향을 미치는가? "글쎄요, 그렇게 보자면 요리 가설을 지지하지 않는 거죠." 골드버그가 말한다. "만일 요리 가설이 맞는다면 모든 곳에서 불 사용의 흔적이 있어야 합니다. 그런데 그렇지 않잖아요." 그래서 나온 대안 이론은 천 년 동안(사실 이 가설이 옳다면 인류가 탄생한 이후 대부분 시간 동안) 우리는 불 위에서 요리하는 대신 기꺼이 음식을 연하게 만들고 절이고 발효시켜왔다는 것이 된다. 심지어 초기 인류 가운데 다수는 불과 가까운 곳에서 살기를 원하지 않았을 가능성도 있다. 나는 이런 논란이 인간다움이란 뭘까, 라는 개념에 대한 멋진 도전이라고 생각한다. 내가 음식을 절이고 천천히 씹어서 먹는 방식으로 돌아가자고 제안하는 것은 아니다. 자극적일 수도 있지만 내가 한 생각은 이렇다. 혹시 우리는 생각하는 것만큼 불이 많이 필요하지 않은 것은 아닐까? 어쩌면 우리는 고대의 선조들처럼 필요할 때만 골라서 선택할 수도 있을 것이다.

신석기시대의 농업혁명 이후 불은 인류 문명의 중심이 되었다. 사람들은 마을에 무리 지어 살기 시작했고 고정된 거주지에서 곡물과 가축을 길렀다. 불자리는 모든 무리의 중심이 되었을 뿐 아니라 모든 가정의 중심이 되었다. "1.6킬로미터만 가면 신석기시대 유적지를 금세 알아볼 수 있어요." 골드버그는 스카이프로 통화하며 활기차게 되풀 이해 말한다. "흙이 회색이고 재가 많이 섞였거든요. 사람들은 앉기 시작해 한곳에 머물러 살았고, 사회 구조 전체가 바뀌었습니다. 아마도 만2천 년 전쯤일 거예요. 아주 큰 변화였죠. 오염의 관점에서 보자면 그때부터 시작된 것 같다고 말하겠습니다. 신석기시대 초기죠."

네덜란드 문화부 소속 고고학자이자 과거 레이던대학교에서 강의했던 한스 하위스만 박사는 신석기시대를 전문으로 연구하는 마이크로형태학자이다. 그는 네덜란드 습지 속에 보존된 독특한 신석기시대 유적지인 스비프테르반트 연구팀의 일원이었다. 네덜란드는 수백 년 동안 둑을 쌓아 해안가 저지대의 물을 빼내 농업에 적합한 '해안 간척지'로 바꿔왔다. 1960년대에 암스테르담에서 동쪽으로 80킬로미터 떨어진 곳에 있는 스비프테르반트 습지에서 이런 방식으로 물을 빼냈더니 6천 년 전쯤으로 보이는 완벽한 신석기시대 풍경이 모습을 드러냈다. 그 당시에는 세계적으로 해수면이 낮았기 때문에 그곳은 파도치는 바닷가 마른 땅 위 정착지였을 것이다. 그곳에서는 흔한 도기와 뼈 외에도 불에 탄 도구들이 많이 발굴되었다. "처음으로 농사를 짓기 시작한 일반적인 신석기시대 거주지는 도기나 불에 탄 물건들, 부싯돌 같은 것이 많이 발굴됩니다. 아주 집중되어 있죠." 하위스만이 말한다. "이쪽 지역에 있는 유적지에서는 두껍고 검은색인 지층에서 고고학 유물이 많이 나왔는데, 대부분 불에 탄 식물 재질로 이루어져 있었습니다. 왜냐하면 이곳은 농경지나 건물터로 사용한 곳이 아니라 물과 진흙 아래에 보존되어 있었기 때문입니다. 스비프테르반트에서 흥미로운 것은 그곳에서 발견한 것들이 아니라 그것들이 6천 년 전과 정확히 같은 위치에 있다는 것입니다. 그러니까 보존이 진짜 예외적이라는 겁니다." 마찬가지로 잘 보존된 불자리 유적도 아주 많았다. "건물 대부분이 사람과 가축 모두를 위한 것이었습니다. 공간의 3분의 2는 가축을 위한 것이고 3분의 1은 사람들을 위한 것이었죠. 불자리 한 개가 사람들이 사용하는 구역에 있고 두 번째 불자리가 건물 중심에 있는 걸 자주 볼 수 있어요. 신석기시대의 상황에서는 매일 연기와 접촉해야 했습니다. 사실 온종일 조금이라도 불이 타오르고 있었어요. 스비프테르반트 유적지에서는 불을 만들어내기 위한 특별한 돌들이 여러 개 발견되었습니다. 제 생각에는 모두가 불을 지필 줄 알고 사용할 줄 알았을 겁니다. 그들이 거주지나 주변에서 불을 사용해 음식을 익히고 몸을 따뜻하게 하고 쓰레기를 없애고 공예품을 만들었다는 걸 보면 알 수 있을 겁니다."

화석연료를 채굴해서 사용하기 전까지 일반적 연료는 나무였고 "만일 나무를 사용할 수 없으면 그 시대에는 아마도 동물의 배설물을 썼을 겁니다." 하위스만이 말한다. "초기 구석기시대에 동물 뼈도 연료로 사용했을 것인지에 대해 토의가 조금 있었죠. 싱싱한 뼈는 지방이 잔뜩 붙어 있으니 불에 탔을 겁니다." 구석기시대 그리고 지금도 세계 여러 곳에서 흔히 연료로 사용하고 있는 말린 배설물은 연기가 많이 난다. "아무리 잘 말린다고 해도 여전히 연기가 많이 납니다." 하위스만이 말한다. "진짜 불꽃은 생기지도 않아요. 그냥 연기만 내면서 타는 거죠. 중세시대의 농장 건물을 재현해 내부에서 여러 종류 연료로 실험을 한 사람을 아는데요, 나무나 토탄으로 불을 피우면 문제가 별로 생기지 않았지만, 동물 배설물을 태웠더니 건물이 연기로 가득 차서 빠져나와야 했다더군요!" 그는 덧붙여 말하며 웃는다. "나무는 자는 동안 밤새 태워도 괜찮지만, 배설물은 자기 전에 꺼야 합니다."

네덜란드의 다른 고고학자인 딕 스타퍼르트는 1990년대에 추상적 개념을 포함하는 복잡한 언어의 진화는 어쩌면 매일 불자리 주위에 모여 이야기를 나누던 덕택일 수도 있으며, 그로 인해 예술이 자극을 받아 발전했다는 이론을 세웠다. 불은 또한 최초의 종교적 배경이 나타나도록 해주었다. 죽은 사람들의 무덤에 부싯돌과 황철석으로 이루어진 장비를 함께 묻었는데, 아마도 내세에서 사용하기 위해서인 것 같았다.

그러다가 약 7천 년 전에 불을 다루는 솜씨에 불꽃이 튀었는지 첫 번째 진정한 산업혁명이 일어났다. 구리와 청동 그리고 이어서 철로 금속 가공을 시작한 것이다. 터키에 있는 기원전 7천5백 년에서 5천7백 년으로 추정되는 시기의 대규모 신석기시대 거주지 유직지인 차털회위크에서 장식품인 구리 구슬을 발견했다. 나중에 청동은 구리 광석과 비소를 함께 가열해 만들었고, 그 과정에서 소중한 청동 도구 및 장식품과 함께 최초의 유독성 산업 배출물이 만들어졌다. 금속성 납의 표본으로 가장 오래된 것은 상(上)이집트 아비도스 신전에서 출토된 약 6천 년 전 금속 조상이 있다. 납은 그냥 바위에서 광물을 뽑아내는 것이 아니라 제련을 해야 한다. 황을 태워 없애고 광석을 산소와 결합하게 하고 일반적으로 숯을 사용해 탄소와 반응시키는 과정을 높은 온도에서 진행한다.

연광(鉛鑛)을 제련해 은을 뽑아내는 기술은 기원전 1350년경 고대 그리스에서 개발했고, 그 뒤에 로마제국이 그 기술을 받아 엄청난 발전을 이루었다. 대기 중 납배출이 세계기록 수준이었던 것이 그 시대였는데, 나중에 수천 년이 지나고 산업혁명 시대가 오기 전까지 그 기록은 깨지지 않았다. 예수가 태어나던 무렵 은광에서는 일 년에 8만 톤의 납 광석 찌꺼기가 나왔다. 적어도 그 가운데 1퍼센트는 공기 중에 섞일 수 있을 정도로 작은 입자였을 것이다. 현대의 빙하 코어 시료 채취를 통해 그린란드의 만년설 위에 약 400톤의 납 입자가 로마제국 800년 동안 떨어져 쌓여 있다는 사실이 밝혀졌다(그렇지만 이것은 20세기에 60년에 걸쳐 납 함유 휘발유를 사용한 결과 지상에 떨어진 납의 15퍼센트에 불과하다). 공기의 냄새도 변했다. 연대기를 썼던 로마의 루키우스 안나이우스 세네카는 서기 61년에 이렇게 썼다. '로마의 지저분한 공기에서 벗어나자마자, 공기에 섞인 굴뚝에서 풍기는 고약한 냄새와 악성 전염병, 연기와 먼지가 사라지자 내 성격이 변한 기분이 들었다.' 고대 로마에서 발견된 몇 안 되는 방부 처리된 '그로타로사 미라'를 보면 심한 석탄가루증(반복적으로 연기에 노출되어 폐에 탄소가 축적되는 병)에 걸려 있는 상태다. 겨우 8년을 살고 죽은 여자아이인데도.

2017년 말 나는 고대의 대기오염의 증거를 직접 보고 싶다는 희망을 품고 대영박물관을 방문했다. 나는 자연인류학 큐레이터인 대니얼 안토니 그리고 그의 박사 과정 학생인 애나 데이비스배럿과 유리 아트리움 아래에서 만나기로 약속이 되어있었다. 그는 박물관에서 소장한 모든 인간의 유해를 책임지고 있었다. 대니얼은 우리를 옆문으로 데려가 열쇠를 돌려 무대 뒤로 안내했다. 갑자기 건축양식에서 노먼 포스터의 느낌이 적어지더니 1970년대 공회당 같은 느낌이 더 들었다. 우리는 좁은 계단을 따라 올라가고 복도를 걸어 놀라울 정도로 작은 방으로 연결되는 문으로 향했다. 거의 완벽한 모습의 유골 두 개가 테이블 위에 놓여 있었다. 사막의 흙 때문에 뼈는 오렌지색을 띤 갈색이었다. 둘 모두 나일강 옆에 살던 중세시대의 수단 여자였다. 자원한 연구원들이 마른 솔로 유골의 뼈와 치아에서 흙을 털어내고 있었다.

이들 유골은 천 년 정도 된 것으로 나일강에 메로에 수력발전 댐을

에어 쇼크

세우기 전에 발굴한 것들 가운데 2007년 고대 유물 및 박물관을 위한 수단 국영공사가 대영박물관에 기증한 거의 천여 구나 되는 유해 가운데 두 구였다. 건조한 사막 환경 덕분에 잘 보존된 유해들은 그들 사회가 기원전 1750년부터 서기 1500년까지 어떻게 살았는지 보여준다. 애나는 특별히 만성 호흡기 질병이 얼마나 퍼졌는지 연구하고 있었는데, 남은 폐 조직이 전혀 없다면 반드시 뼈 자체를 살펴봐야 했다. "호흡기 질병으로 염증이 있으면 부비강에 새로운 뼈가 생성되고 있을 수 있겠죠. 아니면 갈비뼈의 안쪽 층에 생성되고 있거나 말이에요." 그녀는 내게 말한다. 하기도 질환이 갈비뼈의 특정 부분에 염증을 일으키기도 하며 그래서 새로운 뼈가 자라게 만들기도 한다. 베수비오산에서 서기 79년에 묻힌 고대 로마인의 유골에서 비슷한 늑골 손상이 발견되었는데, 오랫동안 연기를 들이마신 것이 원인이라고 추정된다.

"일부 자연적으로 미라화가 진행되었네요." 애나가 지적한다. "여기 약간의 피부와 인대가 보이죠." 그녀는 두개골 위에 보이는 종이처럼 생긴 조각을 가리켜 보인다. 나는 그들에게 유골로 누운 사람에 대해 뭘 아느냐고 묻는다. "골반을 보면 여자라는 걸 알 수 있습니다." 대니얼이 말한다. "그리고 관절의 마모 상태로 봐서…… 그녀는 아마도 사망했을 때 중년 성인이었을 거예요. 그러니까 아마 35세에서 50세 정도였겠죠." 그들은 또한 질병의 증거도 볼 수 있다. 뼈가 부러지고 등이 휜 것은 아마도 폐결핵 때문이었을 것이고 조금 덜 과학적이지만 '치아가 끔찍'했다. 앞으로 애나는 두개골에 손상을 입히지 않기 위해 내시경을(가느다란 튜브 끝에 작은 카메라가 달렸고, 대개는 수술할 때 사용한다) 이용해 유해에 부비강염이 있는지 확인할 것이다. "저는 보통 부비강염을 대기질의 척도로 사용하곤 해요." 그녀는 내게 말한다. "만일 인구에서 부비강염을 가진 사람의 비율이 진짜로 높다면 그건 아주 훌륭한 증거가 되죠. 왜냐하면 부비강은 사람 몸에서 들이마시는 공기를 거르는 첫 번째 방어막이거든요. 만일 염증이 있다면 들이마시는 공기 속 뭔가가 그걸 만들었다고 봐야 하겠죠."

부비강염은 한 개 이상의 부비강 안쪽에 염증이 생긴 것이다. 부비강은 머리뼈 내부에서 눈과 코 위쪽과 주변에 공기로 가득 찬 네 쌍의 공간이다. 만일 만성적인 염증이 계속 이어지고 있다면, 그 압력으로 새롭게 뼈가 성장하게 된다. 이는 먼 훗날 고고학자에는 중요한 징후가 된다. 애나는 내게 말한다. "과거에 갈비뼈와 부비강을 생체고고학적으로 살펴봤더니 부비강염을 앓았던 비율이 아주 높았어요. 아마도 금속을 가공하느라 그랬을 거예요. 그 말은 금속 가공 과정에서 발생한 미세한 입자 때문에 많은 사람이 부비강염을 앓게 되었다는 거죠." 우리가 만났을 때 그녀는 아직 자신이 발견한 내용을 발표하지 않았지만, 그때까지 조사한 수단의 유해들 가운데 아주 많은 수가 부비강염을 앓았다는 사실을 알아낸 상태였다.

"사람 유해와 그걸 통한 연구는 우리에게 글로 쓰여 있는 것이든 물질문화든 상관없이 다른 자료로는 제공해줄 수 없는 과거 인류의 건강에 대한 증거를 볼 수 있도록 해줍니다." 대니얼이 말한다. "오직 인간의 유해를 연구함으로써 우리는 과거 건강 상태를 이해할 수 있어요. 그리고 그런 내용은 현재와 아주 밀접한 관계가 있죠. 암과 심혈관질환은 새로운 질병이 아닙니다. 그리고 어디서 어떻게 그런 질병이 발생했는지 보면 아마도 어떤 환경과 조건이 질병이 많이 퍼지도록 만드는지 좀 더 잘 알 수 있을 겁니다. 또는 특정 환경에서 생활하는 것만으로 호흡기 질병에 걸릴 확률이 높아지는지를 알려주죠."

대영박물관의 이집트 미라들까지 책임지고 있는 대니얼은 미라들에서 비슷한 내용을 알아냈다고 말한다. "이집트 미라를 만들 때는 방부 처리를 하는 과정에서 폐를 제거합니다. 때로는 떼어낸 폐를 카노푸스 단지(미라가 만들어지는 동안 중요한 체내 장기를 보관하기 위해 사용한 단지)에 보관하기도 했죠. 어떤 연구에서는 박물관이 소장한 카노푸스 단지에 든 폐들을 살펴본 다음 규폐증(규소나 모래로 인한 염증은 아마도 모래 폭풍 때문인 것 같다)과 석탄가루증을 앓았던 증거와 탄소에 노출되었던 증거를 확인했고, 탄소와 모래의 입자를 폐에서 찾아내기도 했습니다. 재미있는 건 미라가 된 사람들은 아주 부유한 사람들이었다는 점이죠. 그들 가운데서도 특별한 일을 하지 않았을 것이 분명한 사람에게서도 호흡기 질병의 증거가 나왔다는 겁니다." 다음으로 계획한 연구는 미라를 CT로 검사해 동맥경화증의 증거를 찾는 거라고 그는 말한다. 뇌졸중으로 이어지는 동맥 속 지방과 뉴비가 발견했던 것처럼 들이마신 나노먼지들이 그 지방 주위로 몰려들었는지를 보게 될 것이다.

고대 그리스와 로마가 지배자일 때 나무는 여전히 가장 주된 연료의 원천이었다. 그러다 석탄이 등장했다. 고대 중국과 로마에서 노두탄을 사용했다는 기록이 있기는 하지만 중국의 송나라 수도인 카이펑(베이징에서 남쪽으로 500킬로미터 떨어진 곳에 있다)이 11세기 전성기를 누릴 때까지 석탄이 주된 연료가 되었다는 걸 시사하는 자료는 없다. 카이펑은 세계에서 에너지 공급원을 나무에서 석탄으로 바꾼 첫 번째 도시로 여겨지고 있는데, 그것은 새롭게 등장한 석탄 광산과 직접 연결이 가능한 강과 운하를 통한 운송 덕분이었다. 전성기의 카이펑은 진정한 거대도시로 거주민이 거의 백만 명에 달했고(당시에는 아마도 세계에서 가장 큰 도시였을 것이다) 요리와 난방을 모두 새롭게 등장한 검은 금덩어리로 해결했다. 하지만 일찌감치 등장한 도시 스모그는 짧게 끝나고 말았다. 도시는 1127년 금나라 군대에 짓밟혔고 다음 세기에는 몽골 군대와 역병의 이중 재난에 파괴당했다. 도시는 줄어들어 일개 마을이 되고 말았다. 하지만 나무보다 에너지 밀도(같은 질량에 저장된 에너지의 양)가 두 배인 석탄의 산업적 잠재력은 이제 공공연한 비밀이었다. 13세기가 되자 채탄 산업은 유럽에서 제대로 자리를 잡았고, 석탄은 배에 실려 런던의 심장으로 운송되었다.

최초로 기록된 영국의 대기오염은 헨리 3세의 왕비인 엘레아노르가 1257년 노팅엄을 방문하던 중에 도시의 엄청난 석탄 연기에 방문을 중단한 일화에 등장한다. 그녀의 아들인 에드워드 1세는 석탄 연기를 조절하기 위한 최초의 환경 규제를 시도했고, 1285년 위원회를 설치해 해결책을 찾으려고 했다. 하지만 그 뒤로 이어진 석탄 금지 시도는 별 효과도 없이 쓸모없는 일이 되어 버렸다. 카이펑의 경우와 마찬가지로 흑사병이 나라를 덮쳐 인구의 4분의 1을 죽였기 때문이다. 숲은 버려진 농장들을 다시 덮기 시작했고 농업 사회는 역병으로 전멸했다. 결국 나무는 저렴해지고 다시 석탄보다 풍부해졌다. 피터 브림블콤 교수가 1987년에 쓴 책 《빅 스모크》는 런던 대기오염의 역사를 기록하고 있는데, 이런 일련의 사건들이 그 이후 여러 차례 반복되었다고 적고 있다. 급격한 인구 증가, 도시화, 인구밀도의 증가, 연료 부족으로 새로운 연료를 받아들이고 나면 결과적으로 전에 사용했던 연료보다 훨씬 더 많이 대기를 오염시키게 되는 것이다.

이백 년이 흐른 뒤 같은 상황이 반복되었다. 인구는 회복되었고 나무와 숲은 다시 부족해졌으며 석탄(특히 바다 밑에서 나오는 저급하고 연기가 많이 나는 석탄은 스코틀랜드 해안에서 많이 났다)이 다시 돌아왔다. 다시 한번 군주는(이번에는 엘리자베스 1세) '석탄 연기의 맛 때문에 엄청나게 마음이 아프고 짜증이 난다'라고 말했다. 셰익스피어의 '모두가 호감을 느끼는' 캐릭터인 폴스타프는 석회를 굽는 가마에서 석탄을 태우는 '연기'를 슬퍼했다. 브림블콤은 1580년에서 1680년 사이 런던으로 수입되는 석탄의 양이 20배 증가했다고 평가했다. 오늘날까지도 서 있는 튜더왕조 시대의 건물들은 대부분 장식이 아름답지만 웃기게 보일 정도로 큰 굴뚝을 갖추고 있다. 굴뚝들은 위쪽 공간을 두고 다투는 나무들처럼 상대보다 더 높이 올라가려고 경쟁하면서 더러운 연기를 가능한 한 멀리까지 날려 보내려 했다.

1995년 한 연구는 영국의 유해 매장 장소 두 곳에서 수집한 중세시대의 유골 400구 이상을 검사했다. 내가 대영박물관에서 본 과정과 거의 비슷한 연구였다. 버려진 중세 농촌 마을인 요크셔의 워람 퍼시에서 거주자는 연기를 벗어나 살 수가 없었다. 숯과 석탄 어쩌면 집의 난방을 위해 배설물까지 태웠을 것이다. 그러나 도시인 요크의 교구인 성 헬렌 온 더 월즈에 사는 가난한 노동자들은 같은 공해를 집에서 겪으면서 그에 더해 주물공장, 약제상, 가죽공장, 양조장 등 일터에서 배출되는 산업공해에 시달려야 했다. 시골 마을에서 발굴한 유해 중 부비강이 보존된 사례 중에서 39퍼센트는 부비강염을 앓았던 증거가 보였다. 도시에서 발굴한 유해 가운데 55퍼센트가 부비강염을 앓았다. 브래드퍼드대학의 연구자들은 12퍼센트의 차이는 '산업 대기오염'으로 인한 것으로 판단했다.

미국에서 유독성 대기오염은 스페인 정복자들과 함께 도착했다. 페루의 켈카야 만년설에서 시료를 채취해 연구해보니 고대의 야금술과 남아메리카에서의 광업은 서기 798년 뻗어 나가던 잉카제국까지 거슬러 올라가는 것으로 나타났지만, 금속제련은 작은 용광로를 이용하는 상대적으로 소소한 가내 공업으로 취급되었기 때문에 오염 농도는 낮았다. 하지만 16세기 유럽인들이 액체 수은을 이용해 은을 추출하는 기술을 가지고 들어왔다. 그 기술이 만들어낸 유독성 먼지가 남아메리카 전역에 내려앉았다. 어떤 사람들은 당시 세계에서 가장 대규모의 포토시 은광산을 갖고 있던 16세기의 볼리비아가 인류세(人類世)의 시작이라고 묘사한다. 인류세는 인간의 활동이 자연적인 세상에 중대한 영향을 미치기 시작하는 지질적 시대를 말한다. 공기는 다시는 예전으로 돌아갈 수 없을 것이다.

그로부터 채 백 년도 지나지 않아 일기작가인 존 에벌린은 신사로서 추구해야 할 새로운 목표 과학의 주제로 연기 가득한 런던 공기를 선택한다. 왕립학술원의 창립회원이기도 한 그는 1661년 대기오염에 대한 최초의 과학연구로 여겨지는 작업에 착수했다. 찰스 2세에게 보낸 〈푸미푸기움(Fumifugium) 또는 런던의 공기와 연기의 불편함은 J. 에벌린이 폐하와 의회에 겸손하게 제안한 몇 가지 대책으로 모두 사라졌다〉라는 제목의 소책자는 국왕의 자부심과 지적 능력에 호소한다. "제가 듣자 하니 지금은 오를레앙 공작부인이 되신 국왕 폐하의 유일한 여동생께서는 폐하의 궁전에 계셨던 동안 이곳 연기가 가슴과 폐 모두에 미치는 영향에 불만을 느끼고 있었다고 합니다." 에블린은 이렇게 썼다. "도저히 크게 우려하지 않을 수 없는 것은 폐하께서도(아주 오랜 세월 다른 국가의 좋은 공기에 익숙해져 계신) 특히 이런 끔찍한 상황이 널리 퍼진 뒤로는 같은 관점에서 어쩌면 매우 불쾌하게 느끼고

에어 쇼크

계셨을 수도 있다는 것입니다. 이는 폐하의 백성들의 건강을 위험하게 하는 동시에 영광스러운 왕좌의 가치를 훼손하는 것입니다." 에벌린은 건강에 미치는 영향이 몇백 년 후에나 밝혀질 것이라 예언하면서 이렇게 썼다. "더러워진 공기는 중요한 장기로 즉시 밀려 들어갑니다. 폐와 심장 속으로 아주 빠르게 움직입니다." 그는 또한 동료 신사과학자인 케넬름 딕비의 지원을 받고 있었는데, 그는 런던 시민들이 '궤양이 생긴 폐에서 피를 토하는 폐 질환'으로 죽어가고 있다는 사실에 주목했다.

에벌린이 제안했던 대책 가운데 하나는 공공장소에 대규모로 관목과 꽃을 심는 거였다. "도시를 둘러싼 낮은 지대, 특히 동쪽과 남서쪽에 우아한 관목과 향기로운 냄새를 풍기는 꽃을 심고 열심히 가꾸고 물을 주어야 합니다." 재스민과 라벤더에 둘러싸인 런던의 공기가 세계 모두의 부러움을 살 수도 있었다. 찰스 2세는 실제로 에벌린의 의견에 동의했다. 슬프게도 의회는 동의하지 않았고 바로 5년 뒤에 벌어진 런던대화재로 에벌린의 나무 심기 계획은 우선순위 목록에서 급격히 아래로 내려갔다. 그는 자신의 원칙에 맞춰 연기를 내뿜는 공장들을 강 하류로 보내는 방식을 통해 끔찍하게 무너진 도시를 재건설하자는 원대한 계획을 내놓았지만 거절당했고(크리스토퍼 렌의 계획도 마찬가지였다) 대신 도시를 원래 서 있던 모습으로 간단하게 다시 세우는 방식이 선호되었다.

하지만 산업혁명 시대가 되어서도 에벌린이 제안했던 가장 무모한 관목숲 계획조차 가능성이 보이지 않았다. 영국의 점성술사 존 개드버리는 자신이 유지하며 쓰던 날씨 일기를 통해 1668년에서 1689년 사이 런던의 안개가 증가하는 걸 알아차렸다. 개드버리의 일기를 공식 사망자 수와 비교해본 피터 브림블콤은 '엄청난 악취의 안개'(개드버리의 표현이다)가 나타난 날에는 런던의 사망자가 두 배로 많았다는 사실을 확인했다. 당시 런던에는 약 50만 명이 살고 있었는데, 그 가운데 많은 수가 여전히 원래의 도심으로 로마가 쌓은 성벽 안쪽인 '스퀘어 마일'에서 살면서 일하고 있었다. 사인펠드와 판디스가 말한 것처럼 그때부터 현대 빙하 코어 시료를 채취해 확인한 대기에서 CO_2와 메탄, 아산화질소 농도가 솟구치기 시작했고, 그건 우연히도 1784년 증기기관의 발명과 시기가 비슷했다. 켄살 그린 묘지의 묘비에는 '1814년 런던의 엄청난 안개에 질식해 숨진 사람들을 기리며'라고 정확히 쓰여 있다. 1813년 12월 27일부터 1814년 1월 3일까지 이어진 이 안개를 〈스코츠 매거진〉은 다음과 같이 보도했다. '연기가 도시를 가득 채웠다. 눈에 대단히 즉각적인 영향을 미쳤고, 콜타르 증기는 냄새만으로도 알아차릴 수 있었다.'

1860년이 되자 런던은 거주자가 3백만 명까지 늘었고 새로운 근교 지역을 흡수했다. 클래펌, 뉴 크로스, 토트넘, 월섬스토처럼 템스강에서 멀리 떨어졌고 모두 석탄을 태우는 증기기관으로 달리는 기차로 연결된 곳들이었다. 석탄 연기를 뿜어내는 공장들이 이제 모든 산업 도시의 중심이 되었고, 그 속에 있는 모든 가정도 석탄으로 난방을 했다. 런던은 검은 우산을 쓰는 도시로 유명해졌다. 시커먼 비가 눈에 띄지 않는 색깔은 검정이 유일했기 때문이다. 런던은 1831년부터 1925년까지 세계에서 가장 큰 도시였으며, 런던의 거대한 굴뚝과 사라지는 법 없는 검은 구름이 가득 찬 스카이라인은 현대 세계의 설계도처럼 여겨졌다. 북쪽의 산업 도시인 셰필드는 당시 세계에서 사용하는 철강의 90퍼센트를 생산한다고 알려졌는데, 1830년 윌리엄 코빗이 쓴 여행기 《시골 여행》 속에서 그냥 '블랙'이라고만 묘사되었다. '리즈에서 셰필드로 가는 동안 내내 석탄과 철, 철과 석탄뿐이었다. 셰필드에 도착도 하기 전에 어두워졌다. 그래서 우리는 끝없이 이글거리는 무시무시한 광경 속에서 철을 녹이는 용광로들을 볼 수 있었다.'

1905년이 되어서야 누군가 '엄청난 악취의 안개'보다 더 기억하기 쉬운 이름을 만들어냈다. 1905년 12월 런던에서 열린 매연 감소를 위한 콘퍼런스가 시작하던 날, 데 부에 박사는 연기(smoke)와 안개(fog)를 합쳐서 '스모그(smog)'라고 부르자고 제안했다. 지나가는 농담이었고 어쩌면 제안자인 본인을 포함해 그곳에 모인 대표단은 사흘 동안이나 이어질 중요한 여러 행사(이를테면 '석탄 수급에 대한 왕립위원회 최종 보고서' 같은 것)에 비교할 가치가 없다고 생각했다. 그러나 언론이 그 단어를 포착했고, '스모그'라는 단어는 대서양 양쪽의 영어에 빠른 속도로 안착했다.

미국에서 데브라 데이비스 박사는 대기오염에 맞서는 현대 전쟁에서 가장 중요한 사람 가운데 한 명이다. 앞서나가는 학자로 건강과 대기오염 사이 연관성에 대해 자신의 이름으로 수많은 논문을 발표했다(지금 지원 단체들이 관심을 보이는 분야가 되기 한참 전부터). 카네기 멜런이나 하버드 같은 대학과 예루살렘, 터키, 런던에 있는 의대에서 강의했고 국내외에서 여러 정부에 조언하기도 했다. 우연히도 그녀는 1940년대 세계에서 가장 악명 높은 대기오염 사태를 겪은 도노라에서 어린 시절을 보내기도 했다.

20세기 전반기 미국 펜실베이니아주의 작은 공장 도시인 도노라는 탁한 공기에 아주 익숙해진 상태였다. 해는 가끔 며칠씩 비치지 않았고 철강 공장과 코크스 공장, 석탄을 사용하는 난로와 아연 용광로가 내뿜은 연기는 주위를 둘러싼 언덕에 막혀 계곡 속에 갇혀 있었다. 데이비스는 대기 중에 섞인 화학물질들은 '놀랄 정도로 아름다운 석양'을 만들어낼 수도 있다고 내게 말한다. 그러나 1948년 10월 28일 금요일에는 전혀 아름답지 않았다. 수직 하강 기류가 발생해 기온 역전 현상이 일어났고 따뜻한 공기층이 상대적으로 찬 경계층을 지표면 가까이 짓눌렀다. 오염물질은 지상에서 겨우 몇 미터밖에 안 되는 정체된 공기층에 갇혔다. 그곳의 변호사로 목격자인 아널드 허시는 데이비스에게 증기기관차가 스모그를 만드는 광경을 직접 봤다고 말했다. "기관차가 거대한 검은 연기 기둥을 내뿜었는데 연기가 2미터 정도 위로 올라가더니 그 자리에 서서 꼼짝을 하지 않는 겁니다. 그냥 중간에 멈춰 있었어요. 움직이지 않는 공기 속에서 말이죠." 공기는 금세 황산과 이산화질소, 플루오르 가스가 섞인 노란 죽처럼 변하고 말았다. 대부분은 아연 제련 공장에서 배출된 것들이었다. 스모그는 나흘 동안 이어졌다. 도노라 아연 제작소를 운영하는 회사가 마침내 일요일 아침 6시에 공장을 멈추라는 지시를 내렸다. 다음 날 스모그는 사라졌다. 20명이 사고 중에 사망했고 7천 명(도시 거주민의 거의 절반)이 병원에 입원했으며 나중에 추가로 50명이 사망했다. 부검을 해보니 플루오르 가스(아연 공장에서 형석을 제련할 때 나온 가스) 흡입이 사망의 가장 큰 원인이었다.

그 사건이 지난 뒤 마을 사람들은 절대로 그 참사를 입에 올리지 않았다고 데이비스는 기억한다. 공장들은 여전히 가동했고 미국의 다른 작은 도시들처럼 삶은 이어졌다. 깔끔한 잔디밭, 하얀색 말뚝 울타리, 분홍색 커튼. 달라진 점은 잔디가 제대로 살아나지 못한다는 것과 말뚝 울타리가 금세 시커메진다는 것. 그리고 데이비스의 어머니는 커튼 대신 베네치아 블라인드를 더 좋아했는데 '베네치아 블라인드가 닦기 더 편하기 때문'이었다. 미용사들은 집마다 다니면서 "나이든 여성 어르신들의 머리를 잘라주었어요." 데이비스는 회상한다. "하지만 나이든 여성이라고 해봐야 50대에 불과했어요. 그분들은 심장병이 많이 발생하면서 계단을 오르내리는 것이 힘들어 침대에만 누워 지내고 있었어요. 중요한 건 하늘이 갈색이었고 어떤 때는 며칠이고 태양을 보지 못한 적도 있었다는 건데, 그런 상황이 아주 일상이었어요. 특히 가을엔 말이죠. 그리고 야외에서 비롯되는 먼지는 늘 내려앉았죠. 우리는 그걸 '도노라 홍역'이라고 불렀어요. 왜냐하면, 검은 점들이 생기니까요." 그녀는 참사가 벌어졌을 때 겨우 두 살이었지만 나중에 2002년 《연기가 물처럼 흐를 때》라는 책을 쓰고 출판하기 위해 가족을 포함한 수많은 생존자와 인터뷰를 했다. "저는 당시 유럽 전쟁에서 돌아온 지 얼마 되지 않았던 남자와 인터뷰를 했어요. 그는 아주 신체적으로 건강한 상태였어요. 그는 사태가 진행되던 기간에 숨을 쉬기가 힘들었다는 이야기를 들려주었어요. 뭔가가 잘못되었다는 첫 번째 징조는 장의사에서는 관이 떨어지고 꽃가게에서 꽃이 동나고 약국에 약이 떨어졌을 때였어요. 사람들은 뭔가 일이 벌어지고 있다는 걸 알았죠." 고등학교 풋볼 경기가 진행되었는데 공을 찬 선수가 자기 공이 어디에 떨어지는지 알지 못할 정도였다. 도노라의 한 선수는 한창 경기에 참여하다가 스피커에서 급히 집으로 가보라는 방송을 들었다. 선수가 집에 도착했을 때 철강 노동자인 아버지는 이미 숨져 있었다. 공장을 소유하고 있는 아메리칸 스틸과 와이어 웍스는 절대로 책임을 인정하지 않았고, 화학물질로 가득한 안개를 '천재지변'이라고 불렀다. 공장들은 1962년까지 그대로 유지되었다.

인간들이 뭔가를 태우는 한 대기오염은 살인적이었다. 그러나 우리의 산업 방식이 더욱 발전하면서 본더베르크와 케셈에 살았던 선조들이 배출했던 나무 태운 연기는 뭔가 전혀 다른 것으로 변했다. 매일 연기와 가깝게 생활하는 건 여전하지만 그 연기는 탁 트인 불자리에서 쏟아져 나오는 것이 아니고 수천 개의 연소 엔진과 공장 용광로에서 쏟아져 나온다. 현대 경제는 점점 더 많은 화학물질을 찾아내 태우기 시작했고 연기는 점점 더 치명적으로 변했다. 신시내티대학교의 화학자 클래런스 A. 밀스는 1950년 잡지 〈사이언스〉에 이렇게 썼다. '도노라 참사가 마시고 살아가야 할 공기의 오염으로 위험에 직면했다는 걸 모든 사람이 깨우쳐 주기를 바란다.' 그의 희망은 이루어지지 않았다. 대신 21세기 초가 되면서 사람들은 자기도 모르게 공기를 건강에 위협이 되는 가장 큰 환경 문제로 바꿔버렸다. 피터 브림블콤이 확인했던 패턴이 다시 한번 등장했다. 빠른 인구 증가, 도시화, 인구가 늘면서 등장한 새로운 연료는 과거에 사용하던 연료에 비해 오염이 더 심화시킨다. 이번에 새로운 연료는 디젤이다.

Part 5

디젤을 향한 질주

    런던에서 북쪽으로 54킬로미터 떨어진 밀브룩의 배기가스 시험장에서 경비원들이 내 전화기와 노트북으로 가져가 카메라 위에 두꺼운 빨간색 테이프를 붙인다. 전에도 기자로 의사당부터 원자력발전소까지 경비가 삼엄한 장소를 많이 다녀봤지만 이런 건 처음이다. 출입 절차를 마치고 문으로 들어서자 이유를 알 수 있다. 편집증이 심한 곳이며 엄청난 돈이 몰리는 곳이다. 정식 명칭이 밀브룩 주행 시험장인 이곳은 신차가 프로토타입에서 진짜 물건이 되어 대량생산 모델로 탈바꿈하는 동안 반드시 거쳐야 하는 곳이다. 작은 마을 크기인 이곳에는 배기시험연구소, 충돌시험센터, 소음 시험장, 대기 시험장 그리고 70킬로미터 길이의 시험 주행장을 갖추고 있다. 로고가 없는 자동차들이 혹시라도 내가 카메라에 붙인 스티커를 몰래 떼어내고 찍을까 봐 얼룩말 같은 무늬 페인트를 칠해 모습을 감추고 있다.

    밀브룩은 독자적 사업체로 모든 활동은 자동차 회사들(그들은 산업

내에서 OEM이라고 부른다)이 비용을 지급한다. 자동차 회사들은 신차와 엔진을 이곳에서 시험하고 그런 특전에 어울릴 정도로 후하게 돈을 낸다. 어느 시험 트랙 옆에서 번쩍거리는 애스턴 마틴사의 전시실이 나무들 사이에 자리 잡고 있는 모습을 발견한다. 그 회사의 특별한 손님들은 이곳에서 맞춤 주문한 자동차를 제임스 본드 영화를 촬영한 시험 트랙에서 주행해볼 수 있다. 나는 런던 의회 의원들(런던 시장의 업무를 조사하고 조언할 수 있도록 선거로 뽑힌 사람들)을 수행해 밀브룩을 방문했고, 자동차 배기가스 시험 과정에 대해 더 많은 걸 배우고 런던의 유명한 빨간 버스 군단이 어떻게 시험을 받고 승인을 받는지 점검할 예정이었다. 그래서 유일하게 언론에서 따라온 나는 놀랄 정도로 자유로운 활동을 보장받고 있었다.

밀브룩에서 배기와 연비 부서를 맡고 있는 필 스톤스가 우리를 앉혀 놓고 설명을 하는데 두 가지가 관심을 끈다. 첫 번째, 런던이 정기적으로 EU의 법적 기준을 깨뜨리고 있는 이산화질소(NO_2)는 유럽산 자동차 배기 시험의 대상이 아니라는 것. NOx(모든 질소산화물)는 포함되지만 그 가운데 이산화질소가 차지하는 비율은 매우 다양할 수 있다. 그리고 나중에 내게 필이 말해준 바에 따르면 그 비율은 상승하는 중이라고 한다. 두 번째, 타이어와 브레이크가 마모되면서 발생하는 PM은 교통량에서 발생하는 전체 PM 가운데 중대한 비율을 차지하고 있다는 것이 알려졌음에도 불구하고 마찬가지로 유럽산 자동차 기준에 포함되어 있지 않으며 그러므로 자동차 생산기업들은 신경 쓰지 않고 있다. "법적 기준이 없어요. 법적 요구사항도 없습니다." 필이 말한다. 그는 자동차 생산자들은 그저 법적으로 정해진 기준에 맞는 자동차를 생산하려고 할 뿐, 그 이상의 노력은 기울이지 않는다고 여러 번 반복해 말한다.

　도시의 PM2.5와 이산화질소에 관한 한 지금까지 알려진 가장 큰 원인은 현대의 자동차들이다. 에어파리프의 파리의 대기오염에 대한 연례보고서에는 이산화질소와 PM2.5 농도가 높은 '주요 지역'을 농도가 높은 곳은 빨강, 낮은 곳으로 갈수록 노랑과 녹색으로 표시한 지도가 포함되어 있다. 지도를 보면 도시의 도로들은 밝은 빨간색으로 빛나는 것과 비교해 나머지 일반 지역은 노랗거나 녹색으로 표시되어 있다. 이런 표시는 도시의 배출은 도로에서 비롯된다는 걸 명확하게 보여준다. 지도에서 더 넓게 일 드 프랑스 지역을 내려다보면 파리는 짙은 녹색 바다 위로 가끔 노란색 정맥처럼 보이는 자동차 도로가 달리는 가운데 있는 붉은색 반점으로 보인다. 파리 시내에서 자동차들은 NOx의 65퍼센트 그리고 PM2.5의 절반 이상을 만들어내고 있다. 그리고 그 가운데 대부분은 디젤에서 나온다. 파리의 차량들 가운데 50퍼센트 정도인 디젤 차량이지만 NOx의 94퍼센트 그리고 차량에서 나오는 PM10의 96퍼센트를 차지하고 있다.

　내연기관의 연소 과정은 두 가지 종류의 입자를 만들어낸다. 이차적인 입자와 일차적인 입자이다. 그러나 그 비율과 수는 엔진이 디젤인지 휘발유인지에 따라 다르다. 과거에 프린스턴과 MIT에서 일했고 현재는 케임브리지 대학에서 일하는 시몬 호크그레브 교수는 지금까지 거의 엔진 배기가스만 연구해왔다. "만일 100퍼센트 연료를 채우고 출발한다고 해보죠. 그리고 그 가운데 98퍼센트만 연소한다고 합시다." 그녀는 설명한다. "그 말은 결국 2퍼센트의 연료는 원래 모양대로 또는 일부 탄 물질과 섞여서 배출되었다는 거잖아요. 그러니까 VOCs나 다른 입자들이죠. 이런 걸 "불완전 연소"라고 해요. 휘발유를 사용하는 엔진에서 불완전 연소는 기본적으로 엔진에 열이 올랐을 때는 엔진 벽 가까운 곳에 있던 연료 때문에 또는 피스톤에 갈라진 곳이 있을 때 발생하고, 엔진에 막 시동을 걸어서 차가울 때는 연료가 필요한 양보다 약간 많이 엔진 안으로 흡입되면서 발생합니다. 디젤 엔진에서는 연료를 공기와 따로 주입하기 때문에 불완전 연소가 발생하는데, 운행 조건에 따라 연료와 공기가 혼합이 잘 안 되거나 시간이 불충분하면 연료가 CO_2로 완전히 바뀌지 못하게 됩니다." 그러니까 휘발유 엔진과 디젤 엔진은 전혀 다른 원리에 의해서 작동한다. "대부분 종류의 엔진에서는 NOx와 PM이 서로 균형을 이룹니다. 디젤 엔진에서는 특히 더 그렇죠." 그녀가 말한다. "한쪽이 내려가면 다른 쪽이 올라가요. 간단히 생각해보면 디젤 엔진은 매우 효과적입니다. 아주 높은 압력을 가하면서 작동해 고온 상태를 만들어내기 때문인데, 그러면서 NOx도 생성합니다. 그러나 그런 높은 압력과 온도를 사용하려면 연료를 너무 일찍 분사하면 안 됩니다. 제대로 폭발을 일으키지 못하니까요. 그래서 디젤 엔진은 공기가 뜨거울 때 연료를 분사하죠. 하지만 그러면 또 연료가 공기와 완벽하게 섞이지 않으면서 완벽하게 연소가 안 되는 겁니다. 결국 불완전한 연소에 의한 PM과 그을음이 발생하고 PM 농도가 높다는 나쁜 소식을 듣게 됩니다."

2015년 9월 폴크스바겐의 디젤 배기가스 사건이 터졌을 때 나는 남부 잉글랜드의 도싯에서 열린 결혼식에 참석하고 있었다. 사과밭에 설치된 대형 천막에서 진행하는 저녁 피로연 도중에 잠깐 밖으로 빠져나와 신선한 공기를 마셨다. 신랑 삼촌과 대화를 나누게 되었는데 대화는 금세 일 얘기로 빠져버렸다. "〈파이낸셜 타임스〉에 기사를 쓰신다고요?" 그가 말했다. "오늘 아침 1면에 실린 폴크스바겐 기사 어떻게 생각해요? 엔론 이후 최악의 스캔들임이 분명한데." 나는 그 기사는 물론 그날 아침 신문을 읽지 못한 상태였다. 다섯 시간이나 기차를 타고 결혼식장에 오는 동안 당시 18개월 된 딸아이를 지루하지 않게 해주기 위해 온갖 노력을 다하고 있었다. 그래서 오히려 신랑 삼촌이 내게 소식을 알려주었다. 폴크스바겐은 그들이 생산한 디젤 차량의 배기가스 자료를 조작하다가 들통이 났는데, 점점 엄중해지는 규제의 레이다를 피하려고 가짜 시험 성적서를 만들어 환경에 관심이 많은 소비자를 속여 왔다고 했다. 상대방의 말을 듣는 동안 나는 과수원에 피워놓은 모닥불을 멍하니 바라보면서 어머니가 사용하는 폴크스바겐의 폴로 디젤 자동차를 생각했다. 그리고 어머니가 그 차를 살 때 저탄소 인증을 받은 차라고 말했던 걸 떠올렸다.

그러나 어떻게 디젤이 우리 도로를 점령하게 되었는지에 대한 이야기는 폴크스바겐의 한 엔지니어가 "야, 그냥 속이면 어때?"라고 말하기 한참 전에 시작되었다. 그 사악한 아이디어가 떠오르기 이십 년 전, 신중하지 못한 정부의 정책이 이미 엄청나게 많은 디젤 배기가스를 대기 중으로 쏟아져 나오게 했다.

1992년 시작된 교토의정서는 각국 정부에게 1997년부터 2013년 사이에 CO_2 배출량을 8퍼센트 줄이도록 요구하고 있다. CO_2의 지구온난화 효과를 생각하면 매우 필요한 조치라고 할 수 있다. 하지만 감축 방법이 규정되어 있지 않고, 유럽에서는 오히려 디젤 차량의 사용이 증가하는 결과를 가져왔다. 상대적인 연료 효율 때문에 디젤은 휘발유 엔진보다 CO_2 배출이 15퍼센트 정도 적다. 자동차 산업은 새로운 자동차를 잔뜩 만들 기회를 포착하고는 유럽연합 집행위원회에 로비를 해 디젤 차량을 홍보했다. 열린 문을 열고 들어가면 그만이었다.

1998년 EC는 앞으로 10년 안에 팔리는 모든 차량은 CO_2를 25퍼센트 줄여야 한다고 발표했다. 대부분 EU 국가는 휘발유가 아닌 디젤 차량을 구매하는 소비자들에게 세금을 줄여주는 정책을 도입했다. 2001년에서 2002년 사이 영국은 CO_2 배출량에 따라 자동차에 세금을 매겼다. CO_2가 적게 나오는 자동차는 자동차소비세를 덜 내게 되었고 그에 따라 디젤 자동차는 비용면에서 우위에 서게 되었다. 결국, 그렇게 해서 '디젤을 향한 질주'라고 알려진 경쟁의 시작을 알리는 총성이 울리게 된 것이다.

그것은 효과적인 정부 정책 사례 연구 대상이었다. EC의 기준을 맞추기 위해 유럽 전체에서 비슷한 세금과 연료에 대한 우대 정책이 시작되었고, 유럽 전체에서 디젤 차량의 시장 점유율은 1995년 10퍼센트 이하에서 2012년 50퍼센트 이상으로 높아졌다. 전체 연료 소비량에서 디젤이 차지하는 비율은 63퍼센트에 다다랐다. 2001년에서 2010년 사이 노르웨이에서 새로 등록한 차량 가운데 디젤 차량이 차지하는 비율은 13.3퍼센트에서 73.9퍼센트로 올랐고 아일랜드에서는 12퍼센트에서 62.3퍼센트로 상승했다. 그런 성공에 들뜬 유럽의 자동차 회사들은 디젤 자동차를 국제적으로 판매했다. 인도에서는 2000년에 새롭게 팔린 자동차 중에서 4퍼센트에 불과하던 디젤 자동차가 2016년에는 신차 판매의 절반을 차지했다. 내가 델리에 있는 중앙도로연구소(CRRI)를 방문했을 때 니라즈 샤르마 박사는 디젤은 애초 농업용으로 아주 높은 보조금을 받아왔다고 말했다.[*] "전에는 전체 차량의 90에서 92퍼센트가 휘발유 차량이었고 8에서 9퍼센트 정도가 디

---

[*] 디젤은 트랙터처럼 높은 토크와 낮은 속도를 원하는 분야에서 사용하기 좋다.

에어 쇼크

젤을 사용했습니다." 그는 말한다. "이제 상황이 변했어요. 디젤 차량이 우위를 점하기 시작했죠. 농부들을 위한 것이던 보조금이 대부분 자동차를 생산하는 기업에 사용되고 있는 겁니다." 그는 델리 도로 위 디젤 차량들이 '휘발유 자동차보다 더 위험한 대기오염물질을' 쏟아내고 있다고 말한다.

2000년 이런 우대정책이 시작되었을 때, 가장 효과적인 디젤 자동차도 킬로미터당 NO_2를 세배, PM을 10배 더 배출했다. 도로 위 대부분 자동차는 더 오래된 것들로 휘발유 차량보다 최소한 NO_2가 네 배 그리고 22배에서 백배의 PM을 더 배출했다. 그러니까 정책을 결정하는 사람들은 우리가 사는 도시의 CO_2 목표치를 맞추기 위해 대기오염을 오히려 늘리고 그 결과로 건강이 나빠지는 걸 알면서도 그런 결정을 내린 것이다. 런던 시티에서 은행가로 일했던 사이먼 버켓은 2007년에 직장을 그만두고 시민운동 단체인 클린에어 런던을 만들었다. 그는 2015년 〈가디언〉에 이렇게 폭로했다. "유럽연합 집행위원회와 각국 정부, 자동차 생산기업들은 디젤이 얼마나 위험한지 알면서도 힘을 합쳐 디젤 우대정책을 실시했고 아무런 공청회도 거치지 않은 채 휘발유 자동차로부터 거대한 변화를 교묘하게 진행했습니다." 그 기사는 퇴직한 '최고위급' 관료의 말을 인용했는데, 그는 '건강 문제'가 당시 일부 부처에서 논란이 되었다고 회상했다. "우리는 얼떨결에 이런 상황을 만든 건 아닙니다. 모두가 단단히 마음을 먹어야 했습니다."

'우리는 디젤이 얼마나 나쁜지 알지 못했다'라는 식의 모든 주장은 정말이지 공허하게 들린다. 국제암연구기관(IARC)은 1980년대에 이미 디젤 배기가스를 잠재적인 발암물질이라고 결정했다. 1986년에 납 함유 휘발유를 없애기 위해 성공적인 운동을 전개한 적이 있는 로빈 러셀존스 박사는 영국 상원 특별위원회에 디젤 오염물질이 천식과 심장혈관질환, 폐암과 연관이 있다는 증거를 제시했다. 1993년 도심 대기질 조사그룹(QUARG)이 펴낸 환경부를 위한 주요 보고서에는 디젤 배기가스가 '잠재적으로 건강에 위험'이 될 수 있고 '호흡기 기능에 장애를 일으킬 수 있는 발암물질로 알려진 화합물'을 포함하고 있다는 내용이 실렸다. 1996년 의회 과학 및 기술 사무국(POST) 보고서는 의원들에게 과학적 발전은 '공기 중 작은 입자들이 호흡기 질병과 죽음에 중대한 원이 될 수도 있다'라고 밝히면서 '디젤과 다른 원인에서 나오는 미세한 입자들은 세계에서 사망률에 중대한 영향을 미칠 수 있다'고 했다. 보고서는 또한 '도로 교통량은 미세한 입자들을 만들어내는 가장 큰 한 가지 요인이며 그 가운데 디젤 배출이 가장 지배적이다. 디젤 배기가스에 노출되면 폐암에 걸릴 확률이 높다는 증거도 있다.' POST의 보고서는 QUARG가 전에 찾아낸 사실에 다시 관심을 보였다. 혹시라도 처음에 듣고 잊은 사람이 있을까 봐 다시 설명하자면, 그것이 어느 정도이든 만일 디젤 차량의 시장 점유율을 조금이라도 올린다면(당시 약 20퍼센트 정도였다) '현재 기술로는 디젤 차량이 휘발유를 사용하는 자동차보다 훨씬 많은 미세먼지를 뿜어내기 때문에 이 상황을 더 나쁘게 만들 것이고, 현재로서는 디젤이 휘발유 차량보다 좋아질 가능성은 없다'는 내용이었다. 그걸 읽었을 때는 진정으로 소름이 돋았다. 책자로 인쇄된 정보가 눈앞에 있었기 때문이다. 무시는 방어가 아니었다. 그러나 아무도 경고에 귀 기울이지 않았다.

당시에 QUARG 위원회에 속해 있던 피터 브림블콤은 '그룹이 보내는 메시지는 입자들이 큰 문제라는 것이었고 여기서 입자는 바로 디젤 입자였다'라는 사실을 명확히 기억한다. 정보열람의 자유를 두고 2년 동안 전쟁을 치른 뒤 2017년 11월에 BBC가 받아낸 자료는 각료를 포함한 정부 공무원들은 디젤 오염이 대기질에 나쁘다는 걸 잘 알고 있었다는 걸 확인해주었다. 재무부의 세금정책 부서가 각료들(정부의 최고 결정권자들이다)에게 했던 조언이 분명하게 지적하고 있다. '휘발유와 비교해 디젤은 CO_2 배출이 적지만 지역의 대기질에 손상을 가하는 입자와 오염물질의 배출이 더 많다.'

유럽 전역의 모든 정부가 이 모든 걸 무시했다. 디젤을 '환경친화적'인 대안으로 홍보하는 판촉은 수그러들지 않고 계속되었다. 하지만 이런 광풍에 약간의(너무 가볍지만) 질서는 존재한다. 모든 신차가 EU에서 팔리기 전에 통과해야만 하는 유로 배기가스 기준은 좀 더 깨끗한 디젤이 곧 나온다고 약속하고 있다. 유럽의 1단계 배기가스 기준(유로1)은 1992년에 시작되었는데 EC에서 팔리는 모든 신차가 그때부터는 NOx, PM, CO, 탄화수소에서 특정한 기준을 만족해야 한다고 정하고 있다. 기준의 시작은 높았지만, 계획을 세우는 과정에서 새로운 배기가스 기준을 정할 때마다 늘 한두 단계 낮춰 적용하게 되었다. 유로2가 1996년 적용되었고 2000년에 유로3, 2005년에 유로4가 적용되었다.(책을 쓰던 시점인 현재 우리는 유로6를 적용하고 있다. 2014년 9월에 적용되었다) 엔진 기술의 고유한 차이로 디젤은 휘발유보다 더 많은 NOx와 PM을 배출하지만, 그 차이는 점차 줄어들 예정이다. 자동차 회사들은 '네, 배출량이 현재는 높지만, 우리가 내놓을 다음 모델을 볼 때까지 기다리기만 하시면 됩니다'라고 도돌이표처럼 말할 수 있다.

2000년대 초반부터 대기오염의 의학 효과 위원회에서 정부에 조언을 하던 프랭크 켈리는 인정했다. "이런 기사가 있었습니다. 'CO_2 감소를 위해 이런 결정을 내렸는지는 몰라도 도시 지역에서 PM과 NO_2 농도가 올라갈 가능성도 있다.' 하지만 결정을 내린 사람들을 옹호하자면(그다지 옹호할 수 있는 근거는 없는 것이, 당시에는 종합적인 사고라는 것이 별로 없었습니다) 당시 결정은 정말 기후변화와 CO_2를 막자는 것이었습니다. 당시에는 유로 기준(아마 그때는 유로3이 적용되고 있었을 겁니다)이 배기가스 통제를 위한 큰 계획이었거든요." 하지만 디젤 차량에 대한 NOx의 유로3 기준은 허용치가 500mg/km였던 반면 휘발유 차량의 기준치는 150mg/km였고, 휘발유 차량 기준이 겨우 5mg/km인 PM 허용치는 50mg/km이나 되었다. 만일 유로 기준이 결국에 우리를 구원할 거라는 확신이 있었다면 그 말은 그러는 사이 더 오염되는 공기에 대중을 노출해도 괜찮다는 같은 수준의 동의가 있었다고 봐야 한다.

십 년 조금 넘는 동안 영국에서 2백만 대도 되지 않던 디젤 자동차의-그것들이 대체한 휘발유 차량 대비 적법한 방법을 통해 NOx와 PM 기준치를 몇 배나 넘긴 수는 천2백만 대를 넘겼다. 비영리 환경 법률 기구 클라이언트 어스의 CEO인 제임스 손턴은 폴크스바겐 사건이 터졌을 때, 2000년에서 2007년까지 정부에서 고위 과학 고문을 했던 데이비드 킹 경과 함께 TV 토론 프로그램에 출연했던 일을 회상한다. "그렇습니다. 우리는 디젤이 CO_2를 적게 배출한다는 걸 믿었습니다. 하지만 우리는 자동차 회사에 현혹당한 것이고, 배기가스 배출이 진짜로 그렇게 나쁘거나 나빠질 것으로 생각하지 못했습니다. 자동차 회사들이 우리에게 입자를 필터로 거르거나 다시 회수하거나 아니면 다른 방법을 동원해서 위험한 물질의 배출을 줄이는 건 정말 쉬운 일이라고 약속했습니다. 그런데 그렇게 되지 않았지요. 만일 유로 기

에어 쇼크

준을 고수했더라면 그 약속은 괜찮은 타협이 되었을 겁니다." 손턴은 말한다. "그러나 그렇지 못했고, 그래서 끔찍한 타협이 되어버렸습니다."

실제 상황에서 시험했을 때 디젤 차량은 유로 배출기준을 늘 충족하지 못했다. 킹스 칼리지 런던의 연구자들은 2011년 길거리에서 직접 8만 대의 차량을 시험했는데, NOx를 줄이기 위한 유로 기준이 적용되었어도 20년이 넘는 동안(그동안 휘발유 차량에서는 중대한 진전이 있었다) 디젤 차량과 밴, 대형 트럭과 버스에서 NOx 배출량 감소 부문에서는 진전이 거의 없거나 아예 없다는 것을 알아냈다. 연구 결과 당시로는 최고 성능을 가진 유로5 기준을 충족하는 디젤 차량조차 1km를 운행하는 동안 1.1g의 NOx를 배출했다. 유로5 허용치인 0.18g/km를 다섯 배도 넘게 초과하는 수치였고, 1992년 설정된 유로1의 '높은 기준' 허용치인 0.97g/km조차 넘는 수치였다. 다른 연구들에서도 비슷한 결과가 나오기 시작했다. 유럽연합 공동연구센터는 휘발유 자동차가 대체로 유로 배출 허용치를 넘지 않는 결과를 보였지만, 디젤 자동차는 예상보다 4배에서 7배 수준의 배기가스를 배출한다는 사실을 확인했다. 2010년 3백6십만 명의 일 드 프랑스(프랑스 대도시 권역) 거주민들이 연간 허용치를 초과하는 NO_2 농도에 노출되었을 때, 에어파리프는 이렇게 보고했다. '현재 새로운 디젤 차량에 장착된 필터가 입자물질 배출량을 줄이는 데 이바지하고 있지만, NO_2 배출량은 오히려 상당히 증가시키고 있다. 이제 NOx 배출에서 NO_2 비중이 서서히 증가하고 있다는 사실은 확인되었다.' 2012년 런던의 자가용 가운데 절반 그리고 사실상 모든 버스와 대형 트럭, 택시는 디젤을 사용하고 있다. 같은 해 런던이 올림픽을 개최하기 직전 IARC은 디젤 엔진 배기가스가 인간에게 발암물질이 '될 수도 있다'는 입장에서 '확실히 그렇다'는 쪽으로 의견을 강화했다.

설상가상으로 디젤로 CO_2를 줄인다던 계획도 전혀 이뤄지지 않았다. 연구에 따르면 디젤 엔진의 블랙 카본 배출 증가로 인한 지구온난화 효과는 CO_2 감소 효과를 웃돌았다. 열을 흡수했다가 방출하는 블랙 카본의 능력 때문이었다. NOx 역시 아산화질소를 포함하고 있었는데, 아산화질소는 CO_2보다 온실효과를 더 낼 가능성이 있는 가스였고, 디젤은 휘발유보다 더 높은 농도의 NOx를 배출했다. 그것만이 아니고 유로6 기준을 충족하는 많은 휘발유 자동차들은 이제 디젤과 같은 연료 효율과 킬로미터당 CO_2 배출량을 달성했다. 유럽은 기후에 대한 이익도 얻어내지 못한 채 온통 건강만 해치고 말았다. 그리고 그러지 않을 대안도 있었다. 똑같은 교토의정서 기준의 충족을 위해 일본이나 한국, 미국 같은 나라들은 배기가스가 적은 하이브리드나 전기 자동차를 위한 연구를 지원하기로 했다. 미국에서는 늘 디젤이 "사회적으로나 환경적으로 받아들일 수 없는 존재였어요." 호크그레브가 말한다. "왜냐고요? 유럽의 디젤 연료는 상당히 깨끗하고 품질 면에서 상당히 통제를 받고 있죠. 미국의 연료는 그렇지 않습니다. 그런 방식은 미국에서 통하지 않아요. 미국에는 연료에 대한 규제가 비교적 존재하지 않는 편이기 때문입니다. 물론 모든 화물차는 디젤 그것도 저급한 디젤과 저급한 엔진을 사용하죠. 하지만 유럽에서는 디젤 우대 정책이 있는 반면에 높은 연비에 대한 요구가 있습니다(휘발유보다). 연료 가격이 비싼 데다 세금도 붙어 있어서 미국보다 가격이 상당히 비싸죠. 유럽에서 디젤의 시장 점유율이 50퍼센트까지 올라갔던 이유는 디젤이 환경친화적이라고 받아들여졌기 때문이에요."

에어 쇼크

그리고 그 난리가 지난 뒤 폴크스바겐 스캔들이 터졌다. 폴크스바겐의 디젤 자동차가 성공한 원인은 거의 전적으로 환경보호에 대한 신뢰 때문이었다. 유럽에서 십 년 동안 이어진 디젤을 향한 질주가 끝난 뒤 의기양양해 있던 폴크스바겐은 미국 시장을 차지하려고 시도했다. 아우디는 2010 슈퍼볼 경기 중계 도중에 길게 늘어서서 연기를 뿜어내는 회색 차들 뒤에 아우디 디젤 차량이 멈추자 '환경보호 경찰'이 '가셔도 좋습니다'라며 손을 흔드는 내용의 광고를 내보냈다.

2016년 〈포춘〉의 폴크스바겐 스캔들에 관한 심층 기사는 세계에서 가장 큰 자동차 회사가 되겠다는 폴크스바겐의 '대담한' 목표를 보여주고 있다. 그들은 미국 시장을 깨뜨리는 것이 '목표 달성에 필수직'이라고 판단했다. 하지만 캘리포니아의 배기가스 규정이 발목을 잡았다.* 앙겔라 메르켈 총리는 2010년 4월 캘리포니아 대기자원위원회(CARB) 위원장인 메리 니콜스를 개인적인 자리에서 만나 이 문제에 직접 개입했다. 하지만 메르켈은 싸움을 걸어서는 안 되는 상대와 맞서고 말았다. 게다가 같은 장소에 있던 사람이 아널드 슈워제네거였으니 결과는 뻔했다. 메리 니콜스는 1979년부터 1983년까지 CARB의 위원장이었으며 2003년 주지사인 슈워제네거의 요청을 받고 다시 임무를 맡기 위해 돌아왔고 그 이후 그 자리를 계속 지키고 있었다. 당연하게도 그녀는 대기질 세계에서는 '록스타'로 묘사되었고, 거친 협상가로 알려져 있었다. 뉴욕에서 전화로 대화를 나누었을 때 나는 그녀에게 앙겔라 메르켈이 그날 회의에서 진짜로 독일 자동차 산업을 위

---

* 우리는 유럽의 환경 관련 규제가 미국보다 엄격하리라 생각하는 경향이 있지만, 캘리포니아의 배기가스 규정은(이유는 7장에서 더 자세히 살펴볼 것이다) 유로 기준보다 늘 한발 앞서가고 있다.

해 NOx 허용치를 완화해달라고 요청했는지 물었다. "저는 실제로 이건에 대해 독일 연방하원에서 선서하고 증언해야 했습니다." 그녀는 웃는다. "그녀는 제게 아무것도 **요청하지** 않았습니다. 그녀가 **말했던** 내용은(당시 내 상관인 슈워제네거 주지사 앞이었어요) '미국의 배출기준이 너무 깐깐해서 우리 독일 기업들이 고생하고 있어요'였어요. 그건 질문이 아닌 비난이었죠. 내가 보기엔 사실상 '당신들은 잘못된 행동을 하고 있어요, 그만둬야죠!'라는 말이었어요." 그래서 뭐라고 말했나요? 하고 물었다. "저는 '저는 그렇지 않다고 생각해요. 우리는 건강기준을 지키기 위해 이런 규제를 할 필요가 있습니다'라고 했어요. 저는 그런 사람이었으니까, 그런 식으로 대꾸한 거예요! 우리는 독일 회사들이 우리 NOx 기준에 반대하고 있다는 걸 알고 있었어요. 항상 만나서 이야기를 하곤 하니까요. 하지만 우리는 그런 이야기를 총리한테서 듣게 되리라고는 예상하지 않았습니다."

유럽에서도 마찬가지로 규제가 점점 더 엄격해지고 있다. 디젤 승용차의 PM 배출량 허용치는 유로3 체제에서의 25mg/km에서 유로4의 경우 5mg/km으로 그리고 유로5에서는 휘발유 차량과 같은 4.5mg/km이 되었다. 디젤 차량과 휘발유 차량의 NOx 배출량 차이 역시 줄어들고 있다. 유로5에서는 NOx를 디젤 차량의 경우 180mg/km까지 허용하고 휘발유 차량은 60mg/km까지 허용하고 있었는데, 2014년 9월부터 시작된 유로6에서는 디젤 차량의 겨우 80mg/km로 줄어든 반면 휘발유 차량은 그냥 60mg/km를 유지하도록 했다. 지나고 나서 보니 가혹할 정도로 아이러니했던 2014년 EU 보고서는 이런 결론을 예상한 거였다. '걱정스러운 것은 실제 배출량은 같은 양으로 감소하지 않을 수도 있다.'

규제하는 사람들은 역사적으로 밀브룩처럼 고도로 통제하는 실험실 기반의 시설에서 실시하는 배출량 시험에 의존해 왔다. 자동차 회사는 최신형 모델을 가져와 시험하고 '주행'은 실험실에 있는 롤러('다이노'라고 알려져 있다) 위에서 실시하며 정확한 온도에서 같은 속도로 진행해 정확히 같은 결과가 반복적으로 모든 모델에서 나올 수 있도록 한다. 다른 변수는 제거하면서 똑같은 상황에서 비교한다. 나는 밀브룩에서 실제로 이런 시험을 관제실에서 본 적이 있다. 자동차를 작고 두꺼운 유리가 달린 창문을 통해 볼 수 있었다. 반짝거리는 신형 SUV는 가만히 서 있는 것처럼 보였지만 바퀴는 차체 아래의 다이노 위에서 빙빙 돌아가고 있었다. 차 안에 앉은 전문 운전자는 80kmph에서 0까지 천천히 속도를 줄이고 있었다. 옆에 있는 방에는 거대한 샌드위치 포장용처럼 보이는 봉지가 있었는데, 내부가 배기가스로 천천히 가득 차오르고 있었다. 혹시 만져봐도 되느냐고 묻고 만져보니 천천히 부풀어 오르는 봉지에서 연기의 온기가 느껴졌다. 봉지를 채운 배기가스는 다양한 분석기기를 거치면서 NOx와 일산화탄소, PM의 농도를 측정했다.

〈포춘〉이 지적했듯이 불행하게도 '그런 과정은 속임수가 가능하도록 해주었다.' 지금은 '조작 장치'로 알려진 소프트웨어를 설치하면 자동차가 실험실 상황에 있는지 인식할 수 있게 되고 시험을 하는 중에만 오직 허용된 만큼 배기가스를 배출하도록 한다. 폭스바겐이 설치한 소프트웨어는 차량이 실험실의 시험 상황을 벗어나는 순간 NOx 배출량을 10배에서 40배로 늘리는 것으로 드러났다.

2013년 미국에 근거지를 두고 있는 비영리단체 국제청정교통위원회(ICCT)는 유럽산 디젤 차량의 주장에 따른 성능과 실제 생활에서의 배기가스 배출 성능 차이를 조사했고, NOx 배출량이 허용치보다 35배 높다는 사실을 확인했다. 2014년 5월 그들은 EPA에 보고서를 보냈다. CARB와 EPA는 모두 조작 장치가 있다고 의심했고, 다음 해 대부분을 들여 폴크스바겐의 디젤 차량을 아주 상세하게 조사했다. "사실상 ICCT가 사건을 조사해서 우리에게 가져왔죠." 메리 니콜스가 확인한다. "EPA가 우리와 합류해 같이 소송을 했습니다." 그들의 행동이 발각될 것을 눈치챈 폴크스바겐은 2015년 9월 3일 개별적으로 EPA에 그들의 자동차에 사실은 불법 소프트웨어가 설치되어 있다고 고백했다. 아마도 비밀리에 가벼운 경고로 넘어갈 수 있기를 기대한 것 같았다. EPA는 그러는 대신 2015년 9월 18일에 공개적으로 '위반 공고문'을 통해 폴크스바겐의 속임수를 밝혔다. 공고문에는 분명하게 '폴크스바겐은 2009년부터 2015년까지 디젤 경량 자동차 중 특정 모델을 만든 뒤 조작 장치를 설치했다. 이런 조작 장치들은 차량의 배출가스 통제 시스템을 우회하거나 무력화하거나 작동 불능 상태로 만들었다.' 여섯 페이지에 달하는 공고문에서 EPA는 또한 배기가스 배출량 기준을 정해둔 목적이 '인간의 건강과 환경을 보호'하는 것임을 반복해 알렸다. 며칠 지나지 않아 폴크스바겐은 2008년부터 세계적으로 천백만 대의 차량에 조작 장치를 설치했다고 인정했다.

"그렇게 오래 진행된 일이었다는 사실에 충격을 받았죠." 메리는 인정한다. "솔직히 말해 임명된 정부 공무원으로서 저는 우리가 어쩌면 더 일찍 발견하지 못한 것처럼 보일까 봐, 그리고 실제로 그랬을까 봐 걱정스러웠어요. 속임수에 화가 났고 확실히 중단시키고 법을 어긴 걸 처벌하고 싶었습니다. 하지만 걱정이 되기도 했어요. 보기보다 훨씬 광범위한 문제일 수도 있었거든요."

나는 밀브룩에서 필 스톤에게 폭스바겐이 어떻게 그렇게 오랫동안 그의 눈과 다른 시험기구들을 속일 수 있었는지 물었다. "다이노 위에서 규제를 만족시켰다면 도로에서도 그래야 하는 겁니다. 같은 조건에서는 그래야 한다는 말이긴 하지만요. 그러니까 다이노 위에서 차를 시험하면 조건은 똑같아요. 제가 보기에는 그렇죠. 속도나 시간, 창문 조작까지 같다고 보는 겁니다." 폭스바겐의 소프트웨어는 자동차가 언제 시험 조건에 있는지 알 수 있었다. 자동차가 달리고 있고 바퀴도 돌아가고 있지만, 운전대가 움직이지 않기 때문이다. "다이노 기계 위에서 운전대에 전혀 입력 신호가 없으면 자동차는 배기가스 배출장치를 "무력화"하는 겁니다." 폭스바겐의 자동차는 유로 기준을 지킬 수 있었지만, 운전대가 움직이지 않는 시험실에서만 그럴 수 있었던 것뿐이다. 도로에 나서서 운전대가 움직이기 시작하는 즉시 폭스바겐은 효과적으로 긴장을 늦추고 높은 농도의 오염물질을 배기가스로 다시 뱉어냈다. 나는 필에게 2015년 9월 스캔들이 터진 뒤 밀브룩의 분위기가 어땠는지 물었다. 밀브룩 직원들은 모든 주요 자동차 회사에서 온 엔지니어들과 매일 함께 일한다. 엔지니어들은 규제 적합성 시험을 위해 일하거나 프로토타입 자동차를 시험하기 위해 밀브룩의 시설을 통째로 빌려 일한다. 스스로 확인해줄 수는 없다고 했지만, 필은 폭스바겐의 엔지니어들과 함께 일한 것이 거의 확실해 보였다. 그들은 스스로 속임수를 쓴다는 걸 알고 있었으며 필과 그의 팀이 시험하는 걸 지켜보았다. "그들이 알면서도 직접 조작 장치를 사용했다는 사실에 모두 놀랐습니다." 필은 말한다. "사람들이 "최적화"를 하는 건 달라요. 그건 산업이나 스포츠, F1 등 어디서나 하는 겁니다. 사람들은 최적화를 하고 상업적으로 결정을 내리죠. 그러나 조작은 전혀 다른 세상 이야기입니다. 그건 스포츠에서 이런 것과 같아요. 저 친구 고지대에서 훈련한 거 아니야? 아니면 스테로이드를 먹나? 그건 제가 생각하는 세상에서는 다릅니다. 그들은 스테로이드 약물을 먹은 거예요."

앤디 이스트레이크는 현재 저탄소차량 공동사업(LowCVP)에서 이사로 활동하고 있는데 2011년까지는 밀브룩에서 배기가스 관련 고위급 엔지니어로 일했다. 필 스톤의 예전 상사였다. "우리는 오랜 세월 유로 기준을 통해 대기질에 초점을 맞춰왔습니다. 우리가 생각하는 모든 대기질 모형은 그 기준을 통해 우리가 이뤄낼 상황을 상정한 것이었습니다." 그는 내게 말한다. "저는 과거 1997년과 2000년에 "실생활 시험" 논문을 설명했던 걸 기억합니다. 실생활 시험은 새로운 이슈가 아닙니다. 변한 건 뭐랄까, 그런 규제에 대해 엄청나게 놀랄만한 노골적 사기가 발생했다는 것입니다. 규정이 꼭 그렇게 종합적일 필요가 없다는 건 모두가 알았죠. 자동차의 작동을 일부만 시험하고 모든 경우에 그렇게 적용되리라 추정하는 건 위험한 일이었습니다. 그 위험이 분명하게 증가했던 겁니다. 그러다가 그런 구멍을 통해 규칙을 어기는 회사가 등장한 겁니다."

폴크스바겐의 범죄는 희생자가 없는 것과는 전혀 거리가 멀었다. 국가 그리고 도시의 교통 관련 정책 결정은 예측한 배기가스 배출 자료에 근거를 둔다. 그런 자료를 왜곡하는 건 수많은 사람의 죽음으로 이어질 수 있다. 한 분석에 따르면 조작 장치를 설치한 폴크스바겐의 자동차 천백만 대는 정책 결정권자와 규제 당국 또는 자동차 소유자들이 예측하는 것보다 매년 이산화질소를 백만 톤 추가로 배출할 수 있다고 한다. 그리고 유럽환경청(EEA)에 따르면 이산화질소 오염물질은 매년 유럽에서 조기 사망 7만8천 건의 원인이 되고 있다. 폴 베이트는 2001년부터 2007년까지 더비 시티 의회에서 수석 교통 엔지니어로 일했다. "멋진 그래프를 본 기억이 납니다. '이건 유로4가 되었을 때의 배기가스 배출량이고, 이건 유로5, 그리고 유로6이 적용되면 어떤 것이든 대기질 문제가 없을 거야'라고 하는 그래프였죠. 실제로 벌어진 일은 어느 시점이 되더니 배출량 그래프가 평탄해진 겁니다. 차량이 특정 시험을 통과하기 위해서 최적화되었고, 실생활에서는 최적의 상태보다 못한 결과를 내게 된 겁니다. 결과적으로 발생한 상황은 전 세계 도시 당국에서 일하는 입안자들이 그들 지역에서 대기질을 향상하기 위해 받던 정보의 단절이었습니다. 정보는 자릿수 자체가 몇 개나 틀린 상태였거든요. 기준과 모든 도구와 모델들은 모든 차량이 유로 기준에 맞춰 성능을 발휘한다는 사실에 근거를 두고 있었습니다. 그런데 실생활에서는 전혀 달랐던 겁니다."

폴크스바겐 스캔들이 터지고 몇 주 뒤 앨리 루이스와 프랭크 켈리는 함께 쓴 글을 〈네이처〉에 기고했다. '디젤 차량에서 비롯된 대기오염은 오랫동안 보도가 불충분했다'라는 내용이 담겼다. 켈리는 만난 나는 부정행위를 의심했었느냐고 물었다 "예를 들면 2000년부터 우리는 런던에서 NO_2가 어떤 상황이 될지 예측했습니다. 상당히 긍정적인 예측이었죠. 그래프가 아래로 내려가고 있었습니다. 하지만 2000년에서 2006년 그리고 2007년에 이를 때까지 실제 측정을 했더니 그래프가 수평을 나타냈습니다. 우리가 예측한 대기질 상황은 점점 실제 상황과 멀어지기 시작했어요. 그래서 우리는 2005년쯤에 머리를 쥐어뜯으며 무슨 일인지 알아내려고 애썼습니다. 결국 미국에서 레이저장비를 들여오게 되었습니다. 길거리에 장비를 세워두고 레이저를 쏘고 있으면 자동차가 지나갈 때마다 배기가스에서 어떤 NOx가 나오는지 측정을 하는 겁니다." 수만 대의 차량이 레이저 장비를 거쳐 지난 뒤에 켄리가 이끄는 팀은 어떤 차량으로부터 기대하는 배기가스 성능이 실제와 전혀 다르다는 사실을 알아냈다. "우리는 Defra(영국 환경식품농무부)에서 자금을 받아 덴버대학교에서 장비를 도입했습니다. 그래서 2007년경에 우리는 Defra에 보고서를 제출했죠. 그리고 Defra는 그걸 그냥 깔고 뭉갰습니다. 그래서 우리는 자동차 생산 회사들과 몇 가지 작업을 더 했고, 특정 차량이 다른 차량에 비해 배기가스 배출이 더 나쁘다거나 좋다거나 하는 자료를 만들었죠. Defra는 그 자료도 받았습니다. 그들은 특정 자동차 회사를 나쁘게 보이도록 할 수 있었기 때문에 보고서를 불편하게 느낀 겁니다. 우리는 문제가 뭔지 알았고, 자료도 있었고, Defra도 자료를 오래전에 받았습니다. 미국에서 폴크스바겐 스캔들이 터지기 몇 년 전이었죠. 결국, 그걸 실제로 문제로 삼은 건 미국인들이었어요."

"규제 기관과 대중을 속이기 위해 자동차 산업 대부분이 함께 대규모 공모를 한 겁니다. 규제 기관은 많은 걸 알면서도 아무 조치도 취하지 않았죠." 클라이언트 어스의 제임스 손턴도 동의한다. 그는 켄리의 주장을 반복한다. "영국의 관련 당국은 알면서도 아무 조치를 취하지 않았습니다. 결국 미국의 환경보호청이 호루라기를 불게 되었습니다. 진짜 문제는 독일 자동차 회사가 디젤 엔진에 어마어마한 투자를 했고, 그 회사가 독일 경제, 그리고 유럽 여러 국가 경제에 많은 영향을 미치고 있다는 겁니다. 폴크스바겐의 디젤이 결국 들통이 나게 된 것은 그들이 새로운 세대의 디젤 엔진을 개발하면서 엄청난 돈을 쏟아부었기 때문에 이제 미국이 디젤과 사랑에 빠질 때라는 결정을 내

에어 쇼크

렸기 때문이었습니다. 그래서 그들은 미국으로 디젤 엔진을 가져갔습니다. 그들이 간과한 것은 유럽에서처럼 미국 EPA와 담합을 할 수 없다는 사실이었습니다. EPA는 실제로 시험을 했고 그들이 조작 장치를 사용했다는 걸 밝혀냈습니다."*

하지만 폴크스바겐이 그런 행동을 하고 있을 때 많은 다른 자동차 회사들도 마찬가지였다. 필 스톤은 기꺼이 몇 가지 이야기를 더 해주었다.

"피아트가 만든 건 22분짜리 타이머가 달렸습니다. 시험은 20분 동안 하거든요. 나중에 '도로에서도 정확히 다이노 위에서처럼 동작한다'라고 변명을 했습니다. 다이노 시험이 고작 20분만 진행되니까 그들은 규제 당국이 원하는 건 최초 20분 동안의 성능이라고 규정해 버린 겁니다. 그 뒤에는 자신들이 원하는 대로 할 수 있었습니다. 그리고 그렇게 했죠. 그들은 '조절'을 한 겁니다. 이탈리아의 운수부 장관이 말한 것처럼 그들은 배기가스 배출량을 '조절'했습니다. 후처리 공법을 통해서 말이죠. 그리고 22분이 지나면…… 다른 회사들은 온도 경계를 이용했죠. 시험은 섭씨 20에서 30도 사이에서 이루어집니다. 그러니까 도로에서도 20도에서 30도 사이라면 정확히 다이노 위에서 발휘했던 능력이 나옵니다. 하지만 17도로 떨어지면 달라지는 거죠." 그렇게 모두가 규제 당국을 속이려고 한다면 유로5나 유로6는 디젤 엔진으로는 달성하기 어렵다는 걸까? "아, 아뇨. 달성할 수 있습니다." 필이 말한다. "제가 보기에는 돈을 두고 다투는 세계에서는 경쟁사와

---

* 상황이 더 나빠지느라고 나중에 폴크스바겐이 조작 장치를 더 발전시키기 위해 유럽투자은행에서 4억 유로의 융자금을 받아 사용한 사실이 드러나기도 했다. 융자금은 자동차 회사가 점점 엄격해지는 배기가스 기준을 지킬 수 있는 엔진을 개발하는 데 도움을 주려는 자금이다. 어찌 보면 새로운 엔진을 개발했다고 볼 수 있긴 하다.

비교해 필요한 것이 있으면 그만큼 하게 됩니다."*

폴크스바겐 스캔들이 터지자 킹스칼리지와 케임브리지를 포함하는 기관들의 여러 학자가 관리하는 EQUA 대기질 지수라는 이름의 독립적인 '실생활 배출량' 성적표가 나왔다. 모든 신차 모델을 도로 위에서 검사해 실제로 배기가스 파이프에서 무엇이 나오는지 확인했다. 글을 쓰던 당시 8개의 디젤 차량 모델이 최근의 유로6 기준을 충족시키기 위해서 만들어졌는데, 그 기준을 맞추지 못했을 뿐 아니라 1993년 이후 과거의 기준조차 전혀 만족시키지 못했다. 닛산의 두 가지 모델, 그리고 피아트, 스바루, 푸조, 르노, 인피니티 그리고 쌍용에서 각각 만든 모델이었는데, 모두 'H' 등급을 받았다. H등급은 '유로 기준과 비교할 수 없음 : 유로6 허용치의 약 12배 이상의 오염물질 배출'이라는 뜻이다. 만일 2014년 유로6 기준 적용 후 출시된 자동차들 가운데 G등급인 '유로 기준과 비교할 수 없음 : 유로6 기준의 약 8~12배의 오염물질 배출' 등급과 F등급 즉 '유로 기준과 비교할 수 없음 : 유로6 기준의 약 6~8배의 오염물질 배출' 등급을 포함한다면 추가로 29개 모델이 더 있다. 제조사를 몇 개 언급하자면 BMW와 포드, 메르세데스 벤츠, 볼보, 복스홀 등이다. 만일 유로6 기준을 충족할 것이라 예상했지만 EQUA의 도로 시험에서 겨우 유로3 기준에 맞거나(14년 전의 기준이다), 유로4 기준(9년 전 기준), 유로5(3년 전 기준)을 맞춘 디젤 차량은 전부 134개 모델이고, 사실상 어떤 제조사든 어떤 크기든 모든 차량을 포함하고 있다고 봐도 된다. 모든 차량은 공식적인 시험소 기준

---

* 자동차만 그런 것이 아니다. 영국에서 2017년 8월과 11월에 임의로 추출해 조사했더니 7.8퍼센트의 대형 트럭이 일종의 배기가스 조작 장치를 달고 있었다. 4709대의 트럭을 조사했는데 327대가 조작을 통해 배기가스 장치를 끄둔 상태였다. 국가 전체적으로 같은 비율이라면 약 3만5천 대의 불법 오염물질 배출 트럭이 영국 전역에서 운행 중인 셈이다.

에어 쇼크

의 유로6 기준 배기가스 배출량 시험을 통과해 시장에 나올 수 있었던 것들이다. 하지만 모두 실생활 조건에서 개별적으로 시험했을 때는 기준을 맞추지 못했다. 그렇다면 얼마나 많은 유로6 디젤 차량이 실제로 EQUA의 도로 시험에서 유로6 허용치를 맞추며 통과했을까? 겨우 열 개였다(그리고 영예롭게도 그 가운데 6대는 폴크스바겐이 만든 자동차였다).

우리는 어쩌면 디젤 배기가스 문제를 정치적으로 시급한 현안으로 만들어주고 대중의 머리에 넣어준 일로 폴크스바겐에 감사해야 할지도 모른다. 요크에 있는 앨리 루이스는 심지어 '디젤게이트'는 그의 연구 분야에서 그 이후 일어난 모든 일의 근원이 되었다고 말했다. "폴크스바겐 이전의 변화율과 폴크스바겐 이후의 변화율을 알아봤더니 거의 열 배가 증가했습니다." 그는 말한다. "어쩌면 폴크스바겐은 유럽의 대기질을 개선하는데 개별적으로는 가장 크게 이바지했다고 역사에 남을 수도 있습니다. 2040년에 영국에서 휘발유 및 디젤 엔진을 사용하는 자동차 판매가 금지되는 일 역시 아마 폴크스바겐 스캔들이 없었다면 도저히 있을 수 없었을 겁니다."

그렇지만 폴크스바겐의 의도치 않은 이타심의 비용은 적지 않았다. 폴크스바겐은 미국에서 세 가지 범죄 행위로 유죄 판결을 받았고, 전체 28억 달러의 벌금과 15억 달러의 민사 배상금을 내기로 합의했다. 2017년 12월 폴크스바겐 미국 지사의 환경 및 엔지니어링 부문 사장 올리버 슈미트는 미국 법원으로부터 징역 7년형을 선고받았다. 2018년 2월 들리는 바에 따르면 폴크스바겐은 전 세계에서 250억 달러의 청구서를 받았다고 한다. 2018년 5월 폴크스바겐의 디젤게이트 당시 CEO인 마르틴 빈테르코른은 미국 당국에 의해 '사기 음모죄'로 기소

되었고, 그를 잡기 위한 체포영장이 발부되었다. 2018년 6월 폴크스바겐의 아우디 부문 사장인 루페르트 슈타틀러는 배기가스 스캔들 조사를 위해 독일에서 체포되었다. 하지만 곧 철저한 진상 조사의 빛이 다른 자동차 제조사들도 비추었고, 폴크스바겐의 전체적인 시장 점유율은 거의 흔들리지 않았다. 게다가 조사는 다른 운송 기계 분야에서 만들어내는 대기오염으로 퍼져나갔다. 그래서 '폴크스바겐 게이트'가 아니라 '디젤 게이트'라는 이름이 붙었고, 2018년이 되면서는 더는 폴크스바겐의 문제가 아니라 연료인 디젤 자체에 대한 문제가 되고 말았다.

자동차와 비교해 기차가 여행을 위한 '보다 환경친화적인' 대안임은 명백하다. 기차에 많은 사람을 태울 수만 있다면, 승객당 평균 소모 연료는 언제나 더 적다. 그러나 디젤이 내뿜는 매연은 승객과 화물 노동자들을 놀라울 정도의 오염물질에 노출한다. 캐나다와 미국의 26개 수송 기관 가운데 18군데의 열차는 디젤 기관차가 끌고 있다. 현재 유럽 기차 운송의 20퍼센트는 디젤이 담당하고 있으며, 영국, 그리스, 에스토니아, 라트비아, 리투아니아의 경우에는 50퍼센트 정도거나 그이상이다. 인도의 2만 량 넘는 기차의 절반 이상이 마찬가지로 디젤로 움직이며, 하루에 약 7백4십만 리터의 디젤 연료를 사용한다.[*] 시애틀에서 진행한 한 달 동안의 배기가스 연구에 따르면 PM2.5 평균 농도는 기차선로 근처에 사는 사람들의 경우에 $6.8\mu g/m^3$ 더 높았다. 2010년 보스턴에서 진행한 한 연구에 따르면 객차 내부의 PM2.5 평균 수

---

[*] 24coaches.com에 따르면 이는 독일이 한 달에 마시는 전체 맥주와 맞먹는 양이다. 전혀 적절치 않은 비교지만, 어떻게 이런 자료를 짚지 않고 지나갈 수 있겠는가?

치는 앞쪽 객차는 70μg/m³인데 반해 뒤쪽은 56μg/m³이었다(토론토에서 진행한 다른 연구 역시 앞쪽 객차의 오염 수준이 뒤쪽보다 3.7배 높았다는 걸 밝혀냈다. 그러니 디젤 기관차가 끄는 열차에서는 언제나 뒤쪽에 앉아야 한다는 사실을 알아두자).

2015년 영국에서 가장 바쁜 역 가운데 하나인 버밍엄 뉴 스트리트 역에서 벌인 설문 조사에 따르면 시간당 농도는 PM2.5가 58μg/m³, 블랙 카본이 29μg/m³였다. 가장 농도가 높았을 때는 열차가 공회전하고 있을 때였는데, 열차가 지나갈 때와 비교하면 6배까지 수치가 높았다. 살면서 버밍엄 뉴 스트리트역에 여러 번 방문했는데, 눈에 띄게 낮은 천장은 마치 지하철역 같은 분위기를 풍기고 공기가 순환될 공간이 별로 없어 보인다. 열차가 모두 전철인 지하철 시스템과 달리 이곳은 대부분 디젤 열차가 다닌다. 디젤 열차는 디젤 자동차와 비교해 배기가스 배출량에서 뭔가 사각지대가 있는 것 같다. 만일 매일 출퇴근을 하는데 거대한 지하 터널에서 택시가 길게 늘어서 있고 모두 서서 기다리는 구간이 있다면 문제는 즉시 명확하게 보일 것이다. 뉴 스트리트역은 특정 상황에 반응하는 환기 장치가 있는데, 역의 이산화탄소 농도가 올라가면 작동한다. 일단 이산화탄소가 1,000ppm을 넘으면 작동하기 시작하고 환풍기 속도는 CO_2 수치에 비례해 올라간다. 하지만 그런 환풍기는 **오직** 이산화탄소 농도에만 반응을 보이며 우리가 질식하지 않도록 하기 위한 최소한의 장치이다. NO_2와 PM 농도는 이론적으로는 줄어들지 않고 계속 올라갈 수 있다.

2015년 케임브리지대학에서 런던 패딩턴 역의 대기오염 수준을 조사했을 때 70퍼센트 정도의 열차는 디젤 엔진을 사용하고 있었다. 종점역인 이곳은 열차들이 같은 방향에서 들어오고 다시 나가는 곳으로, 그 결과 많은 열차가 방향을 바꿔 나갈 때까지 엔진을 끄지 않고 '공회전'하곤 했다. 매년 3천7백만 명 정도의 승객이 이곳을 이용했고, 그 가운데 많은 사람이 평일에는 그곳을 두 번씩 지나갔다. 애덤 보이스 박사가 이끄는 케임브리지 연구팀이 알아낸 바로는 패딩턴 역의 시간당 평균 PM2.5 수치는 최대 68μg/m³이었고, NO₂ 농도 최고치는 120ppb였다(EU의 시간당 NO₂ 허용치인 105ppb를 넘는 수치지만 그건 역에 지붕이 없었을 경우의 문제다. 역에 지붕이 있기 때문에 야회 허용치는 적용하지 않는다). 역사 외부에서는 사실상 존재하지 않는 이산화황(SO₂) 농도도 평균 25ppb였다. 가장 농도가 높은 시간대인 아침 7시에서 아침 10시는 열차들이 공회전을 가장 많이 하는 시간과 정확히 일치했다.

여러 달 동안 인터뷰를 요청했음에도 패딩턴 역을 포함해 영국의 모든 선로와 역을 운영하는 네트워크 레일은 대기오염과 디젤에 관해서 나와 대화하기를 거부했다. 수많은 철도 운영 민간회사들도 직접 접촉하자 같은 반응을 보였다. 여행할 때 환경친화적인 방법이라고* 스스로 홍보할 때는 매우 행복해했지만, 디젤에 대해 논의하자고 하면 매우 날카롭게 굴었다. 패딩턴 역 연구에 관해서는 네트워크 레일의 한 지친 홍보 담당자가 결국은 이메일을 보내왔다. "저는 사내 환경 부서에서 보고서를 보내오기를 기다리고 있으며 그 보고서는 패딩턴 역의 오염 농도를 개략적으로 보여줄 것입니다. 보고서가 오면 보내드릴 예정이지만 미리 내용을 맛보여 드리자면, 제가 듣기에 대기오

---

* 이 말에는 반박하지 않겠다. 디젤 열차 한 량으로 200명을 실어 나른다면 200명이 각자 디젤 자동차를 타는 것보다는 어떤 면에서 보나 더 낫기 때문이다. 하지만 200명이 전철을 탈 수 있다면 모두를 위해 더 좋은 방법이다.

염 수준은 훌륭한 수준의 환기 장치 덕에 생각보다 그리 나쁘지 않으며, 가장 큰 오염원은 버거킹의 주방 환기구라고 합니다." 며칠 뒤 그는 내게 보고서를 보내왔다. 제목이 '디젤 배기가스의 대기 및 건강에 미치는 영향'인 보고서는 많은 걸 약속하고 있었다. 2016년 1월, '독립적인' 영국의 기관으로 영국의 철도 회사들로만 이루어진 철도안전기준 위원회(RSSB)에서 펴낸 보고서는 그러나 실망스럽게도 업계의 눈가림이라는 것이 아주 분명했다. 보고서는 '예측 가능한 미래의' 영국 철도 속에서 디젤의 역할을 추켜세우고 건강 문제를 깎아내리는 것으로 일제사격을 시작했고, 겨우 두 가지 연구를 언급했는데 하나는 '디젤 배기가스의 발암물질 여부는 특별하게 쥐에게만 나타났을 뿐 사람과 관련한 내용이 아니다'라는 것이고 다른 하나는 '노출 수준이 누적으로 높지 않을 때 위험이 증가한다는 증거가 없다'는 것이었다. 지금까지 이 책에서 본 것처럼, 그리고 6장에서 추가 증거를 보면 알겠지만, 전혀 말도 안 되는 내용이다. 케임브리지의 패딩턴 연구에 대해 RSSB가 내놓은 보고서는 회피전략의 거장이 만든 내용이었다. '측정 기구의 위치는 측정 결과가 철로에서 발생하지 않은 입자들의 다른 오염원에서 영향을 받았을 수 있음을 보여준다. 그 가운데 하나는 근처 버거킹의 환기구인데, 주방의 연기를 빼내는 곳으로 버거킹이 가장 바쁜 시간과도 일치하고 있다. 오염물질 농도는 프레드 스트리트로 이어지는 경사로에서 가장 높은 수치를 기록했는데, 그곳은 플랫폼에서 상당히 떨어진 곳으로 흡연자들이 습관적으로 모이는 곳이다. 그러므로 이런 지역적 특성이 있는 오염의 원천이 전체 결과에 큰 영향을 미친 것으로 보인다.'

나는 RSSB의 보고서를 케임브리지의 애덤 보이스 박사에게 보냈다. 보고서가 나온 지 일 년이 넘었는데도 박사가 그 보고서의 존재를 알게 된 것은 처음이었다. RSSB는 그들이 발견한 사실을 좀 더 잘 이해할 수 있는 학자들에게 절대로 보여주지 않은 것이 분명했다. 당연하게도 보이스는 깊은 인상을 받지 않았다. "처음에는 직접 열차 내부에서 농도를 측정하려고 했어요." 그가 말했다. "만일 우리가 그렇게 할 수 있었다면 RSSB가 제기한 의문에 대답을 줄 수 있었겠죠. 패딩턴 역의 오염 농도가 높은 것이 햄버거 가게 때문인지 열차 때문인지 모르겠다고요? 우리가 "어림잡아서" 패딩턴 역의 열차와 버거킹의 오염 농도 추정치를 비교했을 때 버거킹의 배출 농도가 열차보다 클 가능성은 거의 없다는 걸 알았습니다. 우리는 채취한 그을음 표본으로 콜레스테롤(요리하는 과정에서 나온 가스라는 표시가 되죠) 함량이 역 중심부 근처에서 채취한 입자에서보다 더 높았는지 화학 분석을 했습니다. 분석 결과 역의 중심부에서 나온 그을음 표본에서는 측정이 가능한 수준의 콜레스테롤이 검출되지 않았어요. 그래서 그 입자들이 명백하게 요리에서 비롯된 것이 아니라는 걸 확인했습니다. 진실은 우리가 영국의 디젤 열차 군단으로부터 디젤 배기가스 농도를 측정했다면 이 질문에 대해 정량적으로 대답할 수 있었으리라는 것입니다. 우리는 그런 허락을 받지 못했어요."

킹스 칼리지 런던의 프랭크 켈리 역시 같은 생각이다. "NO_2와 PM2.5 두 가지 모두 디젤 엔진에서 대량의 배기가스가 나올 때 발생합니다. 디젤 기관차는 교체해야 해요. 지금 당장은 디젤 기관차가 대기질과 사람들을 유해 환경에 노출하는 일에 영향을 미친다는 사실을 두고 논의가 없어요. 만일 우리가 논의를 시작한다면 일이 어떻게 될지 알 수 없는 거죠. 우리는 디젤 기관차를 전철로 바꿔야 합니다." 그러는 대신 2017년 7월 영국 교통부 장관 크리스 그레일링은 이미 계획되었던 3개 주요 영국 철도의 전철화를 백지화했다.

　대중의 의식이라는 레이더를 피해 숨어 있는 또 다른 디젤 배기가스의 생산자는 디젤 발전기이다. 전기 시설이 제공되지 않는 곳에서 전기를 생산하기 위해 사용하는 발전기는 시장 가판대에서 사용하는 소형부터 건설 현장에서 쓰는 큰 발전기까지 다양하다. 가장 작은 등급의 디젤 발전기는(19kW 이하) 2004년 미국에서 사용하는 오프로드 기계류의 18퍼센트를 차지하고 있지만, 디젤 PM의 44퍼센트를 만들어내고 전국적으로 움직이는 차량에서 비롯된 NOx의 12퍼센트를 차지한다. 런던 대기 배출 일람의 2010 자료에 의하면 발전기를 포함해 도로 외에서 사용하는 이동식 장비는 런던 대도시 권역에서 NOx의 10퍼센트, PM10의 11퍼센트를 만들어낸다고 한다. 2017년 4월 〈인바이런멘털 사이언티스트〉 잡지는 '비상 발전기는 영국의 다음 "디젤게이트"가 될 것인가?'라는 제목의 기사에서 영국 전역에 수천 대가 돌아다니는 디젤 발전기에 대한 공개 일지나 데이터베이스가 존재하지 않느냐고 물으면서 '디젤 발전기의 작동으로 인한 대기질에 대한 영향은 대개 간과되고 있다'고 주장했다. 기사를 작성한 작가에 따르면 상대적으로 작은 8메가와트(MW)짜리 '엔진 발전기'도 1초에 26.7에서 42.2그램의 NOx를 뿜어낸다고 한다.

　전기 공급이 원활하지 못한 개발도상국과 중진국에서는 디젤 발전기의 사용이 여전히 활발하다. 도심의 전기 수요를 감당하지 못하는 네팔의 한 지역신문 기자는 정전이 되면 들리는 익숙한 소리를 이렇게 묘사한다. '수천 대의 디젤 발전기가 소리를 내며 깨어나고 유독한 미세먼지를 토해낸다.' 델리에서는 200여 대의 재봉틀을 갖춘 공장을 운영하는 여성 기업가가 내게 말했다. "물론 어디서나 디젤 발전기가 돌아갑니다. 왜냐고요? 우리 정부가 24시간 계속 전기를 공급해주지 못하기 때문이에요. 지방 정부에서도 충분한 전력을 공급해주지 못해요. 사람들은 모두 24시간 디젤 비상 발전기를 갖추고 있습니다. 모두 거대한 발전기를 갖고 있어요. 건설 현장은 전부 디젤 발전기를 씁니다. 중간에 끊기지 않는 전력 공급이 필요해요. 노동자들을 고용해놓고는 앉았다가 일어났다가, 앉았다가 일어났다가 하라고 할 수는 없죠. 가장 기본이 되는 겁니다. 그런 기본적인 걸 해결한 뒤 모든 것들이 나아질 겁니다."

하지만 질낮은 연료에 가장 중독되어 있는 분야는 어쩌면 해상 운송이다. 가장 지저분한 역사를 운송 분야라 할 수 있다. 선박에서 뿜어내는 오염물질은 세계적으로 NOx의 거의 15퍼센트 그리고 이산화황의 13퍼센트를 차지하며, 그 수치는 점점 증가하고 있다. 늘어나는 인구와 개인소비 때문에 매년 더 많은 초대형 유조선들이 바다로 나서고 있다. 1985년부터 세계 컨테이너 수송은 불경기가 있을 때 잠깐을 제외하고는 매년 10퍼센트씩 성장했다. 국제해사기구(IMO)의 세 번째 온실가스 연구는 2050년이 되면 국제 해상 운송에서 발생하는 CO_2 배출량이 미래의 경제와 에너지 성장률에 따라 50퍼센트에서 250퍼센트까지 성장할 것이라 예측하고 있다. 바다를 통해 운송되는 모든 재화 중에서 약 4분의 1가량은 원유가 차지하고 있다. 그런 상황은 우리에게 골치 아픈 사실을 알게 해준다. 해상 운송에서 발생하는 모든 대기오염의 4분의 1은 대기오염을 만들어내는데 필요한 연료를 운송하는 과정에서 발생한다는 사실이다.

유럽에서 발트해와 북해, 영국해협에서의 해상 운송이 매년 8십만 톤 이상의 NOx를 배출한다(벨기에가 매년 배출하는 전체 양의 약 네 배이다). 선박용 연료는 또한 도로 교통에서 사용하는 디젤보다 3500배까지 유황 함량이 많다. 남부 캘리포니아에서는 로스앤젤레스와 롱비치라는 두 곳 항구가 합쳐서 북아메리카에서 가장 큰 항구 단지를 형성하고 있다고 사우스코스트 대기관리국의 샘 애트우드가 말한다. "최근까지만 해도 선박은 세계에서 가장 지저분한 벙커시유를 사용했습니다." 그는 말한다. "엄청나게 유황 함량이 높은 연료인데, 일단 배가 항구에서 컨테이너를 디젤 트럭 위에 내려놓으면 아마도 복합 물류 센터로 이동해 다시 디젤 기관차가 달린 열차에 싣게 될 겁니다."

철도 당국과 나쁜 경험을 했던 나는 국제해운회의소 정책 담당관인 사이먼 베넷이 대화를 하겠다고 했을 때 기분 좋게 놀랐다. "복잡한 사안입니다." 그는 이야기를 시작하면서 말한다. "해상 운송에서 우리는 국제해사기구의 규제를 받는데요, 그건 UN 산하 기구입니다. 그리고 저희가 적용받는 모든 규제는 국제적인 규제 체계를 사용하고 있습니다. 해상 운송은 본래 국제적인 행위로 화물을 한 나라에서 다른 나라로 옮기는 것입니다. 간단히 말해 출발지에서의 규정과 도착지에서의 규정이 다르다면 혼돈에 빠지게 될 겁니다. 지난 백 년 세월 동안 대부분 저희는 실제로 국제적인 규범 체계를 갖고 있었습니다." 환경 규제에 관해 선박은 해양오염방지협약의 통제를 받고 있다. 해양오염방지협약은 원래는 기름 유출 같은 재난에 대비하기 위해 만든 국제 협약이지만, 최근 들어서는 NOx나 이산화황 같은 문제를 포괄하기 위해 확장하고 있다. "1990년대 중반 처음으로 선박 연료의 유황 함유량 허용 한도가 설정되었습니다." 베넷은 내게 알려주며 덧붙인다. "솔직히 인정하자면 상당히 한도가 높았죠." 나는 그 다음에 그가 한 말을 듣고 진정으로 놀랐다. "지난 30여 년 동안 대부분 선박이 사실은 찌꺼기 연료를 사용했습니다. 그건 기본적으로 정유 과정을 마치면 남게 되는 역청 같은 겁니다. 우리가 그런 걸 사용해온 이유는 해상 운송 업계가 그걸 사용하기를 정유업계에서 매우 원했기 때문입니다. 간단히 말해 그렇게 말고는 달리 쓸 데가 없기 때문입니다." 나는 혹시 '찌꺼기 연료'가 HFO 중유라고도 부르는 것이 맞느냐고 묻는다. "네, HFO죠. 모두에게 좋았죠. 세계 경제에 저렴한 물건 운송을 제공했고, 제가 말했던 것처럼 정유산업계에서는 이걸 연료로 제공하기를 무척 원했습니다. 사실 처음에는 거의 무료로 제공하기도 했어요. 그러다가 제 추측입니다만 1960년대 후반에 원래 디젤을 사용하던 선박들이 연료를 그런 것들로 바꾸게 되었을 겁니다. 더 싸기도 했고 선박들이 엄청나게 대형화되었거든요." 그때부터 사람들이 빽빽하게 모여 사는 항구 도시들 그리고 세계에서 가장 깨끗한 해양 자연환경에서 수백만 톤의 HFO가 연소되었다. 깨끗한 북극 연맹에 따르면 오늘날 북극권을 운항하는 850척 이상의 선박들이 HFO를 사용하고 있을 것으로 추측되며, 이는 북극을 오가는 선박 전체의 연료 사용량 중 4분의 3을 차지한다.

레저 크루즈 선박 산업은 전체적인 이미지를 건강하고 건전한 야외 생활 경험에 두고 있지만, 상황이 크게 나을 게 없다. 독일의 환경보호 단체 NABU(자연과 생물 다양성 보존 연맹)에서 실시한 유럽에서 운항 중인 크루즈 선박들에 대한 연례 조사를 보면 중간 크기의 크루즈 선박 한 척이 매일 150톤의 저급 디젤 연료를 사용하면서 자동차 백만 대 분량의 PM과 자동차 42만천 대 만큼의 NOx, 3억7천6백만 대(맞는 숫자이다. 백만 대의 376배이다) 만큼의 황을 내뿜고 있다. 보고서를 쓴

에어 쇼크

사람들은 해당 산업이 자신들 고객의 건강을 '무시'하고 있다는 사실을 고발하고 있다. 나는 NABU의 교통 정책 담당인 죙케 디제너와 이야기를 나누었다. 그는 내게 말했다. "공해를 오가는 선박은 레이다를 피하고 있고 아무도 신경 쓰지 않습니다. 대부분 항구가 도시 중심과 떨어져 있기도 하고요. 관심이 생기고는 있는데 불행하게도 해상 운송업은 변화가 무척 느린 산업입니다. 국제해사기구는 해운업에 찬성하는 나라들이 상악하고 있고, 바하마나 라이베리아 같은 작은 편의치적 국가들(선주들이 그들의 선박을 다른 나라에 등록해 세금과 인건비를 아낄 수 있다)이 주요 결정권을 행사하고 있죠." NABU에 따르면 항구에 커다란 크루즈 선박 한 척만 들어와 있어도 해당 항구 도시의 전체 자동차가 쏟아내는 대기오염물질보다 더 많은 오염물질을 배출할 수 있는 것이 대부분이라고 한다.

철도 운영 회사 때처럼 여러 항구와 접촉했지만 대부분 이야기하기를 거부했다. 이 문제에 관해서는 대부분이 머리를 (기름투성이인) 모래 속에 박은 채 무시하는 것만이 가장 좋은 방법이라고 믿었다. 2017년 BBC의 조사를 통해 영국에서 가장 큰 크루즈 정박항으로 세계에서 가장 큰 배들이 찾는 사우샘프턴이 대기질을 아예 측정도 하지 않는다는 사실이 드러났다. 사우샘프턴 시 의회는 항구가 도시 대기오염의 23퍼센트를 차지하고 있다고 추정했지만, 항구는 이런 사실을 확인할 능력도 의지도 없었다.

하지만 베니스 항구의 환경 부서장인 마르타 치트론이 나와 이야기를 해주기로 했다. 매년 여름 베니스는 거대한 크루즈 선박이 항구로 들어와 작은 도시를 관광객들과 오염물질로 뒤덮는다며 시위를 벌이는 지역민들 이야기로 신문기사에 등장하곤 한다. 마르타는 협조적이고 친근했으며 크루즈 선박들은 분명히 베니스에 전체적으로 이득이 된다고 열렬히 믿었다. "베니스는 지중해에서 두 번째로 붐비는 항구입니다. 첫 번째는 바르셀로나죠." 그녀는 내게 말한다. "2016년 내내 백6십만 명 이상의 크루즈 관광객과 540척가량의 크루즈 선박이 베니스를 찾았습니다. 2014년 이후로 크루즈 여행사들 사이에서 자발적인 협약을 맺어서 9만6천 톤보다 작은 배들만 베니스에 들어오기로 했습니다. 2007년에는 선박들이 서로 약속을 통해 입구를 통과한 이후에는 유황 함유량이 2.5퍼센트 이하인 연료만을 사용하기로 했는데, 당시는 해양오염방지협약에 따라 최고 유황 함유량 4.5퍼센트의 연료까지만 사용할 수 있던 때였습니다. 최근 들어 협약에 참여했던 모든 크루즈 회사들이 베니스에서는 0.1퍼센트의 유황 함유 연료를 사용할 예정입니다. 다만 항해를 하는 동안에는 여전히 1.5퍼센트의 유황 함유 연료를 사용할 수 있습니다. 계산을 해보면 90퍼센트의 유황 배출을 줄일 수 있을 겁니다." 나는 그녀에게 몇 달 전 벌어진 시위에 관해 묻는다. 당시에 거의 2만 명의 베니스 시민이 비공식적 투표를 했는데, 99퍼센트가 크루즈 선박이 정박하지 못하도록 하는 데 찬성했다. "아, 그런 문제에 관해서는 이야기를 하고 싶지 않네요." 그녀는 불안한 듯 웃는다. "그건 환경 문제라기보다는 소통의 문제였다고 얘기하고 싶어요. 우리는 기술자죠. 대기질은 베니스의 문제가 아닙니다. 그건 지역적인 문제죠. 베니스 전역에서 우리는 PM 문제를 겪고 있습니다. 그건 지리나 기상 상황과 엮이면서 계속되는 문제입니다." 그녀는 내게 크루즈가 오지 않는 겨울에 PM 농도가 더 높다고 말한다. "그러니까 PM이 크루즈와 상관이 없을 수도 있다는 것이 명확합니다."

내가 이런 주장을 NABU의 쾡케 디제너에게 말했더니 그는 퉁명스럽게 그 의견을 무시했다. "베니스에서 선박은 대기오염 원인의 거의 100퍼센트를 차지합니다. 그 도시에는 자동차도 거의 없고 공장도 없어요. 교통의 중심이 되는 게 배입니다. 하지만 물론 어떤 종류의 선박인지, 어떤 종류의 대기오염인지 확인을 해야겠죠. 제 생각에 그들이 당신에게 준 대답은 단순히 국제 선박에 근거를 두고 PM10에 대한 내용하고만 연결되어 있을 겁니다. 다른 모든 오염물질의 농도는 훨씬 높습니다. 우리는 베니스의 극미세먼지 농도를 측정했는데, 일반적인 지역에서의 측정치가 세제곱센티미터당 5천에서 만 개가 나왔습니다. 크루즈 선박이 한 척 들어오면 최고치가 36만이 되었고 평균으로 해도 6만이 넘었어요. 항구 도시인 함부르크가 얼마 진에 대기질 보고서를 내놓았습니다. 그 도시에는 거의 2백만 명이 살고 있고 자동차와 공장도 많지만 NOx 배출량의 39퍼센트를 배들이 차지하고 있습니다. 이런 식의 비율이 베니스 같은 도시에서 더 높으리라는 건 의심할 여지가 없어요." 겨울에 측정치가 더 높은 이유에 관해서는 PM10 농도는 유럽 대부분 지역에서 겨울에 더 높은데, 그 이유는 가정에서 나무 난로를 사용하는 데다 경계층이 낮아지기 때문이라고 했다. 겨울철 북부 이탈리아는 유럽에서 PM10이 가장 높은 곳들 가운데 하나이다. 그러나 나노먼지와 입자의 수는 늘 오염원에서 가까울수록 높다. 그리고 항구 도시의 경우 오염원은 선박을 뜻한다.

디젤은 많은 교통 부문에서 자신의 행동을 빠르게 정리하려고 애쓰고 있다. 2017년 9월 유로6 기준을 충족한 모든 신차는 반드시 일반도로에서 실생활 시험을 받아야만 한다. 배출량 허용치는 실험실에서보다는 높을 것이지만 그것은 빠른 진행을 위한 것이다. 해상 운송 분야에서는 국제해사기구가 2020년부터 HFO의 사용을 금지하고 연료의 유황 함유량은 3.5퍼센트에서 0.5퍼센트로 낮출 것이다. 여전히 디젤보다 더 불량한 연료를 육상 차량에서도 사용하지만, 대개 유황 함유량이 0.005퍼센트 이하이다. 그러나 특정 지역의 대기질과 나노먼지의 배출 면에서 보면 '깨끗한 디젤' 같은 건 존재하지 않는다. 디젤은 미네랄과 탄소 함유량이 매우 높은 화석연료이다. 당연히 태워서 연기를 마시게 되면 건강에 좋을 일이 없다. 유황에 대해서는 잠시 잊자. 유황 문제는 선박들이 문자 그대로 원유 찌꺼기를 엔진 속에서 태우고 있지만 않았더라면 이미 역사책 속으로 사라졌어야 할 내용이기 때문이다. 심지어 유황 함유량이 미세할 정도로 낮은 디젤 연료가 최근의 유로6 기준(또는 그와 비슷한 미국 또는 인도의 기준인 EPA LEV III나 바라트6)을 충족한다고 해도 들이마시면 끔찍할 정도로 몸에 나쁘다. UCLA의 폴슨 교수는 "도로에서 가까운 곳에 살면 높은 농도의 극미세먼지에 노출됩니다. 그리고 또 연료를 태워 움직이는 온갖 작은 엔진이 배출하는 여러 종류의 가스에 직접 노출되죠. 극미세먼지는 다른 입자와 달리 사람 몸속에서 어디든 이동할 수 있습니다."

연구에 따르면 크기가 300nm(PM0.3)보다 작은 나노먼지들은 모든 입자의 수에서 90퍼센트 이상을 차지한다고 한다. 골프공과 축구공을 기억하는가? 선택할 수 있다면 표면적이 얼마 되지 않는 PM10 축구공 몇 개를 들이마시는 편이 수천 개의 나노먼지 골프공을 들이마시는 것보다는 낫다. 표면적이 넓은 나노먼지들은 동맥으로 침투할 수 있는 독특한 능력으로 폐에 치명적인 손상을 입힐 수 있다. 그런 상황을 피하기 위해서는 배기가스를 피해야 한다. DAPPLE(대기오염의 분산과 지역 환경으로의 침투)이라는 이름의 실험은 런던 중심부 도로 주변과 건물 주변 사이에서 나노먼지의 농도가 1세제곱센티미터에 33162개에서 163110개까지 눈에 띄게 다르다는 걸 강조해 보여준다. 런던 중심의 건물 주변이 도로에서 아주 멀리 떨어져 있을 가능성이 거의 없다는 걸 생각해보면 겨우 몇 미터 떨어졌는데도 큰 차이가 있음을 알 수 있다. 서리대학교의 프라샨트 쿠마르 교수는 델리의 도로 주변에서 측정한 입자의 수(327000cm³)가 도시 전체 일반적인 지역의 수준(33000cm³)보다 10배가 많다는 걸 밝혀냈다. 단위가 이상한데 원래 논문을 찾아봐도 없는 내용임. 세제곱센티미터에 개수인 것 같음. 주요 도시에 관한 다른 연구에서는 입자의 개수가 도로 주변에서 10미터만 떨어져도 40퍼센트 감소한다는 결과가 나왔다. 10미터 이상 떨어지면 입자들은 함께 뭉쳐 축구공이 되거나 사라졌다.

디젤 차량을 운전하는 운전자들은 최악의 상황에 노출된다. 에든버러에 있는 영국 심장재단 연구센터에서 데이비드 뉴비는 회상한다. "〈선데이 타임스〉가 한번은 제 연구 가운데 하나를 보고 장난스럽게 도시에서는 자전거를 타면 안 된다는 기사를 쓴 적이 있습니다. 사실을 말하자면 만일 자동차 안에 입자 측정기를 설치한다면 수치는 대개 자동차 외부보다 세 배는 높을 겁니다. 차 안으로 들어오는 공기를 걸러주는 필터가 없는 경우가 많거든요. 차 앞쪽에 있는 공기 흡입구는 대부분 앞에 가는 차의 배기가스를 빨아들입니다." 그는 말한다. "도로에 가까이 있을수록 더 많은 오염물질을 들이마시는 겁니다." 그리고 누구보다 도로에서 가까운 사람은 당연히 운전자이다. 자전거를 타는 사람이나 보행자들은 "기하급수적인 차이가 발생합니다. 단지 1미터에서 2미터만 떨어지면 됩니다. 도로에서 1미터 떨어져 제대로 분리된 자전거 전용도로만으로도 충분합니다." 짐 밀스는 AURN(자동 도심 지방 네트워크)에서 일했던 경험으로 그 말을 뒷받침한다. "만일 큰 도로를 따라 운전을 한다면 대부분 시간 동안 자전거를 타는 사람이나 보행자보다 더 나쁜 공기에 노출된다는 건 잘 알려진 사실입니다. 그 이유는 운전자는 차단된 내부에 앉아 있어서 주위에서 움직이면서 주변에 존재할 수 있는 오염물질을 희석해주는 공기의 도움을 받을 수 없으니까요. 그 대신 기본적으로 앞차가 내뿜는 배기가스를 들이마실 수밖에 없죠. 우리는 영국 채널4의 〈디스패치〉 프로그램을 위해 실험을 했습니다. 자동차 실내와 자전거, 보행자, 버스 내부의 공기를 측정했는데 실험을 할 때마다 운전자의 경우가 오염 농도가 가장 높았습니다. 그러니까 오염을 배출하는 사람들이 실제로 가장 나쁜 공기를 마시는 거죠. 대부분 사람은 차량 내부로 들어가서 문을 닫으면 오염은 밖의 일이고 그들은 안전하다고 생각합니다만 그것보다 더 잘못된 생각은 없습니다." 미국의 평균적인 성인은 매일 55분 동안 오염물질로 가득 찬 공기 방울 속에서 운전하거나 다른 사람이 운전하는 차를 타고 있다.

하지만 디젤 자동차 엔진에서 PM2.5와 NOx 배출을 감축하려는 경주에서 나노먼지의 수와 NO_2 비율은 전혀 다른 방향으로 진행될 수도 있다. 밀브룩에서 필 스톤스는 나에게 자동차 배기가스의 후처리 장치는 점점 더 발전하고 있다고 말한다. "그러면서 일차적인 NO_2가 더 많이 발생하고 있죠. 과거 오래된 자동차들의 NOx는 대부분 NO였어요. 지금은 대부분이 NO_2가 될 겁니다. 정확히 말하자면 NOx는 줄어드는데, 5퍼센트였을 수 있는 NO_2 비율이 지금은 50퍼센트가 된 거죠. 전체 NOx의 양은 분명히 줄었지만, 전체 NO_2의 양은 그럴 것 같지 않습니다." 가장 일반적인 후처리 장치는 요소수 주입인데, NOx를 암모니아로 바꾸는데 이론적으로 암모니아는 물과 (활동성이 떨어지는)

질소 N_2로 변한다. "다른 방식인 재연소 처리 방식은 정말 비용이 많이 듭니다. 특히 대형차량일수록 더 그렇죠. 요소수 주입 방식에는 많은 기술이 들어가 있습니다. 그냥 내킬 때 요소수를 뿜어 넣는 방식이 아니라 감시와 대응을 위한 센서들도 많아요. 너무 요소수를 많이 주입하거나 배기가스 온도가 충분히 고온으로 올라가지 않으면 암모니아[NH_3]가 생성되는데 그걸 '암모니아 슬립'이라고 불러요. 암모니아 슬립을 통해 만들어낼 수 있는 암모니아의 허용치가 법으로 정해져 있습니다. 물론 요소수를 많이 사용할 수는 있겠죠. 하지만 요소수를 보충하려면 돈을 써야 하고 불편하기도 하니까…… 만일 후처리가 제대로 작동하지 않으면 NOx가 다량 배출될 겁니다." 그와 비교해서 휘발유 엔진은 "후처리 장치가 제대로 작동하지 않는 경우 탄화수소와 CO(일산화탄소)가 배출됩니다. 결국 휘발유 자동차는 후처리 장치가 제대로 작동하지 않는다고 해도 NOx 관점에서 보면 디젤처럼 문제가 심각하지는 않습니다."

현대의 디젤 차량에 설치된 입자 여과 장치는 또한 양날의 검이기도 하다. 디젤의 PM 발생에 대한 유로 기준이 유로1의 140mg/km에서 유로5와 6의 4.5mg/km으로 낮아지면서, 그걸 해낼 방법은 입자를 가둘 수 있는 필터를 장착하는 것뿐이었다. 입자 여과 장치는 블랙 카본을 포함해 일차적으로 발생한 고체 입자를 다루는 데는 무척 효과적이며 여과 효율은 90퍼센트가 넘는다. 하지만 그렇다고 해서 배출 이후 공기 중에서 형성되는 이차적 에어로졸 입자에 영향을 미치지는 않는다. 그리고 극미세먼지에 대해서는 속수무책이다. 사실 여과 장치는 더 많은 극미세먼지를 만들어낼 수도 있다.

밀브룩에서 배기가스 속 입자의 수를 측정하기 위해 필과 그가 이끄는 팀은 '각 입자에 부탄올을 붙인 다음 레이저를 이용해 수를 세서' 표본을 구하기로 했다. 그는 내게 말한다. "23나노미터가 넘는 크기면 모두 셀 수 있습니다. 직접분사식[GDI] 휘발유 엔진은 과거 직접분사식이 아닌 엔진에 비해 더 많은 입자를 만들어냈습니다. 기본적으로 압축 압력과 분사 압력이 높기 때문입니다. 디젤 엔진과 휘발유 GDI 엔진에서의 입자 수는 디젤의 유로5b와 GDI의 유로6 이후 23나노미터 크기를 기준으로 규제가 되고 있습니다. 디젤 엔진은 디젤 입자 필터 때문에 입자의 수가 늘어납니다. 필터가 기본적으로 큰 입자를 잡아서 태워버리는데, 그런 과정에서 작은 입자들이 다량으로 발생할 가능성이 있습니다. GDI는 잠재적으로 디젤 입자 필터 장착 차량보다 더 많은 입자를 만들어낼 수 있는데, 연소할 때의 압력이 수많은 작은 입자들을 만들어내기 때문입니다. 사람들은 휘발유 입자 필터로 수를 줄일 수 있는지 연구하고 있습니다. 디젤 입자 필터가 생긴 이후 입자가 작아지면서 수가 많아지자 입자의 수가 전체적으로 많아지는 경향이 생겼습니다." 그는 말한다. "지금까지는 차량이 배출할 수 있는 입자 수 규제를 통한 감축은 없었습니다. 하지만 제게 추측을 해보라고 한다면 그런 규제가 유로7에서 적용이 될 겁다. 아니면 10나노미터 크기의 입자까지로 범위를 확대해서 더 많은 입자를 잡아내겠죠."

입자의 수는 추운 나라에서 겨울에 마찬가지로 많아진다. 그 이유는 낮은 온도에서는 더 많은 나노먼지가 만들어지고 증발할 가능성도 적기 때문이다. 2016년 미국 알레르기 천식 면역 학회의 극미세먼지에 대한 공동 작업 보고서를 보면 '발전된 엔진과 연료 기술은 획기적으로 매연 미립자를 줄였지만, 수증기 응결 과정에서 여전히 나노먼지는 생성될 수 있고 배기가스 입자보다 오히려 더 작아질 수도 있다.'

라는 내용이 있다. 더 나아가서 '촉매 변환 장치의 도입은 배기가스 중 PM의 크기를 더 작은 직경 20~30nm로 줄이는 의도치 않은 결과를 가져왔다. 촉매 변환으로 입자의 질량은 줄었지만, 나노먼지에 속하는 입자의 수는 늘어나고 있다.'

그건 엄청난 자살골이었다. 왜냐하면, 현대적 연소 기관에 투자한 많은 연구비와 기술이 더 많은 나노먼지를 만들어내 우리가 들이마시도록 했기 때문이다. 그것도 우리가 살고 일하는 도로에서 그런 일이 일어나게 했다. 트럭의 경우는 더 심각했다. 도로와 터널 연구에서 트럭과 중장비 차량은 같은 양의 연료를 태울 때 경량 차량과 비교해 미립자를 24배나 더 쏟아냈고 입자 수에서도 15~20배가 더 많았다. 20세기 말부터 진행한 수많은 연구에서 나온 결론은 언제든 도로 근처에 있다면 주변 공기를 장악하는 것은 나노먼지라는 사실이었다. 도로에서 1미터씩 멀어질 때마다 입자의 수는 적어진다.

그리고 보니 피터 브림블콤 교수의 말이 다시 생각난다. 환경 위기는 가끔 반복되는데, 빠른 인구 증가, 도시화, 그리고 연료 부족으로 새롭게 등장한 연료가 이전 연료보다 더 많은 오염을 만들어내는 상황. 현대 엔진 기술자들은 PM2.5 문제를 해결하는 중인데, 20년 전만 해도 그들은 PM10을 저지하고 있었다. 그러나 그들은 극미세먼지와 나노먼지를 만들었고 전체 입자의 수는 더 나빠졌다. 그리고 나노먼지들은 우리도 이제 알다시피 혈액으로 들어갈 수 있고 건강에 최악의 손상을 준다. 밀브룩에서 필은 내게 어떤 차들은 배기가스 기준을 맞추기 위해 후처리 시스템을 장착하는 비용이 원가의 절반을 차지하는 지경에 이르렀다고 말한다. 그런데도 그런 차량이 원래 의도와 달리 우리 건강을 증진해주는 역할을 하지 못하고 있다. 아니, 어쩌면 사실은 반대의 역할을 하고 있을 수도 있다.(그렇다고 해서 옛날 자동차들이 조금이라도 더 낫다는 의미는 아니다. 십 년에서 이십 년만 되돌아가면 더 적은 양의 나노먼지를 들이마실 수 있겠지만, SO_2를 추가로 마셔야 하고 NOx 농도는 더 높고 일산화탄소 농도도 더 높고 블랙 카본도 더 많다) 그 모든 것들이 결국 이런 결론을 내리도록 한다. 우리가 살아가는 도로 위에서 교통수단을 위해 화석연료를 태우는 우리의 전체적인 접근법을 바꿔야 하는 걸까?

에어 쇼크

Part 6

숨을 쉬기 위한 투쟁

"저를 만나러 오는 부모들은 누구나 대기오염에 관해 이야기합니다." 안키트 파라크 박사는 진료실에서 내게 얘기한다. BLK 슈퍼 스페셜티 병원에서 소아 폐 전문의로 일하는 그는 델리를 점령하고 있는 스모그와 싸우는 최전선에 서 있다. BLK는 몇 안 되는 대형 사립 병원인데, 1991년 인도 경제가 자유화되면서 델리의 다른 많은 곳이 그렇듯 빈부 차이가 극명하게 드러나는 곳이다. 거지와 장사꾼, 인력거가 병원 입구 주위에 몰려 서 있다가 도로로 쏟아져 나온다. 병원 안쪽 소아과 병동은 반짝거리는 나이키 운동복을 입은 아이들과 걱정하며 초조하게 스마트폰을 두드리는 부모들로 가득 차 있다. 행복한(그리고 눈에 띄게 얼굴이 하얀) 어린이 모델의 사진 액자들이 벽을 장식하고 있다. 이곳 환자들 대부분은 숨쉬기 또는 호흡기에 문제가 있다. 대략 델리에 사는 성인의 3분의 1, 그리고 어린이 3분의 2가 질 나쁜 공기로 인한 호흡기 증상을 갖고 있다.

"인도에서 중대한 문제는 9월에서 10월부터 시작합니다. 11월에 정점에 이르렀다가 12월부터 2월까지는 수그러들고 다시 3월, 4월 그리고 5월에 다시 정점에 이릅니다." 파라크 박사가 말한다. 우리가 대화하고 있을 때는 11월로 바로 정점에 이르러 있을 때다. "이런 계절이면 천식과 천명 환자가 물밀 듯 밀려옵니다." 천명은 쌕쌕거리며 숨 쉬는 증상의 전문적 용어이다. 천식은 다섯 살 이전에는 진단이 어려운데, 소아일 경우 그 증상이 다른 여러 가지 호흡기 문제와 비슷하기 때문이다. 그래서 천식과 비슷한 증상의 경우 '소아 천명'이라는 이름으로 부르는데 가끔은 천식으로 발전하기도 하고 그렇지 않을 때도 있다. "아이들이 대기오염에 노출되거나, 심지어 임신부가 노출되기도 하죠. 이런 아이들이 천명이나 천식을 앓게 될 위험은 분명히 존재합니다." 파라크 박사가 말한다. "또 아이들의 출생 당시 체중과도 연관이 있습니다. 저체중 아이들은 천명을 겪을 가능성이 더 크고, 그 증상이 더 심하면서 관리하기가 어려울 겁니다. 그리고 현재 밝혀진 바로는 대기오염은 그저 잠재적인 천식을 늘리는 것뿐 아니라 실제로 천식 환자를 만들어내기도 합니다. 그리고 호흡기 문제만 있는 게 아니라 사람들에게서 고혈압 증상이 나타나고 있습니다." 그는 잠시 말을 멈추고 밖에서 줄을 서서 기다리는 사람들을 보더니 말을 잇는다. "부모들이 정말 걱정이 많아요."

진료가 바쁜 걸 알기에 나는 파라크 박사를 오래 잡아두지 않는다. 하지만 내가 떠나려고 하자 그는 전철역 가는 길을 알려주겠다고 고집한다. 나는 그가 병원 출입구에 나와 전철역이 있는 방향만 알려줄 거라고 기대하지만, 알고 보니 그는 나와 함께 걸어 나와 도로를 따라서 깔끔한 그의 진료실과는 무척이나 달라 보이는 곳에 잔뜩 모인 사

에어 쇼크

람들과 자동차 사이로 들어선다. 도로를 건너는 동안 그의 청진기와 멋진 하얀색 가운은 마치 그를 보호하는 막처럼 보인다. 아무도 감히 그를 건드리려고 하지 않는다. 여덟 살이나 아홉 살 정도로 보이는 여자아이가 근처에서 구걸하고 있다. 아이는 먼지를 뒤집어썼고 머리는 현관 앞에 깔린 매트처럼 엉겨 붙었다. 아이는 델리의 도로 위에서 세계 최악의 공기를 들이마시며 일하며 살아가고 있다. 파라크 박사는 악수를 나누고는 나를 보호하듯 지하철역 출입문 안으로 안내한다. 나는 금세 깔끔한 지하철 열차 안으로 들어선다.

파라크 박사가 말한 모든 것을 어쩔 수 없는 상황으로 받아들이는 건 어렵지 않다. 하지만 현대의 대기오염과 건강과의 분명한 연결은 상대적으로 최근에 생겨났다. 오랫동안 그렇지 않을까, 하는 의심을 해오긴 했다. 1950년대 존 골드스미스 같은 캘리포니아의 역학자들은 대기오염과 심장마비 사이의 연관성을 확인했지만, 인과관계가 애매했고 대신 다른 요인, 이를테면 높은 흡연율 같은 것과 분리하기도 쉽지 않았다. 국제암연구기관은 1988년 PM2.5가 사람에게 암을 유발할 수 있다고 의심했지만 그렇다고 확정한 것은 최근인 2013년이 되어서였다. 유럽 호흡기 학회 대기오염 대응팀의 책임자인 베르트 브뤼네크레이프 교수는 2016년에 "제가 환경 건강 분야에서 연구를 시작했던 35년 전에는 서부 유럽에서의 대기오염은 공중건강과 연관된 문제라고 인식하지도 않았습니다"라고 인정했다.

하지만 2000년대와 2010년대, 관련 분야의 연구가 많아지고 가속도가 붙으면서 대기 중 일반적 오염물질이 배 속에 있을 때부터 어린이와 청소년기 그리고 성인을 거쳐 노인이 될 때까지 삶의 모든 단계에서 건강에 영향을 미친다는 걸 보여주었다. 브뤼네크레이프 교수는 이걸 가리켜 인간 건강에 대한 대기오염의 '인생 과정'이라고 묘사한다. 그리고 나는 이번 장에서 태아로 수정되는 순간부터 조기 사망에 이르는 순간까지 여러분의 '인생 과정'을 안내해보고자 한다. 미안하게도 이번 장은 기분 좋게 읽을 수가 없을지도 모르겠다. 그 대신 '대기오염은 내게 절대로 아무런 해도 끼치지 않아'라는 주장에 대한 반박으로 가득 차 있다.

사실 대기오염은 태아가 되기도 전에 우리에게 영향을 미친다. 신흥 공업국에서의 불임률은 1960년 7~8퍼센트에서 2010년대 중반 20~35퍼센트까지 서서히 올라갔다. 그 50년 동안 정자 농도(정액 1밀리리터 속 정자의 양)는 거의 절반으로 떨어졌다. 미국 남성의 정자의 수는 매년 1.5퍼센트씩 줄고 있고, 그런 식이라면 기존의 수준을 유지할 수 없다는 사실은 수학자가 아니더라도 누구나 알 수 있다. 최근 연구들은 주변 대기오염과 임신 감소 사이에 강력한 연결고리가 있다는 결과를 내놓기 시작하고 있다. 납, 카드뮴, 수은 화합물이 남성 생식 기능에 손상을 준다는 건 알려진 지 매우 오래되었다. 이제는 연기에서 비롯된 PM2.5와 다환식 방향족 탄화수소(PAHs)가 정자의 생산을 막거나 방해하고, 심지어 정자의 DNA 파괴로 이어지기도 한다는 사실이 알려졌다. 타이완에서 2001년부터 2014년까지 수천 명의 젊은 남성을 대상으로 진행한 장기 연구에서는 PM2.5 농도가 $5\mu g/m^3$ 오를 때마다 일반적인 정자의 형태(표본 내 정자의 크기와 모양)가 1.29퍼센트 감소했다. 2003년 이탈리아의 연구에서는 고속도로 요금소 노동자들(대개 교통 매연에 노출된 것으로 여겨지는 집단이다)의 정자 품질이 같은 지역 거주 남성보다 매우 나쁘다는 사실이 드러났다.

어떻게 해서 임신을 한다고 해도 대기오염은 태아의 건강에 손상을 줄 수 있고 비정상적인 출산을 불러올 수도 있다. 2018년 런던 퀸메리 대학교에서 진행한 연구에서는 호흡으로 몸에 들어온 블랙 카본이 임신부 여성의 폐를 통해 결국에는 태반에 작고 검은 얼룩을 만들어낼 수 있다는 점을 발견했다. 2017년 오하이오에서 진행된 연구에서는 임신 한 달 전부터 PM2.5 농도가 높은 곳에서 생활한 여성은 그렇지 않은 경우보다 기형아를 낳을 확률이 높다는 걸 밝혀냈다. 가장 많은 기형은 구순 구개열 또는 복벽 결손이었다. 중국에서 공기 오염이 가장 심한 도시 가운데 하나인 우한에서 연구자들은 2011년부터 2013년 사이 도시에서 태어난 105988명의 모든 아이를 관찰했다. 태어난 시기를 일산화탄소(CO), 이산화질소(NO_2), 이산화황(SO_2), 오존(O_3) 수치와 연결해 살펴봤더니 대기오염에 더 노출된 여성이 선천적인 심장 기형아를 낳을 확률이 더 높았다. 캘리포니아와 오스트레일리아에서 그보다 전에 진행된 연구에 따르면 임신 두 번째 달에 O_3에 대한 노출이 증가하면 동맥이나 심장 판막 기형아의 위험이 더 컸다.

대기오염에 많이 노출되면 조산 가능성도 커진다. 2017년 스톡홀름, 런던, 콜로라도에서 모인 연구자들이 내린 결론은 183개국에 걸쳐 발생한 3백4십만 건의 조산이 PM2.5와 관련이 있을 수 있으며, 특히 사하라사막 이남 아프리카와 북아프리카, 남동아시아가 가장 많은 영향을 받았다. 인도에서만 피할 수 있던 조산이 백만 건 발생했다. 2015년 미국의 한 연구는 연간 미국 전체의 조기 분만 가운데 3퍼센트 이상(15808건)의 원인이 PM2.5일 수도 있다는 사실을 밝혀냈다.

흡연이 저체중 출산의 원인이라는 사실은 오래전부터 알려져 있었으니 자동차 배기가스가 같은 역할을 한다는 것이 놀랄 일은 아니다. 2017년 런던의 한 연구는 5십만 건의 출산 중에서 높은 PM2.5 농도가 저체중 출산 위험의 2~6퍼센트 증가와 연관이 있다는 사실을 알아냈다.[*] 비교적 깨끗한 북극 공기를 누릴 수 있는 스웨덴에서도 자동차에서 발생한 NOx에 많이 노출됐던 신생아는 임신 후기 태반의 발달이 잘 이루어지지 않았다는 결과가 꾸준하게 나오고 있다. NOx가 10μg/m³ 증가할 때마다 태아의 몸무게는 9그램씩 줄었다. 가장 걱정스러운 것은 2017년 미국의 한 연구에서 거의 2십5만 건의 분만을 포함하는 6년 동안의 자료를 이용해 조사했는데, 오존이 사산의 위험을 크게 높인다는 결론이 나왔다는 점이다. 장기간 낮은 농도와 단기간 높은 농도 양쪽에서 모두 O_3에 대한 노출이 사산의 위험을 지속해서 높았고, 결국 연구자들은 미국에서 매년 약 8천 건의 사산이 O_3에 대한 노출 때문이라는 추정을 했다.

성공적으로 태어난 아이들이라고 해도 대기오염은 5세 이하에서 폐렴을 일으킬 위험을 높이고 평생 천식 같은 병을 앓게 하기도 한다. WHO에 따르면 57만 명의 5세 이하 아이들이 매년 세계에서 폐렴 같은 호흡기 감염으로 사망한다고 한다. 또한 5세 이상 어린이의 14퍼센트가 현재 천식 증상을 갖고 있는데, 그 가운데 거의 절반은 대기오염과 관련이 있다.[**]

컬럼비아 어린이 환경 건강 센터는 대기오염이 오늘날 어린이 질병의 원인 가운데 대부분이라고까지 말한다. 어린이들은 성인과 비교하면 몸무게 대비 더 많은 공기를 들이마신다. 그 말은 그들이 어른과 비

---

[*] 태반 염증, 태반을 통한 산소 전달 장애, 불안정한 혈압, 태아 폐에 발생하는 염증 등의 원인이 있다.

[**] WHO는 또한 기온 상승과 계속 증가하는 이산화탄소 농도는 꽃가루 농도를 증가시키면서 천식 환자의 비율을 더욱 악화시킨다고 주장한다.

교해 균형이 깨질 정도로 대기오염에 영향을 받는다는 말이다. 만 1세 이하 아이들은 하루에 몸무게 1킬로그램당 600리터의 공기를 들이마신다. 자라면서 네 살이 되면 그 양은 450리터로 준다. 12살에는 300리터가 된다. 그리고 24세가 되면 200리터로 안정을 이루고 그 이후로는 계속 그 정도를 유지한다. 오염된 공기에 노출되었을 때 아이들은 어른보다 세 배나 더 고생한다. 또 어린이들은 면역체계가 완전히 발달하지 않았고 감염에 더 약하고 유독성 물질에 대한 노출에는 방어 능력이 거의 없다. 어린이들은 납 오염의 첫 희생자이자 최악의 희생자인데, 어린이들의 미숙한 신체는 신경학적 부상에 민감해 IQ가 낮아지거나 읽기 및 학습 장애가 발생하거나 ADHD 같은 행동 문제를 겪을 수 있기 때문이다.

하지만 대기오염에 관한 증거를 둘러싼 인과관계에 대한 의문은 여전히 남아 있다. 본질적으로 모든 연구는 역학(疫學)에 근거를 두게 된다. 즉 전체 인구의 추세를 보게 된다는 것이다. 어린이 100명을 실험실에 넣고 오염물질에 노출한 뒤 수술해서 무슨 일이 벌어졌는지 볼 수는 없는 일이다. 그러니 역학적 증거는 늘 이런 식의 논쟁에 휘말리게 된다. '사람들 가운데 30퍼센트가 암에 걸리고 또 30퍼센트의 사람이 아침으로 콘플레이크를 먹는다고 해서 콘플레이크가 암을 유발한다고는 말할 수는 없다.' 하지만 다른 장소에서 역학적 연구를 반복했는데 계속 같은 결과가 나왔다면 무시하기는 매우 어렵다. 그리고 대기오염이 어린이들의 폐 크기를 줄였다는 역학적 증거가 가장 설득력 있는 예라고 나는 주장하고 싶다.

캘리포니아 어린이 건강 연구는 대기오염의 장기적 결과에 대한 가장 포괄적 조사 가운데 하나이다. 1993년에 시작해서 16곳의 지역사회에서 11000명의 어린 학생을 뽑아 매년 폐 기능을 검사하면서 동시에 지속해서 대기오염 수준을 측정하고 있다. 강제호기량(FEV) 테스트(1초에 내쉴 수 있는 공기량을 측정)에서 어린이들이 보여준 능력은 NO_2와 PM2.5에 대한 노출에 따라 감소했다. PM2.5 농도가 가장 높은 곳은 가장 낮은 곳보다 FEV가 낮은 편인 18세 비율이 네 배가 높았다. 아이들의 폐는 실제로 발달 장애가 있었다. 고속도로에서 500미터 이내에 사는 아이는 최대흡기값(폐로 들이마실 수 있는 최대 공기의 양)이 2퍼센트 부족했다. 멕시코, 오스트리아, 노르웨이, 스웨덴, 영국 그리고 대기오염 효과에 대한 유럽의 집단 연구 등 이후 계속되는 국제적인 연구마다 같은 결과가 나왔다. 중국에서 3년 동안 진행한 연구에서는 PM2.5이 $10\mu g/m^3$ 증가하면 FEV 능력이 3.5ml 감소한다는 결과가 나왔다. 2012년 델리에서는 도시에 거주하는 어린이 세 명 중 한 명이 폐 기능이 약해졌다.

공중보건의로 일하면서 세인트 바츠 병원 1차진료 및 공중보건센터 교수인 크리스 그리피스는 런던에서 6년 동안 진행한 어린이 폐 기능 연구에 참여했는데, 연구는 2010년 마무리되었다. 미립자와 이산화질소 농도가 높은 지역에 사는 어린이들은 폐 기능이 10퍼센트까지 줄었다. 나는 그에게 혹시 '인과관계 문제'는 없느냐고 물었다. "나쁜 공기에 영향을 받은 환자를 아무렇게나 뽑은 실험이 아닙니다. 그런 식으로 돌아가지 않아요." 그는 주장한다. "이렇게 말할 수 있는 단계까지 연구하죠. '증거가 얼마나 확실하지? 증거의 품질은? 인과 추론은 확인했나?'" 그는 자신이 했던 폐 연구에 대해 말한다. "이런 연관 관계의 기저를 이루는 메커니즘은 확실하지 않아요. 하지만 그렇다고 해서 그런 연관성이 존재하지 않는다거나 중요하지 않다는 건 아닙니다. 우리는 공기의 품질이 어떤 과정을 거쳐 폐 성장을 막는지 확실히 알지 못하는 것뿐입니다. 그러나 유럽, 스칸디나비아, 보스턴, 캘리포니아 그리고 가장 최근에는 런던까지 어디서 진행했든 연구를 할 때마다 결과가 상당히 일치했습니다. 연구할 때마다 다른 오염물질로 다른 설정을 해봤지만, 그래도 결과는 폐 성장에 대해 비슷한 내용이 나오고 있습니다." 영국의 왕립의사학회를 포함한 많은 기관의 연구 결론은 '대기오염이 어린 시절 그리고 10대 후반까지도 일반적 폐 기능 성장에 불리한 영향을 주는 걸 의심할' 이유는 없다는 걸 보여준다.

USC 켁 의과대학 예방의학과 교수인 윌리엄 '짐' 가우더만의 주도로 진행 중인 캘리포니아 어린이 건강 연구 역시 계속 증거의 무게를 더하고 있다. 1993년 로스앤젤레스는 세계에서 가장 대기오염이 심한 곳이었는데, 2010년대에도 여전히 공기는 좋지 않지만 제법 개선이 되었다. 그의 최근 논문들은 역학에 관한 생각을 뒤집어 줄 수 있었다. 콘플레이크는 암을 유발하지 않는다. 하지만 콘플레이크 섭취를 줄였는데[*] 암의 전체적인 발병률이 정확히 같은 비율로 떨어진다면 우리는 아침마다 뭘 먹을 것인지 고민해 봐야 할 것이다. 아우더만과 그의 팀은 1994년부터 2010년까지 캘리포니아 어린이 건강 연구를 통해 세 집단을 비교하면서 4세 아동의 FEV(1초 동안 내뿜을 수 있는 공기의 양)가 평균적으로 NO_2가 14ppb 떨어질 때마다 91ml 늘어났으며 PM2.5의 경우에도 비슷하다는 걸 알아냈다. 달리 말하면 이산화질소와 PM2.5 농도가 내려가면 어린이들의 폐 기능이 뚜렷하게 개선되었다는 말이다.

---

[*] 다른 아침 식사용 시리얼로 비유하는 것도 가능하다.

대기오염과 관련한 우리의 인생 과정이 어린이에서 청소년으로 이동하면서 낮은 FEV는 심장혈관 관련 사망 위험의 증가로 이어진다. 원래보다 폐 기능이 20퍼센트 감소한 상태이니 운동조차 제대로 할 수 없었을 것이다. 천식이 심한 공해로 생기고 이후에도 더 자극을 받으리라는 것도 마찬가지로 논리적 사실이다. 오존, 이산화질소, PM2.5는 모두 기도에 염증을 일으키는데, 기도가 과민증세를 보이는 것이 바로 천식의 특징이다. 영국 최고의료담당관의 보고서를 보면 영국에서 디젤의 배출 입자와 성인 12분의 1 그리고 어린이의 11분의 1이라는 높은 천식 환자 비율이 서로 연관이 있다고 주장한다. 하지만 호흡기 상태는 젊은이에 대한 영향이 가장 명백히 드러나 보이는 분야일 뿐이다. 우리 두뇌 능력 역시 성인기에 접어들면서 감퇴할 수 있다. 유럽에서 진행한 여러 연구는 교통에서 유발되는 공해가 초등학교 시절의 인지발달 장애 그리고 그 이후 청소년기의 주의력 결핍과 서로 연결되어 있다고 주장한다. 멕시코시티에서의 연구들은 심한 대기오염에 노출된 어린이들의 뇌에 염증 수준이 높아지면 인지 결함이 발생한다는 사실도 밝혀냈다.

만일 시골의 깨끗한 공기 오아시스에서 자라서 건강에 문제가 될 것들을 이때까지 모두 피했는데 성인이 되어 언제든 도시로 이사한다면 (또는 최근 몇십 년 사이 아시아 몇 군데가 그랬던 것처럼 사는 곳이 도시로 바뀌거나 한다면) 수없이 많은 건강 문제가 기다리고 있다. 잠깐 뇌 이야기를 더 해보자면(두뇌 손상이 우리가 가장 두려워하는 것 가운데 하나인 것은 외면할 수 없는 사실이다) 한 중국의 연구는 실험용 쥐가 NO_2를 흡입하도록 두었더니 공간 학습 능력 및 기억력이 저하된다는 걸 알아냈다. 연구자들이 대기오염을 '중추신경계를 공격하는 다면적 유독성 화학 혼합물'이라고 표현한 것이 기억에 남는다. 쥐를 대상으로 한 실험 외에도 수없이 많은 역학적 연구들은 NO₂ 오염과 인간의 인지 및 주의 능력 감소를 포함한 신경계 장애의 위험 증가가 연관이 있다고 말하고 있다. 나이든 여성들의 백질 손실에 관한 멋질 정도로 정확한 연구는 MRI(자기공명영상)를 사용했는데, PM2.5가 3µg/m³ 상승할 때마다 백질 손실이 1퍼센트 늘어난다고 주장했다. 심지어 PM2.5와 NO₂가 최고치를 기록한 뒤 하루에서 사흘 동안은 자살을 부르는 우울증이 심해졌다는 연구가 다수 있을 정도이다.

머리보다는 뱃속의 두둑한 배짱을 믿는 사람들을 위해 UCLA의 한 연구팀은 대기오염에 노출되면 장내 박테리아의 구성이 바뀐다는 걸 알아냈다. 그렇게 되면 혈액 순환과 콜레스테롤 축적을 포함한 전반적 건강 문제가 발생하게 된다. 다른 연구를 보면 대기오염과 장 질환, 맹장염, 심지어 소화관 암과의 연관성을 주장하기도 한다. 더 큰 덩어리인 PM10과의 직접적인 연관성도 있다. PM10은 점액 섬모 청소(우리 호흡기 계통의 첫 번째 방어선으로 우리 몸을 위해 액체와 점액의 층이 끝없이 위쪽으로 밀고 올라와 내뱉을 수 있도록 해준다)를 통해 목과 폐에서 배출될 수 있을 정도로 크지만, 표면에 붙은 것들은 침에 섞여 뱃속까지 들어갈 수도 있다. 이렇게 거친 입자 표면에 들러붙은 화학적 유독 성분이 뭔지에 따라 장내 박테리아의 균형이 깨질 수도 있고, 만성 염증이 발생해 결국 맹장염이나 암으로 이어질 수도 있다.

공기 매개 오염물질 가운데 여럿이 발암물질로 알려져 있다. 예를 들어 다환방향족탄화수소(PAHs)는 유독성 효과가 있고 세포 손상을 가져올 수도 있으며 돌연변이와 종양으로 이어진다. PAHs에 노출된 노동자들에 대한 장기간의 직업 연구는 피부와 폐, 방광, 위가 암에 걸릴 위험이 커진 걸 보여준다. 벤조[a]피렌으로 알려진 PAH는 농지를 태울 때 다량 발생하는데, 일찍이 1980년대부터 국제암연구기관(IARC)과 미국 EPA 양쪽에서 발암물질이라는 명칭을 얻었다. 그때 이후로 EPA는 다른 PAH 화합물에 벤조(a)피렌, 벤조(b)플루오란텐, 인데노(1,2,3-cd)피렌 등의 혼란스러울 정도로 복잡한 이름을 붙이면서 발암물질로 분류하기 시작했다.

요약해 말하자면 모든 주요 장기와 신체 부분에는 대기오염과 연관된 질병과 결함이 존재한다. 유방암은 어떤가? 홍콩에서는 매년 PM2.5가 $10\mu g/m^3$씩 증가하면 유방암의 위험이 놀랍게도 80퍼센트 증가했다. 신장은 어떠냐고? 미주리주의 세인트루이스에서의 연구에서는 2백5십만 명에 가까운 예비군들로부터 얻어낸 8년간의 자료를 조사했는데, 세월이 지나면서 예비군들의 신장 기능이 각각 그들이 노출되었던 오염물질 농도에 따라 나빠졌다는 사실을 발견했다. PM 농도가 높을수록 말기 신장 질환의 가능성이 커졌다. 그 단계가 지나면 목숨을 유지하기 위해 신장 투석이 필요하다.

심지어 대기오염은 우리 DNA의 행동까지 바꾼다. 유전자(DNA의 조각으로 몸의 세포에 언제 무엇을 해야 하는지 말해준다)들은 메틸기라고 알려진 화학적 스위치의 조종을 받는다. 이런 메탈기는 사실상 유전자를 끄거나 켤 수 있다. 2014년 브리티시 컬럼비아 대학교의 연구에서는 16명의 자원자를 독립된 공간에 두 시간 동안 두고 절반에게는 깨끗한 공기를 공급해 숨 쉬게 하고 나머지 절반은 붐비는 고속도로와 같은 정도의 디젤 배기가스를 들이마시게 했다. 디젤 배기가스를 들이마신 사람들의 DNA의 2800개의 각각 다른 지점에서 메틸기가 변화했고, 약 400개의 유전자에 영향을 미쳤다. 깨끗한 공기로 숨

쉰 사람들에게서는 비슷한 변화가 보이지 않았다. 그 실험 전까지 과학자들은 대부분 DNA는 장기간 노출에 반응을 보일 거로 생각했다. 2017년 비슷한 중국의 실험은 교통경찰관과 사무실에서 근무하는 경찰관들을 비교했고 시청에서 사무를 보는 사람들보다 교통경찰에게서 DNA 손상이 증가했다는 사실을 알아냈다.

하지만 성인 인구 전체적으로 가장 치명적인 건 심장혈관 계통에 대한 영향이다. 그렇다, 암이나 폐 질환보다 더 치명적이다. 대기오염은 동맥을 가늘게 만들고 피가 엉기게 하고 심장마비와 뇌졸중을 일으킨다. 미세한 나노먼지가 폐의 벽을 지나 혈액으로 들어가면 염증이 증가하고 심박 수와 혈압이 변한다. 이건 그저 만성으로 오랜 기간의 노출에서만 그런 것이 아니라 단기간 노출에도 마찬가지다. 베이징에서는 열 군데의 대형병원에서 매일 심혈관 응급실을 찾는 사람들의 자료를 2013년 내내 수집했다. 지금은 에어포칼립스로 악명이 높은 바로 그해였다. PM2.5가 $10\mu g/m^3$ 증가하면 심혈관 응급실을 찾는 사람도 0.14퍼센트 늘었다. 그 정도면 많지 않은 것처럼 들리지만, 베이징에서 월별 PM2.5 수치의 최고치와 최저치가 $300\mu g/m^3$까지 날 수 있는데, 그러면 심혈관 응급실 방문자가 4퍼센트 늘어날 수 있다. 그 정도면 보건 서비스에 중대한 부담이 된다.

몇 년 전 진행한 금 나노입자 연구(3장 참조)는 데이비드 뉴비의 첫 밀폐공간 노출 실험이었는데, 그는 자원자들을 도로 수준의 대기오염에 노출했고 깨끗한 공기에 노출된 사람들보다 혈전 발생 가능성이 더 크다는 걸 알아냈다. "나는 그걸 혈관 스트레스 테스트라고 부르고 싶습니다." 그는 말한다. "우리는 작은 바늘을 팔 동맥에 꽂은 다음 그리로 혈관이 이완해 팽창할 수 있게 해주는 약을 조금 투입합니다. 우리가 알아낸 것은 희석한 자동차 배기가스에 노출된 사람의 혈관은 그다지 이완이 되지 않았다는 겁니다. 그 말은 혈류가 느려질 수도 있다는 뜻이죠. 우리는 또 세포에서 나온 TPA라는 단백질을 검사했습니다. 그건 혈액 속에서 혈전이 생기지 않도록 해서 피가 계속 흐를 수 있게 해주는 겁니다. 우리 몸이 계속 피를 순환할 수 있는 동시에 피를 많이 흘려 죽는 것도 막을 수 있다는 건 매우 기발한 방식입니다. 연구를 해보니 대기오염에 노출되었을 때는 그렇지 않았을 때보다 TPA의 방출이 더 적었습니다. 그러니까 방어체계가 방해를 받은 거죠."

뉴비의 연구팀은 한 걸음 더 나아가 자원자들로부터 혈액을 채취해 인공 관상동맥에 통과시켰다. 이 '동맥' 내부에는 도살장에서 구해온 돼지의 대동맥(심장의 주요 펌프 가운데 하나로 좌심실 꼭대기에 달려 있다)이 달려 있었다. 돼지 대동맥의 표면 일부를 잘라내 심장마비가 오고 동맥 일부가 터져 동맥의 깊은 층이 드러나면 어떤 일이 생길 것인지 예측해봤다.[*] "우리가 확인한 것은 사람들을 희석한 디젤 배기가스에 노출했을 때 그 부분에서 혈액 응고가 증가했다는 점이었습니다. 그리고 필터를 설치해 입자들을 걸러내고 같은 실험을 반복하자, 혈액의 응고는 보통 수준으로 내려왔습니다. 그러니까 디젤 배기가스에 노출되면 피가 걸쭉해집니다. 그러니까 세 가지 효과를 확인한 겁

---

[*] 이 책을 위해 내가 대화를 나누었거나 책을 구해 읽어본 모든 과학자 중에 데이비드 뉴비가 대기오염과의 인과관계를 밝히겠다는 생각으로 다른 누구보다 영역을 넓혀나가고 있었다. 2018년 초 독일에서 25명의 자원자를 NO₂에 노출하는 실험을 진행했는데 그 실험에 폴크스바겐이 관여했다는 사실이 밝혀지면서 스캔들이 터졌을 때 나는 깜짝 놀랐다. 그 뉴스는 독일 내부만 아니라 국제적으로도 많은 관심을 끌었다. 앙겔라 메르켈 총리는 그 실험을 두고 '잘못된 일이고 윤리적으로 정당화할 수 없는 짓'이라고 했다. 뉴비는 비슷한 연구를 오랫동안 해왔다. 독일 신문 〈타게스차이퉁〉은 이렇게 보도하는 것이 최선이었을 것이다. "자원자들은 단지 자동차 배기가스를 몇 시간 들이마셨을 뿐이다. 도시에 사는 사람들은 EU 허용치보다 훨씬 높은 수준의 질소산화물이 섞인 공기를 오랜 세월 마셔왔다." 정확한 말이다.

에어 쇼크

니다. 첫 번째, 혈관이 이완되지 않는다는 것. 두 번째 혈액 응고를 풀어주는 단백질인 TPA가 예상처럼 많이 나오지 않는다는 것. 그리고 동맥이 손상되면 혈전이 더 많이 생긴다는 것. 이런 상황들은 심장마비와 뇌졸중이 발생할 때 벌어지는 확실한 반응입니다." 나는 그에게 PM을 제외하고 다른 가스 오염물질을 대상으로 같은 실험을 시도했느냐고 묻는다. "했습니다. 우리는 NO_2 노출에 대해 실험을 했고 오존으로도 해봤습니다. 그냥 가스 자체로 했고 엔진 연소를 통해 만들어내지는 않았어요. 그랬더니 아무런 효과도 발생하지 않았습니다. 사람들은 그 결과를 두고 반론을 제기합니다. 사람들은 NO_2에서도 효과가 발생하기를 기대했지만 실제로 그렇지 않았거든요. 어떤 사람들은 NO_2가 문제를 일으키는 입자들과 결합해 문제가 일어나는 것이라고 했는데, 그럴 가능성도 있습니다." 하지만 독일 예나 대학병원의 연구팀이 나중에 NO_2와의 직접적인 연관성도 밝혀냈다. 그들이 693명의 심장마비 환자를 대상으로 2018년 진행한 연구에 따르면, NO_2가 24시간 이내에 $20\mu g/m^3$ 이상 증가하면 심장마비의 위험이 121퍼센트 증가하고 NO_2가 짧은 시간 내에 단 $8\mu g/m^3$ 증가하면 심장마비의 위험은 73퍼센트 증가에 그쳤다.

만일 우리가 어떻게든 노인이 될 때까지 살아남는다고 해도 그때도 대기오염은 우리 삶의 질을 심하게 훼손할 것이다. 미국의 노인들을 대상으로 한 연구에서 PM2.5와 NO_2에 대한 노출은 2형 당뇨병과 중대한 연관성이 있다는 것이 밝혀졌다. 대기오염과 혈당, 그러니까 당뇨 상태를 판단할 때 재는 측정치의 관계는 단기간의 PM2.5와 NO_2 노출에도 연관이 있었다. 성장 중인 젊은이들의 두뇌에 영향을 미치던 메커니즘은 인생의 끝으로 가는 두뇌의 기능을 줄이는 데도 똑같이 작용하고 있었다. 실험을 통한 연구들을 보면 대기오염은 신경조직 염증과 신경 손상, 혈액 뇌 관문 문제를 일으킬 수 있다. 2002년부터 2013년까지 파킨슨병으로 병원에 입원한 환자들에 관한 한국의 연구를 보면 대기오염(O_3는 제외)에 대한 단기간 노출과 파킨슨병 환자의 병원 입원 사이에는 '지속적이고 중대한 연관성'이 있다고 한다. 미국의 여성 건강 계획 기억력 연구(WHIMS)는 1996년과 1998년 사이 과거 치매 병력이 없던 여성 노인 천 명 이상을 대상으로 6년에서 7년 동안 주기적인 뇌 MRI 검사를 시행했다. PM2.5 농도가 장기적으로 높은 지역에 살았던 여성들은 두뇌 크기가 작았는데, 인구통계학적 요소나 사회경제적 지위, 생활 양식 또는 다른 건강의 특성으로 설명이 되지 않았다. 프랭크 켈리가 킹스칼리지에서 진행한 조사에서는 50세에서 79세 사이의 런던 시민 10만 명 이상에 관한 8년 동안의 공중보건의 작성 자료를 확인했다. 그 결과 PM2.5와 NO_2 농도가 높은 지역에 사는 사람들은 오염 농도가 낮은 지역에 사는 사람들에 비해 치매가 진행되고 있을 위험이 40퍼센트 더 컸다. 이런 연구 결과를 추가로 확인한 연구가 잉글랜드의 랭카스터(영국 기준 상대적으로 공기가 깨끗한 도시)에서 진행되었다. 지역의 교통으로 인한 대기오염으로 1세제곱미터에 금속성 나노먼지가 2억 개가 넘으면 두뇌에 염증이 생기는 것으로 나타났다. 나는 이 연구 결과가 발표되고 얼마 지나지 않아 에어 모니터스의 짐 밀스와 이야기를 나누었다. "이게 사실로 밝혀지면 정치적 의견에 어떤 변화가 생길지 생각해 봤습니까?" 그가 물었다. "사람들 사이에 증가하는 치매는 제 생각에 요즘 들어 가장 두려운 문제인 것 같은데요, 그와 관련한 모든 문제가 사실은 우리가 내연기관을 사용해서 또는 지나치게 사용해서 작은 입자들을 만들어내기 때문이라는 건데 말입니다."

이런 치매 연구와 대기오염의 생활 과정 전체를 발생하는 모든 건강 문제의 근저에 있는 것이 산화 스트레스이다. 산화는 우리 몸속에서 그리고 자연 세계 전체에서 늘 일어나는 일이다. 반응성이 높은 화합물은 다른 물질에서 훔치기 위해 전자를 찾는다. 그런 과정이 연쇄반응을 일으켜 화합물은 전자를 잃거나 다른 것으로 대체하려고 애쓴다. 가장 쉬운 예가 녹이 스는 현상이다. 철이 산소를 만나면 산화철 또는 녹을 만든다. 산소가 철로부터 전자를 훔쳐 새롭고 더 약한 화합물을 만든다. 이런 전자의 흐름은 생명이 존재하는 데 필요하다. 즉 물은 산화를 통해 광합성 반응을 일으키는데 전자를 방출해 이산화탄소를 탄수화물과 산소로 바꾼다. 문자 그대로 우리가 호흡할 수 있는 이유다. 산소가 들어와 당처럼 큰 탄화수소 분자와 반응해 그것들을 분해하고 우리에게 에너지를 준다. 거의 모든 것들은 결국에는 산화해 CO_2와 H_2O가 되고, 우리가 바로 그렇게 숨을 내쉬고 소변을 배출한다. 그리고 그 과정은 끝없이 계속된다. 그러니까 산화는 좋은 거라고? 완전히 그렇지는 않다. 산화는 유리기 때문에 발생하기도 하고 반대로 수산기(OH) 같은 유리기를 만들어내기도 하는데, 찰나의 순간 동안 존재하는 공기 속 폭죽들은 싸울 구실만 찾고 있다. 다시 말하지만 유리기는 자연스럽고 필요하며 우리 면역체계의 일부를 구성한다. 중요한 건 그들의 수가 자연스럽지 않을 정도로 많아지면 곤란하다는 것이다. 만일 그런 상황이 되면 우리 몸이 통제할 수 없을 정도로 많은 산화 현상이 발생한다. 이것을 산화 스트레스라고 한다.

대기오염의 의학 효과 위원회 의장인 프랭크 켈리 교수는 1980년대 후반 처음 강사를 시작하면서 조산아에 대한 유리기 OH의 효과를 조사했다. "조산아들은 폐가 성숙하지 않은 상태여서 인큐베이터에서 추가로 산소를 공급받아야 목숨을 유지하고 뇌가 제대로 기능할 수 있습니다. 그러나 우리가 보통 숨 쉴 때 산소 농도인 21퍼센트보다 높은 농도의 산소를 주는(일부 조산아들은 90에서 100퍼센트 산소가 필요할 수도 있죠) 과정에서 높은 산소 농도 때문에 결국 세포 조직이 손상되기도 하고 눈이나 뇌, 폐에 질환이 생기기도 합니다. 이런 일이 생기는 이유는 유리기 때문입니다." 켈리는 당시만 해도 전혀 새로운 분야였던 이런 연구는 폐 조직이 몸속 천연 항산화제에 의해 유리기로부터 보호받고 있는 상황에서 만일 지나치게 높은 농도로 너무 긴 시간 동안 OH가 들어오면 천연 방어막이 압도당하게 된다는 사실을 밝혀냈다. 말하자면 목줄 풀린 공기 속 경비견이 부드러운 인체 조직에 미친 듯 달려들어 염증을 유발하는 것이다.[*]

우리 몸은 끊임없는 산화 스트레스를 견디고 있으며 심지어 오염물질이 없을 때도 마찬가지다. 산화 스트레스는 세포와 단백질, DNA에 손상을 주며 우리가 늙는 이유의 모든 것일 수도 있다. "버터를 너무 오래 밖에 두면 상하면서 산화하는 것과 비슷합니다." 데이비드 뉴비가 말한다. "이런 이론이 있습니다. 동맥경화증으로 동맥 속에 생기는 지방 침착물처럼 심장마비와 뇌졸중의 원인이 되는 것들이 오염물질과 만나 산화해 심장 질환의 원인을 제공한다는 겁니다." 나쁜 소식은 세상 모든 마을과 도시의 자동차 엔진과 보일러에서 뿜어져 나오는 NO_2가 우연히도 반응성이 매우 높은 유리기라는 점이다. 오존은 유리

---

[*] 많은 동물이 같은 방식으로 영향을 받는다. 차량 매연이 더 심한 지역의 유럽 집참새, 박새, 푸른박새는 매연이 덜한 지역의 새들보다 산화 스트레스의 정도가 더 심했고, 멕시코시티에서 도태된 길거리 개들은 시골 지역의 개들보다 폐와 뇌에 염증이 훨씬 더 많은 것이 밝혀졌다.

에어 쇼크

기는 아니지만, 마찬가지로 반응성이 아주 높고 산소 원자를 다량으로 갖고 있어 유리기가 어디서든 나타나기만 하면 싸우려 드는 경향이 있다. PM과 블랙 카본은 유리기를 자극할 가능성이 큰 유독 물질로 덮여있다. 그러므로 우리 몸의 방어체계는 이런 다면적 공격에 압도당하게 되는 것이다. "대기오염 입자의 산화 가능성을 보면 진짜 엄청난 경고라고 할 수 있습니다." 뉴비가 말한다. "어떤 연구에서 혈관이 기대한 만큼 이완되지 않았다는 말을 했을 겁니다. 그 이유는 동맥이 이완하도록 하는 매개자가 혈관에 영향을 미치기도 전에 산화 스트레스가 소비해버리기 때문인 것도 있습니다."

2017년 에든버러 네이피어대학의 다른 연구팀은 문제가 발생하는가 싶으면 몸을 지키기 위해 쏟아져나오는 방어 단백질과 펩타이드의 발산을 연구했다. 펩타이드 가운데 LL-37로 알려진 것은 타액, 눈물, 폐 유체 속에 존재하는데, 많은 면역체계 기능이 있는데 염증세포를 상처나 감염이 있는 곳으로 유도하기도 한다. 네이피어 연구팀은 LL-37에 대한 14nm 크기(혈류 속으로 들어갈 수 있는 크기의 범위 내)의 블랙 카본 입자의 영향을 실험했다. 상대적으로 나노먼지의 농도가 낮은 경우에도 LL-37의 양이 줄어드는 것 같았다. 농도를 높이자 LL-37은 사라졌다. 추가로 조사했더니 블랙 카본 입자의 크기가 커졌다는 사실이 밝혀졌다. 만화 속 언덕에서 굴러 내려오는 눈덩이처럼 블랙 카본은 펩타이드를 자기 표면에 붙이고 그렇게 함으로써 무력화한 것이다. 카본 입자와 LL-37이 뭉친 덩어리들은 실험 대상이던 박테리아에 더는 영향을 주지 못했다.

더욱 난처하게도 프랭크 켈리에 따르면 활성화된 염증세포는 많은 양의 유리기를 스스로 방어 목적으로 만들어서 내보낸다고 한다. 죽여야 할 침입자 유기체가 전혀 없는 경우에 이런 유리기들은 주인에게 돌아서서 세포 조직 성분을 공격하기 시작한다. 이런 반응의 많은 부분은 처음 폐의 내벽 액에서 일어나는데, 그곳은 우리가 들이마신 오염물질이 맞닥뜨리는 최초 방어선이다. 화학적 혼돈 상황이 이어진 뒤 감당하기 어려워진 면역체계는 몸의 마지막 방어체계를 호출하는 데 의지하게 된다. 바로 염증 세포라는 탱크 부대이다. 천식 발작이든 종양의 초기 형성이든 모든 상황에 앞서 이런 일련의 사건들이 먼저 발생한다. 그렇다면 항산화 보충제를 복용하면 이런 상황을 막아낼 수 있을까? "항산화 비타민을 투여하는 시험을 해보면 어떤 것이든 전혀 보탬이 되지 않아요." 실망스럽게도 데이비드 뉴비가 말한다. "혈액 속에 얼마나 많은 항산화제가 흘러 다니는지 문제가 아닙니다. 몸의 어떤 부분에서 문제가 터지는 걸 막는 건 몹시 어렵습니다."

심장은 특히 산화 스트레스에 민감하다. 극단적으로 활동적인 기관인 데다 대사율이 높고 많은 에너지가 필요하기 때문이다. 심장은 공기 중에 노출되어 있지 않기 때문에 산화해 버터 덩어리처럼 못쓰게 될 리는 없지만, 혈액 속에 침투한 나노먼지들은 겉에 산화 분자들을 묻힌 채 들어올 수 있다. 뉴비의 금 입자 연구에 따르면 일단 들이마시면 30나노미터(PM2.5보다 83.3배 작고 대부분 자동차 엔진에서 나온다) 크기의 나노먼지들은 혈액이 가는 곳이면 어디나 이동할 수 있고, 기본적으로 사람의 온몸을 돌아다닐 수 있다. 나노먼지들은 넓은 표면적 때문에(골프공과 축구공의 비교를 기억하시는지?) 반응성이 높고 독성을 품고 있는데, 산화 스트레스와 염증으로 이어진다. 유럽의 '주변 공기 중 미세먼지 및 먼지에 대한 노출 및 위험 평가' 연구는 나노먼지가 관상동맥 심장 환자들의 건강에 미치는 영향을 조사했다. 그리고 허혈(심장으로 흘러들어오는 혈액이 줄어 충분한 산소를 공급받지 못하는 상황)이 발생할 위험은 나노먼지의 농도가 상승한 외부 공기에 노출되고 이틀 뒤에 매우 커졌다는 사실을 확인했다. 나노먼지에 대한 한 미국 연구 역시 비슷한 결론을 내리고 있다. "나노먼지는 산화제가 될 가능성이 크며 PM10과 PM2.5와 비교해 세포 손상으로 이어질 확률이 매우 높다."

최근 은퇴한 에든버러대학교 염증 연구 MRC 센터의 입자독성학자 켄 도널드슨은 경력의 후반부 절반을 나노먼지의 독성 영향 연구에 바쳤다. 나는 그에게 일반적으로 뭔가를 태워 발생한 나노먼지가 그렇지 않은 나노먼지보다 더 독성이 있는지 묻는다. "네." 그는 간단하게 대답한다. "연소 작용에서 비롯된 입자들은 아주 큰 위험요소입니다. 왜냐하면, 표면적이 넓기도 하지만 금속과 유기물을 갖고 있거든요. 그 두 가지는 모두 산화 환원(Redox)의 순환*을 통해 산화 스트레스를 유발할 수 있습니다."

건강에 미치는 이 모든 효과를 더하면 뭘 얻을 수 있는가? WHO에 따르면 질문의 답은 실외 대기오염으로 일 년에 4백2십만 명(또는 **모든 사망원인의 7.4퍼센트**)이 조기 사망한다는 것이다. WHO는 심지어 국가별로 정확한 숫자도 제공하고 있다. 예를 들어 2012년 필리핀에서는 28696명이 주변 대기오염으로 사망했다고 WHO는 판단하고 있다. 그러나 런던과 도노라의 스모그 참사 때와는 달리 이 숫자는 대기오염으로 갑자기 쓰러져 사망한 사람들을 나타내지 않는다. 그럼 어

---

* 산화 환원(Redox)은 '환원(reduction)'과 '산화(oxidation)'을 결합해 만든 혼성어이다. 한 개의 분자가 전자를 하나 잃으면(유리기와의 다툼 덕분에) 산화되고 전자를 얻는 분자는 환원된다. 용어가 거꾸로인 것처럼 들리는 걸 나도 안다.(reduction은 감소라는 뜻인데 전자를 '얻는'다고 하니까-옮긴이) 과학자님들께 감사를.

떻게 그렇게 정확한 수를 구할 수 있게 되었을까?

COMEAP(대기오염의 의학 효과 위원회) 의장인 프랭크 켈리는 이런 숫자는 조기 사망의 기간을 모두 합친 걸 기본으로 계산한 것이라고 말한다. 영국에서 대기오염은 기대수명을 평균적으로 3개월에서 7개월 줄이는데, 그걸 전체 인구로 계산하면 34만 년이 된다. 이 숫자를 평균 수명으로 나누면 4만 명 정도의 '사망자'가 나오게 된다. 켈리는 심지어 '게스티메이션(추측+추정)'이라는 단어까지 사용한다. 대기오염에 관한 거의 모든 기사가 이런 식으로 계산한 연간 사망자 수를 거론한다면 좀 문제가 되지 않을까? 켈리는 이렇게 말한다. "사망자 수는 일반인들이 쉽게 이해할 수 있습니다. 반면에 사람들은 수명에서 석 달쯤 잃는 건 잘 이해하지도 못하고 걱정하지도 않아요. 하지만 그것 역시 일반화죠. 어떤 사람은 수명이 하루만 깎이지만 어떤 사람은 10년을 잃어버릴 수도 있습니다. 저는 이렇게 말합니다. 영국에서 흡연으로 매년 8만9천 명이 조기 사망한다고 말하잖아요. 보건부의 공식 숫자입니다. 그것도 같은 용어이고 같은 접근방식을 쓴 겁니다. 그저 우리가 사회에서 맞닥뜨린 위험을 용어로 정리한 거예요. 도시에서 오염된 공기를 마시는 일은 음주나 비만보다 더 많은 사람을 죽입니다. 교통사고보다 사망자가 훨씬 더 많아요. 하지만 사망자 수를 100퍼센트 옳다고 받아들이진 마세요. 저희가 그렇게 정확한 건 아니니까요."

COMEAP는 대기오염이 영국에서 일 년에 4만 명이 넘는 사람들의 목숨을 앗아가고 있다고 주기적으로 강조해왔다. 우리는 모두 죽을 것이다. 그러나 대기오염은 나와 여러분을 대기오염이 없었을 때보다 더 빨리 죽게 할 것이다. 그리고 대기오염은 여러 가지 만성적이고 심신을 약화하는 질병들과 관련이 있으니 대기오염이 없었을 때보다 우리가 살아갈 인생의 일부분을 훨씬 더 고통스럽게 만들 가능성이 크다. 영국의 최고의료담당관 연례 보고서는 다음과 같이 권고하고 있다. '사망자 수에만 초점을 맞추지 말고 대기오염이 사망률, 정신건강에 미치는 영향, 삶의 품질에 대한 영향 등에 어떤 효과를 가져오는지 보여주는 자료를 사용해야 한다. 수명(또는 품질 보정 수명)은 사망자 수보다 정책을 분석하는 데 있어서 더 적절하다. 죽느냐 여부보다 언제 죽느냐가 더 중요하기 때문이다.'

세인트 바츠 병원의 크리스 그리피스 교수는 연간 사망자 수는 전혀 도움이 되지 않는다고 믿는다. "건강에 부정적인 영향을 표현하는 다른 방법도 있을 겁니다. 폐 발육 자료가 사람들의 관심을 끌기에는 조금 더 쉽지 않을까 생각합니다. '이 어린이들의 폐는 대기오염 때문에 필요한 크기만큼 자라지 못했습니다'라고 말하는 거죠." 나는 그에게 삶의 질로 초점을 옮겨야 하느냐고 묻는다. "네, 그렇죠. 천식을 앓는 사람이 늘어납니다. 천식이 있는 사람은 천식 발작을 더 자주 겪겠죠. 또 폐렴, 병원 입원, 뇌졸중, 심장마비, 조산, 저체중 출산이 증가합니다. 이 모든 것이 통계적으로 건강에 큰 악영향을 미칩니다. 모두 합치면 말씀하신 대로 삶의 질을 망가뜨리겠죠. 제 생각에 우리는 죽음과 대기질의 문제에 갇히고 말았습니다. 진짜 중요한 건 만일 폐가 파괴당해서 죽음에 이를 때까지 삶이 비참하다면…… 그렇다면 대기질은 중요하다는 겁니다."

우리의 기대수명은 평균적으로 유럽에서는 PM2.5에 의해서 8.6개월에서 일 년 정도 줄고 인도에서는 1.1년에서 3.4년(델리에서는 6.3년) 준다. 그러나 PM의 원천을 없애면 우리는 건강이 극적으로 좋아지는 걸 볼 수 있다. 프랭크 켈리는 '지속적인 개입(주로 규제 활동)에 따른 미립자 오염물질 농도의 감소가 대중 건강의 개선과 연관이 있다는 일관된 증거가 있다'라고 썼다. WHO는 '대기오염이 감소하는 것과 거의 동시에 건강 증진을 기대할 수 있다'고 주장한다. 매년 대기오염으로 많은 사람이 사망한다는 건 의심의 여지가 없다. 다만 우리는 절대로 정확한 사망자 수를 알지 못할 것이다. 그러나 대기오염 때문에 우리 모두의 삶은 짧아졌거나 나빠졌다. 그걸 멈추고 싶다면 우리는 맞서 싸워야 한다.

에어 쇼크

2부

반격

Clearing
the Air

Part 7

최고의 스모그
해결책?

──────────── 런던 : 2015 ~ 2020

런던은 스모그로 인한 잠에서 천천히 깨어나 맞서 싸우고 있다. 노동당 후보였던 사디크 칸은 널리 알려진 2016년 5월 시장 선거에서 승리를 거둔 다음 날 초저공해지역(ULEZ) 계획을 발표했다. 도심에서 매연을 배출하며 운행하는 차에 세금을 매기는 것이다. 동부 런던 한 학교에서 이 계획을 발표한 칸은 운동장에 모인 기자들에게 말했다. "저는 런던을 깨끗하게 하라는 명확한 명령을 받고 선출되었습니다. 공기는 우리의 가장 큰 환경 문제입니다. 저는 비상사태가 벌어지기 전에 행동하기를 원합니다." 이틀 뒤 새 시장은 전임자 보리스 존슨의 서류철 속에 묻혀 있던 오래된 보고서를 찾아냈다. 발표하지도 않은 보고서의 제목은 '런던의 대기오염 노출 분석'이었는데, 시내 1777개의 초등학교 가운데 NOx 농도가 EU 허용치를 넘는 구역에 있는 곳이 433곳이라는 내용이 포함되어 있었다. 그 가운데 83퍼센트의 학교는 학생 40퍼센트 이상이 무료급식에 의존하는 가난한 동네의 학교였다. 가난한 사람들이 대기오염으로 가장 큰 피해를 보고 있었다. 뉴스는 금세 신문과 인터넷에 등장했다.

그 뒤 몇 달 동안 칸은 새로운 대기오염 경보 시스템을 구축했고 그 결과를 버스 정류장과 지하철역, 도로변에서 오염 경고로 볼 수 있게 함은 물론 소셜미디어와 문자 알림으로도 내보냈다. 2017년 1월 23일 시장은 트위터에 글을 올렸다. '부끄러운 지경에 이른 런던의 유독성 공기로 "매우 나쁨" 대기오염 경보가 발령되었습니다.' 3개월에서 5세까지의 어린이 보호자들에게 널리 퍼진 유독성 공기 때문에 실내에 머물 것을 권고했다. 칸 시장은 2020년부터 전기나 수소를 이용하는 버스만 구매할 계획을 세웠고, 오래되고 오염물질을 더 많이 배출하는 자동차들은 런던 도심을 운행하려면 10파운드의 요금을 내게 했다. 그는 또 전임자가 묻어두려고 했던 대기오염 피해 학교 연구를 다시 시행했다. 이번에는 433개 학교가 아니라 대기오염의 영향을 받는 학교가 800개가 넘었다. 모두 EU의 법적 허용치를 넘는 NO_2에 노출되어 있었다. 그 주말 다시 신문마다 머리기사로 그 연구 결과를 다루었고, 모두가 '뭘 어떻게 해야 하나?' 질문을 던졌다. 칸 시장은 명확한 대답을 내놓았다. 전국적으로 디젤 퇴출 계획을 수립하고 새로운 대기오염방지법을 제정하는 것이었다.

칸 시장의 오랜 친구이자 동료인 런던시 의원 레오니 쿠퍼는 내게 시장이 대기질을 개인적 관점에서 바라보고 있다고 말한다. "그는 런던 마라톤에 참가했고 도로 주변에서 아주 많은 훈련을 했어요. 이건 제 추측이지만 그때 아마도 성인인 상태에서 천식에 걸린 게 아닌가 해요. 그에게 이건 매우 개인적인 개선 운동입니다. 건강에 관한 거죠.

시장으로 선출되기 전부터 관심을 두던 사안입니다. 사디크는 킹스 칼리지의 대기오염 측정에 온종일 참여했고, 저와 함께 푸트니 스트리트와 옥스퍼드 스트리트를 거쳐 노스 서큘러 순환도로에도 함께 갔습니다. 2017년 3월에는 아주 끔찍한 상태였죠. 그는 배기가스 없는 버스 배치를 푸트니 스트리트에 적용하면서 마무리했습니다."

2018년 3월 푸트니 스트리트의 NO_2 농도는 90퍼센트 낮아졌다. 현재 런던 도심에서 시행 중인 ULEZ의 효과를 추측해보니 2020년까지 NOx를 51퍼센트 낮추고, PM 배출량을 64퍼센트 그리고 CO_2를 15퍼센트 낮출 수 있을 것으로 보인다. 2020년까지 런던 도심을 운행하는 모든 1층 버스들은 전부 전기나 수소 차량으로 바뀔 것이다. 2018년 런던 시장은 2041년까지 시내 전체 교통량의 80퍼센트를 도보나 자전거 또는 대중교통으로 대체하겠다는 포부를 밝혔다.

2017년 7월 칸 시장은 한 각료가 일어서서 다음과 같이 연설했을 때 뜻밖의 우군이 있다는 걸 알게 되었다. "우리가 마시는 공기, 우리가 마시는 물, 우리가 먹는 음식, 기업을 돌아가게 하는 에너지, 이 모든 것들이 우리가 지구를 제대로 돌보지 않는다면 결국 위협을 받게 됩니다." 발언자는 최근 브렉시트 국민투표 국면에서 자신의 역할을 끝내고 내각으로 돌아온 마이클 고브 신임 환경식품농무부(Defra) 장관이었다. 테리사 메이가 이끈 처참한 총선 결과에 따라 그녀가 이끄는 보수당은 과반수 의석을 상실했고 정치적 동료의 수가 줄었다. 그 말은 고브의 지원이 필요하다는 뜻이었다. 그에게 정치적 생명줄이 던져졌다. 환경부 장관 자리였다. 나를 포함한 환경 보호론자들은 우려했다. WWF(세계자연기금) 런던 사무소에서 했던 그의 첫 연설은 그래서 약간의 즐거운 놀라움으로 다가왔다. 그는 계속 말을 이었다. "지난 시대의 사회 그리고 문명의 운명을 생각해보면 언제나 그들을 무너지게 하거나 위기에 처하도록 했던 것은 환경 요인이었습니다." 심지어 그는 마치 그를 비난하는 사람들에게 대놓고 말하듯 덧붙였다. "환경의 악화가 미래의 번영과 안전을 위협하는 것이기에, 저는 파리 기후변화협약에 대한 트럼프 대통령의 접근법을 매우 유감스럽게 생각합니다."

이주일 뒤 고브는 2040년에는 휘발유와 디젤을 사용하는 모든 신차 판매가 금지될 것이라고 발표했다. 일부 대기질 개선 운동가들은 '왜 그렇게 오래 걸리나?'라며 비판할 것이 분명하지만, 이 발표의 중요성을 과소평가해서는 안 된다. 많은 환경 정책 감시자들에게 있어서 이 정책은 새롭지 않다. 영국이 2040년까지 탄소 감축 목표를 이뤄내려면 그때쯤 자동차들은 어차피 화석연료로 운행할 수 없을 것이다. 하지만 국민 대부분에게 그건 새로운 뉴스였고 '판매 금지'라는 단어를 전에는 들어본 적이 없었다. 전기 자동차가 갑자기 더는 '미래에 일어날 일'이 아닌 '언제냐'의 문제가 된 것이다. 조금씩 뉴스에 등장하기 시작하던 대기질과 디젤에 관한 내용은 이제 중심적인 정치적 목표 중에서도 중요한 항목이 되기 시작했다.

그 발표에 이어 2018년 1월 영국에서의 디젤 자동차 판매량은 2017년 1월과 비교해 25퍼센트 줄었고, '대체연료 차량'의 판매는 23.9퍼센트 증가했다. 깨끗한 공기 문제를 앞으로 꺼내 영국 정치의 중심에 세우는 데는 고브 같은 정치인이 필요했다. 하지만 Defra와 영국 정부는 사실 여러 건의 부끄러운 재판을 거치는 동안 발버둥 치고 비명을 지르며 끌려왔다. 영국은 그때까지만 해도 별로 알려지지 않았던 환경운동 단체로, 카리스마 넘치는 뉴욕의 변호사이자 불교 승려이기도 한 제임스 손턴이 이끄는 클라이언트 어스가 소송을 제기하기 전까지는 국내 주요 도시들이 NO₂에 대한 EU의 법적인 대기오염 허용치를 위반하도록 허락해왔다.

처음 제임스 손턴과 인터뷰한 것은 2016년 〈파이낸셜 타임스〉 기사를 위해서였다. 그는 1980년대 초반 미국 자연자원 보호위원회(NRDC)에서 일하면서 이쪽 분야에서 일하기 시작했고, 레이건 행정부가 대기오염방지법 적용을 일시적으로 중단했을 때 소송을 하기도 했다. 그는 LA에 NRDC 사무소를 설치했고, 그곳에서 선불교를 연마해 '레오'(리어나도 디캐프리오)를 포함해 환경 문제에 관심 많은 유명 할리우드 스타들과도 친분을 맺었다. 처음 영국에 온 이유는 법률 분야의 운동에서 잠시 벗어나 명상을 가르치고('달라이 라마가 그렇게 해달라고 내게 부탁했습니다') 동성인 영국인 남편과 결혼하기 위해서였다. 그때만 해도 미국에서는 동성끼리 결혼할 수 없었다. 그러나 법률 분야에 관한 관심을 거둘 수가 없었다. 그는 유럽 법률을 다시 공부하고 영국의 NRDC라 할 수 있는 클라이언트 어스를 만들었다(할리우드에서 친구로 지내는 에마 톰슨이 웨스트 헴스테드에 있는 아파트의 방 하나를 그의 첫 사무실로 빌려주었다). "브뤼셀에는 회사를 대신해 일하는 로비스트가 15000명 정도 있습니다. 대부분 고액 연봉을 받는 변호사들이죠." 그는 달래는 듯 단도직입적인 목소리로 말한다. 그런 목소리라면 승려로서나 변호사로 일할 때 모두 도움이 될 것 같다는 생각이 든다. "양측의 무기가 엄청나게 차이가 나죠. 저희 생각은 그런 면에서 균형을 맞춰 보자는 겁니다. 처음 대기질에 대한 소송을 해보자 생각했을 때는 신문에 아무 기사도 나지 않았고, 심지어 중요한 환경단체들도 관심을 두지 않았습니다." EU의 대기질 지침(1996)은 회원국들에게 8

시간 그리고 매월 법적 허용치를 두고 2010년까지 NO₂ 농도를 그에 맞춰 낮출 것을 정해두었다. 2010년 시한은 빠르게 다가왔지만, 눈에 띄는 행동은 거의 보이지 않았다. 영국 정부는 클라이언트 어스의 첫 정보공개 요청에 목표를 이룰 의도가 없다는 걸 인정했다. 그래서 손턴은 소송을 제기했다.

2011년 첫 번째 소송에서 1심법원은 영국이 진짜로 EU 지침을 위반하고 있다는 판결을 내렸다. 그러나 법원은 정부가 뭘 해야 하는지 명확하게 밝히지 않았고, 결국 정부는 다시 아무것도 하지 않기로 했다. 2013년 두 번째 소송에서 항소법원은 마찬가지로 클라이언트 어스의 손을 들어 주었지만, 이번에는 유럽재판소(ECJ)에 책임을 넘겨버리고 말았다. "EU 법률에 보면 인간의 건강을 가장 중요한 것으로 규정하고 있습니다. 인간의 건강은 경제적 비용을 포함한 다른 모든 것보다 우선합니다." 대기질 소송에서 손턴의 오른팔로 일하고 있는 앨런 앤드루스가 말하면서 이야기를 이어나간다. "ECJ는 전례 없던 판결을 내렸고, 그 판결은 현재 유럽 전역에서 대기질 관련한 법률에서 앞서 나가는 판례가 되었습니다. 이제 공기를 정화할 권리가 EU 법률에 명시되어 있습니다. 그건 회원국들이 수행해야 할 의무입니다. 이제 더는 준수하려고 노력해야 하는 지침이 아닙니다. **반드시** 준수해야만 합니다."

2016년 10월 '마지막'으로 승소를 거둘 때는 '정부가 잘못된 정책을 펴고 있으며', EU의 법률을 준수하기 위한 모든 계획에 박차를 가해야 한다는 판결이 나왔다. 더 나아가서 2015년 세운 계획은 '불법적'이라는 판단도 내렸다. 그날 테리사 메이 총리는 하원에서 정부는 항소하지 않을 것이며 되도록 이른 시일 내에 판결에 따를 것이라고 발표했

에어 쇼크

다. 뉴욕 출신 선동가 겸 불교 신자의 업적치고는 나쁜 결과가 아니었다. 손턴에 따르면 2017년 중반 마이클 고브가 이끄는 Defra는 더는 "공기를 깨끗하게 해야 할 필요가 있는지 따지지 않습니다. 예전 정부는 그 점 자체를 논란거리로 삼았습니다"라고 말한다.[*]

2017년 6월 15일 영국의 전국청정대기의 날(NCAD) 행사가 처음으로 열렸다. 정확히 전통적 기념일처럼 길거리에서 파티를 여는 건 아니지만, 기차를 타고 런던으로 가는 길에 본 트위터 글들을 보면 희망적이었다. 내가 올린 글을 포함해 많은 사람이 '#청정대기의날'이라는 해시태그를 올렸고, 영국 전역으로 퍼지고 있었다. 리즈(영국 잉글랜드 요크셔 중부 도시-옮긴이)에서는 엔진에 꽃이 잔뜩 피어나는 모습의 사진이 올라왔고, 맨체스터 시장 앤디 버넘은 시 광장에 설치한 '폐 정보' 행사장을 방문했다.

기차와 지하철을 이용해 런던에 도착한 나는 아치웨이역에서 밖으로 나오면서 약간 혼란스러워진다. 나는 이 지역에서 몇 년 동안 산 적이 있다. 자동차들과 트럭들이 힘겹게 A1 도로를 따라 올라가는 모습은 실질적으로 '아치웨이에 오신 걸 환영합니다'라고 쓴 간판이나 마찬가지였다. 가장 위쪽에 있는 로터리는(너무 큰 로터리여서 사실상 '회전 로터리'로 보였다) 런던의 자전거 이용자들에게 악명 높은 곳이었다. 2013년에는 매달 한 건 이상의 자전거 이용자들이 관련된 심각한 사고가 있었다. 하지만 회전형 로터리는(이제야 깨달았다) 거대하고 영구

---

[*] 그런데도 확실히 해두기 위해 클라이언트 어스는 2018년 다시 소송을 제기했다. 법원이 영국 정부의 다음 대기오염 방지책을 '효과적으로 감독'해야만 한다는 점에 대해 확실한 판결을 받아두기 위함이다. 판사는 "이 소송의 이력을 보자면 선의나 노력, 진실한 약속만으로는 충분하지 않다는 걸 보여줍니다. 법원이 실제로 준수하는지 확인하기 위해 압력을 지속해야만 하는 것 같습니다"라고 말했다.

적으로 보행자 구역이 되었고, 자전거 전용도로도 갖추고 있었다. 과거 로터리 속 섬 같은 위치에서 묵시록 느낌으로 사람들을 유혹하던 '황혼에서 새벽까지' 술집은 이제 다시 뭍에 합류했다(술집은 약간 더 매력을 풍기는 열대 지역 느낌 술집으로 재탄생했다). 자전거 탄 사람들이 자전거 전용도로를 이용하는 모습이 가끔씩 보인다. 마치 참호에서 살아남아 집으로 돌아온 군인들 같다. 자전거 전용도로가 없는 하이게이트 힐에서 다시 시작될 전투를 앞두고 아주 잠깐에 불과하지만.

휘팅턴 병원을 향해 짧은 언덕을 올라간다. 나는 이즐링턴 자치구의 '공회전 금지' 팀에서 자원봉사를 하기로 약속을 해두었다. 주차 중이지만 엔진을 끄지 않고 있는(공회전) 자동차나 밴 차량으로 걸어가 엔진을 꺼달라고 부탁하는 일이다. 여러 명의 자원봉사자가 모여 도로로 나갈 준비를 했고, 나는 '깨끗한 공기를 위해 엔진을 꺼주세요'라는 문구가 박힌 눈에 잘 띄는 파란색 조끼를 받은 뒤, 위원회의 청정 대기 팀에서 나온 조와 짝을 이루었다. 운전자들이 분명히 적대적으로 나올 거라고 예상했지만, 서로 오가는 대화가 어찌나 공손한지 사실 깜짝 놀라고 말았다. 우리는 혹시 엔진을 꺼줄 수 있느냐, 그리고 전단을 받겠느냐고 물었고 대부분은 "아, 그럼요. 미안합니다. 시동 끌게요, 문제없어요"라고 말한다. 이거 아이들이랑 교육적인 게임을 해볼 수 있는 겁니다. "네, 좋아요. 주세요. 수고하세요." 사람들 대부분은 적극적으로 공격적으로 공기를 더럽히고 있지 않았다. 우리는 그저 어떻게 공기가 오염되는지 잊고 있을 뿐이다.

'공회전' 계도 봉사를 마치고 나는 '젠 매니저'라는 직함을 뽐내는 빅토리아 하우스를 만난다. 이 경우에 젠(ZEN, 선불교의 선과 발음이 같다―옮긴이)은 제임스 손턴이 연마하는 선과는 다른 것으로 '제로 배기가스 네트워크(Zero Emissions Network)'의 약자로 런던의 이즐링턴과 해크니, 타워햄리츠 자치구 간의 대기질을 위한 협력 작업 기구를 뜻한다. 그녀는 아치웨이 지하철역 반대편에 설치한 홍보 공간을 운영하고 있는데, 그곳에서는 무료로 자전거를 고쳐주고 커피를 나누어 주고 있다(커피 쪽 줄이 더 길다). ZEN은 런던 시장의 대기질 기금에서 일부 자금을 지원받는데, '상공인들이 배기가스를 덜 배출하면서 지속 가능한 이동 수단으로 바꾸는 작업을 도우려고 노력하고 있다'고 빅토리아는 말한다. "우리는 회전형 로터리를 없애고 새롭게 자전거 전용도로를 만든 것이 큰 진전이 되길 희망하고 있습니다." 그녀와 헤어진 나는 쇼디치 지역으로 가서 벤치와 나무, 식물에다 자전거 거치대로 이루어진 녹색 '임시 공간'을 방문한다. 그곳에는 보행자와 자전거 이용자들이 들어가 앉아 쉴 수 있도록 준비를 해두었다. 완전히 도로를 차지해 만든 공간이고, 주차장 두 칸을 사용하고 있으며 문자 그대로 포장도로를 자동차로부터 되찾아 대중적인 영역으로 되돌려 놓았다. ZEN에서 일하는 또 다른 직원인 로라 페리가 '주차 쉼터'에서 나를 맞이한다. "이쪽 지역은 오래 지나지 않아 '전기 도로'가 될 겁니다. 오직 배기가스 없는 차량만 들어올 수 있는 곳이죠. 현재 이쪽 자치구에서 가장 공기가 나쁜 두 곳 가운데 한 곳인데 말입니다." 나는 맞은편에 있는 카페가 주차 공간이 줄어든 걸 싫어하지 않았느냐고 묻는다. "오히려 좋아했어요. 기본적으로 카페 손님들이 이용할 수 있는 야외 공간이 늘어난 셈이거든요. 이곳 주위에 주차할 공간은 많아요. 그러니까 물품 배달이나 그런 문제에 영향을 주지는 않습니다. 하지만 ULEZ(초저공해지역)나 전기 도로 같은 변화도 있고 하니까 이 지역 상공인들로서는 어차피 배기가스를 내뿜는 차량을 사용하는 것이 효율적이지 못합니다. 그래서 우리는 상공인들이 화물 자전거나 전기 자전거 또는 EV(전기차)로 바꾸는 과정에 도움을 주고 있어요."

나는 런던 남동쪽에 있는 그린위치에서 전국청정대기의 날을 마감한다. 내가 하루를 시작한 곳에서 도시 반대편에 있는 곳이다. 그린위치 센터는 지역난방을 하고 있는 곳이다. 민간 아파트와 도서관, 레저 센터와 수영장이 모두 하나의 거대한 가스보일러로 난방을 유지한다. 이곳의 NO_2와 CO_2 농도가 상당히 낮은 것도 이와 같은 이유 때문이다. 오후 5시 30분이 되자 댄 소프가 도착한다. 낮에는 초등학교 교사로 일하고 나머지 시간은 자치구 의원으로 활동하고 있다. 그는 그린위치 센터로 걸어가면서 몇몇 아는 사람들과 반갑게 인사한다. 나는 누가 더 긴 하루를 보내고 있는지 깨닫는다.

그린위치에는 몇몇 오염이 심한 장소가 있는데, 가장 유명한 곳은 시내에서 가장 교통량이 많은 템스강 지하의 블랙월 터널 그리고 울위치에서 템스강을 건널 수 있는 런던의 유일한 자동차 페리 선착장이다. 댄은 이 지역의 대기질 행동계획을 만드는 데 도움을 주었고, 저공해지역을 설정하기 위한 예산을 만들어냈다. 2백만 파운드의 투자가 해당 계획, 그러니까 자동차 없는 날 행사나 전기 차량 혜택 등에 사용되었다. "제가 자치구 의원이 된 2004년에는 대기질 문제에 관한 관심이 점차 높아지고 있었습니다. 우리 자치구에서 대기오염으로 사망했다고 볼 수 있는 사람들 수가 일 년에 600명쯤 되었거든요. 한 사람만 죽는다고 해도 심각하죠. 그 점이 사람들에게 경각심을 불러왔습니다." 칸 시장이 이끄는 새로운 런던에서 반격은 시작되었다.

베이징 올림픽의 위업

2014년 봄 중국의 시진핑 주석이 스모그 속에서 야외로 나와 사진을 찍었다. 중국인 인류학자 제리 지는 나중에 이를 두고 '중국의 최고위 관료가 같은 도시에 살고 있을 뿐 아니라 함께 유독한 공기를 나누며 시민들과 운명을 함께 하는 모습을 사진으로 남기길 허락한' 매우 중요한 순간이라고 묘사했다. 베이징 주민들은 얼굴에 마스크를 쓰고 '#나는 인간 진공청소기가 되고 싶지 않다(#我不要做人肉吸□器)'라고 쓴 팻말을 들고 찍은 자신의 사진을 소셜미디어를 통해 쏟아냈는데, 그에 대한 대답을 끌어낸 것이다. 시진핑 정권의 이인자인 리커창 총리는 나중에 대기오염을 두고 '비효과적이고 맹목적인 개발에 대한 자연의 빨간색 경고등'이라고 연설했다. 중국 국영방송에서 생방송을 통해 그는 '대기오염에 대한 전쟁'을 선포했다. 그때를 기준으로 상황은 변했다. 리커창 총리는 즉시 취할 조치를 내놓았다. PM을 줄이고 오래된 발전소와 공업 단지를 폐쇄했다. 중국은 철강 생산을 2천7백만 톤(이탈리아의 전체 생산량과 맞먹는다) 줄였고 시멘트 생산을 4천2백만 톤 줄였으며 5만 개나 되는 소규모 용광로를 폐쇄했다. 리커창 총리는 '에너지를 생산하고 소비하는 방식'을 바꾸고 녹색 저탄소기술을 장려하겠다고 약속했다. 최근까지 에너지를 석탄에 의지했던 베이징은 2017년에 마지막으로 남았던 석탄발전소를 폐쇄했다.

베이징에 근거지를 두고 있는 공공환경연구소(IPE)는 젠궈먼 지하철역에서 멀지 않지만 걸어서 찾아가기가 쉽지 않다. 높은 건물 단지에 도착했지만 오가는 사람이나 간판은 보이지 않고 그저 아무 표시도 없는 문과 엘리베이터만 보인다. 제대로 찾아온 것인지 전화를 걸었더니 몇 층만 위로 올라오라고 한다. 위로 올라가니 중국어를 유창하게 하는 젊은 미국인 케이트 로건이 나를 맞는다. 그녀는 IPE의 이사직을 맡고 있으며, 베이징 에너지 네트워크의 이사로도 활동하고 있다. 그녀는 내게 관례적인 음료인 뜨거운 김이 나는 물을 대접한다. IPE는 2006년 중국의 환경운동가 마준이 정보의 투명성과 환경 문제 신고를 활성화하기 위해 만든 단체로, 중국 최초의 독립 환경운동단체이다. IPE는 공공의(하지만 대개는 확실치 않은) 환경 관련 정보를 수집하기 시작했고, 그것들을 쉽게 접근할 수 있는 데이터베이스로 만들었다. 이것이 중국 수질 오염지도가 되었고, 나중에는 대기질 정보를 포함한 환경 위반 사항을 모아 데이터베이스로 만든 것이 '푸른 하늘 로드맵'으로 알려졌다. 대기오염이 공식적으로 인정되지 않던 2011년에 어떻게 IPE가 공개적으로 정부를 비난할 수 있었는지, '대도시들은 빠르게 확장하고 심각한 대기오염 문제로 점점 더 고통받고 있다'거나 '중국의 느슨한 환경 관리와 법규를 위반해도 별로 비용이 발생하지 않는 상황'이라는 식의 내용을 어떻게 발표할 수 있었는지 궁금했다.

"처음에는 여러 가지 면에서 아주 민감했습니다." 로건이 인정한다. "제 생각에 IPE가 처음 데이터베이스를 만들기 시작했을 때는 오직 정부에서 만든 자료만 취하거나 공식적으로 확인된 내용만 사용한다는 특별한 결정을 내렸던 것 같습니다. 그것이 기본적으로 민감한 상황을 줄여준 거죠. 만일 누구든 자료의 정당성을 의심한다면 그 정보가 어디서 왔는지 공식적인 원천을 밝히면 되는 일입니다. 그러다 보니 일정 수준의 신용을 쌓을 수 있었습니다. 지금까지 중국의 환경 관련 법률과 정책의 궤적을 보면 수많은 정부의 대응에 매우 큰 영향을 미친 중대한 사건들을 알 수 있습니다."

에어 쇼크

세 번의 중요한 사건이 있었다고 로건은 말한다. 2008년 올림픽, 미국 대사관의 대기질 자료 발표 그리고 2013년 '에어포칼립스' 스모그이다. 이 세 가지 상황이 겹치면서 시진핑은 2014년 야외로 나가 대기질이 모든 정치적 의제 중에 가장 중요하다고 선언하게 된 것이다.

2008년 베이징 올림픽을 준비하면서 중국은 세계에서 찾아오는 선수들을 기다리고 있을 스모그에 대한 국제적 우려에 시달렸다. 베이징은 이미 스모그와 동의어가 되었고, 개최를 일 년 앞둔 상황에서 IOC 위원장 자크 로게는 어쩔 수 없이 스모그가 최악인 시기에는 특정 행사를 다른 장소나 다른 날짜로 옮길 수 있다는 말로 참가국들을 안심시킬 수밖에 없었다. 로이터통신은 그걸 두고 '올림픽 역사상 가장 면밀하게 검토한 준비 상황'이며 중국은 국제무대에서 창피를 당하지 않기 위해 있는 힘껏 모든 걸 해낼 태세라고 표현했다.

그때 중국이 취한 조치들은 우연하게도 베이징의 미래를 위한 설계도를 만들어 냈다. 개막식(상서로운 날짜인 08년 8월 8일)을 한 달 앞두고 베이징의 둥팡 케미컬 공장과 옌산석유화학회사, 서우강 홍예 철강단지 그리고 베이징 판유리 그룹 등은 생산을 중단하거나 감축했다. 네 개의 주요 석탄발전소는 저유황 석탄만을 사용하기 시작했고, 전체 발전량의 30퍼센트만 시설을 가동했다. 모든 시멘트 회사는 일시적으로 생산을 중단했다. 톈진이나 후베이, 산시, 산둥 그리고 가장 멀게는 200킬로미터 떨어진 내몽고까지, 베이징을 둘러싼 넓은 지역에서 산업 생산이 마찬가지로 늦춰지거나 멈췄다. 5월에서 9월까지 중국의 북부 지역 전체에서 들판을 불태우는 행위가 금지되었다. 7월 1일부터 9월 20일까지 유럽의 유로4 기준을 충족하지 못하는 모든 차량은 베이징 시내로 들어올 수 없게 되었고, 기준을 충족하는 차량도 홀짝제를 준수해야 했다.* 8월의 첫 20일 동안 이산화황, PM10, 일산화탄소, 이산화질소가 전년 같은 달에 비해 27퍼센트, 40퍼센트, 50퍼센트, 61퍼센트 줄었다. 2008년 8월은 10년 사이 베이징의 공기가 가장 깨끗한 시기였다(그리고 그 10년 전인 1998년 베이징은 거주 인구가 대략 7백만 명이 더 적었다).

올림픽의 경험은 당국이 의지와 제대로 된 규제만 있다면 어떤 일이 가능한지 알게 해주었다. 그리고 의심할 여지 없이 애초에 배기가스가 어디서 비롯되었는지를 알 수 있도록 해주었다.

그런데 베이징 주재 미국 대사관에서 자체적으로 PM2.5 자료를 발표하기 시작했다. "그 사건은 실시될 정책의 속도에 확실한 영향을 주게 되는 전환점이었습니다." 로건이 말한다. 내가 베이징을 방문했을 때 여러 번 들었던 이야기다. 고등교육을 받은 톈진의 여성 사업가인 메리(그녀의 영국식 이름이다)는 전에는 대학에서 강의했다. 그녀는 그녀를 포함해 모든 사람이 대기오염이 뭔지 아예 알지 못했다고 말했다. "저는 그냥 안개인 줄 알았어요. 하지만 색깔이 다르고 맛이 달랐어요. 그런데 미국 대사관에서 PM2.5라는 것의 관측치를 발표한 거죠. 그리고 갑자기 유명해져버린 거예요. 모두가 인터넷에서 'PM2.5'가 뭔지 검색하고 알게 된 겁니다. 그건 아주 큰 변화였어요." 그녀가 말한다. "이제 모두가 PM2.5가 뭔지 알게 된 거죠."

2012년 1월 1일 베이징은 중국국가환경감시센터 웹사이트에 시험

---

* 자동차 홀짝 이부제를 1989년 처음으로 도입한 도시는 멕시코시티였다. 하루는 짝수로 끝나는 번호판을 가진 자동차만 운행하고, 다음 날은 홀수 번호판을 가진 차량만 운행하는 방식이다. 짧게 보면 매우 효과적이다. 장기적으로 보면 제대로 운영되지 않았는데, 멕시코시티 당국은 중산층에 속한 사람들이 그냥 차를 두 대 소유하기 시작했다는 걸 알게 되었다. 결국, 오히려 전체적인 자동차 밀도(인구당 자동차 대수)만 올라가고 말았다.

에어 쇼크

적으로 첫 번째 공식 PM2.5 수치를 발표했다. 센터의 관측연구소에 있는 한 군데에서만 측정을 실시한 결과였다. 그렇게 해서 베이징은 중국에서 공식적으로 PM2.5 자료를 발표한 첫 번째 도시가 되었다. 갑자기 관측 지역이 중국 전역으로 확대되기 시작했다. 3월 8일 광둥성이 9개 도시에서 62개의 관측소 자료를 발표했다. 10월이 되자 베이징은 이미 시내 관측 장소를 35개까지 확대한 상태였다. 중국에서 투명한 대기질 자료가 확대되는 모습을 지켜보는 일은 마치 작은 빨간 불빛 하나가 지도에 나타나고 "차례로 하나씩 여러 개의 작은 불빛이 반짝이기 시작하는 것 같았죠." 케이트가 말한다. "처음에는 베이징, 다음에는 네 군데 도시, 그리고 그다음에는 170개, 380개로 늘어가는 거예요. 지금은 중국 전역으로 확대되었습니다."

2014년 중국 정부는 "중국 전역의 대략 13000개 공장에서 실시간 산업계 배기가스 자료를 처음으로 공개 발표하도록 했습니다." 로건이 내게 알려준다. "제 생각에는 정부가 IPE가 하는 행동이 기본적으로는 정부의 감독 노력을 도와주고 있다는 걸 깨닫기 시작하는 순간에 사고방식이 바뀐 것 같아요. 그리고 대기오염 문제가 악화하면서 정부는 기본적으로 뭔가를 시작해야만 하고, 그들이 능동적으로 대응하는 걸 보여야 할 때라는 걸 알게 되었습니다."

이제 폭넓고 정확하게 베이징의 오염 상태를 감시하고 있는 상태에서 역사상 최악의 대기오염 사태를 숨길 수는 없었다. 바로 2013년의 에어포칼립스(1장에서 설명했던)였다. 그때 TV 저널리스트 차이징이 만든 독립 다큐멘터리 영화 '언더 더 돔'이 공개되었다. 중국이 겪는 심각한 수준의 대기오염을 분명히 보여주는 내용이었다. 2015년 3월 3일에 발표된 영화는 나흘 뒤인 3월 7일 당국에 의해 상영이 금지될 때까지 3억 회 이상의 조회를 기록했다고 한다. 앨 고어의 '불편한 진실'과 매우 비슷한 형식을 빌린 차이징의 영화는 그녀가 중국 전역에서 조사하며 찍은 화면을 중간중간 보여주는 혼합 미디어 강좌 형식의 영화였다. 사정을 봐주지 않는 내용이었다. 대기오염은 중국이 석탄과 자동차, 철강에 의존해 발생하는 명백한 결과로 보였고, 강제하지 못하는 무능력은 느슨한 규제로 나타났다. "많은 사람이 대기오염이 존재한다는 사실을 알았습니다." 로건이 말한다. "사람들은 대기오염이 나쁘다는 걸 알고, 자료에 접근하기 시작합니다. 하지만 제 생각에 어떻게 스스로 보호할 것인지 또는 진짜로 얼마나 심각한지 또는 도움 되는 요소는 뭔지에 관해 〈언더 더 돔〉 영화가 처음으로 그런 질문에 대답을 준 것 같습니다. 만일 중국이 왜 그렇게 환경에 대해 관리를 원하는지 이유를 들여다본다면, 그건 기본적으로 대기오염이 대중의 건강을 위협하기도 하지만 또한 사회의 안정성을 위협하기 때문이라고 말할 수 있습니다."

중국은 현재 대기오염에 관한 자료를 억누르거나 숨기려고 시도하기보다 분명히 그와는 반대 방향으로 가고 있다. 생태환경부는 현재 다섯 자리의 직통 신고 전화를 운영하고 있고, 시민들은 문자나 위챗으로 어떤 환경 범죄든 신고할 수 있다. IPE가 운영하는 푸른 하늘 로드맵 애플리케이션은 현재 마찬가지로 당국이 일반인의 신고를 받는 시스템으로 운영하고 있으며, 이 앱으로 신고하면 관련 부서에서 7일 이내에 답변하게 되어 있다. "그런 방식은 공적 영역에 권한을 줍니다." 로건은 말한다. "중국은 환경 문제 신고 특히 실시간 오염도 자료에서는 다른 많은 나라보다 한참 앞서가고 있습니다. 이런 종류의 메커니즘은 정부가 대중과의 소통 그리고 상호 작용을 위해 더 좋은 채널이 있어야 한다는 생각의 결과로 생겨나기 시작하고 있습니다. 그러나 다른 한편으로 정부가 한꺼번에 처리할 대상이 너무 많아진다면, 그로 인한 긴장감이 눈덩이처럼 불어날 겁니다. 그래서 〈언더 더돔〉은 검열을 당한 것입니다."* 중국 시스템에서 가장 심각한 경보 수준인 적색경보는 2015년 12월 처음 발령되었다. 대기오염이 이런 수준에 다다르자 베이징은 2008년 올림픽 당시 사용한 정책을 다시 실시했다. 대기오염을 유발하는 공장은 멈추게 하고 자동차 운행을 할당제로 바꿨고 그러는 사이에 대기오염 경보는 애플리케이션과 소셜미디어(웨이보와 위챗 포함), 텔레비전, 라디오로 널리 알려졌다.

제임스 손딘은 현재 중국 사법부와 일하면서 판사 교육을 포함해 환경 통제 관련 법규를 강화하는 일을 돕고 있다. "중국은 여러 면에서 영국을 앞서가고 있습니다." 그는 내게 말한다. "그들은 깨끗하게 바꿔야 한다는 사실에 관심을 두게 되었고, 명확하고 극적인 행동을 취하고 있습니다. 그들은 2014년 시민이 대기를 오염시키는 회사를 상대로 중국 법원에 소송을 제기할 수 있도록 하는 법률을 통과시켰습니다. 그건 진정한 민주적 방식입니다. 정부는 시스템이 돌아가게 하려고 믿을 수 없을 정도로 열심입니다. 그들은 중국 전역에서 1000개이상의 석탄발전소를 폐쇄했습니다. 그리고 그들이 '생태 문명'이라고 부르는 사회를 건설하는 걸 분명히 표현하기 위해 실제로 중국의 헌법을 개정하기도 했습니다."

베이징에 있는 동안 나는 전에 여러 주요 서방 국가에서 대사로 일

---

* 여러 사람에게 듣기로 확인할 수는 없지만 〈언더 더 돔〉은 중국 정부의 완벽한 검열을 통과한 후 허가를 받고 발표되었다. 당국의 생각으로는 이 영화가 국가가 좀 더 배기가스를 잘 통제할 수 있도록 도움을 줄 정도로 분노를 자아낼 수 있지만, 그렇다고 해서 광범위한 사회적 불안을 일으킬 정도로 넘치는 내용은 아니었다.

했던 전직 중국 대사로부터 점심 식사에 초대받았다. 인터뷰 전후로 그의 신분을 확인했지만, 그의 실명을 사용할 수는 없다. 상대방이 공산당 고위직이다 보니 긴장이 되었고 젓가락질을 제대로 할 수 없었다. 하지만 그는 물론 대사답게 예의 바르고 매력적이었다. 대사는 베이징이 끔찍한 모래바람으로 고생을 했다고 말한다. 주위 지역의 나무들이 장작이나 공사장 자재로 사용되기 위해 서서히 벌목되었다. 나무들은 자연적인 방풍 작용을 했지만(그리고 흙을 붙잡아서 산사태를 막아준다) 수십 년 동안 벌목이 진행되자 허베이성은 먼지 그릇이 되어버리고 말았다. 먼지는 베이징 안쪽으로 불어왔고 거주자들의 목을 졸랐다.

그때부터 다시 나무를 심겠다는 원대한 계획이 시작되었다. 중국은 심지어 3월 12일을 전국에서 나무를 심는 날로 지정하기도 했다. 시진핑 주석은 매년 삽과 묘목을 들고 열심히 사진을 찍는다. 2017년 3월 그는 중국 관영 방송을 통해 "우리는 푸른 하늘과 하얀 구름, 깨끗한 물과 맑은 공기를 기대합니다. 이 모든 것은 생태 건설과 연관이 있습니다. 인민은 녹색 그늘 속에서 살아야만 하며 이것이 우리 노력의 목표입니다"라고 말했다. 그린벨트의 복구는 성공적이었다. 베이징은 더는 모래바람으로 고생하지 않는다. 2018년 중국은 한 걸음 더 나아가서 6만 명의 군인을 동원해 연말까지 최소한 8만4천 제곱킬로미터에(대략 아일랜드의 면적과 같다) 나무를 심게 했다. 대부분 베이징을 둘러싸고 있는 허베이성이었다.

베이징이 없앤 또 다른 문제는 석탄이었다. 대사는 석탄이 어떻게 해서 사람들에게 유일한 연료였는지를 회상한다. 그는 과거 1980년대에는 자전거 뒤에 조개탄을(저급 석탄가루를 뭉쳐 만들었다) 싣고 다니는 모습을 흔히 볼 수 있던 걸 기억한다. 사람들은 조개탄으로 요리를 하고 난방도 했다. 모든 가정에서 석탄 연기를 뿜어냈다. 1990년대가 되면서 석탄을 사용하는 발전소들이 연기를 보냈는데, 많은 발전소가 도시 안쪽에 자리잡고 있었다. 그러나 석탄은 그때 이후 가정과 발전소에서 천연가스로 대체되었다. 대사는 현재 탄광은 그 속에 있는 천연가스를 채굴할 때나 구멍을 뚫는다고 내게 말한다. 석탄 자체는 점점 더 땅속에 그대로 남아 있게 된다.

역시 이름을 밝히지 말아 달라고 부탁한 중국의 기술 관련 기업가는 내게 말했다. "중국만이 할 수 있는 일들 가운데 하나가 2014년에 석탄발전소를 새롭게 여러 개 건설했다는 것입니다. 그들은 2015년에 그것들을 없애기로 했습니다. 건설하느라 수억 달러를 들였지만 석 달 운영하고는 이렇게 말한 겁니다. '좋아. 법이 바뀌어서 석탄발전소는 안돼.' 그래서 현재 그들은 그냥 해체하는 중입니다. 그런 일은 다른 곳에서는 벌어질 수가 없어요. 어쩌면 끔찍한 결정이라고 말할 수도 있겠지만, 동시에 위대한 결정이기도 합니다. 문제를 해결하기 위한 유일한 길이거든요. 그들은 그냥 문제에 달려들기로 한 거예요. 대기오염은 이제 민감한 주제가 아닙니다. 그건 우리가 바꿀 수 있고 자랑스럽게 세상에 보여줄 수 있는 일입니다. 너무 쉽게 말이죠. 베이징에 이제 더는 석탄은 없어요." 과장처럼 들리지만, 그가 말한 두 개의 발전소는 빙산의 일각일 뿐이다. 2017년 10월 중국이 계획 중이거나 건설을 진행 중인 석탄발전소 151곳의 작업을 멈추거나 늦추고 있다는 기사가 나왔다. 전체로 보면 9만5천 메가와트의 발전량이다(독일과 일본의 발전량을 합친 것과 맞먹는 양이다). 그해가 되기까지 천연가스 소비는 이미 17퍼센트 증가해 4천7백만 톤의 석탄 소비를 대체한 것으로 추정되었다.* 산시성은 2017년에만 27개의 탄광을 폐쇄했고, 타이위안은 개인이나 소상공인이 석탄을 팔거나 운반하거나 사용하는 것을 금지했다. 모든 것이 대기질을 개선하려는 노력의 일환이었다.

2017년 1월 관영 신화통신 보도에 따르면 베이징 시장 대행인 차이치는 '야외 바비큐, 쓰레기 소각, 바이오매스 연소, 도로 먼지'를 엄중히 단속하겠다고 발표했다. 리커창 총리는 같은 해 전국인민대표회의에서 '중국의 하늘을 다시 푸르게 만들겠다'고 약속했다. 2020년까지 베이징은 7만 대의 휘발유와 디젤 택시를 전기차로 바꾸고 43만5천 곳에 충전소를 세운다는 계획을 세웠다. 정부는 2018년부터 중국에서 생산하는 자동차의 10퍼센트를 전기차로 해야 한다고 발표했다. 공식 목표는 2020년까지 2백만 대, 2025년까지는 7백만 대의 전기차(EV)를 생산하는 것이다. 그 말은 2025년이 되면 국내 전체 자동차 생산량의 5분의 1가량을 전기차가 차지한다는 뜻이다. 중국 자동차산업협회에 따르면 2017년 초부터 3/4분기까지 약 42만4천대의 '대체 에너지 차량'이 중국 내에서 생산되었다고 한다. 2016년 같은 기간 대비 40퍼센트 증가한 양이다.

중국이 벌이는 대기오염과의 전쟁에서 아직 해결되지 않은 문제들이 몇 가지 있다. 베이징(그리고 중국 대부분 도시)의 높은 건물 주거지역부터 주석 관저까지 대부분은 지역난방을 통해 난방이 공급되고 있다. 거대한 보일러들은 매년 같은 날짜에 가동을 시작해 사람들이 거주하는 집과 사무실에 매일 할당된 시간 동안 난방을 공급한다. 이미

---

* 그런데도 중국 대사가 내게 말한 한 가지는 "중국에 관해 말할 때는 숫자에 너무 흥분하지 말아요"였다. 4천7백만 톤은 일 년에 40억 톤에 가까운 석탄을 소비하는 중국에는 새 발의 피이기 때문이다. 2017년 석탄은 여전히 중국의 전체 에너지 소비 구성에서 62퍼센트를 차지하고 있다.

에어 쇼크

매우 효과적인 체계를 갖추고 있으며 서방 도시들도 따라 할 수 있기를 원하고 있다. 하지만 가스보일러는 NOx를 만들어내며 베이징 당국은 NOx를 여전히 더 감축하기를 원한다. 베이징에 있는 동안 나는 발생하는 NOx를 줄이기 위해 지역난방 보일러에 새로운 부품을 장착하는 시험 작업을 하는 미국 회사 클리어사인으로부터 초대를 받았다. 한 개의 크기가 버스만 한 보일러가 베이징에만 대략 3500개 있었다. 보일러는 실질적으로는 한쪽 끝에서 커다란 불꽃을 피우는 관 모양인데, 그 관이 주변을 감싼 수많은 파이프 속 물을 가열해 온수나 증기를 만들어낸다. 일반적인 보일러라면 불꽃이 커다랗게 흔들리면서 높은 온도에서 오염물질을 만들어낸다. 클리어사인의 개량 장치는 보일러 관의 중간 높이까지 작은 구멍이 잔뜩 뚫린 도자기 타일을 설치하는 방식이다. 불길이 타일에 닿으면 타일이 열기를 더 효과적으로 배분하고 하나의 거대한 불길을 수백 개의 작은 불꽃으로 바꿔준다.

클리어사인의 중국 담당자인 매니 메넨데스가 중심 상업지구에 있는 호텔로 와서 나를 차에 태웠고, 운전사는 우리를 주거지역으로 데려간다. 가는 동안 우리는 뒷자리에서 길게 대화를 나눈다. 나는 세상에 매니 메넨데스 같은 사람은 많지 않다는 사실을 재빨리 깨닫는다. 그는 세상 나머지 사람들이 중국에서 사업을 할 수도 있다는 사실을 깨닫기 전부터 중국에서 사업을 했고, 당시에는 중국의 개혁주의자 지도자였던 덩샤오핑과 친교를 맺었다. 자동차는 베이징 지역난방 그룹의 회색빛 건물의 철문 앞에 멈춰 섰다. 주변에는 대규모 고층 주거단지가 있었다. 주위는 이상하리만치 조용했고 매니는 자신감 넘치게 아무 표시도 없는 출입문으로 걸어가더니 밀어서 열었다. 실내에서도 초겨울의 냉기가 그대로 느껴져 우리는 코트를 여미고 목도리를 둘렀다. 경비원이 매니와 그의 통역을 반갑게 맞아주었고 우리는 커다란 연관식 보일러 4개가 있는 보일러룸으로 향한다. 미니버스 크기의 보일러가 나란히 서 있다. 커다란 빨간색 금속제 연도가스 재순환 배관이 보일러 세 개를 둘러싸고 있다. 연도가스 재순환 배관은 현재 NOx 감축을 위한 산업계 표준 기술로 굴뚝에서 나오는 공기 또는 '연도가스'라는 것을 다시 보일러 속으로 보내서 불꽃 온도를 낮추고 산소 내용물을 줄여 NOx를 줄이는 방식이다. 네 번째 보일러는 클리어사인의 도자기 타일을 설비한 것으로 상대적으로 배관이 둘러싸지 않은 모습으로 서 있다. 거대한 가스 불꽃에서 가까이 서 있음에도 실내는 그다지 덥지 않다. 모든 열기는 물이 든 파이프로 향하고 있다.

우리는 근처에 있는 직원 휴게실로 가서 죽을 한 그릇씩 먹으며 대화를 나눈다. 벽에 걸린 텔레비전에서는 쿵후 영화가 큰소리로 나오고 있다. "저 건물에는 보일러가 네 개밖에 없습니다." 매니가 말한다. "베이징 지역난방그룹이 직접 소유하고 운영하는 곳에만 1500기가 있죠. 그리고 다른 기업과 합작 투자나 제휴를 통해 추가로 2000기를 운영하고요. 저희가 조금 전에 본 것이 29MW짜리 보일러입니다. 하지만 다른 시설에서 훨씬 큰 116MW짜리 보일러를 본 적도 있습니다. 또 그보다 작은 14MW짜리 보일러도 다수 있습니다. 저희가 이미 확인을 했고 75기는 작업을 할 준비가 되었습니다. 저희가 하나씩 설치를 해나갈 겁니다." 그는 중국의 NOx 규제가 해가 갈수록 강화되고 있다고 말한다. "몇 년 전 도심에서 60~70ppm이던 지역이 지금은 30~35ppm까지 낮추졌어요. 지역난방을 하는 곳에서는 15ppm까지 나옵니다. 그리고 유럽이나 미국 회사들로부터 새롭게 들여오는 연소기들은 추가로 장비가 필요합니다. 바로 연도가스재순환장치(FGR)

인데요, 일부에서는 FGR에 선택적 촉매 환원 방식을 추가해서 사용하기도 하죠. 그러면 운영하는 데 점점 더 비용이 많이 듭니다. 그리고 효율성이나 유지관리 문제, 요소와 암모니아 사용 문제도 있죠. 반면에 우리는 그런 것들이 전혀 필요하지 않아요. 그리고도 5ppm이나 그 이하를 달성할 수 있죠. 저희가 미국에서 엑손모빌셸과 하는 작업에서는 NOx를 2.8까지 해냈습니다. 들어본 적 없는 수치죠." 우리는 다시 차로 돌아오고, 매니는 내게 프란츠 베켄바워와 축구를 하던 시절 이야기를 들려준다.

─────── 델리의 부정

델리는 대부분 도시가 정신을 차리기도 전에 이미 대기오염과의 전투에서 거의 승리를 거두었다. 델리는 2003년 '최근 대기질의 개선'을 인정받아 미국 에너지부가 주관하는 청정도시 국제상을 받았다. 2001년과 2002년 사이 모든 대중교통 차량은(버스, 택시, 삼륜차인 '릭샤') 인도 대법원의 명령에 따라 휘발유와 디젤 엔진에서 더 깨끗한 연료인 압축천연가스(CNG)로 바꿔야 했다. 2002년 말, 빠르게 진행한 전환이 거의 완료되면서 버스 15000대, 55000대의 삼륜차 그리고 20000대의 택시가 천연가스 엔진으로 바뀌었다. 에너지자원연구소에 따르면 2002년 디젤 버스는 CNG 버스보다 54배의 PM을 배출했고, NO_2는 2.5배 배출했다(CNG가 배출하는 일산화탄소가 두 배 더 많기는 하지만). CNG로 바꾼 뒤 도시의 오염 농도는 1996년과 비교해 24퍼센트 정도 낮아졌다. 자와할랄 네루 대학교의 한 연구를 보면 다환방향족탄화수소(PAH) 배출이 눈에 띄게 감소했다. 1998년 건설을 시작한 델리 지하철도 2002년에 첫 노선을 개통했고, 2006년까지 도시의 많은 부분에 걸쳐 지하철 3개 노선을 추가로 개통할 예정이다. 델리는 세계에서 가장 깨끗한 대중교통체계를 갖고 있다고 잠깐이라도 주장할 수 있었다. 국제적 찬사를 받으며 대기오염 문제를 해결한 델리는 겨우 10년 뒤 어떻게 세계에서 가장 오염이 심한 주요 도시 중 하나가 된 것일까?

델리에 있는 중앙도로연구소(CRRI)는 관료주의의 진정한 궁전이다. 따로 독립된 거대한 하얗고 붉은 건물이 수백 미터에 걸쳐 서 있다. 나는 건물 안에서 수많은 관료주의 궁전의 수많은 왕자 가운데 한 명으로 환경과학부 수석연구원인 니라즈 샤르마 박사를 만난다. 덩치가 크고 손님을 반기는 성격인 그는 목소리가 우렁차고 한결같이 웃음을 짓는다. 거의 두 시간 동안이나 대화하는 동안 부하 직원들이 자주 들어와 서류에 사인을 받아 나간다. 그는 또 다른 부하를 불러서 커피와 감자 사모사를 내오라고 지시한다. 아직 오전 10시도 되지 않았고 나는 조금 전에 인도식 조식을 잘 먹은 참이다. 하지만 그는 어서 먹으라며 고집을 피운다. 잠깐이라도 먹는 손길을 멈추면(아니면 커피를 마시지 않으면) 금세 대화가 걱정스럽게 끊기면서 "드시죠"라는 말과 함께 그는 컵이나 접시를 손으로 가리킨다.

"아시아의 다른 대부분 나라는 민주주의의 부재로 고통받고 있습니다. 우리는 지나친 민주주의로 고통받고 있지요." 그는 웃는다. 대법원이 2001년 CNG로의 대규모 전환을 명령했을 때 "반대하는 사람들이 엄청나게 시위를 벌였습니다." 그는 내게 말한다. "시위대가 대법원 100미터 안쪽으로 들어오면 모든 수단을 써서 진압하라는 지시가 경찰에 내려졌습니다." 그의 추산에 따르면 "약 10만 대의 삼륜차 차

에어 쇼크

량이 CNG로 개조되었습니다. 2002년에서 2006-7년 사이 상황은 꽤 좋았죠. 그 뒤 저희는 유로1, 2, 3, 4까지 모두 적용하기 시작했습니다. 그런 다음 어떻게 됐는지 아시면 아마 깜짝 놀라실 겁니다. 델리의 등록 차량 수가 얼마나 되는지 아십니까? 대충이라도요? 대략 천만 대입니다. 뭄바이와 캘커타, 첸나이, 하이데라바드의 모든 차량을 합친 것보다 많아요. 그 네 도시의 차량을 모두 합쳐도 델리에 있는 차량보다 적다는 겁니다. 사는 사람들 수는……. 너무 매운가요?" 그는 말을 멈추고 걱정스러운 듯 첫 번째 거대한 감자 사모사를 다 먹어치우려 애쓰는 나를 바라본다. 나는 고개를 흔들고 최선을 다해 감사히 우적우적 씹는다.

"델리에서는 말이죠." 그는 내가 음식을 씹기 시작하자 안심했다는 듯 말을 잇는다. "일 년에 10퍼센트 정도의 비율로 차량이 늘어나고 있습니다. 매일 350대 정도의 차량이 기존의 군단에 합류하고 있어요. 우리는 각 차량에서 내뿜는 오염물질을 아주 많이 줄였습니다. 하지만 그건 증가하는 차량 대수에 상쇄돼버리고 말았어요. 그리고 모든 차량의 운행 거리가 증가하고 있습니다. 그래서 우리가 차량 제작 기술이나 개선된 연료의 품질을 통해 CNG에서 뭘 얻었든, 차량의 수가 늘어나면서 그리고 각 차량의 운행 거리가 늘면서 모든 게 헛수고가 되어버린 겁니다." 도저히 두 번째 감자 사모사는 쳐다볼 수가 없었고, 혹시나 무례를 범한 건지 걱정이 된다. 나는 샤르마 박사의 부하 직원 한 사람이 프린터용 A4 용지로 솜씨 있게 포장한 두 번째 사모사를 노트북 가방에 점심 식사로 넣은 채 다음 약속 장소에 도착한다.

델리는 전에 살펴본 런던 그리고 베이징처럼 이제 막 다시 대기질이라는 위기의 잠에서 깨어나려 하고 있다. 그러나 그곳 사회의 많은 부분은 여전히 잠에 취한 채 만족스러워하고 있다. 조티 판데 라바카레는 경제학자이자 대기오염 활동가이다. 미국에서 살면서 다우존스에서 일한 경험이 있는 그녀는 2010년대 중반에 고향에 돌아와 대기오염이 얼마나 심해졌는지 보고 충격을 받았다. "델리에 사는 친구들은 저더러 완전히 미국인이 다 됐다면서 정신 차리라고, 괜찮다고, 우리 모두 괜찮다고 말했어요. 저는 스스로 과민반응을 보이는 건가, 대기질이 그렇게 끔찍하지는 않을지도 몰라, 하고 의문을 품기 시작했어요. 그래서 직접 조사해 알아내기로 마음먹었습니다. 그랬는데 생각했던 것보다 더 나쁜 결과가 나온 걸 보고 간담이 서늘해졌어요. 저는 다른 엄마들에게 알아낸 내용을 말하기 시작했습니다." 그녀는 다른 엄마들과 함께 #숨 쉴 권리, 라는 해시태그를 중심으로 느슨하게 활동하는 단체를 만들어 학교를 방문해 교육을 시작했다. "저희는 학교에 가서 대기오염에 관해 말하고 질문하고 대답하는 시간을 가집니다. 저희는 많은 사람이 인도인이니까 괜찮다는 식의 근거 없는 믿음을 갖고 있다는 걸 알게 되었습니다. '난 인도인이니까 폐가 튼튼하고 견딜 수 있어'라는 거죠. 그건 그저 잘못된 통념이었습니다. 요즘 점점 많은 연구가 인도 사람들이 실은 공기가 더 오염된 곳에 살기 때문에 평균적으로 폐 기능이 떨어진다는 걸 보여주고 있습니다. 제가 느끼기로는 우리는 여전히 아직 인식이 낮은 상황인 것 같습니다. 두 걸음 나갔다가 다시 한 걸음 물러서는 거죠."

앞으로 내디딘 발걸음에는 2017년 11월 델리에서 가장 존경받는 의사들 12명의 의견이 〈델리 타임스〉 머리기사로 났던 일이 포함된다. 12명의 의사는 스모그에 뒤덮인 의회 건물 앞에서 하얀 가운을 입고 청진기를 목에 두른 모습으로 깜짝 놀랄 장면을 연출했다. 기사 제목

에어 쇼크

은 '이 도시에는 아무도 살아서는 안 된다'였다. 사진 아래에는 '의사들은 모두 같은 의견이다. 지금은 비상이라는 것'이라는 문구가 보였다. 어머니 활동가 중 한 명인 슈바니 탈와르는 어떻게 그런 일을 해냈는지 내게 말해준다. "우리는 의사들에게 전화하고 또 전화했어요. 그래서 12명의 의사가 우리의 열정이 대단하니 뜻을 함께하겠다고 말했습니다. 그들은 안 된다고 말할 수가 없었어요." 그녀는 사진을 찍던 날까지도 누가 나타날지 정확히 알 수 없었다고 한다. "그러더니 한 분 오시고, 또 한 분 더 오시고……. 델리 최고의 의사들이 우리와 함께 서주셨어요. 우리는 행사를 정치적으로 만들고 싶지 않았어요. 그건 오직 의학적 문제였죠. 어떤 정당을 지지하는지는 중요하지 않았습니다. 함께 해결하면 되는 거죠. 엄마들과 의사들은 그저 지금처럼 살아서는 안 될 거라고 말해준 것뿐이었습니다."

내가 묵는 숙소 주인인 반다나는 2017년은 대기오염에 대한 진정한 정치적 논쟁이 벌어진 첫 해인 것처럼 느껴졌다고 말한다(너무 '심란해져서' 4년 전부터 뉴스를 안 보고 있다고 인정하기는 했지만). 그녀는 디왈리 축제에 사용하는 폭죽 판매량이 전환점이었다고 말했다. 디왈리 축제는 당일에 절정을 이루지만 2~3주 전부터 사람들은 폭죽놀이를 즐기는데, 폭죽은 참을 수 없을 정도의 대기오염을 일으킨다. 반다나는 길거리 개들이 죽어가기 시작했다고 말했다. 그녀는 개들 일부를 돌보고 있다. 눈앞이 거의 안 보이는 수준에 이르렀다. 하지만 올해는 폭죽 터뜨리는 사람이 눈에 띄게 줄었다고 한다. 정부는 마침내 폭죽 판매를 금지했다.

하지만 동시에 뒤로 물러서는 일도 있었다. 가을에 곡식을 베고 남은 그루터기를 태우는 행위가 9월에서 12월 사이 스모그의 가장 큰 원인이라는 건 모두 동의한다. 하지만 정치적으로 농부들을 비난하는 건 쉽지 않다. 2017년 10월 펀자브주 총리는 펀자브주 정부는 들판 소각 행위로 농부들을 처벌하지 않겠다고 발표했다. 그 해에만 6670건의 들판 소각 행위가 기록되었는데, 그 가운데 80퍼센트는 주 총리의 발표 후에 이루어졌다. 이름을 밝히지 않은 환경 당국자는 〈힌두스탄 타임스〉에 '정치가 다시 한번 들판 소각 관행을 없애려는 우리 노력을 수포로 만들었다. 농부들이 매일 밤 짚단에 불을 놓고 있다'고 불만을 털어놓았다.

들판 소각으로 인한 악취와 더불어 델리의 공기 속에는 부정적인 기운이 감돈다. 모든 장관과 부처가 과감하고 진보적인 움직임을 보이지만(도로교통부 장관은 2030년까지 '100퍼센트 전기차 국가'를 만들겠다는 포부를 밝혔다) 반대로 움직이는 사람들도 있다. 2014년 2월 1일 인도 지구과학부에서 발표한 보도자료는 '델리에서 지난 4년 사이 PM2.5 농도가 체계적으로 증가 또는 감소하는 양상을 보인 사실이 없다'고 밝히고 있다. 하지만 그와 반대인 증거는 많다. 놀랍게도 같은 달(2014년 2월)에 국가 수도지역 환경오염(방지 및 제어)청은 다음과 같은 내용의 보고서를 발표했다. '2002년부터 2007년 사이에 CNG의 사용으로 연간 평균 PM10 농도는 16퍼센트 낮아졌다. 그러나 그 이후 자동차 보급이 급속히 늘면서 대기오염 수준은 극적으로 75퍼센트 높아졌다. 2002년에서 2012년 사이 차량 대수는 97퍼센트 증가했고 오염물질 증가에 엄청난 영향을 미쳤다. 더 나아가 2002년부터 2011년 사이 질소산화물 농도는 마찬가지로 30퍼센트 증가해서 델리가 다중 오염원으로 인한 위기에 처했음을 보여주고 있다.' 이런 확실한 내용이 있음에도 인도 지구과학부는 대기오염 사태에 대해 '시기에 맞지 않는 기상 상황'과 갑작스러운 풍향 변화에 책임을 돌렸다. 시기에 맞지 않는 그런 식의 기상 변화가 매년 디왈리 축제와 들판 소각철에만 벌어지는 것 같다는 사실에 대해서는 아무런 언급도 없었다.

하지만 '날씨 때문이다'라는 틀린 주장은 사람들에게 여전히 인기를 얻고 있다. 그런 말은 너무 많이 들어서 나는 그걸 '델리의 부정'이라고 부르기 시작했다. 인도공과대학(IIT)의 무케시 카레 교수와 인터뷰를 했는데, 디젤 트럭과 들판 소각으로 인한 대기오염에 관한 온갖 사실과 숫자를 내게 알려주고, '차량을 두 대 소유하면 강력한 불이익을 줘야만 한다'고 믿고 있었는데도 그는 **여전히** 이렇게 말하고 있었다. "날씨 때문에 생긴 스모그지 광화학적인 스모그가 아닙니다. 원래 이곳에서 발생한 먼지들이 아니에요. 기상 때문에 이런 스모그가 델리에서 발생하는 겁니다. 혼합층 고도가 낮아지고 기온이 낮아지고 바람이 없어서 그런 겁니다. 날씨를 조종할 수는 없습니다." 중앙도로연구소의 니라즈 샤르마 박사는 자동차 배기가스를 25년 동안 관찰해왔지만, 그 역시 이렇게 말한다. "저는 스모그의 주요한 원인이 날씨라고 굳게 믿고 있습니다. 바람의 세기와 방향 그리고 비가 중요하죠. 그런 것들이 대기오염을 통제하니까요. 제 생각에 인도에서는 먼지가 발생할 수밖에 없습니다. 바람이 파키스탄과 아랍 쪽에서 불어오거든요. 그쪽에서 부는 바람은 미세한 입자들을 품고 있습니다. 일단 미세한 입자들이 섞이면 대기 중에 남아 있게 됩니다. 그렇게 델리로 들어오는 거죠. 그래서 저는 인도에서의 먼지는 자연적인 현상이라고 인식하고 있습니다."

자료를 보면 델리의 주간 PM2.5 수치(국경을 넘어오는 '자연적인 먼지'를 포함한다)가 최대일 때가 우연하게도 아침과 저녁 러시아워와 겹치고 있음을 명확하게 드러난다. 자동차들이 파키스탄과 아랍 쪽에서 불어오는 것은 아니다. 델리 도심에 있는 발전소에서 뿜어내는 석탄 연기를 주변 국가 탓을 돌릴 수도 없다. 2014년 인도 전력 생산의 75퍼센트를 석탄이 맡았는데, 수력발전이 풍부한 파키스탄은 그에 비해 석탄 발전이 0.15퍼센트에 불과하다. IIT가 진행한 289페이지에 달하는 대기오염원에 관한 주요 연구를 보면, 2013년 11월부터 2014년 6월까지 평균적으로 자동차 배기가스가 PM2.5의 25퍼센트를 차지했고 특정 지역에서는 그 비율이 35퍼센트가 넘었다. 나머지는 도로 먼지(38퍼센트), 가정용 난방(12퍼센트) 발전소를 포함한 지역 산업에서의 배출(11퍼센트)이 각각 차지했다. NOx 배출은 더욱 해당 지역에 원인이 있다고 IIT 보고서는 밝히고 있다. '배출량의 52퍼센트는 해당 지역 공장과 발전소에서, 36퍼센트는 지표면의 자동차 배기가스에서 발생하는데 이 두 가지가 가장 중요한 오염원으로 보인다.' 델리의 이산화황 배출은 거의 전적으로 석탄발전소와 대략 9000곳에 달하는 호텔과 레스토랑의 탄두리 오븐(진흙으로 만든 전통적인 오븐으로 숯이나 석탄을 사용하며 서방의 바비큐와 비슷하다)에서 사용하는 석탄에서 발생한다. '농업 흙먼지'는 델리를 망친다며 가장 비난받는 외부 요인인데, 보고서는 농업 흙먼지의 PM2.5에 대한 기여는 '무시할 만한 수준'이라고 결론 내렸다.

나는 인도에 있는 동안 멕시코 대사관도 방문하기로 했다. 대사인 멜바 프리아는 2015년 부임 후부터 이곳에서 깨끗한 공기를 위해 거침없이 대변인 역할을 해왔다고 했다. 그녀는 대사 전용 차량을 거절하고 그 대신 CNG를 연료로 사용하는 삼륜차를 타는 것으로 화제를 불러모았다. 자동차로 인한 대기오염을 강조함으로써 그녀는 대사로서의 업무만이 아닌 깨끗한 공기를 위한 활동으로도 주목을 받게 되었다. 하지만 그녀는 잘사는 서방 국가가 개발도상국을 괴롭히는 일이 아니라 비슷하게 크고 개발 중인 나라이자 과거 극심한 대기오염 문제로 괴로움을 겪은 국가의 대사로 해결책을 공유하는 일에 관심이 있다는 점을 늘 강조하고 싶어 했다. 대사관은 커다란 주거용 저택들이 모여 있고 따로 출입문이 있는 부자 동네에 자리하고 있었고, 나를 태우고 온 올라(인도판 우버) 운전사는 출입문 안으로 들어갈 수 없었다. 기회 삼아 몇 블록을 걸어보기로 했다. 도시 대부분과 달리 그곳 도로는 상대적으로 차가 적었고 걸어 다니기에 편했다. 길거리에 나와 있는 사람들은 밤에 집으로 퇴근하는 하인이나 노동자들뿐이었는데, 그들은 대개 도심에서 아주 먼 외곽에 살았다. 부자들이 사는 집은 키가 큰 전기 담장 출입문 뒤에 숨어 있었는데, 건축 중인 집을 위해 도로 옆에 덮지도 않고 쌓아둔 시멘트에서 안개 같은 유독한 먼지가 풀풀 날리고 있었다.

프리아 대사는 헐렁하고 긴 리넨 가운을 입고 희끗거리는 긴 머리를 자연스럽게 풀어헤친 놀라운 모습으로 나타났다. "저는 겪어본 경험이 있어서 좋은 공기를 위한 활동가가 되었습니다." 그녀는 멕시코시티에서 자란 이야기를 들려준다. "우리나라도 다양한 단계의 대기오염을 겪었습니다. 1992년에는 오늘날 델리가 그런 것처럼 세계에서 공기가 최악인 도시였죠. 저는 대기오염에 대해서는 아주 **정말** 요란하게 의견을 내고 있어요. 제가 삼륜차인 릭샤를 사용하기 때문에 아주 인기가 많거든요. 하지만 델리 정부에서 한 사람이라도 제게 전화를 한 줄 아세요? 멕시코에서 사용했던 해결책이 이곳에서도 많이 먹힐 겁니다. 하지만 이곳 지방정부에서는 단 한 사람도 제게 상의를 하지 않고 있어요."

　내가 들은 '델리의 부정'과 관련한 발언들을 프리아 대사에게 들려주니 그녀는 기엾다는 듯 고개를 젓는다. "누군가를 비난하기 위해 여기 온 것이 아니니 이런 말은 할 필요가 없습니다만……. 전에 누군가 제게 이런 말을 했어요. '카르마죠.' 아니죠, 아니에요. 대기오염은 카르마가 아니라 우리가 만든 겁니다. 그건 나쁜 정책이고 나쁜 관행입니다. 델리는 인도에서 인구당 전력 사용량이 가장 높아요. 그 전력 가운데 80퍼센트는 석탄을 이용해 얻습니다. 도시 한복판에 석탄발전소가 서 있는 모습을 볼 수 있어요." 델리의 행정구역 내에는 인드라프라스타와 바다르푸르, 두 개의 석탄발전소 단지가 있는데 과학환경센터(CSE)에 따르면 바다르푸르는 인도 전체에서 가장 오염물질 배출량이 많은 곳이다. 다음 문제는 디왈리 축제이다. 그때가 되면 "델리에 있는 모든 공식 대기오염 관측소가 999µg/m³를 기록해요." 프리아 대사가 말한다. "60곳 모두가 말이에요. 2년 연속 그랬습니다. 우리는 그 수치가 1242µg/m³인지 1395µg/m³인지 몰라요. 알 수가 없죠. 수치는 세 자리 숫자 중에 가장 높은 999로 표시될 뿐이니까요. 만일 날씨 때문에 이런 일이 벌어진다면 왜 디왈리 축제 전날이 아닌 다음 날 이런 일이 벌어질까요? 일주일 전에 그럴 수도 있잖아요? 올해는 맞아요. 동쪽에서 모래바람이 불긴 했어요. 그리고 차가운 공기가 아래로 짓눌렸고요……. 하지만 여기서는 생활습관을 바꿔야 한다는 의식 자체가 없어요."

　또 다른 스모그의 원인은 디젤 트럭이다. 대부분 최악의 저질 등급 농업용 디젤유를 연료로 사용한다. 델리를 뚫고 지나는 북부 인도의 주요 고속도로들의 존재는 많은 트럭이 다른 곳으로 가는 길에 델리를 지나간다는 뜻이다. 그런 트럭들은 새벽 5시부터 밤 10시까지 주간에는 도시를 지나는 것이 금지되어 있다. 하지만 이런 제도를 시행한 결과 밤이면 트럭들이 줄지어 서서 도시를 뚫고 지나가게 됐다. 이런 트럭들의 영향을 연구한 카레 교수는 그런 이유로 PM2.5 농도가 밤에 더 나빠질 수 있다고 내게 말한다. "트럭들이 델리의 야간 오염 농도 수치에 많은 기여를 하고 있습니다." 그는 '제도에 구멍'이 있어서 '델리의 공기에 도움을 주지 못하고 있다'라고 덧붙여 말한다(마찬가지로 날씨 문제가 아니다).

영국계 인도인 전기작가 라나 다스쿱타는 지난 17년 동안 델리에서 살았지만 내가 그의 집을 방문했을 때는 미국으로 이주하기 위해 짐을 싸고 있었다. 다스쿱타가 2014년 발표한 책 《자본 : 21세기 델리의 자화상》은 위기에 처한 도시의 처절한 자화상을 그리고 있다. 그의 책은 대기오염을 다루고 있지 않지만, 그는 만일 지금 책을 썼다면 대기오염에 초점을 맞췄을 거라고 인정한다. "저는 엘리트 계층만 걱정하는 것 아닌가 의심이 듭니다." 그가 말한다. "그들은 그들을 대신해 아무도 이 문제를 통제하고 있지 않다는 점에 분노합니다. 하지만 저는 도시의 가난한 대다수 사람의 책임은 아닌지 궁금합니다. 통제할 수 없는 거대한 힘에 지배받는 경험은 어쨌든 그들이 더 익숙하니까요."

심지어 엘리트 계층 사이에서도 대기오염을 얘기하려면 다른 사람 핑계를 대는 편이 더 쉽다. 다른 나라를 비난할 수 있다면 더 좋을 것이다. "1990년대 후반부터 2006년에서 2007년까지 호황기에 젊은이들은 기업에서 일자리를 잡았고, 부모 세대가 퇴직할 때쯤 벌던 것보다 다섯 배에서 열 배를 벌었어요." 다스쿱타가 말한다. "그들은 모두 멋진 차를 사고 부모에게도 차를 사주고 부모들에게도 소비를 새로운 시각으로 받아들이라고 격려했어요. 그런 상황을 비난하는 사람들은 엄청나게 미움을 받았죠. 이런 부의 창출이라는 엔진이 어떤 식이든 도덕적으로 의심받거나 해악이라는 소리는 듣고 싶어 하지 않았어요. 그리고 저는 지금도 어느 정도는 같은 상황이라고 생각합니다. 사람들은 완벽하게 개인적인 우주에서 살고 있습니다. 외부와 분리된 상태인 자동차와 집들 속에서 말이죠. 그러니까 만일 그런 이유로 공기가 나빠지고 있다면, 그다지 기분 좋게 대화할 수 있는 내용이 아닌 겁니다."

2017년 3월 환경부 장관 아닐 마다브 데이브는 인도 의회에서 "질병과 대기오염을 서로 연결 지어 생각할 만한 유효한 자료는 존재하지 않습니다"라고 발언했다. 또 건강에 영향을 미치는 모든 요인은 '각 개인의 식습관, 직업 환경, 사회경제적 지위, 병력, 면역, 유전적 요인과 기타'에 원인이 있다고도 했다. 그러나 그런 식의 사실과 다른 발언은 인도에서는 특별할 것이 없다. 중독에 대처할 때도 비슷한데, 일단 문제가 있다는 사실을 인정하는 것이 중독에서 빠져나오기 위한 중요한 단계이다. 런던과 로스앤젤레스, 파리, 멕시코시티, 베이징까지 모두 대기오염 문제를 인정하길 거부하다가 결국에는 문제를 직시했으니 델리도 걱정할 필요는 없다.

그러나 만일 이 단계가 너무 오래간다면 그건 매우 위험하다. 델리의 대기오염은 인류 역사상 주요 도시에서 겪어보지 못한 수준으로 가고 있는 것이 거의 틀림없다. 〈랜싯〉 위원회의 표현을 빌리면 '개발도상국에서 빠른 속도로 성장하는 도시들은 대기오염에 매우 많은 영향을 받는다.' 그 이유는 '사람들, 에너지 소비, 건설 활동, 산업, 교통량이 역사상 존재하지 않았던 규모로 집중되기 때문이다.' 아마도 델리보다 이 표현이 잘 들어맞는 곳은 없을 것이다. 델리는 예전에 CNG로의 전환으로 성공을 거두었는데도 다른 무엇보다 자가용에 대한 열정은 막지 못했다.

"사람들은 그냥 떠나고 있습니다." 다스쿱타가 말한다. "제가 아는 사람들 가운데 다른 도시나 다른 나라로 떠날 수 있는 사람들, 특히 어린아이들이 있는 사람들은 빠져나가는 것 말고는 달리 방법이 없다는 생각을 하고 있습니다." 그 사람들에는 그 자신도 포함되어 있다. "다른 많은 것과는 스스로 격리하고 살 수 있지만, 공기에서는 따로 떨어져 나올 수가 없습니다." 그는 이런 점을 강조하기 위해 근처에서 놀고 있는 딸에게 대기오염이 학교생활에 어떤 영향을 미쳤는지 묻는다. "빨간 날에는 밖으로 나갈 수 없어요. 노란 날에는 밖에 나갈 수 있어요. 오늘 같은 날이 노란 날이에요. 하지만 나가도 뛰면서 놀 수는 없어요. 녹색 날은 뛰어다녀도 돼요." 빨간 날이 얼마나 자주 있냐고 내가 묻는다. "겨울에는 많아요." 나중에야 알게 된 일이지만 그런 식의 경고나 제한 규정을 운영하는 것이 학교마다 다르다고 하는데, 대부분 학교는 제도 자체가 없다.

한 걸음 앞으로 나갔다 뒤로 두 걸음 후퇴하는 건지 그 반대인지는 아직 두고 봐야 한다. 인도는 에너지 공급을 깨끗한 방식으로 바꾸기 위해 애쓰고 있다. 모디 정부는 2022년까지 175GW(이 가운데 100GW는 태양광을 기반으로 한 것)의 재생가능 에너지 설비를 설치하겠다고 약속했는데, 이는 브라질의 전체 전력 생산량을 넘는 것으로, 2030년까지 재생가능 에너지로 전체 전력량의 40퍼센트를 채울 예정이다. 런던이 과거에 그랬던 것처럼 델리 시내에 석탄발전소가 존재하는 시간은 이제 확실히 얼마 남지 않았다. 인도의 에너지부 장관은 2017년

8월, 2030년까지 모든 자동차를 전기차로 생산하겠다는 계획을 발표해 세계를 놀라게 했다. 그는 2030년부터는 '휘발유나 디젤을 연료로 사용하는 자동차는 이 나라에서 한 대도 판매할 수 없을 것'이라고 했다. 영국보다 10년이나 앞선 것이다. 교통부 장관 니틴 가드카리는 한 자동차 산업 회의에서 강한 어조로 발언했다. "여러분이 마음에 들어 하든 그렇지 않든 나는 이렇게 할 것입니다."

BLK 슈퍼 스페셜티 병원의 파라크 박사는 "사람들은 문제의 심각성을 알고 있습니다. 하지만 그건 이번 11월뿐이에요. 이때쯤이면 모든 뉴스 채널이 대기오염에 대해 떠들어댈 겁니다. 상황이 조금이라도 좋아지면 언론은 금방 잊어버리고 말겠죠"라고 말한다. 하지만 심지어 '공기가 깨끗한' 계절이라고 해도 델리의 공기는 국제 기준으로 볼 때 매우 심각한 수준이라는 걸 진정으로 깨달아야 하지 않을까, 라고 물어본다.

"그렇죠. 하지만 그럴 일은 없습니다. 당신 말이 맞아요. 적색경보가 내려진 상황이 되면 모두가 무슨 일이냐고 묻지만 아무도 아무 행동도 하지 않습니다. 여전히 오염 수준이 높지만 걱정스럽지 않을 때가 되면 아무도 관심을 두지 않습니다."

캘리포니아의 적용 제외 요청

제이차세계대전이 벌어지는 동안 로스앤젤레스가 처음으로 스모그를 경험한 이래 이십 년이 지난 1960년대, 스모그는 흔히 볼 수 있는 광경이었다. 1967년 하늘에 떠 있는 위협에 맞서 싸우기 위해 캘리포니아 대기자원위원회(CARB)가 설립되었다. 대기질을 측정하고 자동차 배기가스를 규제하기 위해 특별히 만든 주 정부의 기관이었다. 3년 뒤 대기오염방지법(1970)에 의해 연방기관인 환경보호청(EPA)이 설립되어 나라 전체에서 같은 역할을 맡게 되었다. 하지만 그렇다면 이미 설립되어 운영하고 있던 CARB는 어떻게 되었을까? 다른 모든 주 정부는 실질적으로 자체 배기가스 기준을 정하는 것이 금지되고 EPA의 기준을 지켜야 했지만, 캘리포니아주는 '적용제외요청'을 하기로 했다. 결국 CARB는 배기가스 규제 기준이 EPA에서 정한 국가 기준과 같거나 더 엄격하다면 계속 자체적으로 행동할 수 있었다.

이런 결정은 두 가지 중대한 결과를 가져왔다. 첫째, 캘리포니아와 LA는 지형 때문에 항상 최악의 대기질 문제와 싸워야 했고, 결국 캘리포니아의 규제 기준은 언제나 EPA의 기준보다 훨씬 엄격해져야 했다. 둘째, 캘리포니아는 미국에서 GDP 기준으로 가장 큰 주기 때문에 미국의 나머지 주들은(사실 전 세계 모두가)* 캘리포니아의 기준을 따라가고 있었다. 1977년 개정된 대기오염방지법은 다른 주들이 만일 EPA 기준 대신 원한다면 캘리포니아 기준을 선택할 수 있는 '업혀가기' 조항을 만들었는데, 많은 주가 그렇게 하기로 선택했다.

1992년 〈뉴욕 타임스〉에 실린 '캘리포니아는 대기오염방지의 피리 부는 사나이'라는 제목의 기사는 CARB를 EPA보다 앞서는 '미국의 가장 영향력 있는 규제 기관'이라고 묘사했다. "배기관이나 굴뚝, 환풍기를 달고 있는 이 나라 모든 것이 결국은 캘리포니아 대기자원위원회(CARB)가 먼저 적용하는 규칙에 규제를 받게 될 것이다." 우리는 촉

---

* 만일 캘리포니아가 국가였다면 경제 규모는 세계 6위로 프랑스보다 앞섰을 것이다. 그리고 브렉시트 이후에 이 책이 출판되는 시점에서는 영국을 제치고 아마 5위 자리를 차지했을 것이다.

매변환장치[*], 저유황유, PM2.5 기준, 폴크스바겐의 비리를 파헤친 일 그리고 전기 차량의 등장에 대해 캘리포니아가 만든 규제에 고마워해야 한다. CARB는 단계마다 과감한 자동차 배기가스 기준을 내놓았고, 심지어 그걸 해내야 하는 시한도 훨씬 더 과감하게 잡았다. 가장 대담하고 광범위한 목표는 1990년의 무공해차량(ZEV) 계획이었는데, 다른 나라들은 그로부터 20년이 지나고 나서야 무공해차량이라는 말을 처음 들어볼 수 있었다. ZEV 계획의 목표는 1998년 캘리포니아에서 판매하는 차량의 2퍼센트를 무공해차량(당시로는 상업적으로 불가능한 기술이었다)으로 하고 2001년까지 5퍼센트, 2003년까지 10퍼센트를 달성한다는 거였다. 2016년 1월 현재 대략 19만2천 대의 새로운 ZEV 차량과 TZEV(과도기 ZEV 또는 플러그인 하이브리드라고 부른다)가 캘리포니아에서 판매되었는데, 당시로는 세계 어떤 시장보다도 더 많은 수였다. 로스앤젤레스의 오존 농도는 자동차 수가 두 배로 증가했음에도 1970년대 중반의 40퍼센트에 불과했다.

"영국 그리고 나머지 유럽의 대기오염 규제는 유치합니다. 아니, 캘리포니아와 비교하면 유치한 정도에도 못 미치죠." LA에서 자연자원보호위원회(NRDC)를 창립한 제임스 손턴이 말한다. ZEV 계획은 전 세계적인 EV(전기 차량) 산업의 시동을 걸었다고 그는 말한다. "그때 이전에는 전기 차량이 아예 존재하지 않았는데, 그 계획이 나오자 사

---

[*] 촉매변환장치의 역사는 자동차 생산업체는 규제 기관에 의해 좀 더 깨끗한 대안을 내놓게 되는 것이지, 그 반대가 아니라는 걸 보여주는 또 다른 보기이다. 맨 처음 석유 정제공장에서 사용하던 촉매변환장치를 자동차 생산업체들이 차량에 장착해보겠다는 생각을 하기까지 수십 년이 걸렸다. 1970년 대기오염방지법에 의해 장착이 강요되었을 때, 제너럴모터스와 크라이슬러, 포드는 빠져나가려고 엄청난 로비를 했다. 포드의 부사장은 1970년 9월 '그런 규정이 생기면 자동차를 계속 생산하기가 어렵다'라고 하면서 '미국 경제에 돌이킬 수 없는 피해를 준다'고 했다. 그들은 또 1970년 제안된 CO와 NOx 기준을 1981년까지 11년 동안이나 성공적으로 무력화시켰다.

      에어 쇼크

람들은 전기 차량을 어떻게 만들어야 할지 생각하기 시작했습니다. 1990년대 제가 그곳에서 일할 때 CARB는 세탁소 드라이클리닝 같은 문제 해결에 목표를 두고 있었습니다. 드라이클리닝 과정에서 엄청난 양의 화학물질이 나오고 스모그, 오존이 생성되는데 CARB는 산업 내에서 새로운 방식을 찾으라고 요구했죠. 휘발성 높은 물질이 든 스프레이로 자동차를 도색하는 상점도 방식을 바꾸도록 했습니다. 업계에서는 스스로 그런 일을 절대 해낼 수 없습니다. 그래서 캘리포니아는 매우 똑똑하고 철저한 기준을 설정해 세계에서 가장 뛰어난 대기오염 규제 방식을 만들어냈습니다."

인위적인 VOCs(휘발성 유기화합물)는 LA에서 매우 주목받고 있다고 UCLA의 폴슨 교수가 내게 알려준다. "이쪽 지역에는 나무가 많지 않기 때문에 VOCs가 매우 낮을 수밖에 없지만 아이러니하게도 이곳 지형이 스스로 VOCs를 보태고 있습니다." 그녀는 말한다. "VOCs는 나중에 미세한 입자들도 바뀌어 이차적인 유기 에어로졸이 되는데, 그게 여기서는 훨씬 큰 문제입니다. 왜냐하면, 이곳에는 멋진 햇빛이 많이 비치고 어마어마한 양의 광화학반응이 일어나는 데다 바람도 많이 불지 않아요. 이 모든 상황이 이곳에서 전설적인 이차적 스모그를 만들어내고 있는 겁니다. 간단히 말해 우리는 LA에서 기본적으로 생각할 수 있는 모든 걸 했습니다. 많은 소비재의 생산 방식을 바꿨고, 그래서 바비큐 라이터 기름을 VOCs가 많이 나오지 않는 제품으로 만들 수 있었습니다. 기름이 들어가는 페인트 사용도 엄격히 제한하고 있고 페인트도 VOCs가 낮아야만 하도록 했습니다. 주유소에서 휘발유를 넣을 때도 유증기 회수 시스템을 만들어 사용하게 했죠. 영국에도 그런 노즐이 달린 장치가 있나요?" 노즐 달린 장치가 뭔지 떠오르지 않아 없는 것 같다고 대답한다. "휘발유나 디젤유가 나오는 관 주위에 노즐이 달려서 사람들이 연료 탱크를 액체로 채우는 동안 발생하는 연료의 모든 증기를 모두 빨아들입니다. 그래서 유증기를 공기 중으로 배출하지 않도록 하는 겁니다." 그녀는 정리해서 덧붙인다. "NOx와 VOC를 많이 배출하는 사람들은 여기서 살기가 아주 힘들어요."

그러나 캘리포니아는 아직 끝나지 않았다. 주 정부에서 오존에 관해 목표로 잡은 것은 2023년까지 8시간 기준 80ppb이다. 목표를 달성하기 위해 NOx는 2017년의 70퍼센트를 감축해야 한다. 그리고 캘리포니아의 NOx 가운데 70퍼센트가 자동차에서 비롯된다는 걸 생각하면, 목표를 이루기 위한 유일한 길은 명확하다. 모든 휘발유 차량과 디젤 차량은 바뀌어야 한다.

"2023년은 대기오염방지법에서 정한 건강에 필요한 기준을 충족해야 하는 해입니다." 메리 니콜스가 확인해준다. "가장 중요한 건 그해에 훨씬 더 깨끗한 차량이 도입되어야만 한다는 겁니다." 이 말은 사실상 캘리포니아가 상대적으로 깨끗한 연료의 시대에서 화석연료를 전혀 사용하지 않고 배기가스가 아예 없는 시대로 간다는 뜻일까? "네, 맞습니다. 바로 그겁니다. 우리는 아예 배기가스를 없애는 쪽으로 움직이고 있습니다. 스모그 때문에도 그렇고 온실가스 배출 문제 때문에도 그렇습니다. 그 모두를 이루려면 그쪽으로 가야 합니다."

남부 캘리포니아에서 사우스코스트 대기관리국의 샘 애트우드가 설명한다. "모든 것이 변해야 합니다. 그리고 아마도 이쪽 지역, 제가 일하는 기관의 입장에서 가장 힘든 과제라면 그걸 이뤄야 하는 시간이 너무 적게 남았다는 점입니다. 우리는 이 지역에 사는 천7백만 명이 모두가 무공해차량으로 바꾸도록 해야 합니다. 차량부터 산업용 기계, 물류, 전부 다 말입니다. 그럼 이렇게 말하겠죠. '좋아요, 그럼 50년이면 될까요? 아니면 30년?' 아뇨, 우리의 첫 번째 오존 목표는 2023년입니다." 목표를 달성하기 위해 "우리는 주 전체에서 만일 전기 배터리 자동차를 사면 7500달러를 지원합니다. 가장 큰 효과를 볼 수 있는 건 디젤 트럭과 다른 디젤 장비의 NOx 배출량을 줄이는 겁니다"라고 샘은 말한다. 또 다른 장려 대책 중 하나로 오프로드 장비 교체에도 목표를 두고 있다. 바로 '칼 모이어 계획'인데 연간 6천9백만 달러에서 1억4천백만 달러의 예산이 투입되고 있으며, 지금까지 농업용 기계장비, 건설용 트럭 심지어 기차를 포함해 오염물질 배출이 심한 6만천 대의 차량을 교체했다. 이 계획의 예산은 모든 차량이 받아야 하는 '스모그 점검'(영국의 MOT(교통부) 시험과 비슷하다) 과정에서 생기는 수익으로 진행하고 있다. '스모그 점검'은 2년마다 또는 중고 판매 전에 받아야만 한다.

2018년 제리 브라운 주지사는 8년 동안 25억 달러를 투입해 2025년까지 25만 개의 전기충전소와 200개의 수소 충전소를 만들겠다고 발표했다. 2015년 1월 현재 캘리포니아 거주자들은 미국 전체에서 운행하는 모든 ZEV의 40퍼센트를 소유하고 있다. 2016년 캘리포니아에서는 자가용만 2백만 대 넘게 새로 등록되었는데, 이는 프랑스 또는 스페인 전체보다도 많은 수이다. 주요 자동차 제조사들은 캘리포니아 시장을 무시할 수 없으며, 일단 캘리포니아의 규제에 맞게 차량을 새로 개발하고 난 뒤에는 다른 시장에서도 같이 판매하는 것이 경제적 관점에서 옳다. 2017년 EV의 판매량 곡선은 마침내 급상승하기 시작했다. 전기 배터리 방식의 자동차 판매량이 전년보다 30.4퍼센트 상승했다. 쉐보레의 볼트만 13487대가 팔렸다.

나는 메리 니콜스에게 혹시 규제의 초점을 PM2.5를 넘어 나노먼지와 입자 수로 바꾸는데 캘리포니아가 선도적 역할을 해줄 수 있겠느냐고 묻는다. 그녀는 이번에도 실망하게 하지 않는다. "제가 이 분야에서 일하는 동안 우리는 초점을 전체 미세먼지의 양에서 PM2.5 이하로 바꿨어요. 우리는 1997년에 PM2.5 기준으로 초점을 옮길 때 이미 극미세먼지를 주목하고 있었죠. 그때부터 극미세먼지가 최악의 문제라는 걸 확인해주는 연구들이 많이 나왔습니다." 그러니까 극미세먼지에 대한 새로운 규제와 허용치가 있어야 한다는 말인가? "전체 입자의 양을 무시하지 않았던 것처럼 PM2.5 역시 버리지 않을 수도 있어요. 어쩌면 우리는 PM1.0 또는 그보다 더 적은 것들을 가려내는 방어막을 추가할 수도 있습니다. 아니면 오랜 세월 고생하면서 새로운 주변 대기질 기준을 만드는 고생을 하지 않고 극미세먼지에 초점을 맞추는 배기가스 통제 전략으로 곧장 가는 방법도 있죠. 우리는 점점 더 대기오염을 지역적인 문제로 보고 있고, 사람들이 얼마나 대기오염에 노출되는지에 주목하는 방향으로 가고 있습니다. 우리가 지금처럼 거대한 관측소들을 서로 연결해 개별적인 오염물질을 추적하지 않고 사람들이 얼마나 오염물질에 노출되는지를 보는 것으로 접근법을 바꾸면 규제 행위를 보는 초점이 달라지면서 결국 오염원에 더 직접 접근할 수 있게 될 것입니다."

　캘리포니아의 '개별적 노출' 접근법에 대한 열쇠는 '환경 정의'의 개념에 있다. 수십 년 동안 국내 및 해외의 여러 연구는 상대적으로 가난한 사회가 균형에 맞지 않게 대기오염에 영향을 받고 있다는 사실을 보여주었다. 연관성은 명확했다. 붐비는 고속도로나 공항, 산업단지의 굴뚝 근처에 집을 짓는 것은 나무나 공원 주변에 집을 짓는 것보다 저렴했다. 최근 들어 대기오염 그리고 대기오염 자료에 대한 사회 구성원의 인식이 높은 도시에서는 대기질 지수가 주택 가격에 직접적인 영향을 미치기 시작했다는 주장이 있기도 했다. 미국에서는 이에 따른 인종적 분리까지 나타났다. 2006년 한 연구에 따르면 소수민족들이 경험하는 NO_2 농도를 백인들이 경험하는 수준으로 낮추면 허혈성 심장 질환으로 인한 사망자가 일 년에 약 7천 명까지 감소한다는 결과가 나왔다. 논문에 따르면 이는 성인 3백만 명이 담배를 끊는 것과 비슷한 효과가 있다고 한다. 이 결과가 뜻하는 것은 오염 농도가 가장 높은 지역을 목표로 하는 것이 도시 전체, 더 나아가 나라 전체를 목표로 $PM2.5$와 NO_2 농도를 관리하는 것보다 전체적으로 국민 건강에 미치는 영향이 더 클 수도 있으며, 가장 불안정한 사회 구성원을 도울 수도 있다는 걸 나타낸다. "많은 지역이 연방 기준을 충족하고 있겠지만 그 속에도 참을 수 없을 정도로 오염이 심한 일부 구역이 있을 겁니다." 메리는 말한다. "그러니까 환경 정의의 목표는 그저 기준에 맞추는 것이 아니라 실제로 대중의 건강 이익을 챙기는 겁니다. 사람들은 모두를 위한 최고의 결과를 어떻게 얻어낼 것인지에 초점을 맞추고 싶어해요. 이런 식으로 생각의 방식을 바꾸는 일이 현재 진행 중입니다." 예를 들면 이제는 도시 고속도로에서 152미터 이내에서는 새로 학교를 지을 수 없다.

2017년 잡지 〈인바이런멘털 리서치 레터스〉에 실린 남부 캘리포니아에 관한 한 논문은 특정 지역사회를 목표로 한 배기가스 규제구역(LEZs) 지정과 트럭 진입 금지 같은 배기가스 감축 제도가 '환경적 불평등을 줄이는 동시에 다른 여러 가지 대기질 관리 목표를 달성할 수 있게 한다'고 주장했다. 또 디젤 엔진에 의한 $PM2.5$에 대한 평균적 노출은 백인 사회에 비해 소수민족 사회가 38퍼센트 더 높다는 것도 밝혀냈다. 이런 내용은 PM2.5를 기준으로 한 규제에서 나노먼지 기준의 규제로 옮겨가는 걸 메리가 주저하는 이유를 설명해 줄 수 있다. 환경적 정의와 노출 정도(또는 오염 입자의 수)에 기준을 둔 지역사회 기반의 해결책은 어쩌면 전체 PM2.5 농도를 낮추는 가장 좋은 방법일 수도 있다. UCLA의 수잰 폴슨 역시 그렇게 말한다. "PM2.5를 낮추면 상황이 좋아질 거라는 데는 그다지 의문이 많지 않은 것 같습니다. 그러니 기준으로 삼기에 문제가 없습니다. 차량 배기가스에 대한 규제는 PM2.5와 NOx, CO에 맞춰져 있습니다. 그렇지만 그런 것들을 규제하다 보면 극미세먼지 배출 역시 의도하지 않았지만 현저히 줄어드는 상황으로 연결될 수 있습니다."

환경 정의 운동은 다른 문제에 답을 주기도 한다. 나는 방문했거나 조사했던 모든 도시에서 그 문제와 맞닥뜨렸다. 왜 더 가난한 사람들이 부자들이 멋진 새 전기차를 살 수 있도록 세금을 추가로 내야 하나? 이 문제를 메리에게 묻는다. "대기오염으로 가장 고통받는 지역에 사는 사람들이 일반적으로 그들의 문제를 해결하기 위한 행동을 지지합니다." 그녀는 대답한다. "무엇보다 만일 제가 전기차나 무공해차량을 몰고 가난한 동네를 지나거나 이런 동네를 지나는 트럭들을 운영하는 운송업자라고 하면 저는 그 동네 사람들 건강에 영향을 미칩니다. 차량을 구매하는 사람의 건강에만 영향을 미치는 것이 아니라는 거죠. 차량 주위의 모든 사람이 차량의 오염물질에 노출되는 겁니다. 자기 동네에서 최악의 대기오염을 겪고 있는 사람들은 이런 상황은 받아들일 수 없으며, 그들의 건강 문제를 해결하기 위해 행동을 취해야 한다고 말합니다. 어떻게 이런 일이 작동할 수 있는지를 보여주

는 가장 극적인 실례는 온실가스 감축 방식에서 볼 수 있습니다. 온실
가스 감축을 위해 우리는 배출권 거래제를 실시했는데 국가에서 허용
량 경매를 거쳐 조성한 기금의 3분의 1을 대기오염이 가장 심한 지역
에 사용하도록 법률로 정하고 있습니다."

'배출권 거래제' 제도는 2006년 슈와제네거 주지사에 의해 주 법률
로 시행되기 시작했다. 450개 업체가 캘리포니아의 전체 온실가스 배
출의 85퍼센트를 차지하고 있는 상황에서 2013년부터 그들 업체에 배
출할 수 있는 오염물질의 최대량을 설정했고, 2015년부터 2020년까
지 90퍼센트에서 시작해 매년 배출량을 3퍼센트씩 줄여가도록 했다.
만일 최대 허용량을 넘어서 배출하면 그들은 '여유 배출권'을 구매해
야 한다. 이 제도는 여유 배출권이 거래가 가능하고 가격이 시간이 지
남에 따라 올라간다는 점과 규제를 받는 회사의 수 역시 증가한다는
점에서 단순한 벌금제와는 다르다. 연 4회 진행하는 배출권 경매로 주
정부는 많은 기금을 조성할 수 있고 오염물질 배출량을 줄일 수 있다.
연간 약 9억 달러의 수익금으로 공원을 만들거나 나무를 심고 저소득
가정의 에너지 효율화를 지원하고, 전기차 보조금을 지급하고 EV 충
전소를 설치하고 고속철도를 건설하는 등 공기 정화 정책에 사용했
다. 그리고 메리가 말한 것처럼 주 정부의 배출권 거래제로 조성된 기
금의 4분의 1은 불우하거나 저소득 지역사회에서 진행하는 환경 정의
정책에만 사용하도록 용도가 지정되어 있다.

하지만 캘리포니아는 주에서 발생하는 모든 오염물질 배출을 규제
할 힘을 갖고 있지 않다. 대형 트럭 수송이나 기차, 선박, 항공기를 통
한 주간 또는 국제 수송의 경우에 주 정부는 통제할 방법이 없다. 그리
고 트럼프 행정부의 EPA는 캘리포니아주와는 정확히 반대 방향으로

나아갈 것이다.

　2016년 2월 오클라호마주의 주 법무장관 스콧 프루잇은 전국적으로는 알려지지 않은 정치인이었다. 그는 그저 자신이 가장 좋아하는 일, 그러니까 석유와 가스 사업을 하는 친구들을 대신해 법정에서 EPA와 싸우고 있었다. 2010년 취임한 이래 프루잇은 EPA를 상대로 적어도 14건 이상의 소송을 제기했고, 그때마다 배기가스 관련 법률을 완화하게 했다. 초기 소송 중에는 발전소에서 배출하는 수은과 비소 그 밖의 독성 오염물질의 양을 제한하는 수은 및 독성 대기 물질 기준을 완화하려 시도한 건도 포함되어 있다. EPA가 11000건의 조기 사망과 13만 건의 천식 발작을 방지하기 위해 만든 기준이었다. 〈뉴욕타임스〉의 조사에 따르면 그가 제기한 소송들 가운데 13건에 참여한 회사들과 업계 협회들이 프루잇의 정치적인 뜻에 재정적 후원을 하고 있었다. 2016년 12월 바로 그 스콧 프루잇이 새로 선출된 트럼프 행정부의 EPA 수장으로 임명되었다. 여우가 닭장의 주인이 된 셈이었다. 대기오염방지법을 집행하는 책임을 맡은 연방 부처의 예산이 31퍼센트 삭감되었고 인력도 21퍼센트 줄었다. 구체적인 삭감 내용에는 EPA의 연방 차량 및 연료 기준과 인가 프로그램 그리고 주 정부 등 지방의 대기질 프로그램을 돕기 위한 보조금이 포함되었다.

　스콧 프루잇의 취임식 일 년 뒤 나는 혹시 CARB가 EPA의 변화로 영향을 느꼈는지 메리에게 물었다. "글쎄요." 그녀는 한숨을 내쉰다. "모든 종류의 환경 규제에서 전반적으로 후퇴하거나 진행이 중단되고 있는데, 대기오염 쪽도 예외가 아닌 건 확실하죠." 나는 혹시 캘리포니아가 대기오염방지법의 적용제외 요청을 하면 자동차 배기가스에 관한 그녀의 관할권을 보호하는 효과를 낼 수 있지 않겠느냐고 묻는다. "그 권리가 전면적인 면제라서 '원하는 대로 뭐든 할 수 있어, 캘리포니아'라는 식은 아니에요. 건마다 규제마다 다른 거죠." 역사적으로 수백 건의 적용제외 요청 중에서 EPA가 캘리포니아에 거부권을 행사한 것은 딱 한 번으로, 부시 행정부 때였고 그것조차 잠깐에 불과했다. 이 책을 쓰는 동안에 캘리포니아는 아직 트럼프 행정부의 EPA에 적용제외요청을 제출하지 않은 상태이다. "일단은 노력을 해봐야죠. 그리고 우리는 정부가 법률을 지킬 거로 추측해야 합니다." 메리가 말한다. "만일 우리가 더 강력한 배기가스 규제가 필요하다는 걸 보여줄 수 있다면, 그리고 만일 실제로 그 목표를 달성할 수 있게 해주는 대안 기술이 있다면, 그럴 때 적용제외를 받을 권리가 생기는 거죠." 제임스 손턴은 레이건 행정부 때 있었던 비슷한 상황을 회상한다. 앤 고서치는 대통령으로부터 'EPA의 무릎을 꿇리라는' 지시를 받았지만 결국에는 해내지 못했다. 프루잇이 성공할지는 "여전히 알 수 없어요. 법률을 없앨 수는 없습니다. 지금의 의회가 대기오염방지법이나 수질오염방지법을 폐지할 수는 없어요." 프루잇이 성공할 것인지에 대한 대답은 2018년 7월에 알 수 있게 되었다. 트럼프가 지명한 고위직 가운데 이미 많은 사람이 부정 관련 혐의로 물러난 상황에서 프루잇 역시 그 명단에 이름을 올렸기 때문이다. 하지만 그의 뒤를 이은 후계자를 보면 EPA가 나아가는 방향에 변화는 없을 듯하다. 앤드루 휠러는 과거 탄광 회사인 머리 에너지를 위해 로비스트로 일했던 사람이다.

이제 캘리포니아에 많은 희망이 달려 있다. 트럼프 취임 이후 캘리포니아의 제리 브라운 주지사는 환경 관련 공약을 계속해 달성해왔다. 메리 니콜스는 브라운이 영국처럼 휘발유와 디젤 차량을 전면적으로 금지하려 애쓰고 있다는 걸 확인해준다. 그는 주 정부의 배출권 거래제 프로그램을 2030년까지 연장했고, 그 해가 되면 캘리포니아는 재생 에너지 비율 50퍼센트를 달성해야만 한다. 브라운은 2045년까지 재생 에너지 비율을 100퍼센트로 올릴 것을 천명했으며, 미국 전체 역시 2050년까지는 재생 에너지 비율을 100퍼센트까지 올려야 한다고 요구했다. 한편 대기오염방지법에 의해 어떤 주 정부든 원한다면 캘리포니아의 엄격한 자동차 배기가스 기준을 채용할 수 있다. 현재 펜실베이니아, 코네티컷, 노스캐롤라이나를 포함한 14개 주와 뉴욕시가 캘리포니아의 기준을 따르고 있으며, 그들을 일컬어 'CARB 주'라고 부른다. 이 말은 캘리포니아의 기준이 1억3천5백만 명의 시민에게 적용되고 있다는 것인데, 이는 미국 전체 인구의 40퍼센트가 넘는다. 그리고 만일 EPA가 계속 위축된다면 좀 더 많은 진보적인 주 정부들이 추가로 참여할 수도 있다. 캘리포니아의 '대기오염 방지의 피리 부는 사나이' 역할이 이제 그 어느 때보다 더 중요하다는 점은 확실하다.

——————— 파리 : 자동차 없는 여행

나는 '자동차 없는 날'의 시작을 9분 남겨둔 상태에서 바스티유 광장에 서 있다. 현재는 오전 10시 51분이고 공식적으로 자동차 금지는 오전 11시에 시작이다. 하지만 이런 음침하고 춥고 비가 추적거리며 내리는 10월의 일요일에도 놀랄 정도로 많은 자동차가 허둥대며 돌아다니고 있다. 저들은 자동차 운행 금지가 시작되기 전에 도심에서 빠져나가지 못할 것이 확실하다. 시계를 확인한다. 이제 저들에게는 8분밖에 남지 않았다. 나는 11시가 되면 파리의 가장 바쁜 중심도로인 이곳에서 어떤 일이 벌어질지 보려고 기다리는 중이지만, 동시에 에어

파리프 팀에서 일하는 대기오염 분석가 샤를로트와도 약속이 되어있다. 그녀와 동료 한 명이 자전거를 타고 오기로 했는데, 그들을 쉽게 알아볼 수 있으면 좋겠다.

2015년 파리의 첫 번째 자동차 없는 날에는 대중교통 차량과 긴급 차량을 제외하고 모든 자동차가 도로에서 사라지자 NO_2 농도가 도시 일부 지역에서 40퍼센트 떨어졌다. 안 이달고 시장이 다음과 같은 트위터 글을 올렸을 정도로 성공이었다. "우리는 어쩌면 한 달에 한 번 정도로 더 자주 자동차 없는 날 행사를 해볼 수도 있을 것 같습니다." 그 뒤 샹젤리제 거리를 포함해서 파리 중심부의 몇몇 거리는 매월 첫 번째 일요일에는 자동차 없는 거리로 운영하기로 했다. '자동차 없는 날'은 매년 같은 행사로 이어지게 됐지만 꿈은 더 커졌다. 처음 2년 동안은 도심에서만 행사를 진행했는데 내가 찾은 2017년에는 파리 전체에서 행사가 진행되었다. 교통 부문을 담당하는 크리스토프 나즈도프스키 부시장은 〈르 파리지앵〉과의 인터뷰에서 "중요한 건 도시에서 자동차 없이 살 수 있다는 걸 보여주는 겁니다. 그리고 모든 시민에게 더 조용하고 오염이 덜한 도시를 재발견하도록 해주는 거죠." 내가 직접 경험해봐야만 했다.

이제 11시가 되었지만 도로에는 여전히 자동차들이 보인다. 하지만 눈에 잘 띄는 '자동차 없는 날' 조끼를 입은 공무원 몇 명이 밴 자동차 두 대를 세우고 경고를 하는 모습이 보인다. 샤를로트를 알아볼 수 있을까? 걱정할 필요는 없었다. 마찬가지로 눈에 잘 띄는 옷을 차려입은 그녀는 거의 이동식 커피숍만 한 크기의 트레일러를 뒤에 매단 자전거를 타고 나타난다. 트레일러는 에어파리프의 로고와 거대한 파리 시내 대기오염 지도를 덕지덕지 붙인 파란색 방수포로 덮여 있다. 그녀가 방수포를 벗기자 상당한 양의 장치가 드러난다. NO_2와 PM2.5의 농도를 측정할 수 있는 장치 꼭대기에는 공기를 빨아들일 수 있는 관이 튀어나와 있다. 그녀는 자전거를 타고 온종일 파리 시내를 돌아다니면서 자동차가 있는 날과 비교해서 대기오염 농도의 차이를 보여줄 생각이다. 그녀는 내게 오염측정 이동차(그녀가 아니라 내가 만든 말이다)는 자전거 전용도로를 만들었을 때의 오염 농도 감소 효과를 보여주기 위해 사용해왔다고 말한다. 그냥 자동차 사이에서 자전거를 타는 것보다 자전거 전용도로를 이용할 때 대기오염 농도는 30퍼센트 낮아진다는 걸 확인했다고 한다.

샤를로트가 자전거를 타고 떠난 뒤 나는 벨리브(시에서 운영하는 자전거 대여 시스템으로 2007년 처음 시작했을 때는 유럽 최초였다)를 빌려 타고 돌아다니며 승리자가 된 것처럼 자전거나 도보로 도로를 되찾고 있는 사람들을 만나볼 생각이다. 마지막으로 남은 차들이 서둘러 사라지기 전에 나는 에그를 꺼내 한 자리 숫자의 측정치를 확인한다. 어쨌든 이슬비가 내리면서 바람이 센 오늘 같은 날은 깨끗한 공기를 위해서는 좋은 상황이다. 오늘 같은 날에는 벨리브 자전거가 매우 귀할 것으로 생각했지만 바스티유 광장에 있는 자전거 대여소에는 놀랄 정도로 자전거가 가득 차 있다. 전에 벨리브를 빌려본 적이 없는 나는 멍하니 자전거에 쓰여 있는 안내를 바라본다. 내가 사용해본 다른 도시의 자전거 대여 시스템처럼 사용하기 쉽지가 않다. 내가 가진 티켓에 아주 많은 숫자와 함께 네 자리 개인 번호가 쓰여 있고 자전거에도 각자 번호가 새겨져 있다. 어떤 번호를 입력해야 하는 건지 아니면 어떤 순서로 입력해야 하는 건지 도무지 알 수 없는 상황에서 두 번이나 실패하자 내 주위에 언론사 사진기자들이 몰려와 둘러싸고 사진을 찍기 시작한다. 말할 것도 없이 내게는 도움이 되지 않는다. 점점 더 허둥 거리고 있는 나는 이제 아무 번호나 마구 넣으면서 프랑스 사람처럼 양팔을 펼치며 화를 내본다. 그러면서도 어떻게 하면 조금이라도 자 존심을 지키면서 이 상황에서 빠져나갈 수 있을지 궁금한 생각이 든다. 벨리브 자전거를 탄 다른 사람이 내 쪽으로 오더니 자전거에서 내 린다. 나는 여자에게 애원하듯 빌어먹을 기계를 빼내는 걸 도와달라 는 눈빛을 보내려 하지만 미처 기회를 잡기도 전에 기자들이 날 밀치 고 그녀를 둘러싼다. 그제야 여자가 안 이달고 파리 시장임을 알아볼 수 있다. 그녀는 바스티유 광장으로 와서 자동차 없는 날의 시작을 알 리는 사진 촬영에 나선 것이다. 개인적으로 그녀는 발끝부터 파리지 앵이다. 심지어 자전거 헬멧을 쓰고 있을 때조차 우아하게 보이는 능 력을 갖추고 있다. 내가 이놈의 빌어먹을 벨리브 자전거는 어떻게 사 용하는 겁니까, 라는 식의 질문보다 더 나은 질문(벨리브에 대한 질문도 그렇게 나쁜 것 같지는 않지만)을 해보기도 전에 그녀는 금세 기자와 경 호원, TV 카메라맨들에게 둘러싸인다. 홍보 담당 직원이 나를 쏘아보 더니 시장님을 모시고 이동한다.

나는 벨리브에 다시 집중하지만, 여전히 방법을 알 수가 없다. 이번 에는 시장이 아닌 옆에 선 평범한 사내에게 물어본다. 사내가 원조 프 랑스인답게 양팔을 벌려 보이며 "자, 이렇게!"라고 말하고 나서야 나 는 감사하게도 자전거를 거치대에서 빼내 페달을 밟기 시작하고 드디 어 자동차 없는 유명한 도시가 어떤지 경험하기 위해 나선다.

하지만 '자동차 없는 날'이라기보다는 한눈에 봐도 '자동차 적은 날' 임을 알 수 있다. 버스와 택시, 그리고 우버처럼 자가용을 호출해 타 는 서비스는 여전히 도로 위를 바쁘게 움직이고, 어쩌면 그들은 평소보다 수가 훨씬 많을 수도 있다. 유일하게 시내에서 네 바퀴로 굴러다닐 수 있으니 오히려 요금도 더 받을 수 있을 것이다. 나는 축하하기 위해 나온 자전거 탄 사람들과 걸어 다니는 사람들이 팔짱을 끼고 포장도로를 점령이라도 할 거라고 기대했다.* 하지만 걸어 다니는 사람들은 여전히 인도 위로만 다니고, 자전거는(파리의 평범한 다른 날보다는 덜 신경을 곤두세워도 된다) 여전히 트럭이나 자동차를 피하느라 바쁘다. 벨리브 자전거의 첫 경험은 시작할 때처럼 순조롭게 진행되고 있다. 첫 번째로 빌린 자전거는 바퀴에 구멍이 나서 돌아가 자전거를 교체해야 했다. 하지만 마침내 나는 보기를 희망했던 즐거운 도로 탈환 상황을 경험하기 시작한다. 가족 전체가 나란히 자전거를 타고 평소라면 감히 내려오지 못했을 도로 위에서 달린다. '종이판으로 만든 자동차'를 자전거 위에 덮은 환경운동가들이 모습을 드러내기 시작한다. 그들은 자동차가 얼마나 불필요하게 공간을 차지하는지 보여주기 위해 이런 모습으로 꾸몄다. 가장 놀라운 장면은 외바퀴 전동휠을 탄 사람들이 거의 100명이나 나타난 모습이다. 전에는 본 적 없는 물건이다. 외바퀴 자전거가 전동으로 움직이는 것 같은데 안장이 없다. 요즘 젊은 친구들 사이에서 반항 문화의 하나로 퍼진 것인데 대부분 운동선수처럼 차려입었고 따로 꾸민 헬멧을 착용하고 있다. 어떤 친구는 손에 담배를 들고 빠른 속도로 달리면서도 앞은 거의 보지도 않는다. 그들은 '엿이나 먹어라'는 식의 태도를 드러내고 나는 그걸 받아들인

---

* 일요일마다 라 셉티마라고 부르는 도심으로 이어지는 주요 도로를 포함해 100킬로미터에 달하는 도로를 폐쇄하는 콜롬비아 보고타에서 경험한 일이다. 매주 일요일 아침 거리는 자전거 탄 사람, 걷는 사람, 롤러스케이트를 타는 사람으로 가득 차고, 자동차는 한 대도 찾아볼 수 없다. 케이프타운부터 오타와까지 많은 도시가 그 뒤로 보고타를 따라 했다. 그러나 모든 도로를 막지는 않았다. 뒷골목으로 이어지는 도로는 여전히 차로 가득했다. 파리의 큰 생각은 단 하루지만 모든 도로의 차를 없애는 것이었다.

에어 쇼크

다. 자동차 반대 운동에는 뭔가 화가 나 있고 '엿이나 먹어라'는 식의 사람들이 필요하다. 그리고 파리에는 그런 사람이 늘 넘쳐난다.

나는 벨리브 자전거를 타고 점심을 먹기 위해 스탈린그라드 광장에 도착한다. 듣기로는 그곳에서 거대한 행렬이 마지막으로 모여 '쓰레기 없는 소풍'을 즐긴다고 하니 그걸 봤으면 하는 생각이 든다. 도착했을 때는 아직 행렬이 도착하지 않았지만, 축하 행사는 이미 진행 중이다. 커다란 무대가 순비되어 있고 래퍼가 나오더니 남자 가수가 등장하고(나중에 알게 된 것이지만 HK라는 래퍼와 말리 카르마라는 가수였다) 자동차 없는 날 행사 관계자들이 무대 위로 끌려 올라가 창피한 춤솜씨를 뽐내기도 하고 환경보호에 관한 노래를 여러 곡 부르기도 한다. 도착하는 행렬을 보니 평범한 자전거를 타는 사람들과 '종이판 자동차'로 꾸민 자전거를 탄 몇몇 사람들이 보인다. 그리고 도무지 이유를 알 수 없는 5미터 높이의 종이판 등대가 보이고, 선장 복장의 한 남자는 파이프 담배를 피우면서 조개껍데기로 소리를 내며 음악에 장단을 맞춘다. 나는 쓰레기 없는 점심 식사에 참여하고(종이 접시에 담아 제공되는 병아리콩 스튜에서는 종이 맛이 난다) 축하하는 분위기에 함께 휩쓸린다. 오늘 같은 하루가 얼마나 중요한 한 걸음인지 깨닫는다. 사람들이 자동차로부터 길을 되찾고 자동차 배기가스로부터 공기를 되찾는 일이.

나는 만나기로 약속한 **차 없는** 파리를 지향하는 활동가 마리엘라 에리프릿에게 전화를 건다. 통화하기가 힘들 정도로 음악 소리가 시끄럽다. 혹시 그녀가 녹색 티셔츠를 입고 빨갛게 얼굴에 색을 칠하고 무대 위에서 춤을 추는 사람들 속에 섞여 있는 건지 생각하지만 다행히도 그렇지는 않다. 나와 대화를 나누게 되자 그녀는 행사 배경에 관해 설명한다. 차 없는 파리라는 아이디어는 시 당국이 아니라 시민활동가들에게서 나왔다. "파리에서 자전거를 이용하는 저는 대기오염뿐 아니라 소음공해 그리고 공공시설에서 자동차들이 공간을 독차지하는 것이 아주 짜증스러웠습니다." 그녀는 내게 말한다. "우리는 저희가 기획했던 (**구체적인 이상향 페스티벌**)에서 만난 몇 명으로 시작했어요. 우리는 진짜로 완벽하게 파리에 자동차가 없는 날을 상상하고 꿈꾼 겁니다. 처음에는 해낼 수 있을 거라고 믿지 못했다는 걸 인정해요. 시장님은 바로 대답을 안 하시더군요. 하지만 그러는 동안 우리는 부시장님(크리스토프 나즈도프스키)과 연락을 했는데 전적으로 찬성해주셨어요. 안 이달고 시장님은 원래 2015년 1월 7일에 차 없는 날 행사를 발표하려고 했는데 하지 못했어요. **샤를리 에브도** 테러 사건이 벌어졌기 때문이죠. 우리는 시장님께 다시 편지를 보내 테러가 벌어졌다고 해서 이 기획을 취소해서는 안 된다고 말했어요. 오히려 이런 행사가 더 필요하다고 했죠. 우리는 이날이 파리를 다르게 보고 살아볼 기회가 되기를 바랐어요. 그래서 사람들이 자동차에 뺏긴 공공의 공간을 깨닫고 자동차들이 만들어낸 오염을 알아차리길 원했죠." 그럼 종이판으로 만든 등대는 뭐냐고 내가 묻는다. "정확히는 모르겠어요. 뭐든 연료를 사용하는 엔진이 아니라면 괜찮으니 타고 오라고 사람들을 초청했거든요."

나는 파리 센강 우안 지역을 따라 걸으며 하루를 마무리한다. 작년까지는 파리에서 가장 붐비고 오염이 심한 도로들이 있는 곳이다. 작년 이달고 시장은 이곳 도로를 무기한 차단하고 도보와 자전거로만 통행할 수 있도록 만들었다. 이곳에서도 축하 행사가 진행되고 있는데, 이번에는 영원히 이어질 것이다. 아이들이 인공암벽을 기어오르고 나무 장애물 코스를 타고 있다. 한때 트럭들이 배기가스를 내뿜던 곳에 지금은 화분에 심은 나무들이 서 있다. 부슬비가 결국 본격적인 비로 바뀌었는데도 우안 지역에서는 행복감이 확연하게 느껴진다. 이곳에서는 누구도 '엿 먹어'라는 태도를 드러낼 필요가 없다. 자동차들이 영원히 사라진 곳이고 예외는 없다. 매일 '차 없는 날'이 이어진다. 그리고, 정말 기분이 좋다. 공기가 깨끗하게 느껴진다. 에어파리프가 전에 일부 보행자 전용으로 운영했던 센강 좌안 도로의 공기를 조사했는데, 그 지역만 NO_2 농도가 25퍼센트 낮아졌다. 몇 미터 떨어진 곳, 여전히 자동차가 다니는 다른 도로에서 여전히 NO_2가 날아왔다. 하지만 위쪽의 그 도로 역시 NO_2 농도가 1~5퍼센트 전보다 낮아졌다. 아래에서 날아오는 NO_2와 결합하는 효과가 더는 없기 때문이다.

파리에 사는 캐나다인 타일러 놀턴은 대기질 측정 스타트업인 플룸에서 근무한다. 그는 완전히 사용이 중단된 우안 도로와 이어진 구역에 관해 설명한다. 그곳은 차선이 두 개였다가 하나로 좁아졌고 "지금은 2차선 자전거 전용도로가 생겼어요. 마치 '이런 빌어먹을! 여긴 이제 자전거만 다니는군.' 이런 분위기죠. 믿을 수가 없습니다. 아침에 출근할 때 스트레스가 20퍼센트는 줄어든 것 같아요. 주말에 좌안에 있는 15구역에 가면 자전거를 표지판에 묶어두곤 했습니다. 지금은 새로 만든 자전거 주차장이 잔뜩이에요. 포장도 다시 해서 자전거 전용도로를 만들었어요. 도시 전체에 온갖 자전거 기반 시설이 생겼습니다." 파리시는 2015년 기준 700km인 자전거 전용도로를 두 배로 늘려 2020년에는 1400km로 만들고 가능한 곳에서는 아예 전용도로를 차도에서 분리할 계획이다.

벨리브가 도입되면서 자전거를 타는 사람들이 늘어났던 것처럼 파리시는 전기차에서도 같은 현상이 생겨나기를 희망하고 있다. 벨리브처럼 주차장을 갖춘 파리의 전기차 공유 서비스인 오토리브는 2011년에 처음으로 도입되있다. 4천 대의 전기차가 6천 곳의 전용 충전소 겸 주차장을 갖추고 있으며, 파리 전역에 눈에 잘 띄는 곳에 배치가 되어 있다. 벨리브 자전거와 완벽히 똑같은 방식으로 회원들이 단기로 대여할 수 있다. 평균적으로 오토리브 자동차 한 대는 자가용 세 대를 대신할 수 있다는 것이 확인되었다. 2016년까지 십만 명의 회원을 모집했다. 중요한 특징 가운데 하나는 운행을 시작할 때와 마칠 때 주차 장소가 확보되어 있다는 점이다. 주차가 격투기처럼 인식되는 파리답게 회색 오토리브 자동차 가운데 많은 수가 부딪히고 긁힌 자국으로 가득하다. 허영심에 찬 다른 환경 관련 프로그램과 달리 벨리브 자동차들은 사람들이 계속 사용한 증거인 흉터를 지니고 있다.

오토리브는 2018년 7월 예산이 바닥나고 시 당국과 서비스 운영 업체인 볼로레 그룹이 갈라서면서 서비스가 중단되었다. 하지만 그때는 전기로 움직이는 공유 차량이라는 개념이 도시 사람들에게 매우 인기가 높아진 상태였다. 오토리브는 금세 경쟁 관계에 빠졌다. 2016년 6월 1600대의 전기 스쿠터를 보유한 '시티스쿠트' 서비스가 파리 길거리에 등장했다. 오토리브와 달리 전기 스쿠터는 도심 안이라면 어디든 그냥 세워두면 되었다. 스마트폰 지도를 이용해 가장 가까운 곳에 있는 스쿠터를 찾아 올라타면 그만이었다. 조금 걱정스럽기는 하지만 이용자는 운전면허증도 필요가 없다. 사용하고 나서 스쿠터를 충전하지 않아도 괜찮았다. "제가 작년에 시험 사용자로 활동했습니다." 놀턴이 열광해 말한다. "그냥 아무 곳에나 두면 되고, 올라타면 됩니다. 관리하는 사람들이 낮은 트럭을 타고 돌아다니면서 충전을 해야 하는 스쿠터를 가져갑니다. 원할 때 타지 못한 적이 한 번도 없었습니다."[*]

파리에서는 2025년이 되면 모든 디젤 차량이 금지된다. 2017년 기준으로 모든 차량의 거의 절반이 여전히 디젤 차량이니 달성할 수 없는 목표처럼 들리지만, 오토리브의 개척자 역할과 그로 인해 태어난 서비스들은 우리에게 미래가 어떤 모습일지 살짝 보여주고 있다. 또 깔끔하고 여러 단계로 나눈 시 당국의 디젤 없애기 계획이 준비되어 있다. 2017년 1월 기준으로 너무 오래되고 오염물질 배출이 많은 디젤 차량은 낮에 시내 도로를 통행할 수 없다. 파리의 모든 자동차, 오토바이와 트럭은 이제 반드시 색깔과 번호가 표시된 환경등급(Crit'Air) 스티커를 부착해야만 한다. 스티커는 차량이 만들어진 시기와 배기가스 등급에 따라 환경등급 1(전기차와 수소차)부터 환경등급 6(오래된 차량으로 대부분 디젤 차량)까지 있다. 2016년 7월부터 1997년 이전에 등록해 환경등급 6에도 미치지 못하는 차량은 주중에는 오전 8시부터 저녁 8시까지는 파리 시내로 들어올 수 없다. 그런 차량을 폐기하는 차주에게 제시한 당근 정책에는 오토리브 사용 할인, 일 년간 대중교통 무료 이용, 사업에 대한 재정 지원, 벨리브 무료 사용에다 심지어 자전거를 살 때 400유로를 지원하기도 한다. 2017년 7월 1일부터 통행 금지는 환경등급 5등급까지로 확대되는데 이는 2001년 이전에 등록된 디젤 자동차를 포함한다. 그런 식으로 2020년까지 계획에 따라 디젤 차량을 완전히 없애게 된다. 또 환경등급 제도는 파리와 세계의 다른 많은 도시가 극심한 스모그가 발생하는 등 비상시에 사용하는

---

[*] '주차할 필요가 없는' 전기 오토바이의 인기는 벨리브에게도 위협으로 작용했고, 오포나 모바이크처럼 거치대가 필요 없는 오토바이 사업 운영자들은 스쿠터를 찾아 올라타는 걸 극단적으로 쉽고 사용자 편의적으로 만들었다. 불행하게도 사용자들이 스쿠터를 거의 아무 곳에나 버려두는 일도 똑같이 쉽게 가능했다.

번호판 홀짝 운행 제도 대신 운용할 수 있는 대안이 된다. 오염물질을 얼마나 내뿜는 차량인지 상관없이 무조건 차량의 절반을 도로 위에서 없애는 방식이 아니라 이제 파리 당국에서는 예를 들어 '스모그가 가라앉을 때까지 환경등급 1과 2등급 차량만 파리 시내로 진입할 수 있다'는 식으로 교통량을 조절할 수 있다.

'차 없는 날' 행사 다음 날 파리는 원래대로 돌아가 자동차로 가득 찼다. 에어파리프 사무실에서 나는 아멜리에 프리츠에게 혹시 환경등급 제도의 영향을 연구해본 적이 있느냐고 묻는다. "어떤 거요?" 그녀는 어리둥절해 묻는다. 나는 재차 묻는다. "아, 차량 **환경등급**." 그녀는 내 형편없는 프랑스어 발음을 고쳐주며 말한다. 그녀는 컴퓨터를 뒤져 파일들을 찾아낸다. 2016년 실시된 첫 번째 규제는 '차량 전체의 약 2퍼센트'에 영향을 미쳤다고 그녀는 내게 말한다. 하지만 차량의 2퍼센트를 제거함으로써 대기오염 수준은 "NO_2 5퍼센트, PM10 3퍼센트, PM2.5는 4퍼센트 줄었어요. 2017년 7월 취한 두 번째 규제인 환경등급 5등급 차량 출입제한에 해당하는 차량은 겨우 3퍼센트였어요. 이 3퍼센트의 차량이 NOx를 15퍼센트, PM2.5를 11퍼센트 줄일 겁니다." 그녀는 상당히 절제된 표현으로 말한다. "상당히 괜찮은 방법이 될 수도 있습니다."

그렇긴 하지만, 유럽은 전에도 유로1~6을 통해 배기가스를 줄이려는 로드맵이 있었다. 폴크스바겐의 스캔들이 가져온 좋지 못한 결과로 획기적인 단계까지 전혀 이뤄내지 못했다. 그리고 정치가들은 계속 바뀐다. 다른 모든 도시와 마찬가지로 파리에도 자동차 생산자들의 강력한 로비가 존재한다. 그들은 자전거 전용 도로와 자동차 도로 폐쇄 조치를 철회하기를 요구한다. 최근 에어파리프의 보고서를 보면 파리 시민 가운데 천4백만 명 이상이 여전히 NO_2의 허용치를 벗어난 상태의 오염에 노출되어 있으며 '도로 주변과 도심에 사는 파리 거주자들의 건강이 가장 많은 영향을 받고 있다.' 어쩌면 다른 그 어떤 도시보다 더 파리는 어느 쪽이 될지 알 수 없는 두 가지 미래가 존재한다는 느낌을 강하게 주고 있다. 파리는 배기가스가 전혀 없는 미래가 어떤지 슬쩍 보여주기도 하지만, 대체적으로는 여전히 화석연료의 배기가스가 목을 조르는 상황에 갇혀있다.

세계적인 각성

세계적으로 우리는 같은 적과 마주하고 있다. 유럽연합은 2050년까지 교통 분야에서 배출하는 배기가스를 95퍼센트 줄이겠다는 목표를 세워두고 있다. 이런 목표를 달성한다는 것은 유럽 모든 도시의 도로 위 거의 모든 자동차, 밴, 버스, 트럭이 2050년까지는 무공해차량이 되어야 한다는 뜻이다. 현재 무공해차량이라면 배터리로 운행하는 차량과 수소 차량밖에는 대안이 없다. 도로 위 자동차들이 평균적으로 15년 전에 등록된 걸 생각하면 실질적으로 2035년 이후에는 휘발유나 디젤 차량의 판매가 불가능하다는 것이다. 몇몇 도시가 이 계획을 앞서서 이끌고 있는데, 오슬로는 2020년까지, 암스테르담은 2025년까지 대중교통수단에서 100퍼센트 재생가능 에너지를 사용하겠다는 목표를 갖고 있다. 2017년 10월 런던, 파리, 로스앤젤레스, 코펜하겐, 바르셀로나, 키토, 밴쿠버, 멕시코시티, 밀라노, 시애틀, 오클랜드, 케이프타운의 시장들은 시에서 조달하는 버스는 2025년부터는 무공해차량만 가능하게끔 하고 2030년까지 도시 대부분 지역을 무공해 지역으로 설정하겠다고 약속했다. 인도는 2030년부터 모든 휘발유와 디젤 차량을 금지하겠다는 계획을 세우고 있다.

클리이언트 어스가 매우 활발하게 활동 중인 독일에서 제인스 손턴이 내게 말한다. "우리는 대기질과 관련해 열 건의 소송을 진행했고 지금까지는 모두 승소했습니다. 자동차 산업의 심장인 슈투트가르트 그리고 뮌헨의 법원은 법원의 명령으로 디젤 차량을 금지하겠다고 했습니다. 사법부의 움직임이 바뀌고 있습니다. 그들도 대중의 건강이 위기에 처했다는 걸 이해하는 겁니다."

심지어 유럽 석탄 산업의 수도라 할 수 있는 폴란드 크라쿠프에 근거지를 두고 있는 스모가톤의 창립자인 마치에이 리스는 내게 이렇게 말한다. "폴란드 정부는 몇 가지 중요한 조처를 했습니다. 2018년부터는 옛날 기술을 기반으로 한 굴뚝이나 용광로를 일반 가정에서는 구매할 수 없습니다. 팔 수도 설치할 수도 없어요. 우리의 전체적인 접근법, 특히 석탄에 대해서는 큰 혁명이 일어날 것으로 보입니다. 심지어 탄광 광부들조차 이 산업은 끝이라는 걸 알고 있다고, 석탄이 미래가 아니라는 건 확신한다고 말합니다."

우리는 엔진 기술과 연소 효율의 점진적 개선으로 이뤄낼 수 있는 한계에 도달했다. 유로6 기준은 그 개선의 끝이었고, 실생활 시험은 자동차 제조사들이 그 기준을 맞출 수 없다는 걸 보여주었다. 2017년 10월 내 둘째 딸이 옥스퍼드셔에 있는 한 NHS 병원에서 태어나기 직전에 옥스퍼드 위원회는 옥스퍼드 도심에 세계 최초의 '배기가스 제로 지역'을 만들겠다는 계획을 발표했다. 단계별로 도심에서 디젤 차량과 휘발유 차량을 금지하는 것으로, 2020년 소수의 도로를 시작으로 2035년에는 도심 전체로 확대할 예정이다. 옥스퍼드시 시의원 존

태너는 이제 '계획 수정'이 필요하다고 말했다. "휘발유나 디젤 차량을 운전하거나 사용해 옥스퍼드를 지나는 모든 사람은 도시에 유독성 공기를 보태는 겁니다." 모든 것이 같은 방향을 가리키고 있다. 내연기관에 의존한 에너지 사용과 운송 수단은 이제 끝났다. 이제 전기로 움직이는 시대가 온 것이다.

Part 8

전기의 꿈

밀턴 킨스는 과거, 어쩌면 지금까지도 영국에서는 약간 놀림감이다. 1970년대에 미국 스타일의 그리드시스템으로 건설한 현대적 도시인 그곳은 완전한 영국 도시라고 받아들여진 적이 한 번도 없다(영국이라면 도로가 좁고 차로 다니기 힘들어야 한다). 이 신도시는 거대한 상업 구역처럼 보이는데, 엄청난 혐오의 대상이지만 동시에 빠른 속도로 복제되어 퍼져나간 로터리를 영국에 처음 소개한 도시이다. 1974년 7월 그곳을 방문한 〈데일리 텔레그래프〉의 크리스토퍼 부커는 대단히 무시하는 듯한 태도를 보였을 것이 뻔한데, 그곳을 두고 '더할 나위 없이 개성이 사라진 악몽과도 같은 이곳은 겨우 40년 전 올더스 헉슬리의 《멋진 신세계》를 떠올리게 한다'라고 했다. 지금까지 말한 모든 것이 왜 내가 오랜 세월 50킬로미터밖에 떨어져 있지 않은 곳에 살면서 단 한 번도 밀턴 킨스에 가보지 않았는지에 대한 설명이 될 수 있을 것이다. 하지만 지나치게 감각을 자극하지 않는 단조로운 잿빛 콘크리트에 괴로워하던 부커는 도시계획을 책임졌던 리처드 레웰린데이비스의 히피 같은 의도를 제대로 읽지 못했다. 그는 뭔가 전체적으로 정신이 멍한 느낌을 시도하고 있었다. "미래는 다소 불확실합니다." 그는 1970년 〈일러스트레이티드 런던 뉴스〉와의 인터뷰에서 말했다. "이런 종류의 계획을 하면서 추측하는 건 무의미합니다. 도시를 디자인할 때는 조화 면에서 최대한 자유롭고 느슨하게 접근해야 합니다. 사람들을 매듭으로 묶지 말아야지, 이 사람아." 물론 '이 사람아'는 내가 덧붙인 말이지만 나머지는 그가 한 말 그대로이다.

레웰린데이비스에게 도시의 뼈대, 기간 시설은 따로 떨어져 있는 건물들보다 더 중요했다. 같은 시기 젊은 건축가인 렌초 피아노와 리처드 로저스에 의해 파리에 세워진 퐁피두센터와 많이 닮았는데, 그곳은 내부의 배관들을 외부로 배치하고 기능 자체를 아름다운 모습으로 만들었다. 밀턴 킨스의 디자인은 도시계획에 그와 같은 작업을 수행한 것이다. 지방의원들과 지역 사업가들의 모임인 CMK 연합에 따르면 '기간 시설은 도시의 영원한 골격, 근육, 동맥, 신경계가 되어 도시에 생기를 불어넣을 것입니다'라고 한다. 밀턴 킨스의 도심 지역은 거의 최초로 유모차와 휠체어에 친화적인 모습을 선보였는데 지표면보다 아래인 통로를 사용하고 주차 구역과 제한속도가 느린 도로 주변에서는 경계석의 높이가 보도와 같도록 해 '모두에게 "장벽 없는" 접근성을 제공한다. 이 도시의 가장 큰 성취는 공공 영역이다. 그 영역이 틀이 되어 그 속에서 건물과 도심에서의 활동이 시간을 두고 오갈 수 있다.' 계속 이어지는 지상 높이의 보도가 주변 지역들을 서로 이어준다. 배달용 트럭은 주요 도로에서 떨어진 별도의 하역장을 갖고 있다. 보행자와 자전거는 230km에 걸쳐 이어진 전용도로를(그 누구도 '전용

도로'라는 용어를 사용하기도 전에) 이용해 자동차들의 통행으로부터 조심스럽게 구분되어 있다. 그런 전용도로를 '레드웨이'라고 부르는데, 대부분 도로보다 낮게 구성되어 있다. 도로가 교차하는 곳에서는 지상보다 아래쪽에 촘촘히 서로 연결된 얕은 통로를 이용한다.

넓은 도로와 넉넉한 가로수의 존재를 포함한 종합 도시계획은 깨끗한 공기에도 도움이 된다. 오래된 도시의 좁은 도로 옆 높은 건물과 달리 밀턴 킨스의 도로는 낮은 건물들이 넓은 간격을 두고 배치되어 있어서 '도로 협곡' 현상을 피할 수 있는데, 그러면 오염물질이 갇히지 않는다. 그곳은 처음부터 녹색도시로 계획되고 있었는데, 2천만 그루 이상의 관목을 포함한 나무와 호수 15곳, 18킬로미터에 가까운 운하와 강변을 갖추고 있다. 도시 지역의 40퍼센트 이상이 녹색 공간이다. 밀턴 킨스는 영국에서 가장 빨리 성장하는 도시 중 하나로 2004년에서 2013년 사이 16퍼센트의 성장을 보여 현재 25만 명의 시민이 살고 있으며 2050년까지 인구가 두 배로 늘 것으로 추정된다. 현재는 자동차에 많은 부분을 의지하고 있는데, 영국의 평균 자가용 출근 비율(61.8퍼센트)과 자가용 소유율(83퍼센트)을 웃돌고 있다. 그러나 시 당국은 내가 이 책을 쓰기 위해 찾았던 다른 어떤 도시보다 더(파리 그리고 파리의 오토리브 프로젝트를 포함해서) 시민들이 전기차를 사용하고 전기차로 이동할 수 있도록 많은 계획을 추진하고 있다. 영국에서 여러 가지를 최초로 선보인 곳으로 그중에는 최초의 공공 도로 자율 무인 차량 시범사업, 공공 쇼핑몰에 전기 차량(EV) 전시장 설치, 200개가 넘는 노상 EV 충전소 설치, 시내에 50개 이상의 급속 충전기 설치 그리고 전기 버스의 무선 충전 등이 포함되어 있다.

도시를 걸어 다니면서 나는 다른 어떤 곳에서 본 것보다 많은 전기차와 전기충전소를 볼 수 있다(충전소에서 충전 중인 전기차도 많이 볼 수 있다). 쇼핑센터에 있는 전기차 전시장에는(약국인 부츠와 귀금속 가게인 H. 하인즈 사이에 있다) 전기차와 플러그인 하이브리드 모델 세 가지가 전시 중이다. 내가 이곳에 온 또 다른 이유는 밀턴 킨스의 전기화를 책임지고 있는 브라이언 매슈스를 만나기로 약속했기 때문이다. 그는 지역 의회에서 교통 혁신 분야를 맡고 있다. 우리가 들어간 회의실 벽에는 전기차의 진화 과정을 찍은 사진들이 시대순으로 걸려 있다. 1970년대의 초기 모델은 문 받치는 노란색 쐐기를 바퀴 위에 얹은 모양인데 1974년에 만든 시티카(CitiCar)라는 것으로 1970년대 석유파동에 대응해 플로리다에서 제작된 것이다. 64킬로미터를 갈 수 있었는데, 땅이 넓은 플로리다에서는 멀리 이동할 수가 없었다. 밀턴 킨스는 도로에 전기차가 한 대도 없는 상황에서 충전소를 200개 이상 설치했는데, 내가 처음으로 드는 생각은 '왜?'라는 거였다. "증거가 계속 늘고 있었기 때문입니다." 브라이언이 설명한다. "닛산이 전기차를 만들기 시작했고(닛산 리프는 영국에서 처음 대량생산된 전기차로 선덜랜드에서 생산되었다) 저희는 미리 준비해서 앞서 나가야 할 필요가 있었습니다. 하지만 저희는 주차 공간이 2만5천 개나 되었기 때문에 전기차를 위해 200개를 만들었다고 해도 새 발의 피였습니다. 이제 우리는 전기 차량이 어떻게 현대 도시와 융합될 수 있는지 보여주는 모델을 정립해나가고 있습니다."

자동차 전시장에 나온 뒤 브라이언은 내게 밀턴 킨스를 구경시켜 준다. 처음에는 걸어서 이동했고 다음에는 플러그인 하이브리드 전기 차량을 이용한다. 우리는 '특별 요금 한 시간에 2£/EV 무료'라는 표지판이 붙은 주차장을 지나간다. 브라이언의 차는 공공 EV 주차장에 충전 중인 상태로 기다리고 있다. 그가 충전기에 카드를 접촉하자 충전기는 차 주인을 알아보고 충전선을 차에서 빼내 다시 충전기에 올려놓을 수 있도록 스스로 준비를 한다. 그리고 차량 배터리가 얼마나 남았는지 보여준다. 안전하게 정리를 마치고 운전석에 앉은 뒤 그는 내게 말한다. "저는 출근 거리가 50킬로미터가 안 됩니다. 그래서 여기서 한 번만 충전하면 충분히 이동할 수 있어요. 그리고 직장에서 충전한 다음 집으로 가면 됩니다." 그는 차를 타고 급속충전소를 지나치면서 말한다. "저 충전소에서는 20분이면 80퍼센트 충전을 할 수 있습니다. 제가 충전했던 곳에서는 제 배터리를 충전하려면 2시간이 걸리죠." 그의 충전 멤버십 카드는 차지마스터사의 것인데 이 회사는 재생 가능 에너지로 전기를 생산해 공급한다.

"우리는 이동해서 전기 버스 계획을 살펴볼 겁니다." 우리가 중심 상업 구역을 벗어나 그곳에서 뻗어 나온 수많은 주거용 막다른 도로 가운데 하나로 접근하는 동안 그가 말한다. "우리는 100퍼센트 전기 버스를 이용해 도시를 가로질러 24킬로미터나 되는 가장 긴 노선을 운영하고 있습니다." 하지만 다른 대부분 EV와 달리 이 노선의 버스는 평일 운행하는 중간에 충전할 필요가 전혀 없다. "잠시 후 어떤 식으로 운영하는지 보시겠지만, 버스는 종점에 도착하면 충전기 위에 잠깐 멈춰 서 있습니다. 아, 저기 오네요. 저게 버스입니다!" 그는 도로 옆으로 차를 세우고 우리는 차에서 내려 멈추는 버스를 지켜본다. 1층짜리 버스('7번, 스탠턴 경유')는 영국의 다른 도시에서 보던 일반적인 버스와 전혀 다를 것이 없지만, 운전석 위쪽 지붕에 마치 모자를 쓴 것처럼 배터리 팩이 올라가 있는 모습이 보인다. 우리가 지켜보는 사이 버스 밑에서 금속판이 아래로 내려가 도로 아스팔트 속에 박혀 있는 다른 금속판 위에 붙는다. "버스는 5분에서 7분 정도 중간 충전합니다. 배터리가 보충을 마치면 다시 노선에 투입될 수 있다는 뜻입니다." 브라이언은 중계방송을 하는 것처럼 설명한다. "버스는 밤새 완전히 충전한 다음 그 상태로 운행을 시작합니다. 그리고 운행을 하면서 양쪽 끝 종점에 다다를 때마다 보충 충전을 하면 온종일 운행을 할 수 있습니다. 언제든 도로에서 내려와야 할 필요가 없어요. 일반적인 버스도 종점에서는 운전자를 바꿔야 하니까 보통 버스 운행보다 더 느려질 것도 없습니다." "실제로 정확히 충전은 어떻게 되나요?" "칫솔 보관함에 든 칫솔과 같습니다. 같은 기술이고 크기만 큰 거죠." 그는 설명한다. "충전 중에 외부에 미치는 위험은 없어요. 충전기에 손을 대도 상관없습니다. 심장박동기 같은 것까지 전부 시험해봤습니다. 안전은 문제없습니다." "이런 식으로 얼마나 오래 운영해왔나요?" "이제 3년이 넘었습니다."

다른 많은 도시가 어떻게 해야 버스를 완전히 전기화할 수 있을지 초조해하고 있을 때 평범한 전기차가 이미 정상적으로 3년이나 운영되고 있다고? 그것도 밀턴 킨스에서? 브라이언은 노선에 아무 변화도 없었는데 승객이 일 년에 3퍼센트 증가했다고 말한다. 그리고 운전자들도 더 부드럽고 조용한 운행에 만족하고 있다. 다음 단계의 계획은 시내 모든 노선의 버스를 전기차로 바꾸는 것이다. "작은 도시에서는 노면전차나 철도는 감당할 수가 없습니다. 이제 그런 걱정은 필요 없습니다. 목적에 딱 맞는 방법이죠." 브라이언이 말한다. 나는 같은 방식의 무선 충전 기술이 결국에는 일반 자동차에도 적용될 수 있을지 묻는다. "그걸 저희도 살펴보고 있습니다. 처음에는 택시 승차장을 생각했죠. 출력만 좋아진다면 버스 차선에도 깔 수 있습니다. 로터리에서 잠깐 기다릴 때 사용할 수도 있어요. EV가 훌륭한 것이 뭐냐면 내연기관(휘발유와 디젤 모두)들이 다음번 주유소가 어디 있을지 걱정하는 진짜 '주행거리 불안'을 해결할 수 있다는 것입니다. 만일 EV를 위한 보충 충전장치가 어디에나 많이 있다면 다음 충전소가 어디 있는지 절대로 걱정할 필요가 없을 겁니다."

이런 식의 기술 발전에는 세계적으로는 전혀 다른 방식도 추진되고 있다. 중국 지난시에서는 세계 최초로 1km나 되는 태양광 도로를 2017년 크리스마스에 개통했다. 투명 콘크리트로 덮은 도로 아래쪽에 깔린 광전지 패널은 가로등을 밝힐 수 있을 정도의 전기가 생산되는데, 이론적으로는 그 위를 달리는 전기차를 충전할 수 있다. 스탠퍼드 대학은 같은 해 무선으로 움직이는 물체에 성공적으로 전기를 전달함으로써 그 이론을 한 걸음 더 현실에 접근시켰다.* 만일 이 기술과 중국의 태양광 도로가 실제로 적용되기 시작한다면 사실상 거리의 제한이 없는 도로 운송 시대를 알리는 소식이 될 것이다. 한편, 오늘날의 세상으로 돌아와 보면 급속충전소라도 해도 여전히 EV 차량을 '채우는' 데는 20분이 걸린다. "어쩌면 20분 동안 충전을 위해 멈춰 서는 행동의 변화가 있어야 할 수도 있습니다." 브라이언은 조용한 차를 운전하며 인정한다. "운전하다가 피로 해소를 위해서도 나쁜 습관이 아닐 수도 있습니다. 하지만 기술발달은 결국 그 20분 걸리는 급속 충전을 10분으로, 5분으로 줄여갈 겁니다."

전기차가 내연기관엔진(ICE) 차량과 비교해 대기질에 미치는 영향

---

* 비록 스탠퍼드의 연구팀이 해낸 성공이라는 것이 무선으로 1밀리와트의 전기를 전달한 것에 불과하다는 것은 인정하지 않을 수는 없다. 그런 식으로 40kWh 닛산 리프 전기차를 완전히 충전하려면 이론적으로는 5993년이 걸린다. 이걸 확인해준 엔지니어 처남 이완 존스에게 감사한다!

이 더 낮다는 점은 명확하다. 전기차는 배기가스가 없기 때문이다. 전혀 없다. NOx가 없고 블랙 카본도 없고, 연소 과정에서 발생하는 나노먼지도 없다. PM2.5는 도로 위 먼지가 다시 떠오르면서 여전히 발생하지만, 곧 ICE 차량이 도로 위에서 사라지게 되면 다시 떠오르는 먼지가 블랙 카본이나 연소에서 비롯된 먼지를 포함하지 않게 될 것이다. 심지어 브레이크를 적게 사용하기에 금속 성분 먼지도 감소하게 된다. 전기 차량의 경우 액셀러레이터에서 발을 떼는 순간 차량이 즉시 감속하기 때문이다. 전기차의 일반적인 브레이크 시스템은 동력을 재생하는 것이 가능한 데 브레이크를 밟을 때 발생하는 에너지를 포착해 재사용할 수 있게 해준다.

킹스 칼리지의 비버스 박사는 런던의 모든 자동차가 전기차로 바뀐다면 상황이 어떨지 예측해서 내게 알려주었다. 자동차에서 배출한 PM2.5가 50퍼센트 줄고 NO₂는 사실상 사라진다는 결과였다. 나노먼지에 관해서는 아직 연구가 끝나지 않았지만 나노먼지의 형태나 발생 원천으로부터의 거리 등 우리가 아는 모든 걸 생각해보면, 나는 나노먼지 역시 실질적으로 사라질 것이라는데 내 목을 걸 수도 있다. 그 말은 도로 주변의 전체 먼지 입자 수가 50퍼센트보다 훨씬 아래로 내려간다는 뜻이다. 최악의 시나리오를 상정할 경우, 만일 모든 EV를 움직이는 전력이 석탄을 태우는 발전소에서 나온다고 해도 발전소가 거주지로부터 멀리 떨어져 있다면 도시에서의 연소로 인한 먼지에 대한 노출은 여전히 많이 감소할 수 있다. 하지만 현실에서는 그런 최악의 시나리오는 발생하지 않을 것이고, 이미 지금도 존재하지 않는다. 석탄은 빠른 속도로 시장에서 사라지고 있다. 유럽연합 내에서 풍력, 태양광, 바이오매스로 생산하는 전력은 2017년 처음으로 석탄 발전량을 능가했다.

전기차와 ICE 차량의 평생 오염물질 배출량 비교는 연구마다 다르다. 하지만 연구가 거듭될수록 전기차가 우위에 서는 결과가 계속 나오고 있다. 예를 들어 미국 과학 기관인 UCS(참여과학자연대)가 2년 동안 진행한 연구에 따르면 EV는 '제조 과정과 관련해 발생하는 더 수준 높은 오염물질 배출을 생각해도 휘발유 차량과 비교해 지구온난화 오염물질 배출이 절반에도 미치지 못한다.' 6개월에서 16개월 동안 운행한 시점부터 EV는 ICE보다 점점 더 깨끗해진다. ICE 차량은 에너지 효율이 30퍼센트로 대부분 열기 발산으로 에너지를 잃지만, 자동차 전기 배터리는 일반적으로 효율이 80퍼센트나 된다.

거기에 더해 EV의 제조 과정은 ICE와 비교해 매우 간단하다. 부품의 수가 훨씬 적고 대량생산을 더 빠르고 더 간단하게 진행할 수 있으며 운행하는 동안 정비 필요성도 더 적다. 옥스퍼드대학과 배스대학의 공동 연구에 따르면 의료비의 관점에서도 디젤 차량 배기가스로 인한 건강 손상 위험이 휘발유 차량의 배기가스보다 5배 더 크고 전기 자동차가 운행하면서 공중으로 날려 보내는 먼지에 의한 위험보다 20배 더 크다고 한다(다른 말로 하면 모든 차량이 도로 위 먼지를 다시 공중으로 날려 보내지만, 공기 중에 유독성 연소 먼지와 NOx를 배출해 공기에 섞이도록 하는 건 오로지 ICE 차량뿐이다).

휘발유와 디젤 차량을 전기 배터리 자동차로 바꾸는 것은 깨끗한 공기를 가진 도시가 되기 위한 청사진의 일부이다. 하지만 밀턴 킨스를 방문하는 동안 나는 절망과 뒤섞인 많은 희망을 보았다. 만일 이런 모든 것이 가능하고, 검증이 끝난 상태로 존재하는 기술이라면, 깨끗한 공기라는 걸 분명히 누릴 수 있음에도 왜 모든 곳에서 전기화가 이루어지지 않고 있는 걸까?

9월의 어느 수요일 아침 나는 밀브룩 시험장을 두 번째로 방문한다. 이번에는 연례 '저탄소 차량(LCV) 행사'를 보기 위해서인데, 이 모터쇼는 휘발유를 더는 고집하지 않는 자동차광들을 위한 것이다. 나는 차를 몰고 갔는데(차를 가지고 갈 수밖에 없는 곳이다) 도착해보니 시험 주행장의 '직선 구간'을 따라 길게 차들이 늘어서서 주차 공간으로 안내되기를 기다리고 있다. 모든 차량에는 운전자 한 명씩만 타고 있다. 대부분 사람이 붐비는 도로 때문에 늦게 도착하고 있다. 모터쇼를 소개하는 연설을 하는 사람은 세넥스(스스로 '독립적인 비영리단체로 저탄소 기술 전문가들'이라고 표현한다) 회장 브렌던 코너이다. 이번 행사는 그가 회장 자리에서 물러나기 전 마지막 LCV 모터쇼이다. 10년 전 첫 번째 LCV 모터쇼는 바람막이조차 없이 몇 시간 만에 끝났고 "우리 전부 포기하고 집에 갔죠"라고 그는 회상한다. 당시 전시된 차량은 10대에 불과했다. "그리고 제가 기억하기에 제대로 작동한 차량은 단 두 대였습니다. 그리고 작동한 그 두 대는 기술적으로는 '네 바퀴 수레'에 불과했습니다." 이제 10년이 흘러 이번에는 130대가 넘는 LCV 차량이 전시되었고 230개가 넘는 업체가 참여했다. 그의 메시지는 명확하다. 저탄소 배출 차량은 별난 틈새 기술에서 십 년 만에 주류 기술로 성장했다는 것. 모든 주요 자동차 제조사가 참가해 그들의 최신형 전기차 모델을 선보이고 있다.

또 LCV 모터쇼에서 포드자동차의 이사인 그레이엄 호어는 공식화했다. "전기화의 꿈은 실제로 현실적인 전기화로 매우 빠르게 이어질 것입니다. 제가 보기에는 놀라울 정도로 빠를 것입니다. 그리고 우리는 차량의 소유와 이용에서 완전한 변화를 보게 될 것입니다. 그리고 이런 모든 것은 한꺼번에 우리가 모두 예상했던 것보다 훨씬 빠른 속도로 다가올 것입니다." 또 닛산 유럽 기술센터의 수석 부사장으로 야심적이고 흥분되는 미래의 그림을 그리는 노부스케 두쿠라도 보인다. 2009년에는 세계적으로 볼 수 있는 EV 모델이 단 6개였다. 2011년이 되자(닛산 리프가 처음으로 시장에 나온 해이다) 36가지 정도의 모델이 있었다. 2017년 3월에는 전체 139개 이상의 모델이 있고, 세계에서 누적으로 128만 대가 팔렸다고 두쿠라가 알려준다. 판매 곡선은 해마다 두 배씩 증가하고 있다. 리프 한 가지 모델만으로도 세계에서 2017년까지 28만3천 대가 판매되었고, 당시로서는(테슬라의 모델3가 나오기 전이었다) 세계에서 가장 많이 팔린 전기차였다. "우리가 닛산 리프를 출시했을 때 모두가 닛산을 비웃었습니다." 그는 기분 좋은 듯 인정한다. "너무 이른 출시였기도 했고 그런 제품을 판매하기 시작한다는 것이 우습기도 했죠. 하지만 아주 큰 성공을 거두었습니다. 닛산 리프는 아주 많은 것을 이루었습니다."

리프가 이룬 것 중에는 도로 위에서 배기가스 없이 35억 킬로미터를 달린 기록도 포함되어 있다. "저는 그 결과가 매우 자랑스럽습니다." 그는 웃으면서 말한다. 첫 번째로 출시된 리프는 한 번 충전하고 174킬로미터를 달릴 수 있었다. 2013년이 되자 그 거리는 192킬로미터로 늘어났다. 2015년에는 다시 250킬로미터로 향상되었다. 2017년 후반기 닛산의 리프2는 320킬로미터 이상의 주행능력을 갖추게 되었다. 닛산 리프(그저 EV 중 한 개의 모델에 불과하다)의 주행 가능 거리는 겨우 6년 만에 거의 두 배로 늘어난 것이다. 일반적인 ICE 차량이 보통 휘발유를 가득 채운 뒤 480킬로미터에서 640킬로미터를 달릴 수 있는 걸 생각하면, 그걸 EV 차량이 금세 따라잡게 되리라는 걸 상상하기는 어렵지 않다.[*] 더구나 EV는 개인 '주유소'를 전기 소켓의 형태로 집에 하나씩 갖고 있다는 장점이 있다.

　도쿠라는 미래 도시에 대한 닛산의 이상을 담은 비디오를 한 편 틀어서 보여준다. 닛산은 미래의 도로는 내가 밀턴 킨스에서 본 것처럼 무선 충전 패드가 깔려 있을 것이라고 믿고 있다. 하지만 그냥 자동차 충전만으로 끝나지는 않는다. "아침이 되면 집과 내부 전력망은 여러분의 자동차에서 전력을 끌어와 당신이 하루를 시작하는 동안 집에 전력을 공급합니다." 비디오 속 해설자가 말한다. 사실상 재생 가능 에너지에서 에너지 저장의 문제에 대한 답을 내놓은 것이다. 바람 부는 날 바람으로 만든, 그리고 햇빛 강한 날 태양에 의해 생산된 초과 에너지를 어떻게 보관했다가 바람 없는 날, 흐린 날에 사용할 수 있을 것인가? 닛산과 다른 많은 EV 예찬론자들은 EV의 배터리가 답이라고 말한다. 가까운 미래 '스마트 도로'에서는 '자동차와 도로, 집, 전력망이 모두 서로 조화를 이루고 연결된다'라고 닛산은 말한다. '재생된 EV 배터리들은 스마트 홈의 전력 저장소로 사용될 수 있고, 그렇게 깨끗한 에너지는 낭비되지 않을 수 있다. 예전에 주차장이나 주유소가 차지했던 공간은 녹색 공간으로 대체될 수 있으며 우리 아이들을 위한 더 깨끗하고 더 친절한 환경으로 만들 수 있다.' 자동차, 집, 도로와 배터리가 사실상 주유소가 되는 셈이다.

　나는 다른 더 가까운 미래의 '전기 도로'에 대한 이상을 LCV 모터쇼에서 본다. 두 개의 각각 다른 충전 관련 회사는 이번 모터쇼에서 기존의 가로등을 사용하는 EV 충전기 설치에 관해 지방 당국과 협력관계

---

[*] 2018년 이미 ICE 차량은 대체될 위기에 처하게 되었다. 539km를 달릴 수 있는 테슬라의 모델 S 롱레인지 모델이 판매될 예정이다.

를 모색하고 있다. 이 방식은 전력 공급선을 사용하면서도 가로등의 불빛을 줄이지 않는다. 런던의 가로등 일부는 이미 이런 방식으로 새롭게 이용되고 있고, 옥스퍼드에도 생겨나고 있다. 다른 추가 기반 시설을 설치하지 않고도 갑자기 모든 거리 구석마다 충전소가 생길 가능성이 보인다.

폴크스바겐은 많은 사람의 신뢰를 잃는 사고를 친 덕분에 전기차에 대해서도 빛을 볼 수 있게 되었다. 폴크스바겐 그룹은 2025년까지 완전한 전기차 모델을 50종, 플러그인 하이브리드 모델 30종을 시장에 내놓을 예정이다. 2017년 이미 e골프와 더 작은 모델인 e업! 모델을 시판하기 시작했고,* 골프 GTE와 파사트 GTE에 전기차와 휘발유 하이브리드 모델이 포함되어 있다. 폴크스바겐은 또한 2030년까지 '그룹의 모든 브랜드를 통해 시장에서 판매하는 300여개 모델 전체에 적어도 한 가지 이상의 전기차 모델을 추가하겠다'고 밝혔다. 폴크스바겐의 상징적인 캠핑용 밴으로 서핑 애호가와 페스티벌 참가자들에게 많은 인기를 얻고 있는 버즈는 전기차로 다시 태어났다. 폴크스바겐의 마티아스 뮐러 회장은 분명하게 선언했다. "우리는 메시지를 받았고 그런 상품을 내놓을 것입니다. 이것은 모호한 의지의 선언이 아닙니다. 자동차 산업의 변화는 멈출 수 없습니다. 그리고 우리는 그 변화를 선도할 것입니다." 2017년 12월, 한 자동차 업계 블로거는 이렇게 묻고 있다. '폴크스바겐은 5년에서 10년 안에 전기차 제조업체 중에서 1등을 할 수 있을까? 그럴 수도 있다.'

뮐러의 말이 옳다. 멈출 수 없다. 2017년 8월 〈이코노미스트〉의 표

---

* 아마도 요크셔 시장을 겨냥한 것으로 보인다.

지는 내연기관의 죽음을 선언했다. '로드킬'이라는 헤드라인 밑에는 도로 위에 엔진이 죽어서 기름을 흘리며 누워 있는 모습이 그려져 있었다. 기사 속에서는 이렇게 선언했다. '내연기관의 숨넘어가는 소리는 이미 세상에 울려 퍼지고 있다. 그리고 그로 인한 많은 결과는 환영받을 것이다.' BMW와 재규어 랜드로버는 2020년까지 자사의 모든 모델이 전기차 옵션을 갖게 될 것이라고 발표했다. 볼보는 한 걸음 더 나아가 2019년까지 모든 모델을 전기차로 바꾸고 2025년이 되면 오직 전기차만 판매할 예정이다. 같은 해 노르웨이와 오스트리아, 네덜란드는 자동차 배기가스를 100퍼센트 없앨 계획을 세우고 있다. 인도는 2030년까지 국내 판매 차량을 모두 전기차로 바꿀 계획이다. 블룸버그 뉴에너지 파이낸스는 늦어도 2022년이 되면 전기차를 소유하는 비용이(구매 비용과 유지 비용 포함) ICE 차량의 경우보다 낮아질 것이라고 예측하고 있다. 세계에서 가장 큰 자동차 시장이며 세계 자동차 업계에 독특한 영향력을 가진 중국은 완벽히 전기차로만 나가겠다는 의도를 밝히고 있다. 볼보를 소유하고 있는 중국 기업 지리자동차는 런던에서 운행하는 새로운 플러그인 하이브리드 택시를 책임지고 있다. 런던의 초저공해지역에 있을 때 택시는 오직 배터리로만 운행하지만 좀 더 멀리 이동하거나 일과를 마치고 집으로 돌아갈 때는 휘발유로 움직인다. 새로운 모델의 택시가 처음 택시기사에게 인도된 것은 2018년 1월 1일이었는데, 기사의 말로는 한 달에 연료비를 500에서 600파운드 절감할 수 있을 거라고 한다.

그리고 테슬라가 있다. 무공해 자동차로의 변화는 어쩌면 일부 폴크스바겐이 곤란한 상황에 부닥친 덕분이기도 했다. 그러나 전기차의 인기는 테슬라에게 공을 돌리지 않을 수 없다. 테슬라 이전의 전기차는 작고 못생겼지만, 가치 있는 대상이었다. 밀턴 킨스의 벽에 걸린 브라이언의 사진 속 노란색 삼각형 모양을 생각하면 된다. 그러나 재치 넘치는 젊은 기업가이자 첫 번째 사업이었던 페이팔의 성공 덕분에 억만장자가 된 일론 머스크의 목표는 알맞은 가격의 대량생산 전기차를 만들어내는 거였다. 그는 2008년 투자자들에게 2만 달러에서 3만 달러 사이의 가격을 목표로 한다고 말했다. 그러나 그 목표를 달성하기 위해 고른 방법은 대량생산 가족형 자동차가 아니었다. 그는 최고급 스포츠카 시장에서 시작했다. 전체적인 전략이 먹히려면 우선 EV를 매력적으로 만들어야 했다.

2008년 회사는 로드스터를 발표했다. 3.7초만에 시속 96킬로미터까지 속도를 끌어올릴 수 있는 스포츠카였고, 한 번 충전하고 나면 390킬로미터를 달릴 수 있었다.* 로터스가 제작한 로드스터의 가장 저렴한 모델 가격이 10만 달러가 넘어 대량 판매 시장의 관심을 얻을 수는 없었다. 2006년 프로토타입 발표에 따른 격찬은('이것은 프리우스라기보다는 페라리이고 그래놀라라기보다는 테스토스테론이다'라는 〈워싱턴 포스트〉의 찬사 같은 것들) 회사가(그리고 모든 EV 차량이) 필요로 하는 도약대였다. 결과적으로 생산된 로드스터는 수천 대에 불과했지만, 어떤 의도를 가진 선언이었는지는 명확하고 우렁차게 울려 퍼졌다. 로드스터는 회사의 첫 번째 세단형 전기차인 모델S로 가는 길을 닦았고, 이번에는 가격도 조금 낮아진 5만 달러로 정해졌다. 스포츠카처럼 생긴 모습은 조금 사라졌지만, 시속 96킬로미터까지 속도를 높이는 데

---

* 이렇게 말할 수 있을지 모르겠지만, 머스크가 2018년 2월 스페이스X 로켓에 태워 우주로 날려 보낸 자신이 타던 빨간색 로드스터는 그 이후 최고속도와 주행거리를 크게 향상했다. 최고속도는 초속 32.59킬로미터나 되고 2억5천만 킬로미터나 되는 태양 주위의 타원형 궤도(다른 말로 주행거리라고 할 수 있다)를 돌고 있다.

에어 쇼크

2.5초가 걸리고 주행거리는 540킬로미터로 늘어서 성능은 사실 로드스터보다 더 좋았다. 그리고 업그레이드가 가능한 소프트웨어를 탑재하고 있다. 2014년 10월부터 판매한 모든 모델S 차량은 오토파일럿 기능이 있는데, 도로의 표식과 다른 차량을 인식할 수 있는 센서들이 차에 설치된 덕분에 제한적인 자율주행이 가능하다. 오토파일럿이 가능한 차량은 소프트웨어 업데이트를 마치 스마트폰 업데이트처럼 받을 수 있다. 선통석인 자동차를 그들의 방식에 따라 이기려고 하지 않는 머스크는 2015년 분석가들에게 이렇게 말했다. "우리는 모델S를 바퀴에 얹은, 매우 정교한 컴퓨터로 설계했습니다." 그 발언은 첨단기술 애호가와 스피드광, 환경 보호론자들에게 매력적으로 받아들여졌다. 전에는 그 세 종류의 사람들이 한 번도 같은 무리로 묶인 적이 없다. 2017년 말 세계적으로 모델S는 20만 대가 넘게 팔렸다. 모델S는 메르세데스였던 미국에서 가장 잘 팔리는 세단 승용차의 자리를 차지했다. 2017년 4월 놀랍게도 테슬라는 제너럴모터스를 제치고 미국의 최우수 자동차 회사가 되었다. 전기 자동차는(아니, 적어도 테슬라 자동차는) 탐나는 물건이자 동경의 대상이 되었다. 그리고 2018년 머스크의 애초의 꿈이 공장에서 생산되어 나오기 시작했다. 적절한 가격의 대량생산 자동차인 모델3는 가장 저렴한 모델의 가격이 3만5천 달러였다.

이제 테슬라는 트레일러식 트럭인 테슬라 세미를 통해 HGV(대형 트럭) 시장에도 뛰어들고 있다. 주행거리가 480킬로미터 또는 800킬로미터나 되는 제품이 2019년에 나올 예정이다. 세미 트럭의 프로토타입 공개 직후에 델리에서 학부모 엄마들의 활동 단체를 이끄는 슈바니가 내게 말한다. "물론 우리 **모두** 일론 머스클 좋아합니다. 그 사람이 만든 거대한 트럭 보셨어요? **이런, 세상에!**" 산업계에서도 비슷한 찬사가 쏟아지고 있다. 발표 후 한 달도 되지 않아 펩시콜라는 테슬라 세미 트럭을 100대 선주문했고, 식품 물류회사인 시스코도 50대를 주문했다.

머스크는 또한 모든 EV가 사용하는 리튬배터리가 세계의 에너지 문제를 풀 수 있다고 믿는다. 2014년부터 테슬라는 네바다 사막 한복판에 세계에서 제일 큰 공장을 건설하고 있다(2017년까지 30퍼센트 완성되었다). 공장 '기가팩토리'는 리튬이온배터리를 생산하는데, 테슬라의 웹사이트에 따르면 그 공장의 '임무는 점점 더 저렴한 전기 차량과 에너지 제품을 통해 세계가 지속 가능한 에너지로 전환하는 걸 가속하는 것이다. 연간 자동차 생산량 50만 대라는 계획된 생산량을 2018년까지 달성하기 위해서 테슬라는 현재 세계에서 생산되는 리튬이온배터리의 전량을 사용해야 한다. 테슬라 기가팩토리는 그런 필요로 탄생했으며 테슬라의 예정된 자동차 생산 계획에 필요한 배터리를 충분히 공급할 것이다'라고 한다. 리튬이온배터리는 운송이 쉽지 않다. 선박용 컨테이너를 배터리로 가득 채워 서로 접촉하면서 움직이는 건 폭발의 위험이 있어 바람직하지 않다. 어떤 국가든 전기차 배터리를 성장시키려면 이상적으로는 직접 공장을 세우는 것이 좋다. 그러나 어디서부터 시작해야 할지 알지 못하는 나라들을 위해 테슬라는 기꺼이 개입해 대신 공장을 만들어주고 있다. 사우스오스트레일리아에서 정전사태가 빈번하게 일어나자 테슬라는 2017년 초반 트위터에 글을 올려 사우스오스트레일리아 당국에 세계에서 가장 큰 리튬이온배터리 단지를 건설해줄 수 있으며, 그걸 해당 지역의 99개 터빈 풍력발전기와 연결해 전력 보관 문제를 영원히 해결할 수 있다고 장담

했다. 그리고 만일 100일 안에 완성하지 못하면 공짜로 해주겠다고 했다. 많은 정치적 정책 결정이 140글자도 안 되는 내용으로 성급히 내려지는 것 같은 시대에 사우스오스트레일리아가 그런 내기를 받아들인 것은 전적으로 적절했다. 계약은 9월 29일에 서명을 마쳤고 세계에서 가장 큰 배터리(지금은 혼스데일 전력 저장소라고 부른다)는 12월 1일, 기한을 거의 40일이나 남겨둔 채 완성되었다(실제로는 테슬라는 이미 7월부터 작업에 들어갔다고 하지만 사소한 논쟁은 하지 말도록 하자). 100MW/129MWh[*]의 배터리 시설은 만 제곱미터의 땅을 사용해 3만 가구가 사용하기에 충분한 전력을 저장할 수 있다. 325MW의 혼스데일 풍력 발선난시에 추사로 건설된 이 배터리 시설은 풍력에너지가 이제는 저장할 수 있고 바람이 불지 않을 때도 사용할 수 있다는 뜻이며 이제 해당 지역은 더는 전력 부족을 겪지 않아도 된다.[**]

  그러나 머스크의 가장 원대한 꿈은 모든 가정이 자체 태양 전지판과 작은 배터리 장치를 설치하고 전기차를 소유해 자체적인 전력망을 구성하는 것이다. 지붕의 태양 전지판으로 충전이 되면(테슬라는 또한 태양 전지판 지붕 타일을 만드는 솔라시티라는 회사를 갖고 있다) 집과 자동차는 모두 발전소와 보관 설비가 된다. 전력선의 다른 쪽 끝에는 더는 거대한 석탄 또는 원자력발전소가 존재하지 않는다. 이런 상황은 사우스오스트레일리아에서도 처음으로 벌어지고 있다. 그곳에서 정

---

[*] 전력과 전력량의 차이 : 이 배터리 시설은 어떤 순간에도 100메가와트의 전력을 만들어낼 수 있고, 129메가와트시의 전력량을 저장할 수 있다.

[**] 머스크는 심지어(심각한 발언이라기보다는 이론적으로 한 말이겠지만) 259제곱킬로미터의 태양 전지판만 있으면 미국 전체에 전력을 공급할 수 있다고 주장했다. "네바다나 텍사스 같은 곳의 비교적 작은 구석이면 됩니다." 그리고 배터리 시설이있으면 된다. "가로세로로 1.6킬로미터면 됩니다. 1.6제곱킬로미터죠. 그거면 됩니다."

부는 지금 '세계에서 가장 큰 가상 발전단지'를 건설하고 있다. 태양 전지판과 테슬라의 13.5kWh 파워월2 가정용 배터리를 *2019년에 최소 5만 가구에 설치하는 것으로 2019년부터 시작된다. 설치는 4년 동안 진행될 예정이며 전체 가구가 합쳐서 실질적으로 250MW 발전소를 이루게 된다. 태양 전지판에서 만들어진 에너지는 테슬라 배터리에 저장될 것이고, 혹시라도 남는 에너지가 있으면 기존 전력망 쪽으로 공급될 것이다. 그리고 해당 지역의 기상 이변으로 정전사태가 발생하는 경우, 사우스오스트레일리아 지방정부 웹사이트는 '파워월'은 정전, 전력망 단절 등을 감지할 수 있고 자동으로 각 가정의 전력을 순간적으로 회복시킬 수 있다고 설명하고 있다.

이런 방식은(만일 전기 차량과 결합한다면) 거의 완벽하게 공기가 깨끗한 미래를 실현할 수 있다. 호주식 비비큐만이 마지막 연기로 남을 것이다. 그러나 오스트레일리아는 두 가지 뚜렷한 장점을 갖고 있다. 태양광이 풍부하고 리튬이 많다. 옥스퍼드에서 발명한 리튬이온배터리가 우리의 구세주가 될 수도 있겠지만, 세상에 전력을 공급할 수 있을 정도로 지구에 귀중한 금속이 많이 남아 있는지는 여전히 결론이 나지 않은 문제다. 배터리 팩은 성장의 저해 요인으로 남아 있다고 영국의 선진추진센터의 CEO인 이언 콘스턴스는 말한다. "배터리는 엄청난 차별화 요소입니다. EV 시장이 빠른 속도로 성장하고 있다는 건 전례 없는 배터리 수요가 발생하리라는 뜻이며 대규모 생산 시설이 생겨날 것입니다. 차량을 조립하는 곳이라면 더욱 많은 배터리 공장

---

* 이것이 얼마나 되는 전력량인지 상상해보자면, 평범한 재충전용 AA 건전지가 2.4Wh이다. 그러니 13.5kWh 파워월2는 재충전용 AA 배터리 5625개와 같다. 혼스데일 전력 저장소는 하나의 거대한 배터리가 아니라 문자 그대로 수백 개의 파워월2가 서로 연결된 것이라는 사실은 주목할 가치가 있다.

이 필요하게 되겠죠. 2040년까지 유럽에만 12개의 기가팩토리가 세워질 것 같다는 연구가 있습니다." 배터리 가격은 이미 전기차 원가의 절반 정도를 차지하고 있다고 그는 말한다.

리튬을 향한 세계의 쟁탈전은 시작되었다. 현재는 오스트레일리아가 세계에서 가장 많은 리튬을 생산하고 있으며 그 뒤를 칠레와 중국이 바짝 쫓고 있다. 탄산리튬의 가격은 2011년 1톤에 4천 달러에서 2017년 1톤에 만4천 달러 이상으로 올라 명백한 우려를 자아내고 있다. 요크의 앨리 루이스는 이렇게 말한다. "전기차의 전체 수는 엄청나게 증가할 겁니다. 하지만 의도하지 않았던 결과가 나올 수도 있어요. 누가 그리고 어디서 어떤 상황에서 배터리를 만들고, 폐기물을 전부 어떻게 할 것인지……. 얼마나 생산을 해내야 할 건지 필요한 자원의 양과 생산 규모를 확인해보면 정말 놀라지 않을 수 없을 겁니다. 불가능하지는 않아요. 하지만 엄청날 정도로 자원을 파내야 한다는 걸 알게 됩니다. 그리고 우리는 땅에서 자원을 잔뜩 캐내고 난 뒤에 좋은 결과를 본 적이 없습니다." 더욱 걱정스러운 것은 세계에서 코발트(리튬이온배터리를 만드는데 필요한 또 다른 주요 재료)의 생산을 콩고 민주 공화국 한 나라가 거의 독점하고 있다는 사실이다. 하지만 업계의 전망은 훨씬 느긋하다. 고가치 캐터펄트(정부 및 업계 공동 기금 연구단체)의 CEO이자 재규어 랜드로버에서 생산이사로 일했던 딕 엘시는 "리튬은 사실 다행스럽게도 매장량이 풍부합니다. 그리고 세계에서 생산하기에 그리 어렵지 않은 위치에 있습니다. 그래서 배터리 업계는 리튬과 구리 그리고 모든 재료가 그리 압박을 받지 않는다고 생각하고 있습니다. 실제로 배터리 생산에 쓰이는 재료의 양은 놀라울 정도로 적거든요"라고 말한다. 엘시는 또한 효율이 올라가면서 배터리가 점점 더 작고 가벼워질 거라고 믿는다면서 워릭대학의 에너지혁신센터에서 이미 테슬라의 기가팩토리에서 생산한 배터리에 비해 70에서 80퍼센트 정도 에너지 밀도가 더 높은 배터리를 만들었다는 점을 지적한다. 또 다른 중요한 장점이 하나 더 있다. 빨아들여서 태우는 액체 연료와 달리 배터리 속 리튬과 값나가는 금속들은 계속해 재사용할 수 있다. 어떻게 그리고 얼마나 이런 재사용을 잘 해낼 것인지는 매우 중요하다. 2018년 2월 중국 산업부는 자동차 제조사들이 차량의 배터리를 회수하고 재사용 시설을 만들 것을 요구하는 새로운 법규를 만들었다. 인도의 전기차 사업가 마노즈 쿠마르 우파디아이는 배터리 충전소 대신 배터리 교체 기반 시설을 제안하기도 했다. 그는 전력이 얼마 남지 않았을 때 현재 주유소에 들르는 것과 완벽히 같은 방식으로 배터리 교체 시설에 가서 완전히 충전된 배터리로 교환하는 방식을 생각했다. "목표는 많은 교체 시설을 만들고 2분 이내에 교체를 완료하는 식으로 빠른 배터리 교체를 가능하게 하는 것입니다." 마노즈는 내게 말한다. "우리 생각에는 이런 방식이 EV를 인도에서 더 많이 채택할 수 있도록 할 것입니다."

또 배터리에 들어가는 리튬이 세계에 가장 풍부한 광물인 나트륨으로 대체될 수도 있다.* 액체 나트륨 전극을 사용하는 배터리는 1968년에 처음 제안되었지만, 전극을 충분히 분리하는 분리막의 가격이 너무 높다. 2010년대 MIT를 포함한 세계의 몇몇 대학교 연구팀이 기술적인 돌파구를 찾았다고 발표했고, 아직 생산에는 이르지 못했음에도 이제 실용적인 면에서 적용 가능한 이론으로 보인다. 나트륨 배터리

---

* 나트륨은 지구 지각의 2.6퍼센트를 차지하지만, 리튬은 겨우 0.007퍼센트에 불과하다.

의 프로토타입은 650Wh/kg의 에너지 밀도를 보여주었다. 그 말은 전기차의 주행거리가 1000킬로미터가 넘게 된다는 것으로, 현재 사용하는 최고 성능 리튬이온배터리로 갈 수 있는 거리의 두 배이다.

전기 버스 또한 도시 대기질에 막대한 영향을 미칠 것이며 자가용 전기차보다 훨씬 더 많은 영향을 미칠 것이 틀림없다. 아시아 국가들이 이 분야의 변혁을 이끌고 있는데, 2016년에서 2018년까지 중국에서만 전기 버스가 거의 20만대 판매되었다. 선전시는 전기 버스가 17000대나 된다. 영국의 요크 의회는 시의 주차 환승제도를 위해 1층 전기 버스를 이미 도입해 운영하고 있고, 시내 노선에 2층 전기 버스 도입을 시도하고 있다. 런던 이외의 도시에서는 최초로 진행되는 것이다. 디젤 버스에서 배출하는 NOx의 양이 엄청나다는 걸 생각하면 NOx의 농도를 낮추기 위해 버스를 EV로 교체하는 것은 시 의회가 할 수 있는 일 가운데 최선일 것이다.

사업용 분야에서는 가벼운 운송에 사용하는 휘발유와 디젤 차량을 서서히 전기 차량이 대체하기 시작하고 있다. 세계에서 가장 큰 택배 기업 중 하나인 UPS는 2018년까지 9천 대 이상의 대안 연료 또는 전기 차량을 보유하게 될 것이며, 테슬라 세미 트럭이 발표되면 미리 125대를 주문할 예정이다. UPS의 엔지니어링 부문 사장인 칼턴 로즈는 전기 밴은 이제 디젤 밴과 구매 가격이 같지만 유지 비용 면에서 훨씬 저렴하다고 말했다. 많은 도시와 나라들이 빠른 속도로 철도망을 전기화하고 있다. 가장 야심이 큰 인도는 2021년까지 전체 6만6천 킬로미터나 되는 전체 철도망을 전기화하는 작업을 진행 중이다. 2017년 말, 전기화는 이미 절반의 진행률을 보이고 있다.

미래의 공기가 깨끗한 도시를 위해 두 바퀴 EV가 네 바퀴 달린 것들보다 더 중요한 것은 분명하다. 같은 넓이의 도로라면 두 바퀴 EV가 훨씬 많이 다닐 수 있기 때문이다. 런던 이즐링턴 자치구 의회는 피자 배달을 포함한 배달 업종에서의 전기 스쿠터 사용률을 높이기 위해 도움을 주고 있다. 전국 청정대기의 날에 나는 전기 자전거를 무료 대여해주는 그린위치 자치구의 자전거 거치대를 방문했다. 전기 자전거는 전기 스쿠터와 달리 평범한 자전거에 간단한 모터가 달려서 페달 밟는 힘에 도움을 준다. 회의적인 생각을 품고 한 번 자전거를 타보기로 한다. 전기 자전거는 오랜 세월 지속 가능성 분야에서 '차세대 혁신'이라며 추켜세웠지만 한 번도 제대로 성공한 적이 없다. 운동을 위해 페달을 밟을 사람과 운동이 싫어서 완전히 모터로만 움직이는 탈 것을 선택하는 사람을 양쪽에서 제외하면 전기 자전거는 그사이의 무인 지대에 남게 되지 않을까 나는 의심했다. 하지만 진짜 오랜만에 자전거를 타는 것인데도 근처에 있는 언덕을 거의 힘들이지 않고 쉽게 올라가 보니 이런 자전거를 하나 갖고 있다면 미래의 자전거 타기는 훨씬 즐겁겠다는 생각이 들었다. 심지어 겉모습도 보통 자전거와 같았다. 그래서 나는 얇은 운동복 차림으로 자전거를 타고 가파른 오르막길을 간신히 올라가며 땀을 흘리는 사내 곁을 지나면서 초인간적인 능력을 뽐낸다. 하지만 다른 길을 따라 자전거를 타고 내려오던 나는 그린위치 센터로 돌아가는 계단과 마주한다. 나의 슈퍼맨 같은 모습은 즉시 깨지고 만다. 자전거는 빌어먹을 정도로 무겁다. 자전거를 간신히 들고 돌아온다.

하지만 나머지가 변화하는 중에 적어도 20년 뒤진 곳이 있으니, 이번에도 선박이다. 21세기로 접어들 무렵 평범한 선진국 기준의 자동차 연료는 0.1퍼센트 또는 1000ppm의 황을 함유하고 있었다(그리고 현재는 EU 기준으로 0.001% 또는 10ppm이다). 국제해운회의소 정책 담당관인 사이먼 베넷은 선박과 관련해 2020년에 새로운 규제가 시행된다면서 열변을 토한다. "우리가 '게임 체인저'라는 단어를 쓸 때는 그냥 괜히 그러는 게 아닙니다. 2020년이 되면 세계 어디서나 선박은 황함유 0.5퍼센트의 연료를 사용해야만 합니다. 현재 2017년에는 이론적으로 바다 한가운데서는 3퍼센트의 황을 함유한 찌꺼기 연료를 여전히 태울 수 있습니다. 여전히 지저분한 찌꺼기 연료를 사용할 수 있지만, 그러려면 배기가스 정화장치, 우리가 스크러버라고 부르는 걸달아야 합니다."* 나는 혹시 선박회사 가운데 동력을 전기화하려는 곳이 있느냐고 묻는다. "선박은 어마어마하게 큰 것들이라서, 선박을 배터리로 움직인다는 생각 자체가……. 상선이나 그런 배들이 얼마나 큰지 보셨는지 모르겠지만……. 그냥 자동차에 리튬배터리를 넣는 것과는 크게 다릅니다." 나는 방향을 바꿔본다. "매일 배기가스를 마셔야하는 배의 선원이나 항구 노동자들이 깨끗한 연료를 사용하라는 요구는 하지 않습니까?" "그런 문제는 없습니다. 어떤 종류의 연료를 사용하느냐에 따라서 특별히 건강에 미치는 영향이 달라진다고 생각하지는 않습니다. 어차피 디젤 연료 같은 종류를 사용한다면 말이죠. 그런쪽으로는 솔직히 말해 생각해본 적이 없습니다."

하지만 아주 작은 새싹이 보이기도 한다. 노르웨이의 크루즈 회사인후티루튼에서는 세계 최초로 하이브리드 배터리 추진 크루즈선인 MS로알 아문센호와 MS 프리드리쇼프 난센호를 2019년에 바다에 띄운

---

* 스크러버는 IMO와 EU에서 승인한 추가 장착 필터 시스템으로 이산화황 배출을 99퍼센트까지 줄일 수 있다. 하지만 그들 가운데 대부분은 그냥 공해에서 세척하므로 결국 해양 오염으로 이어지고 있다.

다. 두 배 모두 길이가 140미터에 21000톤으로 530명의 승객을 태울 수 있다. 또 노르웨이에서는(노르웨이는 어쩌다 보니 세계에서 전기차 보유율이 현재 가장 높은 곳이다) 베르겐의 자동차 페리를 수소연료 엔진으로 교체하는 계획을 세워두고 있다. 한편 완전한 전기 화물선은 중국 광저우에서 이미 2017년에 출항했는데 겨우 두 시간 충전에 80킬로미터를 항해할 수 있다. 배를 만든 항저우 모던 선박 디자인 연구회사 대표 황자린은 차이나 데일리에 "이런 기술은 곧 여객용과 공사용 선박에 사용될 것으로 보입니다"라고 말했다. 하지만 이 배가 실어나르게 될 화물에는 엄청난 아이러니가 숨어 있다. Cleantechnica.com에 따르면 이 완전한 전기 화물선은 기본적으로는 주장강을 따라 발전소에 석탄을 공급하는데 사용될 예정이다.

전기화가 기술적으로 가장 어려운 것은 분명히 항공 분야일 것이다. 캘리포니아의 LAX 공항에서 메리 니콜스가 배터리로 운항하는 항공기의 프로토타입을 본 이야기를 들려준다. "짧은 거리의 화물 운송 비행에 사용할 수 있습니다. 작은 도시들끼리 서로 편지나 소포 같은 것을 운송하는데 트럭보다 비행기를 사용하는 편이 더 나을 정도로 멀리 떨어져 있다면 말이죠. 실제로 배터리로만 비행하고 비행을 마치면 그곳에서 다시 충전할 수 있습니다." 다양한 여객용 전기 항공기 계획도 있다. 지멘스는 하이브리드 전기 여객기를 개발 중이며, 스타트업인 라이트 일렉트릭은 이지제트와의 협업을 통해 전기로만 움직이는 단거리 여객기의 설계를 마쳤고 2028년에 취항할 수 있기를 기대하고 있다. 우버 역시 우버에어를 통해 시내 전기 여객 드론 사업을 추진하고 있는데, LA의 고객을 대상으로 2020년에 서비스 시작을 희망하고 있다. 몇몇 회사들이 같은 방식의 '비행 자동차' 계획을 갖고 있다. 중국의 드론 회사 이항은 2017년 말 프로펠러 8개를 가진 일 인용 전기 드론이 비행하는 모습의 비디오를 발표했다(승객은 태우지 않았다. 대신 공원에서 어리둥절해 하는 아이들에게 크리스마스 선물을 전 달했다).

전기화가 진행되고 있고 화석연료를 대체할 것이다. 심지어 정유 회사들조차 '물리칠 수 없다면 합류하라'면서 상황을 인정하고 있다. 2017년 10월 셸은 유럽에서 가장 큰 전기차 충전 회사인 뉴모션을 인 수했다. 뉴모션의 웹사이트는 2018년 초 이렇게 발표했다. "우리 고 객들이 내린 결정으로 이제 일 년에 지구에 배출되는 탄소가 2천 톤이 줄었습니다. 이제 전기로 가야 할 때입니다." 인두 석탄공사는 대규모 태양광 전력 프로젝트를 시작했다. 세계에서 가장 큰 자동차 부품 제 조사 가운데 하나인 일본의 NGK 스파크 플러그는 곧 스파크 플러그 생산을 중단할 것이며(그렇다면 회사 이름도 바꾸어야 할 것 같다) 대신 EV 배터리를 만들 것이라고 밝혔다. 회사의 고위 임원이 로이터통신 에 '언젠가 업계가 내연기관에서 배터리 EV로 전환하는 일은 불가피 하다'라고 밝혔다.

또 다른 불가피한 상황은(그러나 덜 좋은 소식일 수도 있다) 운전자가 없는 자율운행 차량의 등장이다. 주요 자동차 제조사들은 현재 모두 시장에 나와 있거나 준비 중인 차량 대부분에서 비밀리에 자율운전 프로젝트를 진행하고 있다. LCV 모터쇼에 등장했던 많은 회사가 이 미 EV를 넘어 무인 자동차(아니면 업계에서 선호하는 방식으로 커넥티드 자율주행차량(CAV)라고 부를 수도 있다)를 준비하고 있다. '커넥티드 connected'라는 말은 차량이 서로 또 중앙통제시스템과 소통할 수 있 는 능력이 있다는 말이다(예를 들어 도로에서 임시로 속도 제한이 시작되었을 때 이제는 도로 위에 빨간색 불이 번쩍거리며 '40'이라는 속도를 표시할 필요가 없다. 중앙통제소에서 차량에 간단히 소식을 알리면 모든 차량은 자동으로 시속 40킬로미터로 속도를 줄인다). 2019년 현재 아우디 A8은 도로 위에서 스스로 시속 60킬로미터로 속도를 내거나 핸들을 움직이고 브레이크를 밟을 수 있다. 그러나 여전히 운전대는 있어야 하고 운전자가 주의를 기울이고 있는 상태여야 한다. 구글의 웨이모나 우버, 중국의 바이두에서 개발 중인 차량은 운전대, 심지어 운전석도 없을 것이다. 한편 테슬라의 CAV는 계획한 대로 진행되고 있지 않은 것이 분명해 보인다. 일론 머스크는 이미 도로 위를 달리고 있는 모델3은 완벽한 자율운행에 필요한 하드웨어로 충분하다고 발언한 적이 있다. 가까운 미래에 테슬라 소유자들은 완벽한 자율운행이 가능한 선택형 업그레이드를 받게 될 것이다. 테슬라는 심지어 애플리케이션을 기반으로 해서 테슬라 소유자들이 차량을 사용하지 않는 동안, 이를테면 잠을 자는 밤에 차량을 내보내 자율운행 택시로 이용할 수 있도록 하는 시스템을 개발하고 있다.

자율주행차에서도 밀턴 킨스는 영국의 나머지 지역보다 한참 앞서 나가고 있다. 시내의 특징 없는 높은 회색 건물 가운데 한 곳에는 정부와 업계가 공동으로 기금을 지원하는 기술개발센터인 교통시스템센터(TSC)가 있다. 그곳은 대부분 정부 부처나 업계에서 할 시간은 없지만, 기꺼이 투자할 수는 있는 미래지향적인 것들을 실험할 자격을 갖고 있다. 내가 방문한 날 재규어 랜드로버는 '포드'(이인용 자율주행차량으로 걷는 속도보다 조금 빠르게 움직인다)의 주행 및 보행 테스트를 한다. 하지만 나는 그에 못지않은 경험을 해볼 수 있다. 미래의 밀턴 킨스에서 포드 시뮬레이터를 운전해 보행자들 사이로 요리조리 움직여

에어 쇼크

볼 수 있다. 실험실 안 포드 시뮬레이터는 움직이는 플랫폼과 VR 헤드셋에 연결되어 있다. 자전거도 한 대 롤러 위에 고정되어 있는데, CAV로 가득 찬 가상의 밀턴 킨스에서 자전거를 타고 돌아다니는 실험을 하기 위한 것이다. 방의 한가운데 커다란 8각형 공간에는 가상현실(VR) 헤드셋과 검은색 방탄조끼처럼 생긴 것이 유선으로 장갑과 연결된 채 천장에 매달려 있다. '옴니데크'라는 지름 6미터짜리 이 공간은 사용자가 VR 시나리오에 따라 어느 방향으로든 걸을 수 있도록 해주는 다방향 트레드밀이다. 시각화 부서를 맡은 마틴 펫은 부하 직원들이 주변에서 노트북을 두드리는 동안 친절하게 모든 걸 설명해준다. "수없이 많은 센서를 기진 포드가 움직이도록 하는데 엄청나게 많은 기술이 들어갔습니다. 그래서 포드가 혼자서 길을 찾을 수 있는 거죠." 그는 설명한다. "하지만 저로서는 사용자들이 어떻게 반응할지 알고 싶습니다. 그걸 알아야 이 차량이 어떻게 움직이고 사람들이 어떻게 차량을 조정할 것인지 결정할 수 있을 겁니다. 사람들이 무게가 400킬로그램이나 되고 스스로 생각하고 일정한 행동 패턴을 지닌 차량들과 도로 공간을 나누어 쓰는 일을 어떻게 느끼는지 이해해야 합니다."

이 가상의 환경에 들어가기 위해 나는 차량 시뮬레이터 좌석에 앉아 VR 헤드셋을 착용한다. 갑자기 나는 건물 속 사무실이 아니라 2인승 차 안에 있다. 앞에는 계기판이 보이지만 운전대는 없다. 나는 아침에 내가 타고 온 차를 세워둔 주차장에 있는 것 같다. 다만 오늘보다 해가 많이 비치고 다니는 차들의 수가 훨씬 적은 것이 다르다. 마틴은 양손을 얼굴 앞으로 올려보라고 말한다. 내 손은 마치 수수깡으로 만든 사람의 손가락처럼 보이는데, 관절이 있는 곳의 빨간 점들을 하얀 선들이 연결하고 있다. 나는 새로 얻은 하얀색 수수깡 손가락으로 표면에 '출발'이라고 쓰인 계기판 위 가상의 커다란 녹색 버튼을 누른다. 그러자 포드가 앞으로 움직인다. 튀어나온 곳을 밟고 지나자 실제로 느낌이 온다. 나는 왜 속도계가 없는지 묻는다. "승객이 왜 속도를 알아야 할까요?" 마틴이 대답한다. "이런 의문들은 이런 것들을 시각화했을 때만 떠오릅니다." 그가 세팅을 바꾸자 내 양손은 검은 장갑을 낀 모습으로 변했다가 다시 인간의 피부로 변한다. 내 눈앞에서 움직이는 분홍색 팔은 내 팔보다 살짝 더 통통한 것 같고 진짜 내 팔처럼 움직인다. 포드 바깥에서는 가상의 보행자들이 길을 따라 뻣뻣한 모습으로 걷고 있다. 눈 앞에 펼쳐진 광경은 이상할 정도로 무미건조하게 보이지만 움직임은 진짜처럼 느껴진다. 그리고 운전사나 운전대가 없는 차량에 앉아 있다는 느낌이 든다. 이상하게도 이상한 느낌은 들지 않는다. 처음 몇 초가 지나자 그냥 버스의 위층이나 공항에서 타는 셔틀 열차의 맨 앞자리에 있는 것 같은 기분이다. 쉽게 원하는 목적지로 옮겨지는 느낌은 갑자기 친숙해진다.

자치구에서 교통을 담당하는 브라이언 매슈스는 밀턴 킨스의 첫 번째 CAV는 무인 자동차보다는 내가 시뮬레이터에서 경험했던 형태가 될 것이라고 믿는다. 바로 인도 위의 작은 포드 형태로 걷는 것보다 조금 빨리 움직이는 정도이다. "누구나 쉽게 접근할 수 있는 포드가 가고 싶은 곳 바로 앞까지 데려다주는 겁니다. 그러니까 주차할 필요도 없고 도심을 뚫고 움직일 필요도 없어요. 정확히 계획을 세우고 있는 것은 아니지만, 만일 우리나 다른 도시가 도심으로 들어오는 자동차를 대기오염이나 차량 정체 때문에 막고 싶다면……. 버스를 이용해 도심 외곽까지 들어온 다음 그곳에서 포드나 자전거를 구해 타거나 걷기에 좋은 경로를 택해 마지막 목적지까지 이동하면 됩니다. 우리는 그런 식으로 조합하려고 준비 중입니다." 많은 대기업이 밀턴 킨스에 본사를 두고 있는데, 브라이언은 밀턴 킨스와 비슷한 도시에서 기차를 타고 와서 사무실까지 이동하는 통근자들이 CAV를 사용하는 첫 번째 주된 이용자가 될 거라고 믿고 있다.

VR 체험이 끝나고 나는 무아지경에서 금세 빠져나와 훨씬 단조로운 모습의 회의실로 안내를 받는다. 그곳에는 수석 기술자로 프로젝트를 이끄는 폴 베이트가 기다리고 있다. "우리가 커넥티드 자율주행차 즉 CAV라고 말할 때 'C'가 아주 중요합니다." 그는 내게 말한다. 폴은 도시의 중앙 교통관제 센터에서 모든 CAV에 신호를 보내고 배기가스 인증에 따라 분류할 수 있을 거라고 생각한다. 그는 그런 방식을 '가상 울타리'라고 부르는데, 일종의 혼잡 요금 구역 같은 것이지만, 요금을 내는 대신 대기오염 상황에 따라 구역의 크기를 조절할 수 있는 방식이다. "이건 화석연료 차량이 여전히 도로 위에 있는 동안 사용할 단기 해결책입니다." 그는 설명한다. 하지만 나는 폴에게 CAV가 실제로 도로를 더 혼잡하게 만들 수 있느냐고 묻는다. 만일 좌석에 등을 기대고 앉아 페이스북을 들여다볼 수 있다면, 더 깨끗한 형태의 교통수단인 자전거나 전기 버스보다 자동차의 인기가 더 올라가지 않을까? "그럴 가능성도 있습니다." 그는 인정한다. "이번에도 아까 말한 '커넥티드' 부분을 어떻게 사용하느냐에 달린 겁니다. 어떻게 모든 자율주행차량을 관리하느냐, 그들이 한 사람이 아닌 보다 넓은 구역에 이익을 줄 수 있도록 어떻게 최적화할 것이냐 하는 건 말이죠. 그렇게 하지 못하면 지금 하신 말씀이 맞습니다. 수천 대의 포드가 아침에 기차역으로 가려고 몰려서 정체를 빚을 수도 있어요. 만일 포드 한 대가

한 사람을 위해 움직인다면 분명히 그런 문제가 생길 겁니다."

모터쇼에서 선보인 CAV의 프로토타입은 소파 같은 좌석에 TV 스크린을 갖추고 있다. 기술 전문 웹사이트 theringer.com이 표현한 깃처럼 자동차는 '상상 속에서 굴러가는 거실로 태어나는' 중이다. 심지어 일부에서는 CAV가 단거리 비행이나 야간열차 시장을 위협할 것이라는 의견도 있다. 누워서 자는 동안 집 문 앞에서 목적지 문 앞까지 이동할 수 있기 때문이다. 2015년 OECD(경제협력개발기구)는 포르투갈 리스본에서 '택시봇'이라고 부르는 공유형 CAV 차량과 일인용 포드 형 '오토봇'의 영향 비교를 기반 삼아 도시의 미래를 예측하는 연구를 진행했다. 함께 차량을 공유하는 택시봇 시나리오는 잘 운영되는 대중교통 시스템의 지원을 받았는데, 90퍼센트의 차량이 길거리에서 사라진 상황에서도 여전히 거의 같은 수준의 이동 능력을 발휘했다. 오토봇 시나리오에서는 차량을 공유하지 않고 차에서 팝콘을 먹고 좋아하는 영화를 보면서 이동했는데, 차량의 전체 이동 거리가 150.9퍼센트 증가했다. 그렇다고 해서 차량 정체가 발생하지는 않았지만(CAV는 이론적으로 신호등도 필요 없이 빈틈없이 촘촘히 운행할 수 있다) 도로가 더 많이 닳아서 먼지 입자를 다시 공중으로 날려 보냈고, 더 깨끗한 대안인 자전거나 전기 자전거 등이 다닐 도로 공간이 줄었다. CAV는 또한 에너지 소비에 욕심이 많은 소비자이다. 자율주행차량에 설치된 온갖 센서가 필요로 하는 컴퓨터 용량은 100개의 노트북 컴퓨터를 동시에 실행시키는 것과 비교될 정도이다. 그것도 실제 차량의 추진력은 포함하지도 않은 것이다. 포드사의 국제 담당 사장은 투자자들에게 CAV는 '전체적인 효율성과 연료의 경제학에 심각한 부담이 될 것'이라고 말했다. 하지만 닛산이 바라보는 이상적 미래에서 CAV는 밤에 스스로 가서 충전하고 다시 집으로 돌아오며, 집에 와서는 가정용 전력을 동시에 보충해줄 수 있다. 만일 이렇게 해서 급증하는 재생 가능 에너지 사용에 대응할 수 있다면, CAV는 컴퓨터 때문에 추가 발생하는 전력 사용을 보상하고도 남을 것이다.

즉각 대답해야 할 질문이 많지만 CAV는 좋든 싫든 우리 전기차 미래의 일부이다. 구글이 개발한 웨이모 '로보택시'는 2019년 애리조나주 피닉스에서 유료로 고객을 맞이하겠다는 희망을 품고 있다. 닛산은 2020년 도쿄 올림픽에서 손님들을 맞기 위해 비슷한 서비스를 준비하고 있다. 그러나 EV와 CAV는 여전히 경쟁자를 두고 있다. 액체 연료는 아직 끝장나지 않았다. 하지만 여기서 액체는 석유를 바탕으로 한 것이 아니라 액체 수소가 될 수도 있다.

2016년에 내가 9년 된 토요타 프리우스를 샀을 때만 해도 프리우스는 적절한 가격의 중고 하이브리드 차량으로 거의 유일했다. 프리우스가 전체 시장을 부양시킨 것은 분명하다. LCT 모터쇼에서도 닛산의 전기차 미래가 보여주는 이상에 깊은 인상을 받으면서도 토요타 영국 지사의 토니 워커 부사장의 이야기를 들을 기회가 생기자 나는 여전히 토요타를 응원하게 되었다. 처음으로 이쪽 시장을 열었던 회사니까 경쟁자들보다 한참 앞서가고 있지 않겠는가?

연설의 시작은 좋았다. 현재 세 가지 중요한 환경적 요인은 기후변화와 에너지 안보 그리고 대기질이라고 워커는 말한다. "토요타는 20년도 더 전에 하이브리드 기술을 채용해 시장에 소개하는 것으로 이런 도전들을 받아들이기 위해 노력했습니다. 올해는 사실 프리우스를 처음 판매한 지 20주년이 되는 해입니다." 알죠. 제가 열렬한 팬입니다! 나는 20년을 앞서 출발한 그들이 지금 어떤 준비를 하고 있는지 듣고 놀랄 준비를 했다. "하이브리드 기술은 연비에서 뛰어나고 CO_2 배출이 적고 동시에 아주 낮은 수준의 질소산화물을 배출합니다. 그리고 토요타에게 하이브리드는 여전히 우리의 중심 기술로 남을 것입니다." 다른 말로 하면 우리가 20년 전에 해냈던 아이디어 기억해? 그래, 우린 계속 그렇게 갈 거야. 그런 말이다. 나는 디지털카메라를 발명했지만, 카메라 필름 사업을 망칠까 봐 숨겨 두고 있었다는 코닥의 유명한 이야기가 떠올랐다. 시장은 빠른 속도로 변했고, 코닥이 허둥지둥 자신들의 디지털카메라를 시장에 내놓았을 때 경쟁자들은 이미 그들의 시장을 빼앗아 버린 상태였다. 토요타는 마치 언제나 자동차 내부에 액체 연료 탱크를 갖고 있기를 원한다고 말하는 것 같았다. 카메라 속에 필름이 들어 있기를 원하는 것처럼.

하지만 그 연료가 무엇이냐에 대한 토요타의 이상에는 깨끗한 공기에 대한 강력한 보증이 들어 있다. "토요타는 1992년부터 수소 연료전지 시스템을 조사하고 개발하고 다듬어왔으며, 그 결과 2015년 처음으로 연료전지 생산 모델인 미라이를 발표했습니다." 워커는 모인 사람들에게 말한다. "수소연료는 운전자와 사회에 주는 여러 가지 이득이 있는데 그 중에는 배기가스가 없다는 점이 포함됩니다. 수소 차량은 운행할 때 배기구에서 오직 물만 배출합니다. 주행거리도 깁니다. 한번 연료를 주입하면 480킬로미터를 달릴 수 있습니다. 그리고 현재 전통적인 차량처럼 연료 재주입을 겨우 3분에서 5분이면 마칠 수 있습니다." 토요타는 2016년에 수소 차량을 2천 대 생산했고 2017년에는 약 3천 대 생산했지만 2020년에는 세계적으로 3만 대를 판매하겠다는 목표를 갖고 있다. 영국에서만 일 년에 2백5십만 대의 신차 판매를 기대할 수 있다는 걸 생각하면 그런 정도의 판매량은 게임 체인

에어 쇼크

저가 되기는 어렵다. "그러면 왜 토요타는 수소가 그렇게 흥미로울까요?" 워커는 내 마음을 읽은 것처럼 말한다. "매우 평범한 질문입니다. 수소는 만일 재생 에너지로 만들 수만 있다면 탄소 배출량이 전혀 없을 수 있고, NOx나 먼지를 배출하지 않습니다. 오랜 기간 대량으로 저장할 수 있고, 멀리 떨어진 곳까지 운송할 수 있습니다. 에너지 밀도가 높고(모두 알고 있듯 배터리보다 높습니다) 수소 사회로의 전환 과정에서 다른 분야에도 적용해 사용할 수 있습니다. 예를 들어 약간의 개조를 거치면 가정용 난방도 가능합니다."

내 마음속 일부는 펄쩍 뛰어 일어나 소리치고 싶었다. '중간 전환 과정을 빼먹었잖아요. 지금은 전기 기반의 사회로 가고 있는데!' 영국 내 전기차 등록은 2011년부터 2017년 사이 1864퍼센트 증가했고, 모든 자동차 제조사는 이제 사업영역을 전기화하고 있다. 선구자 역할을 한 프리우스의 덕분이 크다. 자동차 소유자 가운데 3분의 1은 다음 신차를 구매할 때 EV를 대안으로 적극적으로 고려하고 있다. 또 2018년 초 기준으로 유럽 전체에 있는 수소 충전소는 82곳인 것과 비교해 EV 공공 충전소는 14만 곳에 가깝다(두 가지 통계 모두 유럽 대체연료 관측소의 자료이다). '수소 기반 사회'? 진심인가?

"기본적으로 수소가 매력적인 부분은 수소는 다양한 원천에서 만들어낼 수 있다는 사실입니다." 워커는 말을 잇는다. "화석연료나 바이오매스를 통해서, 현재 일부 업계에서 버려지고 있는 부산물에서도 만들어낼 수 있습니다. 재생 에너지를 이용해 생산할 수도 있습니다. 태양광이나 풍력은 수요에 따른 공급의 균형을 맞출 완충 장치가 필요한데, 우리 생각에 수소는 그 역할을 완벽하게 수행할 수 있습니다. 녹색에너지와 재생가능 에너지를 통해 생산된 에너지를 저장하는 데 좋은 수단입니다." 수소는 엄청나게 풍부하다. 물의 3분의 1이다. 그러나 물을 분해해서 수소를 만드는 과정은 매우 에너지 집약적이라고 알려져 있다. 재생가능 에너지에 관한 논란이 이 지점에서 발생한다. 바람이 불거나 햇빛이 강한 날 넘쳐나는 에너지를 배터리에 보관하지 말고 물을 분해해서 수소를 만들자는 것이다. 토요타는 현재 연료전지 버스와 트럭, 지게차를 개발하고 있다. "우리는 전기와 수소 모두가 미래 사회를 좀 더 환경 파괴 없이 지속 가능한 곳으로 만들 수 있다고 확신합니다." 워커가 주장한다.

저탄소차량 공동사업의 앤디 이스트레이크의 의무는 '어떤 기술이든 상관없다'라는 기조를 유지하는 것이다(저탄소를 이뤄낼 수만 있다면 그는 열성적 지지자가 될 것이다). 그는 "수소는 늘 "미래의 연료"였습니다. 배기가스가 아예 나오지 않으니, 그건 멋지죠. 수소는 탄소 발생 없는 재생가능 에너지로 생산할 수 있습니다. 그러나 사실은 수소를 생산하는 과정에서 수소를 압축하고 저장하고 차량에 주입하고 다시 전력으로 전환하면서 꽤 많은 에너지를 잃습니다. 수소 차량은 수소 연료전지 발전기가 달린 전기 차량입니다. 그러니까 먼 거리를 달려야 하는 차량, 트럭 같은 것에 좋죠. 많은 에너지가 필요한 차량 말입니다. 하지만 진지하게 토론 또는 논쟁해야 할 것이 있습니다. 더 멀리 가기 위해 배터리를 더 넣어야 할까요? 아니면 더 멀리 가기 위해 차량에 수소를 주입해야 할까요? 아니면 그냥 차량을 주기적으로 더 자주 충전하기 위해 고출력 기반 시설을 더 만들어야 할까요? 목적을 이루는 데는 여러 가지 다른 방법이 있습니다." 수소차는 근본적으로 하이브리드 차량이다. 결국, 프리우스에 다른 액체 연료를 넣은 것이다. "내연기관에 수소를 넣어서 태워도 됩니다. 그렇지만 NOx와 다른 것들이 배출되겠죠." 이스트레이크는 말한다. "하지만 연료전지 차량은 전기차입니다. 회생 제동장치를 위한 배터리를 갖추고 있고 수소 연료전지가 전력을 생산해 배터리를 충전하게 됩니다. 발전기를 디젤 엔진으로 돌릴 수도 있습니다. 수소 연료전지를 사용할 수도 있어요. 추가로 배터리를 넣을 수도 있습니다. 미래에는 어쩌면 다른 에너지 원이 생길 수도 있죠. 그러니 제가 정부나 다른 누구든 귀 기울일 사람에게 보내고 싶은 메시지 가운데 하나는 이것입니다. 기술에만 초점을 맞추지 말자는 거죠. 목표에 초점을 맞추자고요. 목표는 배기가스를 없애는 겁니다."

하지만 만일 사람들이 영국에 진기충진소가 17000개나 있음에도 EV를 위한 기반 시설에 문제가 있다고 생각한다면 겨우 충전소가 12개인 수소 역시 문제가 있다고 생각하지 않을까? "문제입니다. 그런 아주 적절한 지적이죠." 이스트레이크가 말한다. "수소 프로젝트(H_2 모빌리티)는 전략적으로 배치한 단 64곳의 수소충전소만으로 영국 전체를 지원할 수 있는 기반 시설이 될 수 있을 거라고 추측했습니다." 이 말은 자가용이 아닌 영국의 화물 수송을 두고 하는 말이다. "수소의 장점 가운데 하나는 충전이 매우 빠르다는 겁니다. 디젤이나 휘발유처럼 많은 연료를 싣고 다닐 수도 있습니다. 또 다른 건 기존의 가스 공급망을 다른 용도로 개조할 수도 있다는 점입니다. 영국은 상당히 괜찮은 가스 공급망을 갖고 있어요. 장기적으로는 그 공급망의 목적을 재조정할 수도 있습니다. 그러면 갑자기 수소의 유통이 아주 효과적으로 바뀌는 거죠." 하지만 수소 분자는 메탄보다 작아서 더 쉽게 누출될 수 있다. 이미 낡은 영국의 가스 공급망을 더 새기 쉬운 가스로 채우는 일은 그다지 끌리는 아이디어가 아닐 수도 있다.

캘리포니아의 계획은 25억 달러를 사용해 2025년까지 25만 개의 전기충전소와 200개의 수소충전소를 추가하는 것이며, 개인 차량으로는 EV를, 상업용 차량으로는 수소를 제안하고 있다. 내 질문에 메리 니콜스는 이렇게 말한다. "토요타의 반대되는 주장에도 불구하고 저라면 현재 경쟁이 진행되는 중이라고 말하겠습니다. 현재 수소차는 우리가 차량으로 뭘 할 수 있는지 알아보는 중입니다. 현재 LA의 항구에서 운행 중인 트럭이 한 대 있습니다. 항구에서 컨테이너를 싣고 다니는 엄청난 용량의 트럭인데 상당히 잘 운영되고 있습니다. 하지만 알다시피 한 대에 불과하잖아요." 말은 그렇게 하지만 그녀는 최근에 수소 차량이 자신에게 맞는지 보기 위해 자신이 타는 차를 토요타 미라이 수소 연료전지 자동차로 바꿨다. "아주 재미있게 운전하고 있어요. 상당히 쾌적하고 조용하고 힘 좋은 차예요." 그녀는 내게 말한다. "몇 군데 다른 충전소에서 충전을 해봤는데 집에서 10분 정도 차를 타고 가야 하는 정도로 괜찮은 거리에 있습니다. 충전하는 시간은 보통 주유소랑 비슷하게 걸려요. 한 번 충전하면 400킬로미터에서 480킬로미터를 갈 수 있죠. 가다 서기를 반복하는 도로에서 최고 성능을 발휘하는 배터리 전기차와는 달리 제가 모는 수소차는 회생 제동장치가 달려 있기는 하지만 멈추지 않고 매끄럽게 달리는 상황에 더 잘 맞아요. 매일 고속도로로 출근한다면 연료비에는 그렇게 도움이 되지 않을 것 같아요. 중요한 건 진짜로 사람들이 편하게 운전하고 다닐 수 있을 정도로 충전소가 충분히 확보될 것이냐 하는 거예요. 캘리포니아에는 몇 년 사이에 하나도 없던 충전소가 31개까지 늘어났어요. 충전은 이미 훨씬 쉬워지고 있습니다."

압축천연가스(CNG)와 액화석유가스(LPG) 사이에도 비슷한 논쟁이

에어 쇼크

있다. 우리가 알고 있듯 CNG는 인도에서 주요 연료로 사용하고 있는데, 아시아와 남미, 중동의 다른 나라들도 많이 사용하고 있다. LPG는 영국에만 1400곳의 충전소가 있다. 두 가지 가스 모두 휘발유나 디젤과 비교해 상대적으로 배기가스의 양이 적다. 그러나 두 가지 모두 석유화학산업의 부산물로 배기가스가 없다고는 절대로 주장할 수 없다. 영국 교통부의 공식 조언에 따르면 'LPG 차량은 CO_2 배출량에서 휘발유와 디젤 차량의 중간 정도 성능을 보이지만 잘 처리된 LPG와 CNG 차량이 배출하는 오염물질(CO, HC, NOx, 미세먼지)의 양은 휘발유 차량과 비슷한 정도'라고 한다. 앞으로 개선될 여지도 그리 많지 않다. 대기오염이 매우 심하고 CNG 기반 시설이 존재하는 델리나 테헤란 같은 도시에서 단기적으로 CNG의 사용을 늘리는 건 이해할 수 있는 정책이지만 장기 해결책은 여전히 전기화이다. 물론 수소도 조금 도움이 될 수 있다. 바이오 연료도 마찬가지다. 내가 이 책에서 바이오 연료는 거의 거론하지 않았다고 비판받을 수 있다. 하지만 바이오 연료는 그들만의 어울리는 장소가 있다. 예를 들어 자체적인 농작물 폐기물로 만든 연료를 사용해 농장 기계류를 돌린다면, 바이오 연료(대부분 바이오 디젤이다)를 태우는 장소는 도시 안쪽이 아니다. 만일 우리가 공기를 깨끗하게 하는 일에 심각하게 접근한다면, 우리는 우리가 일하고 사는 곳, 도로 위에서 달리는 수백만 개의 엔진에서 뭔가를 태우는 행동을 멈춰야 한다.

LCV 모터쇼가 마무리되자 버스 한 대가 우리를 시험주행장으로 다시 데려다준다. 그곳에는 내 차를 포함해 길게 주차된 차들이 한 명뿐인 운전자들을 태우고 집으로 돌아가기 위해 기다리고 있다. 긴 줄이 시작하는 곳에는 전기차 충전시설 한 개가 사용해주길 바라며 텅 빈 채 기다리고 있다. 충전기는 디젤 발전기에 연결되어 있다. PM과 NOx로 가득 찬 열기가 발전기 위로 어른거리며 올라간다. 공기를 깨끗하게 만들기 위한 싸움의 앞길에 도사리고 있을 위험을 우울하게 압축해 보여주는 완벽한 그림처럼 보인다. 만일 우리가 잘못 대응한다면 우리는 디젤 발전기가 달린 무인 자동차를 한 대씩 나누어 타고 돌아다니고, 전기 선박이 석탄을 발전소로 실어가는 세상에서 살게 될 것이다.

Part 9

로드 레이지

스칸디나비아는 늘 날 생각에 잠기게 한다. 핀란드 사람들은 자신이 북유럽이긴 하지만 스칸디나비아에 속하지는 않는다는 걸 얼른 지적한다. 하지만 아름다운 우울증이 반도 전체를 하나로 묶어준다. 늦은 가을의 온기에도 불구하고 헬싱키 공항의 버스 환승장에는 핀란드의 스키점프 챔피언의 사진이 자랑스럽게 걸려 있다. 나는 조용한 전기 열차로 올라타 금세 키 높은 원시시대의 침엽수림 속을 뚫고 미끄러지며 달린다. 경치는 도시의 건물들, 쇼핑몰, 대학 캠퍼스들이 하얀색 회색으로 흐릿하게 섞인 모습으로 바뀌는데, 마치 1990년대 이케아의 카탈로그 속을 빠르게 스쳐 지나는 것 같다. 나는 여행가방 속에서 에그를 꺼내 스위치를 켠다. 새벽에 영국에서 공항 가는 길 열차 속에서 마지막으로 사용했을 때 PM2.5 수치가 30대였다. 지금은 $1\mu g/m^3$이다. 터널 속에서 한 번은 $7\mu g/m^3$까지 올라가기도 했지만 더 심해지지 않고 다시 $5\mu g/m^3$로 내려온다.

헬싱키에 온 이유는 그곳이 세계의 수도 가운데 공기가 가장 깨끗하다는 강력한 주장 때문이었다. 하지만 또한 놀랍게도 헬싱키는 승리에 도취해 안주하지 않고 실제로 조금이라도 남은 대기오염이 있다면 다른 어떤 도시보다 더 깨끗하게 만들어가고 있었다. 그리고 그들이 '해야 할 일' 목록 가운데 첫 번째는 자가용을 과거의 유물로 만들겠다는 계획이었다.

열차에서 소니아 헤이킬래에게 문자를 보낸다. 소니아는 2014년 그녀의 대학 논문이 입소문을 타면서(적어도 국제 운송 업계에서는) 우연하게도 청정 교통수단 운동의 대표주자로 등장하게 되었다. 그 결과로 나온 새로운 용어 '서비스로서의 이동 수단(Mobility as a Service)' 또는 'MaaS'는 소유제에서 자유롭고 다양한 교통수단이 자가용 소유를 대신한다는 개념이다. 소니아 헤이킬래의 대학 논문 덕분에 세계적으로 'MaaS'를 주제로 한 콘퍼런스들이 열리고 있다. 중요한 전제는 이것이다. 자동차나 모페드나 자전거를 왜 소유해야 하나. 아니, 심지어 왜 열차표를 사야 하나? 그러는 대신 카드를 한 번 긋거나 앱을 사용하면 원하는 대로 사용할 수 있다면 말이다. 왜 A 지점에서 B 지점으로 이동하는 동안 내내 한 가지 형태의 이동 수단만 이용해야 하나? 그리고 왜 B 지점에서 A 지점으로 되돌아올 때 왜 정확히 같은 이동 수단을 써야 하나? 왜 뭔가를 소유한다는 이유만으로 필요 없이 오염물질을 뿜어내야 하나?

헬싱키 기차역 밖에는 전기 궤도전차와 자동차, 자전거들이 뒤섞여 있다. 혼잡해 보이는 모습에 나는 에그를 다시 꺼내 든다. 놀랍게도 수치는 여전히 1μg/m³밖에 되지 않는다. 역 앞 승차장에 소니아 헤이킬래가 새것으로 보이는 하얀색 BMW i3를 조심스럽게 몰고 도착한다. 그녀가 현재 일하고 있는 회사인 보험회사 OP는 MaaS 개념을 받아들여 헬싱키에서 차량 공유 서비스인 드라이브나우를 시작했다. 차량 공유 서비스 회원은 차를 사서 소유하는 대신 도시 곳곳에 있는 차량을 사용할 수 있다. 소니아는 서비스에서 제공하는 EV 차를 타고 나와 만나고 싶어 했지만 전에 운전을 많이 해보지는 않았다는 사실은 인정한다. "시동 걸린 건가요?" 그녀는 후진하려고 하면서 묻는다. "잘 모르겠는데요. 아뇨, 시동 안 걸렸어요." 그녀가 다른 버튼을 누르자 엔진 소리 대신 삐 소리가 들린다. "i3는 아마도 차들 가운데 가장 인기가 좋은 것 같아요." 그녀는 출발하면서 내게 말한다. "도저히 i3를 찾을 수가 없더라고요." 간단한 파란색 선이 그려진 계기판에는 160킬로미터를 더 갈 수 있다는 표시가 되어 있다. "제 생각에는 선택이 너무 제한적인 것 같아요. 차 없이 살면 갈 수 있는 곳이 제한적이고 그렇다고 차를 사면 차를 운전하고 소유하는 비용을 모두 감당해야 하니까요." 그녀는 핀란드의 조용한 수도를 조용히 지나면서 내게 말한다. "차는 운전하지 않을 때도 보험이나 그런 유지비가 들잖아요. 자유롭지 못하죠. 그 어떤 것에도 의존하지 않고 바로 그 순간에 원하는 걸 사용할 수 있도록 선택하는 그런 개념을 만들어내고 싶었어요. 저는 집이나 직장에서 사용하는 자동차나 자전거에 매달리지 않아도 돼요. 저는 집에서 나온 뒤에도 계획을 바꿀 수 있습니다."

좋다. 'MaaS'는 기업에서 사용하는 용어처럼 들리고 실제로도 그렇다. 그러나 중심 전제는 깨끗한 공기를 원하는 모든 도시라면 이걸 받아들여야만 한다. 바로 우리가 자동차를 사용하는 방식을 멈춰야 한다는 것이다. 이것이 깨끗한 공기를 위한 청사진의 일부이다. 전기차는 훌륭하지만 차의 수가 적은 것이 더 좋다. 교통량을 줄이면 대기오염은 사라진다. 영국 뉴캐슬에서는 2016년에 HSBC 영국 도시 자전거 대회를 위해 도심 도로를 막았더니 NOx 농도가 75퍼센트 떨어졌다.

2014년 소니아의 논문에 조언했던 산포 히에타넨은 그때부터 MaaS 글로벌이라는 회사를 운영하고 있다. 이 회사의 앱인 '윔Whim'은 헬싱키(영국 버밍엄을 포함해 점점 더 많은 도시에서 서비스가 가능해지고 있다) 내에서 사용자에게 다른 형태의 여러 운송 수단을 앱만으로 사용할 수 있도록 해준다. 나는 헬싱키에 머무는 동안 윔을 실제로 경험해보기로 했다. 소니아가 나를 어떤 지하철역에 내려주었을 때 나는 가방에 서류에 녹음기까지 주렁주렁 들고 어디에 있는 건지 정신을 차릴 수가 없었다. 그래서 나는 윔에게 어떻게 해야 할지 묻는다. 윔에서 가장 먼저 추천한 방법은 5분 정도 걸어서 전차를 타라는 거였다. 바로 지하철역 앞에 서 있었기 때문에 그러고 싶지 않았다. 스크롤을 아래로 내린 나는 지하철 타기를 선택하고 '이동 시작'을 눌렀다. 승차권이 발급되지는 않았고 그저 '승차권은 이동을 시작하면 자동으로 발급됩니다'라는 메시지만 나왔다. 열차에 올라탄 나는 앱이 제대로 작동하지 않는 건지 살짝 걱정스러워졌다. 미처 확인해볼 시간도 없이 검표원이 나타났다. "아, 저는 윔을 사용하고 있거든요?" 나는 사과하듯 말하고는 전화기 화면을 내밀며 상대방이 어떻게 해야 할지 알려주기를 바란다. "윔이요?" 검표원은 전혀 들어본 적 없다는 듯 무심하게 대답한다. 시작부터 좋지 않다. 우리 두 사람은 멍하니 내 전화기를 들여다본다. 나는 힘없이 승차권 버튼을 다시 누른다. 이번에는 'HSL 지역, 60분간 유효'라는 녹색 표시가 화면에 나타난다. "네, 됐습니다." 검표원이 말하더니 지나간다. 나는 안도한다. 나는 방금 돈을 얼마나 낸 건지 아무 생각이 없다. 하지만 승차권 판매기와 씨름하는 것보다 빠르고 쉽다.

밖으로 나와 보니 도심의 물가인 곳이다. 에그는 이제 12에서 19μg/m³사이를 오가지만 절대로 WHO의 건강 권고치인 20μg/m³를 넘기는 법이 없다(담배 피우는 사람 옆을 지날 때는 예외인데, 그럴 때는 금세 수치가 세 자리를 넘어간다). 칼레방카투 거리를 걷는 동안 6층짜리 벽돌 건물과 카페들이 맨해튼을 떠올리게 한다. 그곳에서 연결되는 대로는 파리와 닮았는데 거리에 전차가 오가는 것만 다른 모습이다. 자동차도 보이지만 탑승자의 수로 보자면 자전거와 버스의 수에 훨씬 못 미친다. 에그는 겨우 9μg/m³를 가리킨다. 그러더니 8μg/m³으로 떨어진다.

MaaS 글로벌의 새 펜트하우스 사무실은 내가 도착한 때에 문자 그대로 막 새로 포장을 뜯고 있다. 금속제 초인종에는 여전히 보호용 비닐이 붙어 있어 벗겨내야 하고 엘리베이터 안쪽에도 종이 판자들이 붙어 있어 마치 포장을 뜯어내기를 기다리는 소포처럼 보인다. 내가 도착할 때 CEO인 삼포 히에타넨은 부하 직원들을 데리고 최근에 일본에 갔던 이야기를 들려주고 있다. 그는 내가 도착하자 매끄럽게 영어로 바꿔 이야기를 이어나간다. "화장실이 말이야, 변기 위쪽에 작은 세면대가 붙어 있어. 거기서 손을 씻으면 그 "지저분해진 물"이 변기로 흘러서 내려가는 구조지. 완벽하게 폐쇄형으로 지속 가능한 거야!" 그는 내게 커피를 권하고는 나를 데리고 유리 벽으로 만든 회의실로 안내한다. "점점 더 조밀해지는 도시들이 문제입니다. 평범하게 증가하는 곡선을 보이는 GDP에 따라 자동차를 소유한 사람들의 수도 같이 올라가고 있습니다. 도시에는 사람들이 **빽빽하게** 몰려서 옴짝달싹할 수가 없어요." 삼포는 말한다. 그는 대조적으로 에너지와 열정이 넘치는지 앉아 있으면서도 계속 움직이며 말한다. "그러니까 이런 문제를 풀려면 두 가지 방법이 있습니다. 하나는 지도를 들여다보면서 뭔가 금지하는 겁니다. 하지만 자유로운 민주국가에서는, 아니 그렇지 않은 곳이라고 해도 그런 일을 상당히 어려워요. 저는 오슬로나 바르셀로나에서 하려고 하는 방법은 그다지 신뢰가 가지 않습니다. 정치적으로 '2030년까지는 자동차를 금지하겠습니다'라고 말하는 건 쉽죠. 그들은 그렇게 하지 않을 겁니다. 다른 뭔가 묘안이 없다면 말이죠. 이 묘안이 바로 두 번째 방법입니다. 만일 배기가스 문제에 초점을 맞추고 싶다면, 사람들에게 왜 차를 샀느냐고 물어야 합니다. 우리가 이동 방식을 어떻게 계획할 건지 패러다임을 차량을 소유하는 것에서 차량 운영자 또는 서비스 제공자를 갖는 것으로 바꾼다면, 전체 시스템이 바뀔 겁니다."

유럽과 미국에서는 젊은이층에서 자동차 소유자와 운전면허 소지자 수가 이미 감소하고 있다. 삼포는 이런 현상이 단지 보험료 상승 때문이 아니라 뭔가를 소유하는 것이 '부담스러운 것으로 보기' 때문이라고 믿고 있다. 2017년 중반 텍사스주 오스틴의 지역 대중교통 기관은 '픽업'이라는 앱을 시범적으로 운영했다. 사용자들은 대중교통수단의 서비스가 미치는 영역 내라면 어디든 전화로 이동을 요청할 수 있었다. 사실상 주문형 버스 서비스였다. 런던의 시티매퍼 스마트버스처럼 세계 여러 곳에서 비슷한 서비스를 시작하고 있다. 밀턴 킨스에서 브라이언 매슈스는 이미 자동차를 타고 가는 것과 비슷한 시간 내에 자동차에서 경험할 수 있는 같은 수준의 경험을 제공하는 무인 운전 미니버스 시스템을 생각하고 있다. "개인적인 공간을 제공해 비좁지 않게 할 겁니다. 그런 경험을 할 수 있어야 제대로 운영이 되고 자동차에 도전할 수 있죠."

또 다른 대안은 사람들이 자동차를 공유하도록 하는 것이다. 이것이 소니아가 생각한 최근의 헬싱키 자동차 공유 서비스 같은 MaaS의 기본적 생각이다. 런던 의회의 레오니 쿠퍼는 그런 생각에 전적으로 동의한다. "사람들이 전기차 공유 모임에 가입하도록 하고 그들이 차량을 공유해 더욱 효과적으로 사용하도록 노력하는 겁니다. 공유 모임에 가입하는 건 매우 앞서가는 것으로 생각해요. 차를 소유하지 않아도 차를 사용할 수 있습니다. 쓰레기를 버리러 갈 때나 서퍽에 사는 숙모를 방문할 때도 말이죠. 차량 공유 모임에 가입하면 어떤 사람들은 훨씬 비용이 적게 들 겁니다. 차를 소유하는 건 돈이 많이 들기든요. 제 생각에는 사람들에게 차를 소유하지 않을 때 얼마나 이득인지 계산해서 보여주는 것이 필요하다고 봅니다. 자동차세나 보험료를 안 내니까 말이죠. 그리고 차량 공유 모임에 가입하면 하나가 아니라 온갖 종류의 차량을 이용할 수 있습니다."

LCV 모터쇼에서 차량 공유 역시 자동차 업계의 의제 중에서 중요한 자리를 차지했다. 영국 자동차 제조무역협회 정책이사인 콘스탄츠 샤링에 따르면 차량 공유의 '기하급수적인 성장'은 "매우 단기간에 걸쳐 이루어질 것으로 예상합니다. 우리는 공유 서비스의 회원 수가 영국에서 2025년까지 2백3십만 명에 이를 것으로 예측합니다." 집카, 드라이브나우, 엔터프라이즈 카셰어를 포함한 차량 공유 사업자들은 현재 영국 전역에서 20만 명 이상의 회원을 확보하고 있다. 만일 2백3십만 명이라는 예측이 맞는다면 앞으로 8년에서 10년 사이에 영국 도로 위에서 자가용 16만 대가 사라질 것이다. 프로스트 앤드 설리번의 업계 분석에 따르면 우버나 리프트 같은 애플리케이션 기반의 택시 서비스는 잠재적으로 2025년까지 전 세계에서 1041만 대의 차량을 없앨 거라고 한다. 샤링은 이런 상황이 '미래 이동 수단의 중대한 변화'를 예고하고 있다고 말했다.

　LCV 모터쇼에 갔을 때 나는 앤디 이스트레이크에게 모두 알고 있지만 거론하지 않는 문제에 관해 묻는다. 만일 차량 공유의 최종 목표가 배기가스를 줄이고 도로 위 자동차의 수를 줄이는 것이라면, 그건 이 모터쇼에 참가한 모든 자동차 제조사가 실제로 원하는 것과 반대 아닌가? "그것도 최종 목표 가운데 하나죠. 전적으로 동의합니다." 그는 말한다. "우리는 몇 가지 해결해야만 할 중요한 발전 단계가 있습니다. 자동차가 최대한 효율적으로 작동해 최대한 에너지를 적게 사용해야 합니다. 자동차가 어떤 엔진을 사용하든 탄소 발생이 없어야 하고 배기구에서는 배기가스가 안 나와야죠. 현재로서는 가장 깨끗한 방식은 전기차입니다. 자, 그러니까 우리는 배기가스 없는 이동 수단이 있습니다. 하지만 그렇게는 교통 혼잡 문제와 공간 문제는 해결이 되지 않아요. 만일 2050년까지 3천5백만 대의 휘발유와 디젤 차량이 사라지는 대신 4천만 대의 전기차가 길 위로 나온다면 우리는 실패할 것입니다. 교통망이 정체 상태가 되겠죠. 그러니까 우리가 해야 할 일은 이동 수단의 형태와 소유 방식을 전부 바꿔야 하는 겁니다. 2만5천 파운드나 되는 비용을 쓰면서 95퍼센트의 시간 동안 아무것도 하지 않고 서 있는 차보다는 3만5천 파운드가 들지만 뭔가를 뽑아낼 수 있는 자산으로 65퍼센트의 시간 동안 사용할 수 있는 차가 더 낫습니다. 차량의 수가 절반으로 줄어도 전체 이동 거리는 같을 수 있습니다." 하지만 제조사들은 당연히 **더 많은** 차를 팔고 싶어 하지 않을까? "더 좋은 차를 약간 더 비싼 가격에 판매하고 그에 어울리는 서비스도 제공해야죠. 이동에 따른 비용을 내도록 말입니다." 이스트레이크가 말한다. "자동차들을 더 자주 사용한다고 생각해보세요. 더 자주 새것으로 교체해야 할 겁니다."

도시에서 배기가스를 줄이기 위해서는 차고 앞에 세워둔 자가용을 항상 출발 대기 상태로 두어서는 안 된다. 사람들이 자동차를 사용하는 이유는 차가 항상 대기 중이고 사용하기 쉬우며 이미 돈을 지급했기 때문인 경우가 많다. 공유 차량 사용자가 되면 자동차는 다른 이동 수단과 동등한 입장이 되어 질문을 던진다. 오늘 A 지점에서 B 지점으로 이동할 때 가장 좋은 방법은 무엇일까? 차량 공유는 또한 도로 교통을 전기화하는 가장 빠른 방법이기도 하다. 모든 사람이 전기차를 살 수 있는 형편이 되지는 않지만, 중고차를 살 수 있는 사람 정도라면 누구나 차량 공유 멤버십에 가입할 수는 있다. 최대 규모의 차량 공유 서비스였던 파리의 오토리브는 2018년 서비스를 중단했지만, 그 정신은 뒤따라 서비스를 도입한 세계 많은 도시에 살아 있다.[*] 폴란드의 브로츠와프에서는 보질라 차량 공유 서비스에서 닛산 리프 전기차를 200대 사용할 수 있다. 일본의 'e셰어 모비' 서비스는 멤버십이 없고 사용할 때마다 사용료를 내는 방식이다. 이 서비스에서는 프로파일럿이라는 자율주행 신기술이 적용된 자동차를 사용할 수도 있는데, 사람들이 EV와 자율주행에 익숙해지도록 만드는 현명한 방법이다. 원래 파리에서 오토리브 서비스를 운영했던 볼로레 그룹은 인디애나폴리스(블루인디), 로스앤젤레스(블루LA), 런던(블루시티), 싱가폴(블루SG)

---

[*] 특히 파리에서는 더욱 그렇다. 2018년 여름 파리의 전기차 공유 시장은 다수의 경쟁자에게 개방되었는데, 르노는 자체적으로 '지정 주차장이 없는 형태'의 공유 서비스인 무브인(Moov'in)을 시작한다. 시티스쿠트의 전기 스쿠터도 마찬가지로 2018년까지 6천 대, 2019년에는 1만 대까지 성장했다. 이는 오토리브도 이뤄내지 못했던 성과이다.

등 세계 여러 곳에서 비슷한 서비스를 운영하고 있다.

하지만 전기차 공유 서비스가 깨끗한 공기를 위한 청사진의 일부라면, 사람들이 아예 자동차를 이용하지 않도록 하는 편이 더욱 좋다. 그렇다고 해서 도로 위에서 자동차를 모두 없애자는 것은 아니라 그저 수를 줄이고 지배력을 줄이자는 것이다. C40 도시 기후 리더십 그룹의 상임이사 마크 와트는 2017년 블로그에 이렇게 썼다. '궁극적으로 자가용은 기후와 깨끗한 공기를 위한 해결책이 절대 될 수 없다. 우리가 사용하는 자동차들을 전기차로 바꾸는 건 대기오염과 기후변화를 막는 중요한 수단이지만, 시민들은 결국 자가용을 뛰어넘어 대중교통(버스, 기차, 차량 공유)으로 옮겨가야 하고, 과거처럼 걷거나 자전거를 이용해 우리 도로를 더 안전하고 더 조용하고 더 쾌적한 공간으로 만들어야 한다.'

"MaaS가 정착한 미래 도시의 모습은 어떨까요?" 이야기하던 삼포는 내게 묻는 것처럼 말하지만 사실은 스스로 묻고 있다. "예를 들어 런던 지하철은 런던의 척추입니다. 그러나 그곳에서 나오면 여러 가지 서비스가 모여 있는 허브를 만나게 될 겁니다. 지하철역에서 세그웨이로 갈아타거나 공유 차량이나 자가용을 타거나 우버 같은 차량 호출 서비스를 이용하거나 CAV 또는 자가용 드론을 탈 테고, 거기서 다시 다른 허브로 이동할 수 있을 겁니다. 지금 지하철역에서 나오면 뭐가 보이죠? 로터리죠. 그러니까 우리가 새로운 종류의 미래를 원한다면 그에 맞는 기반 시설을 건설해야 합니다."

WHO의 한 보고서는 이런 내용을 잘 정리해 강조하고 있다. '도시 계획을 제대로 하지 못해 도시가 아무렇게나 뻗어 나가고 자가용 교통에 지나치게 의존하게 되는 일이 도시 대기오염의 가장 큰 요인이다.' 도시계획에서 경력을 쌓기 시작한 삼포 역시 같은 의견이다. "우리가 빨리 계획하면 할수록 그런 미래가 빨리 찾아올 것입니다." 일부 도시는 이미 그렇게 하기 시작했다. 마드리드의 시장 마누엘라 카르메나는 도심에서 자가용을 몰아낼 계획이다. 그녀는 스페인의 라디오 방송에 나와 그녀가 퇴임하는 2019년 5월 이전에 마드리드의 주된 도로인 그란 비아에는 자전거와 버스, 택시만 다닐 수 있게 만들 거라고 발표했다. 이 조치는 모든 디젤 자동차들이 2025년에는 마드리드 시내로 진입하지 못하게 될 거라는 발표에 더해진 것이다. 마드리드의 가장 붐비는 24개 도로는 이미 운전보다는 도보에 알맞도록 다시 조성을 마친 상황이다. 주변 경쟁 도시에 지고 싶지 않은 바르셀로나는 2017년 9월 첫 번째 자동차 없는 '슈퍼블록'을 만들었는데, 바르셀로나의 엘 포블레노우 지역인 이곳은 면적이 만5천 제곱미터나 된다. 각각 대략 5천에서 6천 명이 사는 주택단지 6곳이 2018년에 추가로 슈퍼블록으로 지정될 예정이다. 자동차보다 보행자와 자전거에 우선권을 주는 이 계획으로 대기오염 수준이 3분의 1 수준으로 줄 것으로 예상한다. 슈퍼블록 내 길가 주차장은 사라지고 그 자리는 길거리 놀이나 스포츠를 위한 공간, 심지어 야외극장으로 사용할 예정이다.

세인트 바츠 병원의 크리스 그리피스 교수는 디젤을 반대하는 의사들이라는 단체의 공동 창립자이다. 그는 내게 말한다. "도로 위에서 디젤을 몰아내는 일이 중요합니다. 하지만 디젤만이 문제가 아니에요. 교통량을 줄이고 도심을 아이들이 차를 타는 대신 걷거나 자전거를 타고 등교할 수 있는 환경으로 만들어야 합니다. 아이들은 더 많이 놀고 운동하고 살을 뺄 수 있어요. 도시에서 사는 일이 지금보다 훨씬 더 즐거울 수 있습니다. 디젤을 없애고 내연기관을 없애고 교통량을 줄이고 더 좋은 교통체계를 만드는 거죠. 그 말은 도시에서 사는 사람들의 삶의 질이 훨씬 개선된다는 뜻입니다." 남부 런던의 그린위치 자치구 의원인 댄 소프는 '도보 통학버스'라는 대단한 실제 사례를 말해 준다. 전통적인 통학버스처럼 학교로 가는 길을 따라 일정한 장소에 멈추고 그때마다 학생을 추가하지만, 전통적인 통학버스와 달리 차량 자체가 존재하지 않는다. 그냥 눈에 잘 띄는 재킷을 입은 학생들이 손에 손을 잡고 맨 앞과 맨 뒤에 있는 두 성인과 함께 학교까지 걸어가는 것이다. 두 명의 성인은 대개 미리 지정해둔 교사 또는 학부모이다. "일부 학교는 매일 이렇게 하고 있습니다." 그는 내게 말한다. "그들은 포스터를 붙이고 표어를 정해 메시지를 널리 퍼뜨리려 합니다. 겨울철에는 조금 어려울 수도 있습니다. 하지만 그런 종류의 단체 행동이 진전을 이루는 한 방법입니다. 우리는 일 년에 한 번 축제를 벌이면서 이틀간 도로를 막습니다. 그런 행사가 모두에게 주는 자유로운 느낌은 놀라울 정도입니다."

대중교통도 중요하지만(자가용 전기차보다 훨씬 낫다), 우리가 두 다리로 해낼 수 있는 이동 수단('활동적인 교통수단'이라고도 알려져 있다)이 가장 깨끗한 공기를 만든다. 델프트 공과대학교의 연구에 따르면 폭이 3.5미터인 도로는 한 시간에 자동차에 탄 사람이 겨우 2천 명 이동할 수 있지만, 주차 공간을 아낄 수 있다는 점을 계산에 넣지 않은 상태에서 자전거 탄 사람은 만4천 명, 보행자는 만9천 명이 이동할 수 있다.

그러나 도로 공간을 두고 싸우는 전투는 매우 현실적이고 매우 살벌하다. 런던과 뉴욕 같은 도시의 주요 도로에서 자전거를 타는 사람들이 늘면서 도로 사용자들 사이에서 분노도 늘고 있다. 팔다리나 목숨을 잃는 상황이 벌어진다. 뉴욕시에서 2011년에만 모터 차량과 자전거 사이에 754건의 충돌 사고가 발생해 자전거 이용자 세 명이 사망했고 755명이 다쳤다(그 가운데 차량 이용자는 10명뿐이었다). 2016년에는 그 수가 엄청나게 증가했다. 차량과 4574건의 충돌 사고로 4592명이 다쳤는데, 그 가운데 18명의 자전거 이용자가 사망했다(차량 이용자는 한 명도 사망하지 않았다). 대부분 순수한 사고였지만 전부 그렇지는 않았다. '로드 레이지 운전자가 프로 사이클 선수를 폭행'이라는 제목의 기사(2018년 3월 road.cc)나 블랙캡 택시기사들이 '자전거에 전면전을 선언하다'(2018년 3월 22일, **런던** 〈이브닝 스탠더드〉) 같은 기사들은 진심 어린 증오를 보여준다. 덜 놀랍기 하지만 2018년 4월 미술가이자 자전거 애호가인 그레이슨 페리가 트위터에 올린 글은 매일 우러나는 반감을 잘 보여준다. '오늘 아침 반스버리 로드에서 나를 인도 위로 밀어붙인 검은색 시트로엥 C3 여성 운전자여, 엿 먹어라.' 매일 양측의 이런 내용의 글을 따로 모아 올리는 트위터 계정이 있을 정도다.

파리에서 진행한 차 없는 날 행사 기간에도 똑같이 부글거리는 분노가 끓어 넘칠 위기가 있었다. 그날 교통량은 겨우 52퍼센트 감소했는데, 많은 차량과 밴 자동차들은 '통행 금지 조치'를 비웃었다. 경찰과 행사에 참여한 자원봉사자들이 일부 차량을 멈춰 세웠지만 전부 감당할 수가 없었다. 택시와 우버 기사들(그냥 자가용처럼 보인다)은 예외로 했기 때문에, 진짜 예외인 사람과 멋대로 구는 해당 지역 사람을 구분하기가 힘들었다. 행사 기획자 가운데 한 명인 마리엘라 에리프릿은 내게 말했다. "일부 운전자, 특히 택시기사들은 아주 공격적입니다. 이런 상황은 자주 벌어지곤 합니다. 수백 명이 자전거를 타고 도로 대부분을 차지하면 택시기사들은 어쩔 수 없이 천천히 움직이거나 신호등 앞에서 또는 교차로에서 오래 기다려야 합니다. 어떤 운전자들은 교통량이 적어진 틈을 타서 아주 빠른 속도로 달리기도 합니다. 여전히 차량은 많은데 운전자들은 시속 30킬로미터로 정해진 제한속도를 지키지 않습니다." 교통 분야를 맡은 부시장 크리스토프 나즈도프스키는 〈가디언〉과의 인터뷰에서 이렇게 인정했다. "시민들의 태도와 행동이 변해야만 합니다."

하지만 이 모든 상황에 대한 답은 있으며 이전 장에서 힌트를 이미 제공했다. 자전거 전용도로를 만들어 자전거 이용자를 차량과 분리하고 더 많은 도로를 영구적으로 차량이 사용하지 못하도록 만드는 것이다. 런던에서는 자전거를 이용해 출퇴근하는 1만 명 중에 평균적으로 1.1명이 사망하는데, 뉴욕의 3.8명에 비해 사정이 낫다.* 하지만 모든 도시에서 같은 수의 자전거 이용자가 사망하지는 않는다. 코펜하겐과 암스테르담은 세계에서 자전거 밀도가 가장 높은 두 도시이고 통근자 가운데 절반이 자전거를 이용하지만, 각각 사망률이 만 명에 0.3명과 0.4명밖에 되지 않는다. 런던과 뉴욕의 자전거 이용자들의 헬멧 착용률도 더 높다. 다른 점은 자전거에 전용 차선과 도로를 제공해 트럭과 자동차로부터 분리했다는 점이다. 덴마크의 코펜하겐에서는 현재 50퍼센트 이상의 이동이 자전거로 이루어지며 30퍼센트는 대중교통을 이용한다. 자동차를 이용한 이동은 25퍼센트에 불과하다.

헬싱키는 현재 코펜하겐의 성공을 본받으려 애쓰고 있다. 윔 앱을 이용하면서 나는 버스에 오른다. 헬싱키시에서 공원, 재활용, 대기질에 관한 업무를 담당하는 부서인 환경센터로 가는 버스이다. 환경센

---

* 무시무시하게도 2014년 영국 육군에 복무 중인 병사 1만 명 가운데 사망률이 이와 비슷한 4.3명이었다.

에어 쇼크

터는 시 외곽에 있어서 약속한 오후 5시 30분까지 도착하려면 남은 시간이 빠듯하다. 손에 휴대전화를 쥔 나를 제외하고 모든 사람이 카드를 기계에 대면서 버스에 오른다. 현금을 내지 않는 이동이 그리 오래 전도 아닌 과거에 주머니에서 동전을 꺼내 넣는 방식에 비해 얼마나 빨라졌는지 새삼 놀라게 된다. 얼마 지나지 않아 카드를 꺼내 접촉할 필요도 없게 될 것이다. 출발한 버스는 웜이 예상했던 대로 정확히 5시 38분에 도착한다. 나는 환경센터 사무국장인 에사 니쿠넨에게 사과를 하고 그가 건물에 유일하게 남은 사람인 걸 확인하고는 재차 사과한다. 핀란드에서 근무시간은 보통 오후 4시에 끝난다. "헬싱키에서 저희는 자전거와 도보 그리고 대중교통의 이용을 많이 홍보하고 있습니다." 그는 내게 말한다. "교통 분야 기획 부서에서는 이를 심각하게 받아들이고 있고, 매년 헬싱키에 새롭게 많은 자전거 전용 차선을 만들고 있습니다. 또 도심에서는 자가용이 진입할 수 없는 도로도 추가하고 있습니다." 그는 내가 버스를 타고 지나온 주요 도로 역시 곧 자가용은 전면적으로 진입이 금지되고 버스만 이용하게 될 것이라 말한다. "많은 사람이 그 결정을 달가워하지 않습니다." 그는 말한다. 새롭게 1억5천만 유로의 예산을 들여 도심과 헬싱키의 교외 지역 섬 가운데 한 곳을 연결하는 다리를 건설할 예정이다. "그 다리는 자가용은 진입할 수 없고, 대중교통만 이용할 수 있습니다. 전차, 자전거, 도보만 가능하죠. 다리를 통하면 2킬로미터가 안 되는데 다리를 이용하지 않고 도심으로 들어가려면 빙 돌아서 10킬로미터를 운전해야 합니다." 그러니까 자가용 없이 이동하는 걸 더 쉽고 매력적인 대안으로 만들겠다는 건가? "그렇습니다. 그게 기본 전략이죠. 그쪽에 주택이 많아지고 있는데, 새로 생기는 지역에서 더 빨리 도심에 접근할 수 있다면 더 매력적이겠죠." 나중에 알고 보니 그런 식으로 주거지와 도심을 연결하는 다리가 세 개 더(세 개의 왕관 다리라고 알려져 있다) 계획 중인데, 전부 지기용은 시용할 수 없다.[*]

"코펜하겐과 다른 도시의 차이는 기반 시설 측면에서 줄 수 있는 서비스의 약속입니다." 삼포가 내게 말한다. "코펜하겐에서 자전거를 탈 때 가장 좋았던 것은 좌회전한 뒤에도 자전거 전용 차선이 계속 이어지리라는 걸 알 수 있다는 점이었습니다. 다른 곳에서는 언제든 전용 차선이 끊길 수 있고 아무도 신경 쓰지 않죠. 자동차는 그럴 일이 없는데도 말입니다." 헬싱키 시 의회의 혁신 고문 사미 사할라는 헬싱키는 자전거 문화를 최근에야 받아들였다고 내게 말한다. 시의 공공 자전거 서비스는 이제 시행한 지 2년밖에 되지 않았다. "하지만 엄청난 인기를 끌고 있습니다. 이번 여름에는 날씨가 그렇게 좋지도 않았는데, 가장 실적이 좋은 날에는 1400대의 자전거가(전체 1500대인데 100대는 주변 도시에 넘겨주었습니다) 평균 하루에 11번 이용되었습니다. 공공 자전거 서비스에서는 정말 최고의 실적이죠. 그래서 이제 저희는 자전거 도시가 된 것 같습니다. 동시에 우리는 '바나'라고 부르는 자전거 고속도로를 만들고 있습니다. 과거 도심을 지나던 철로가 있었는데 현재는 사용하지 않은 지 꽤 되었습니다. 그런데 8년 전쯤에 누군가 그걸 자전거 전용 도로로 만들자는 아이디어를 낸 겁니다. 그게 큰 성공을 거둔 거죠. 처음에는 많은 사람이 이용하지 않았지만, 시간이 지나면서 사람들은 도심을 가로질러 이동할 때 많은 시간을 아낄 수 있

---

[*] 이런 일은 스칸디나비아(죄송, '북유럽 국가'라고 해야 한다)에서만 일어나는 것이 아니다. 미국에서 자동차가 이용할 수 없는 다리 가운데 가장 큰 포틀랜드의 틸리쿰 크로싱 브리지는 2015년 9월에 개통했는데 경철도와 노면전차, 버스만 다닐 수 있고 자전거와 보행자를 위한 차선이 따로 있다.

다는 걸 깨닫기 시작한 겁니다."

그날 오후는 헬싱키의 공공 자전거를 이용해보며 시간을 보낸다. 가장 가까운 바나에 들어가 보고 싶어서 온라인으로(아직 웜에서는 이용할 수가 없다) 미리 등록한 뒤 걸어서 가장 가까운 자전거 거치대를 찾는다. hel.fi 웹사이트에서 내려받은 바나의 공식 지도는 그냥 pdf 파일이어서 내 위치를 정확히 찾기가 힘들다. 그래서 나는 가장 가까운 길에서 자전거를 타면서 어디로 이어질지 알아보기로 한다. 금세 공장 지역에 도착했는데, 그곳에는 자동차들이 다니는 붐비는 3차선 도로가 있다. 내가 마음속에 그렸던 숲 우거진 헬싱키의 모습이 아니다. 그러나 이내 나는 다리 위를 지나 작은 배들이 가득 정박한 계류장에 도착한다. 수평선에는 구름을 뚫고 비치며 노란색으로 이글거리는 태양이 바다 위에 모습을 드러내고, 오래된 범선의 모습이 실루엣으로 보인다. 편안하게 분리된 자전거 전용 도로를 따라서 달리던 나는 다른 자전거 이용자를 보며 '굉장하지 않아요?'라고 소리치며 손을 흔들고 싶어질 정도의 기분이다. 영국에서와 달리 자전거 이용자들과 보행자들 그리고 자동차들은 악의 없이 공존하는 것처럼 보인다. 모두가 서로 받아들인다. 자전거를 타고 중심지 지하철역으로 돌아오니 진짜 바나가 보인다. 오래된 철로는 수많은 다리 아래로 도심을 뚫고 지나는데, 지금은 양방향 자전거 전용 도로와 보행자 도로로 바뀌어 있다. 도로변에 서 있는 것과 비슷한 디지털 표지판에 뭔가 정보가 보이지만 무슨 말인지 읽을 수가 없다. 바나의 양쪽 위로 지나는 도심 도로는 느리게 움직이는 자동차들로 가득 차 있다.

자전거 기반 시설은 확실히 '일단 건설하면 사람들이 이용'하는 면이 있다. 네덜란드에서는 전체 국토가 그물처럼 자전거 전용 도로로 이어져 있고, 50퍼센트의 어린이가 자전거를 타고 매일 등교한다. 영국의 그레이터 맨체스터는 그 비율이 2퍼센트도 안 된다. 런던이 2010년 자전거 전용 고속도로를 만들기 시작했을 때는 그저 '파란색 차선'에 불과해 차량 운전자들에게 무시당하기 일쑤였다. 자전거 이용자들조차 보호 시설이 약하다면서(그래서 자전거 이용자들이 사망한다면서) 비난했다. 하지만 2015년 국제 자전거 기반 시설 모범 적용 연구에 근거해 접근방식이 바뀐 뒤 런던은 자전거 전용 도로를 '파란색'으로 뒤덮고 콘크리트 연석을 설치해 물리적으로 차도와 분리하면서 그 과정에서 공간을 확보하기 위해 자동차 차선의 폭을 좁혔다. 우익 신문들은 텅 빈 자전거 도로와 바로 옆 혼잡한 차도를 찍은 사진을 게재했는데, 〈데일리 메일〉의 2016년 10월 5일자 머리기사는 다음과 같다. '바보짓 같은 자전거 도로! 영국을 마비시키는 새로운 병'(정말 이런 제목으로 전국 기사를 내보냈다). 그러나 전에는 지나치게 자전거 타기를 두려워하던(진짜로 죽을 위험 때문에) 런던 사람들은 이제 자신감 있게 자전거를 타게 되었고, 자전거 도로는 금세 가득 찼다. 2018년 초가 되자 〈데일리 메일〉의 사진기자들이 텅 빈 자전거 고속도로의 모습을 찍으려면 아주 이른 아침에 나가야 가능했다. 아침 혼잡한 시간에는 블랙프라이어스 다리를 건너 런던 도심으로 들어가는 모든 교통량의 70퍼센트가 자전거 이용자이다.

이즐링턴 자치구의 로라 페리는 밴이 아닌 자전거를 통한 사업 모델을 찾아내려고 애쓰고 있다. 특히 '화물 자전거'는 앞쪽에 적당한 장치를 설치해 화물을 옮기는 방식이다. 이론적으로는 멋지게 들리지만 정말 사업 기회가 있을까? "우리는 지금까지 13개 업체를 화물 자전거로 바꾸도록 했습니다." 그녀는 내게 기획한 지 몇 주 만에 이룬 결

에어 쇼크

실이라고 말한다. "현재 많은 업체의 배달하는 방식은 도무지 말이 되지 않습니다. 최근에 이즐링턴에서 엔젤 가와 옥스퍼드 스트리트에 사무실을 두고 있는 도매상 겸 소매상을 만날 기회가 있었습니다. 두 곳은 4킬로미터 정도 떨어진 곳이죠. 고객에게 배달할 일이 생기면 옥스퍼드 스트리트에 있는 밴을 엔젤 가로 몰고 가서 그곳에서 겨우 두 블록 떨어진 곳 고객에게 물건을 배달합니다. 그래서 우리가 그들을 도와 화물 자전거로 교체하도록 했습니다. 그랬더니 시간, 자원, 돈만 아끼게 된 것이 아니었습니다. 그 업체는 직원이 다섯 명 있는데 서로 순서를 돌아가면서 서로 화물 자전거를 타려고 합니다. 진짜 신이 나나 봐요. 그들이 자전거를 타고 나타나면 고객과의 관계에도 도움이 됩니다. 광고에 정말 좋거든요." 음식 배달 업체인 델리버루의 예를 들면, 오토바이보다는 대부분 자전거를 사용한다. 벨리버루는 영국 전역에서 15000명이 넘는 자영업 배달원들과 계약해 사업을 하고 있으며 세계적으로는 배달원이 3만 명이 넘는다.

하지만 도로의 대기오염에 노출될 위험이 있는데 사람들에게 도로에서 자전거를 타거나 걸어 다니라고 독려하는 것은 옳은 일일까? 2016년 케임브리지대학에서 여러 나라와 공동으로 진행한 대규모 연구에 따르면 PM2.5 농도가 $22\mu g/m^3$인 상황이라면 육체적 활동하는 것은 '아무리 과격하게 움직인다고 해도 대기오염으로 인한 위험보다는 운동하는 것이 이익'인 상태라고 한다. 오염된 도시의 99퍼센트에서 자전거를 타는 이득이 대기오염이 주는 부정적 영향보다 크다고 연구는 밝히고 있다. PM2.5 농도가 $100\mu g/m^3$라면 그 어느 곳보다 더 높다고 할 수 있는데(델리를 제외하고), 그런 곳에서조차 '하루에 1시간 30분 동안 자전거를 타거나 하루에 10시간 이상을 걸을 때 비로소 부정적 영향이 운동 효과를 앞지르게 된다.' 2001년 덴마크의 한 연구는 같은 경로에서 자동차 운전자와 자전거 사용자를 따라가며 조사했는데, 운전자가 자전거 이용자보다 2배에서 4배 많은 PM과 BTEX(벤젠, 톨루엔, 에틸벤젠, 크실렌)에 노출되었다는 사실을 밝혀냈다. 자전거 이용자는 차 속에서 고인 채 움직이지 않는 공기보다 개방된 공간에서 흐르는 공기를 마신 덕을 보았다. 또 자전거 뒷자리에 앉은 어린이는 차량 뒷좌석에 앉은 어린이에 비해 훨씬 낮은 농도의 대기오염물질을 흡입했다는 결과도 얻었다. 몬트리올에서 진행한 한 연구에서는 별도의 자전거 전용 차선을 달리는 사람은 차량과 섞여 달리는 사람에 비해 오염에 대한 노출이 12퍼센트 적었다는 사실을 밝혀냈다. 자전거를 타거나 달리기를 하는 사람은 일반적으로 같은 대기오염에 훨씬 더 강인한 체력으로 맞서게 된다. 비활동적인 사람들은 같은 수준의 대기오염을 면역체계가 준비되지 않은 몸으로 견뎌내야만 한다. 케임브리지의 연구 결과를 보면 걷거나 자전거를 타는 효과는 대기오염이 심한 도시에서도 여전히 대기오염에 노출되는 위험을 뛰어넘는다는 것이다. 심한 수준의 운동을 할 때도 마찬가지다. 차를 타는 대신 걷거나 자전거를 이용한다면 효과는 훨씬 더 클 것이다.

델리에 갔을 때 나는 샤르마 박사에게 중앙도로연구소(CRRI) 안에서는 혹시 실례가 될 수도 있는 질문을 했다. 도시의 대기오염 문제를 해결하는 방법의 하나는 도로를 줄이고 자전거 도로나 인도를 늘리는 게 아닐까요? "제가 질문을 제대로 이해한 것이라면 아마 모터가 없는 교통수단인 자전거와 도보를 늘리라는 거죠? 델리에서는 설비가 부족해서 매우 힘듭니다. 너무 위험해요." 델리 지하철은 엄청난 수의 사람을 부실한 인도와 혼잡한 고속도로에 쏟아내고, 그들은 여전히 목적지까지 이동하기 위해 택시를 타야만 한다. "그걸 최종 목적지 연계성이라고 하죠. 좋습니다. 이론적으로는 좋은 생각입니다. 하지만 그러려면 기반 시설이 있어야 하고 기반 시설을 만들려면 투자를 해야 합니다. 그렇게 델리 지하철이 최종 목적지 연계성을 만들어내야겠죠. 하지만 항상 토지 보상 문제가 생깁니다. 토지를 수용당하는 사람은 보상을 받습니다. 인도에서 사람들은 자기 땅이라면 목숨을 겁니다. 만일 보상이 이루어지면 그들은 어마어마하게 어울리지 않을 정도의 보상을 원하며 소송을 겁니다. 제가 민주주의가 지나치다고 말했죠. 그리고 소송을 하면 일 년에서 이 년이 걸립니다." 델리 지하철은 "인도의 자부심입니다." 샤르마 박사가 말한다. 지하철이 없었다면 대기오염은 훨씬 심했을 것이다. 그러나 이곳에서 대중교통은 (미국의 많은 지역에서와 마찬가지로) 이미지 문제를 갖고 있다. 내가 샤르마 박사에게 혹시 직접 대중교통을 이용해본 적이 있느냐고 묻자, 그는 웃는다. "놀라실 겁니다. 저는 델리 지하철을 위해 환경과 관련해 적어도 20개 이상의 프로젝트에서 고문으로 조언했습니다. 하지만 평생 지하철은 두세 번밖에 타보지 않았어요." 나는 정말 놀랐다고 말한다. "그렇겠죠. 이유는 최종 목적지까지 연결되지 않아서 그렇습니다. 두 번째 이유는 너무 사람이 많아요." 그는 자기 자동차의 '편안함'이 더 좋다고 말한다.

같은 주 며칠 뒤에 델리에 살면서 글을 쓰는 라나 다스쿱타를 만났을 때 그가 내게 말한다. "대중교통의 이용은 재력과 바로 연결되어 있습니다. 만일 가족 구성원 모두가 차를 굴릴 수 있는 수준이라면 그 집 사람들은 절대로 지하철이나 버스를 탈 수 없습니다. 최소한 버스는 못 타죠." 그는 2010년 델리에서 개최한 코먼웰스게임 당시 일부 주요 도로를 버스 전용 차선과 자전거 전용도로로 바꾸려고 했던 시도에 관해 내게 말한다. "물론 이 도시는 직위와 계급에 사로잡힌 곳입니다. 가난한 사람들이 자동차 없는 도로를 차지할 동안 자동차들이 줄을 선다는 건 애초에 먹힐 생각이 아니었습니다." 그는 회상한다. "사람들은 모두 버스 차선으로 차를 몰고 들어가기 시작했고, 버스들은 많은 차 사이에 갇혀버리고 말았습니다. 그래서 시 당국은 사람들을 정규직으로 고용해 '버스 전용'이라는 표지판을 승용차에 들어 보이면서 도로를 정리하려고 애를 썼습니다. 또 자전거 전용도로는 허술한 말뚝으로 도로와 분리되어 있었는데, 금세 말뚝을 깔아뭉갠 자동차들이 자전거 전용도로로 밀고 들어가기 시작했습니다. 그 결과가 오늘날의 도로입니다. 시 당국은 그저 완전히 포기해 버린 겁니다." 자동차는 여전히 델리에서 기본적이며 델리 사람들이 스스로 어떻게 바라보는지를 보여준다고 그는 말한다. "신문에 결혼한다는 광고가 나는 걸 자주 볼 수 있는데요, 그 내용 중에 '신랑은 25세에 혼다 시티 XLS를 몰며……' 이런 내용이 있습니다. 누군가의 사회적 지위를 보는데 차가 아주 좋은 척도가 된다는 겁니다. 차는 도로 위에서의 힘을 보여주기도 합니다. 사람들은 문자 그대로 주차 공간을 두고 서로 죽이기라도 할 태세입니다." 그가 이야기하는 동안 밖에서 크게 자동차 경적 소리가 들린다.

델리에서 도보나 자전거는 매우 흔한 이동 수단이다. "하지만 그건 도시의 50퍼센트에 속하는 가난한 사람들에 한정된 이야기입니다." 라나가 말한다. "친구 한 명은 차를 팔고 어디든 자전거로 다니기로 했어요. 하지만 사람들은 부자들이 자전거를 타고 다니면 실제로 멈춰서 쳐다봅니다. 그 정도로 흔치 않은 광경이에요. 사람들은 자전거는 특정한 계급만 사용한다고 생각해요." 내가 묵는 숙소 주인인 반다 나는 "절대로 두 바퀴 달린 건 타지 말아요"라고 충고한다. "그건 죽겠다는 소리나 마찬가지예요. 젊은 외국인 손님들이 많이 나한테 말해요. '우리 자전거 타고 갈 겁니다.' 하지만, 진짜 그러고 싶어요? 그러다 죽어요." 하지만 그녀는 행복했던 시절을 기억하고 있다. "어렸을 때는 우리 모두 자전거를 탔죠. 지금은 집에서 겨우 1킬로미터 떨어진 디펜스 콜로니에 갈 때도 자전거를 안 타요. 제 자전거는 팔았어요." 대기오염에 맞서 싸우는 활동가인 슈바니 탈와르 역시 자전거를 타지 못하는 상황을 애석해한다. "우리가 사는 도시가 돌려받아야 하는 것은 자전거 타는 문화입니다." 하지만 그녀는 문제는 '닭이 먼저냐, 달걀이 먼저냐'라는 식의 상황이라고 말한다. "자전거 도로가 없는데 우리가 자전거를 타야 할까요?"

레바논 출신 의사 카를라 슈테판은 현재 런던의 공공 건강 자선 단체 메드액트에서 일한다. 그녀는 레바논 대기오염의 원인도 비슷하다고 말한다. "차가 너무 많아요. 예를 들면 우리 가족은 다섯 명인데 모두 차를 갖고 있어서 차가 다섯 대예요. 레바논에서는 이런 일이 흔하죠. 가난한 집도 직장에 다니는 사람은 모두 차가 있는데, 차가 없으면 일하러 갈 수가 없어요. 대중교통이 아예 존재하지 않습니다. 전에는 기차도 있고 버스도 있었는데, 많은 개발도상국에서는 자동차 회사의 로비가 힘을 발휘하곤 합니다. 그래서 길이 엄청나게 막힙니다." 하지만 일부 개발도상국과 중진국은 암호를 풀어냈다. 예를 들어 간선급행버스는 일반적인 버스 체계와는 사뭇 다르다. 다른 차량은 다닐 수 없는 별도 차선을 갖고 있기 때문이다. 마치 지하철처럼 운영하는데 지상에서 다니는 것이고, 전차와 비슷하지만, 궤도가 없다. 그리고 그

두 가지 방식보다 훨씬 저렴한 대안이 된다. 1974년 브라질의 쿠리치바에서 처음 생겼는데 이후 금세 콜롬비아와 터키, 이란 등 세계로 퍼졌다. 멕시코시티의 간선급행버스 체계인 메트로부스는 2005년에 서비스를 시작했는데, 라틴아메리카에서 가장 긴 노선을 가진 간선급행버스 체계로 하루에 80만 명의 승객을 실어 나르고 일 년에 약 1억8천만 명의 승객이 사용한다. 하지만 가장 중요한 점은 많은 사람의 자동차 수요를 대체했다는 것이다. 자가용 사용자의 약 15퍼센트가 대중교통을 이용하게 되었다는 추측이 있고, 자가용이 이동한 횟수가 12만2천 회 줄었다고 한다. 메트로부스의 등장만으로 멕시코시티의 연간 NOx 배출량이 690톤 줄었다고 한다.

멕시코시티는 어떻게 간선급행버스를 운영하는지 세계에 보여주는 것 이외에 '도시 녹색화' 운동도 이끌고 있다. 이 내용은 도시의 깨끗한 공기를 위해 내가 제시할 청사진에 들어 있는 다음 내용이다. 대기오염을 막기 위해서 도시에는 녹색 공간과 식물이 많이 필요하다. 나무, 식물, 잔디는 이산화탄소를 먹어치우고 미세먼지를 걸러낸다. 1986년 멕시코시티는 거주자 1인당 녹색 공간 겨우 2제곱미터에 불과했다. 2016년에는 1인당 녹색 공간이 16제곱미터로 늘었다.[*] 공원 조성과 나무 심기도 활발해지고 있지만, 멕시코시티에는 2015년 기준 3만5천 제곱미터의 녹색 옥상(관리할 필요 없고 강인한 초원 식물과 다육 식물을 옥상에 빽빽하게 심은 것)이 조성되어 있다. 대부분 공공건물인데 2018년 1만 제곱미터를 추가할 예정이다. 2016년 환경부 장관 라

---

[*] 도쿄의 3m²이나 이스탄불의 6.4m²와 비교된다. WHO는 실제로 거주자 1인당 최소 9m²를 추천하고 있는데, 오스트리아 빈의 시민들은 사치스러울 정도로 1인당 120m²의 녹색 공간을 갖고 있다.

에어 쇼크

파엘 팍치아노는 멕시코시티에 추가로 천8백만 그루의 나무를 심을 예정이라고 발표했다. 그는 이 계획을 두고 '거대도시 속 녹지대를' 보강하기 위한 '역사적 숲 가꾸기'라고 불렀다.

녹지와 가까운 곳에서 산다는 것이 더 좋은 공기를 호흡한다는 뜻이라는 직관적 느낌도 있지만 그걸 뒷받침하는 과학적 근거도 많다. 2012년에 발표한 랭커스터 대학교의 한 연구는 도시에 효과적으로 식물을 잘 심으면 도로 주변의 NO_2 농도는 40퍼센트, PM10 농도는 60퍼센트 감소시킬 수 있다는 사실을 밝혀냈다. 우리가 알아본 바와 같이 나무는 VOCs를 많이 배출하지만 O_3와 NO_2를 흡수하고 PM 오염을 걸러내는 능력을 생각하면 그걸 상쇄하고도 남는다. 랭커스터의 연구자들은 '식물의 신중한 사용으로 효과적인 도시의 오염물질 필터를 만들어낼 수 있고, 주거 밀도가 높은 도시의 도로 주변 대기질을 신속하고 지속적으로 개선할 수 있다'라는 결론을 내렸다. PM은 '건성 침착'이라는 과정을 거쳐 식물에 의해 제거된다. 먼지는 나뭇잎에 들러붙었다가 나중에 빗물에 쓸려 내려간다. 랭커스터대학교의 2009년 다른 연구에 따르면 나무 한 그루는 주변 PM10의 농도를 15퍼센트 낮출 수 있다고 한다. 한편 가스는(대부분 CO_2지만 NO_2, O_3 그리고 이산화황도 있다) 식물이 호흡하는 데 사용하는 작은 구멍인 잎의 기공으로 빨려 들어간다.

공기를 깨끗하게 만들고 싶은 도시라면 그냥 더 많은 나무와 식물, 담쟁이덩굴을 심는 것이 손쉬운 시작점이다. 하지만 일부 도시는 이미 훨씬 더 큰 야망을 품고 있다. 스테파노 보에리는 밀라노에서 활동하는 건축가로 '수직 숲' 디자인으로 국제적 명성을 얻고 있다. 그런 식의 기획은 환경보호론자들 사이에서 오래전부터 논의되던 아이디어였지만, 실제로 앞서서 해낸 사람은 거의 없었다. 스테파노는 해냈다. 보스코 베르티칼레(수직 숲)은 주거용 27층짜리 건물 두 개로, 밀라노의 포르타 누오바 지역에 있다. 2014년 10월 정식으로 개관한 곳으로 700그루의 나무와 5천 그루의 관목, 만5천 개의 다년생 식물과 덩굴나무가 외관을 이루고 있다. 건물이 차지하는 지상 면적은 겨우 1500m²에 불과하지만, 주변에 2만m²에 맞먹는 숲과 덤불을 제공하고 있다. 발코니에 화분 몇 개를 추가로 놓은 것이 아니고 나무 심는 방법과 관개 방식이 기반 시설과 건물 디자인에 통합되었다. 나무와 관목들은(가장 큰 나무는 심었을 때 높이가 9미터에 무게가 흙 포함 820kg이었다) 지상에서 태양광 펌프로 끌어 올린 물을 공급받는다. 뜨거운 이탈리아의 여름에 건물 내부 온도는 식물의 영향으로 최대 30도까지 낮아져 에어컨이 필요 없게 되었으며, 흰털발제비나 딱새, 칼새를 포함한 온갖 새들이 나무 속에 둥지를 튼다.

"수직 숲 개념은 2006년에 떠오른 생각이었습니다." 스테파노는 내게 말한다. 여전히 이 프로젝트에 열정 넘치는 모습이다. "두바이에서 200가구가 넘는 아파트 건물 프로젝트를 진행하는 중이었는데, 전체를 유리로 감싼 건물이었습니다. 그 순간에 이렇게 말한 것이 기억납니다. '이건 미친 짓이야. 여긴 사막인데!' 어쩌면 바로 그 순간에 나무나 숲에 관한 생각이 떠오른 것인지도 모릅니다. 저는 그때 진행 중이던 건물을 나무나 생물학적인 건축으로 뒤덮자고 제안했습니다." 의뢰인은 그의 제안을 거절했지만, 그의 아이디어는 계속 자라났다. 스테파노의 어머니인 디자이너 치니 보에리는 밀라노 북쪽에서 숲속 작은 집을 디자인하는 것으로 가장 잘 알려져 있었다. "그러니까 저는 언제든 어떤 식으로든 나무 다루는 작업을 하게 될 운명이었던 겁니

에어 쇼크

다!" 그는 웃는다. 마침내 밀라노에서 작업을 시작하게 되었을 때 "우리는 건축가라면 할 필요가 없는, 많은 것들을 공부했습니다. 어떻게 하면 나무가 100미터 이상 자랄 수 있을까. 수분 공급의 측면, 햇빛에 노출되는 측면, 바람에 노출되는 측면까지. 어떤 흙을 사용해야 할까. 어떻게 해야 뿌리가 바닥에 고정될 수 있을까.* 흙의 무게를 견디려면 구조물을 어떻게 설계해야 할까. 미래를 생각한 최적의 건물 관리 체계를 어떻게 제안해야 할까. 그래서 우리는 많은 연구를 했습니다. 그리고 의뢰인인 에인츠 씨에게 돌아와 보고했고, 그는 '좋소, 시작합니다'라고 말했죠." 건축 디자인은 나무와 식물에서부터 시작했다고 스테파노는 말한다. "우리는 나무의 비율과 치수에 따라 선물을 설계했습니다. 우리는 우선 나무가 천 그루쯤 있는 묘목장에서부터 시작했습니다. 뿌리가 공간에서 어떤 식으로 자라야 하는지 가르쳐야 했습니다." 나무를 기르는 과정은 2010년에 시작되었고 "우리는 2012년 말부터 나무를 한 그루씩 옮기기 시작했습니다. 이제 나무들은 그곳에 심은 지 5년이 지났습니다. 저는 그걸 공개적인 실험이라고 생각합니다. 그리고 우리가 현재 전 세계에서 진행하는 작업 현장에서는 늘 밀라노에서 어떻게 해냈는지를 참고합니다." 나는 5년 동안 뭘 발견했는지, 어떤 식물이 잘 자라지 못했는지 묻는다. "처음 심은 모든 식물이 그곳에 있습니다." 그는 말한다. "놀라운 일이죠. 식물의 10퍼센트는 죽거나 상태가 나빠질 거로 생각했거든요. 하지만 시작했을 때 식물의 수가 2만천 개였는데 문제가 생긴 건 8개인가 그럴 겁니다. 그

---

* 모든 나무는 뿌리 덩이와 흙 속에 묻은 강철 망을 서로 고무줄로 연결했다. 중간 크기와 큰 나무들은 또 줄기가 부러져 떨어지는 걸 막기 위해 안전 케이블을 설치했다. 바람에 가장 많이 노출되는 가장 큰 나무들은 뿌리를 감싸는 안전 강철 철창이 있어서, 엄청난 바람이 불어도 뒤집히지 않도록 해두었다.

게 다였어요. CO_2는 놀라운 비료였습니다! 정말이에요. 우리는 중국에서 같은 현상을 보고 있어요. 그렇게 대기오염이 해로운 수준인 곳에 나무를 심어도 아주 잘 빨리 자라는 걸 볼 수 있어요. 그건 우리가 기대하지 못했던 상황이지만 또한 기회로 생각해야만 하는 겁니다, 그렇지 않나요?"

그의 회사인 스테파노 보에리 아르키테티는 그 이후 토론토, 뉴욕, 난징, 위트레흐트, 멕시코시티에 수직 숲을 세우고 있다. 하지만 지금까지 가장 거대한 프로젝트는 중국 남부에 있는 류저우 숲 도시이다. 류저우 자치구 도시 계획국에서 의뢰한 그 건물은 전체 숲 도시에 3만 명의 사람이 거주하고 4만 그루의 나무와 거의 백만 개의 식물이 어울리게 될 것이다. 모든 벽과 지붕에 식물을 심으면 일 년에 거의 만 톤의 CO_2 그리고 NO_2와 PM을 포함한 오염물질 57톤을 흡수하고 약 900톤이나 되는 산소를 생산할 것으로 기대하고 있다. "중국에서는 이탈리아에서와는 전혀 다른 종의 나무들을 검토하고 있습니다." 스테파노가 말한다. "건축은 어디서나 어떤 나무를 선택하느냐에 대한 결과입니다. 첫 번째로 공원과 정원의 수를 늘려야 하고, 다시 숲을 조성해 숲으로 도시를 둘러싸야 합니다."

건물과 건축의 녹화는 도시 대기오염에 대한 대답의 중요한 일부를 차지한다. "우리는 현재 대기 중에 있는 CO_2의 75퍼센트가 도시가 뿜어낸 오염물질 때문이라는 걸 압니다." 스테파노가 말한다. "그리고 우리는 CO_2의 30퍼센트를 전 세계의 숲이 흡수한다는 것도 압니다. 그러니 숲을 도시 안쪽으로 가져와 어떤 면에서는 적과 내부에서 싸우는 거죠. 돈이 많이 들지도 않습니다. 제 생각에는 대기오염에 맞서 싸우는 매우 **쉬운** 방법입니다." 1헥타르의 숲에 대개 350그루의 나무가 있는 걸 생각하면, 류저우 숲 도시는 46헥타르의 숲과 같은 역할을 해낼 것이다. 그렇지만 진짜 숲보다 지면을 훨씬 적게 사용한다. 아직 건설되지 않았기 때문에 아무도 알 수 없지만 (만일 전기와 활동적인 교통수단 그리고 재생가능 에너지와 결합한다면) 이 건물은 환경으로부터 받은 것보다 더 많은 것을 돌려주는 최초의 탄소포지티브 도시가 될 수도 있다.

식물과 나무는 오래된 도시를 재생할 때도 손쉬운 선택이다. 프랑스에서는 2015년 3월부터 새로운 법률로 국내 상업지구에 있는 모든 새 건물은(상점, 사무실, 레스토랑 등) 태양 전지판이나 녹색 공간 옥상을 갖추어야 한다. 옥상의 녹색 공간은 새들이 서식 장소가 되고 PM과 NO_2를 흡수하고 빗물을 보관해주고 겨울과 여름에 단열을 제공한다. 토론토에서는 비슷한 법률로 2009년 이후 지은 모든 상업용 건물과 대규모 주거용 건물은 옥상의 최소 20퍼센트를 녹색 공간으로 꾸며야 한다. 취리히와 코펜하겐에서는 새로 만드는 평평한 옥상은 모두 공공건물인지 아닌지와 관계없이 녹색으로 꾸며야 한다. 그리고 2001년부터 도쿄에서 3300m^2가 넘는 모든 새 건물은 최소한 20퍼센트의 사용 가능한 녹색 옥상 공간을 만들어야 한다.

세계에서 인구밀도가 가장 높은 곳 가운데 하나로(680제곱킬로미터의 면적 속에 약 5백6십만 명이 비좁게 살고 있다) 도시국가인 싱가포르는 2020년까지 연간 PM2.5 농도를 12µg/m^3로 낮추려 애쓰고 있다. 그런 계획 가운데 하나로 공간적인 제약이 명백하지만 2030년까지 천 명당 녹색 공간을 0.8헥타르 제공할 예정이다. 싱가포르 살기 좋은 도시 센터에 따르면 싱가포르의 녹색 공간은 1980년에 약 36퍼센트였다. 2016년에는 그 사이 인구가 두 배 이상 증가했음에도 47퍼센트까지 증가했다. 도시 내 모든 신규 구조물은 녹색 옥상이나 녹색 벽을 가꿔야 했다. 수백 킬로미터에 달하는 자전거 및 도보용 도로가 섬 전체를 지나면서 녹색 공간들과 물길을 연결하고, 한때 자동차가 지배하던 도시에서 자전거 문화가 싹트기를 기대하고 있다. 궁극적인 목표는 640km의 도보 및 자전거 전용도로다. 하지만 진정으로 눈길과 상상력을 끄는 건 100헥타르가 넘은 가든스 바이 더 베이에 있는 '슈퍼트리'인데, 마치 〈스타트렉〉 속 다른 세계의 유토피아처럼 보인다. 24미터에서 48미터에 이르는 인공 나무 구조물은 충분한 태양 에너지를 모아 밤에는 불을 밝힌다. 나무의 '몸통'은 수직 정원을 제공하고, 15만 개 이상의 식물이 가지 모양 와이어 틀 속에 지그재그로 얽혀 있다.

도시 녹화에 대해서는 개인적으로 힘을 보탤 수 있는 방법도 있다. 나무 한 그루가 PM10 농도를 15퍼센트 낮춘다면, 집 앞에 심은 나무가 정원과 집안의 PM과 NO_2 농도를 줄일 수 있다. 혹시 자녀들이 다니는 동네 학교나 유치원이 혼잡한 도로 근처에 있다면(대부분 시설이 원래 자동차나 버스로 접근이 쉬운 곳에 만들어진 걸 생각하면 아마도 그럴 가능성이 클 것이다) 담쟁이덩굴이나 키가 크고 빽빽하게 자라는 상록수 나무로 벽을 꾸민다면 운동장에서 노는 아이들 건강에 즉각적으로 도움이 될 것이다. 차량이 배출한 높은 농도의 NO_2, PM, 나노먼지에 노출될 경우 발육이 제대로 되지 않을 아이들의 폐는 아이들과 오염원 사이의 설치된 이런 추가 녹색 방어막으로 보호받게 될 것이다. 킹스칼리지 런던에서 최근에 진행한 조사에서는 혼잡한 북부 런던의 노스 서큘러 로드에서 가까운 보스 초등학교에 설치한 담쟁이덩굴 담장 안팎에서 NO_2 농도를 살펴보았다. 12미터 높이의 담쟁이덩굴 담장을 초등학교에 세우고 대기질 관측 장비로 담장을 세우기 전 몇 달과 세운 직후의 수치를 비교했다. 담쟁이덩굴 담장은 NO_2에 대한 노출을 거의 4분의 1(22퍼센트) 가까이 줄였다.

하지만 학교 근처든 사는 곳 도로든 관계없이 대기오염 문제를 강조하기 위해서는 우선 수치를 재야 한다. 그리고 대부분 도로와 학교는 대기질 관측소가 바로 근처에 있을 정도로 운이 좋지 않다. 크라코프에서 활동하는 스모가톤의 공동 운영자 카밀라 크나프는 2017년 폴란드에서 내게 말한다. "나라 전체에 겨우 126군데의 대규모 공식 관측소가 있을 뿐입니다. 결국, 125제곱킬로미터에 하나씩 있다는 겁니다."* 스모가톤에서는 매년 경연을 벌여 스모그를 줄이는 스타트업 아이디어에 자금을 지원하고, 과거 우승자인 Airly.eu가 저렴한 센서를 설치해(크라코프에만 150개의 센서가 있다) 주민들에게 그들이 실제로 사는 곳 주변과 연관이 더 많은 측정치 제공을 돕고 있다. "이제 우리는 공기가 나쁜 곳과 어떻게 대응해야 하는지를 정확하게 알 수 있습니다." 카밀라의 동료인 마치에이가 덧붙여 말한다. "Airly.eu에 가보시면 정확히 어느 곳 공기가 나쁜지 알 수 있습니다. 그건 상당히 멋진 일인데요, 정보를 알면 맞서 싸울 수 있기 때문입니다. 당국에서는 한참 동안 그 수치를 인정하지 않았습니다. 그들이 공식으로 측정하지 않았기 때문이죠. Airly의 수치는 95퍼센트 이상 정확합니다. 그리고 비용이 200파운드밖에 들지 않아요. 정식 관측소는 20만 파운드가 필요합니다. 중요한 건 관측망을 촘촘하게 구성하면 혹시 측정값 일부가 이상하거나 센서가 정확하게 작동하지 않아도 평균을 이용해 상당히 정확하게 측정을 할 수 있다는 겁니다. 이제 크라코프의 공식 관측

---

* 그렇지만 영국보다는 사정이 나은 편이다.

소 수치를 보는 사람은 아무도 없어요. 전부 Airly를 이용합니다!"

그리고 물론 일반인이 사용하는 에그 같은 관측 장비도 있다. 베이징에 갔을 때 나는 에그를 태어난 곳에 데려가기 위해 지하철을 타고 분홍색 노선에 있는 베이신차오역으로 향했다. 나는 레이저 에그2를 생산한 회사 카이테라에 가는 길이었다. 베이신차오에서 내린 나는 이곳이 중심 상업지구와는 사뭇 다른 지역이라는 사실을 깨닫는다. 갑자기 건물은 1층이나 2층이고 전화선과 전기선들이 낮게 늘어져 있고 좁은 도로는 도로라기보다는 뒷골목에 더 가깝게 보인다. 나는 몇 사람이 어깨를 맞대고 지나면 꽉 찰 것 같은 도로로 나선다. 식당마다 걸린 빨간 등불이 손님을 부르고 있다. 카이테라의 본사는 도로에 늘어선 다른 단층 건물들과 구분이 되지 않는데, 모든 건물은 전투기처럼 회색으로 칠했고 이끼가 잔뜩 낀 기와지붕에는 떨어진 잎이 쌓여 있다. 탑처럼 생긴 빨간 아치를 통과하니 작은 안마당이 나온다. 마당에 카이테라 상표가 찍힌 상자와 제품들이 포장을 기다리며 잔뜩 쌓인 모습을 보고서야 제대로 찾아온 것임을 알아차린다. 늦은 오후 어둠이 내리기 시작해 마당 주위의 창문은 불을 밝히고 있고, 20명쯤 되는 사람들이 노트북 앞에서 일하고 있다. 문이 열리더니 키가 크고 운동선수 같은 젊은 CEO 리암 베이츠가 티셔츠에 청바지 차림으로 성큼 걸어 나와 나를 맞는다. 작은 회의실에서 우리는 이야기를 나누며 녹차를 마신다. 책장에는 일론 머스크와 마이클 블룸버그의 책과 **'일을 해내는 법'**이나 **'철저한 솔직함'** 같은 제목의 기업가 자습서들이 보인다.

리암은 겨우 12살에 기업가가 되었다. 친구들이 아이들을 돌보며 돈을 벌 때 그는 웹사이트를 만들었다. "12살에 실제로 일할 수는 없지만, 인터넷에서라면 아무도 모르니까요." 그는 부모님의 신용카드를 사용해야 했지만, 그걸로 돈을 쓰기보다는 오히려 돈을 벌었다("부모님이 전적으로 밀어주셨습니다"). 그는 16살 때 처음 중국에 왔고 무술을 배우려고 온 외국인을 돕는 웹사이트를 만들었다. 그는 여전히 십대일 때 다섯 명을 고용했다. 대학에 다니고 TV에 출연하는 활동을 하던 중에 에어포칼립스가 닥쳤다. "에어포칼립스가 닥치기 전까지 저는 대기오염 문제는 전혀 인식하지 못하고 있었습니다. 낮인데도 하늘이 거의 시커메졌어요." 그는 내게 말한다. "제 약혼자가 숨을 제대로 쉬지 못했습니다. 그녀는 어렸을 때 천식을 앓았는데, 우리는 오래전에 나았다고 생각했습니다. 그녀 말이 공기청정기를 사야겠다는 겁니다. 그 순간 말도 안 되는 생각이 떠올랐습니다. 공기청정기를 하나 만들어 보면 재미있지 않을까?" 그가 2014년 처음 만든 공기청정기는 옥시박스였다. "하지만 그 순간 깨닫게 된 것은 공기를 측정하지 않으면 제대로 정화하는 것이 사실상 불가능하다는 거였습니다. 그래서 측정기가 엄청나게 중요하다는 걸 알았죠. 레이저에그가 나오기 전에는 다른 저렴한 대기오염 측정 기기가 없었습니다."

　나는 이제 여기저기 흠집이 난 에그를 가방에서 꺼내 원래 이 물건을 만든 사람에게 보여둔다. "아, 이거 재미있네요!" 그는 웃는다. 그는 지금까지 제품을 만들어 내보내기만 했을 뿐 고향으로 돌아온 것은 이번이 처음이라고 한다. 나는 그에게 어떻게 이 기계가 작동하는지, 전면으로 공기를 빨아들이면서 나는 윙 소리부터 물어본다. "사실은 공기는 뒤쪽으로 들어옵니다. 안쪽에 관이 들어 있고 PCB(인쇄회로기판) 전자 기판이 있는데, 그 부품들이 살짝 공기를 데우면 습도를 낮추면서 수치의 정확도가 더 올라가는 겁니다. 먼지들이 레이저빔을 통과하면서(그래서 이름이 "레이저" 에그이다) 빛이 회절하게 되고 그 아래쪽에 센서가 있는데 그것이 빛의 강도를 측정합니다. 그러니까 엄밀히 말하자면 이 기기는 입자 수 측정기라고 불러야 할 겁니다. 이 기계가 하는 일은 레이저빔을 지나는 모든 먼지 입자의 수를 세는 거니까요. 게다가 먼지가 지나는 동안 크기도 잽니다. 크기가 다른 입자가 지나가면 레이저빔의 회절이 달라지거든요. 그래서 이렇게 숫자가 PM2.5/µg/m³로 나오는 거죠." 레이저 에그는 또 통신이 가능해 특정 장소에 도착하면 계속 새로운 측정 기준을 내려받는다. 카이테라는 이런 목적으로 베이징이나 델리 같은 주요 도시에 고정식 야외 에그를 설치해 두고 있다. 수백 개나 된다. "측정기 200개를 추가로 델리로 보내 설치할 예정입니다." 그는 내게 말한다. "그렇게 되면 우리는 인도 정부보다 델리에 관한 자료를 열 배는 더 많이 갖게 될 겁니다. 말도 안 되는 거죠!" 그는 믿기 어려운 속도로 빠르게 노트북을 두드리더니 그래프 하나를 꺼내 보여준다. 그래프의 모양은 거대한 자주색 산봉우리들을 배경으로 옅은 파란색 언덕들이 부드럽게 물결치는 모습과 닮았다. "자, 이건 아주 엉망이에요." 그는 자신이 보고 있는 내용에 진짜 깜짝 놀란 것처럼 말한다. "옅은 파란색은 베이징의 대기질이고 자주색은 델리입니다. 지난 두달 간의 자료죠(2017년 11월과 12월이다). 아마도 이틀 쯤 베이징이 델리보다 공기가 더 나빴던 날이 있는 것 같습니다. 아니, 사실은 그냥 **두 시간**에 불과하네요." 자료는 델리의 공기가 최악인 11월을 보여준다. 공식 PM2.5 센서는 미리 지정된 세 자릿수 999µg/m³를 벗어날 수가 없다. 하지만 우리는 델리의 미국 대사관 옆에 설치한 레이저 에그를 통해 실제로는 수치가 1486µg/m³까지 올라갔다는 걸 볼 수 있다.

에어 쇼크

하지만 에그 같은 일반 소비자용 먼지 측정기가 취약한 분야가 있는데, 그건 나노먼지를 측정하지 못한다는 것이다. 오직 300나노미터 이상 또는 PM0.3 이상의 먼지만 측정할 수 있다. 그보다 작으면 레이저로 확인할 수가 없다. 리암이 PM2.5를 신봉하고 있어서 극미세먼지에 대한 사각지대가 생기고 있다는 느낌을 받았다. 그는 내게 베이징의 대기오염은 "산업 분야에서 비롯된 것으로 믿고 있습니다. 철강 산업이 엄청난 부분을 차지하죠. 그리고 발전소도 있는데, 그건 석탄에서 나오는 거고요." 그 말은 "베이징에서 자동차를 금지하는 건 별 소용이 없다는 뜻입니다." 그 말을 뒷받침하기 위해 그는 내게 말한다. "레이저 에그를 들고 베이징의 도로로 나가 제3순환도로 중간에 서 있어 보세요. 주위가 차로 가득하지만 PM2.5 수치에는 전혀 변화가 없습니다. 그곳이 베이징의 일반적인 지역 PM2.5 농도보다 낮기 때문입니다. 자동차 배기구에 기기를 가져다 대도 배기가스가 일반적인 도시의 공기보다 나쁘지 않다니까요! 심지어 실제로 반대 상황도 봤습니다. 차의 배기구에 기기를 가까이 가져갔더니 수치가 오히려 떨어지기도 합니다. 자동차의 배기가스 여과 장치가 좋아서 그런 겁니다." 만일 PM0.3 또는 300nm 이상으로 크기를 제한한다면 베이징의 PM2.5 문제 대부분 원인은 다른 지역에서 날아온 산업 먼지일 것이다. 하지만 자동차 배기가스가 원인인 극미세먼지에 관한 연구를 보면 PM2.5의 90~99퍼센트(양이 아니라 개수로 볼 때)는 크기가 300nm 이하이고, 그것은 상당히 큰 사각지대라 할 수 있다. 게다가 에딘버러의 금 입자 연구는 혈관 속으로 침투할 수 있는 최악의 입자는 30nm 이하라는 사실을 밝혀냈는데, 우리가 가장 신경 써야 할 것들은 바로 그렇게 작은 입자들이다.

에그는 한 곳에 고정된 측정기에 비해 가정, 도로, 특정 지역에서 개인이 대기오염에 얼마나 노출되는지를 잘 보여주는 면에서 능력을 발휘한다. 심지어 정부에서 측정하는 나노먼지의 수치는 바로 측정기 옆에 서 있을 때나 도움이 된다. 하지만 에그는 귀엽고 휴대할 수는 있지만 위피트나 애플 워치처럼 웨어러블 기술이라고는 할 수 없다. 나는 파리에서 저렴한 센서를 만드는 기업가를 만났는데, 그는 세계 최초로 작고 몸에 지닐 수 있는 장비로, 허리띠나 가방에 끼우고 다닐 수 있으면서 실시간으로 NO_2, VOC, PM2.5, PM10의 농도를 측정할 수 있는 기기를 만들려고 하고 있다. 그의 회사인 플룸 사무실에서 로맹 라콤은 카페인에 힘을 얻은 속도로 숨도 쉬지 않고 말한다. 이제 막 '플로우'(라이터 크기의 멋지게 생기고 휴대가 간편한 대기오염 측정기로 차콜그레이 색이고 인조가죽 케이스에 들어간다)에 대한 예약판매를 시작했는데, 전 세계에서 주문이 빠르게 늘고 있다고 한다. 플룸의 사무실에 있는 모든 것이 '현대적인 신기술 스타트업'이라는 사실을 외치듯 드러내고 있다. 편한 복장, 커피머신, 불필요할 정도로 커다란 모니터 뒤에서 어깨를 맞대고 일하는 기술자들. 심지어 의무적으로 설치한 것 같은 느낌의 탁구장도 보인다.* 지난 3년 동안 플룸의 가장 중요한 사업 분야는 대기오염 예보였다. 특히 '플룸 대기 보고서'라는 앱을 통해 이틀 후의 대기오염 수치를 시간대별로 제공했다. 처음에는 세계의 몇 군데 도시에 대한 공개된 측정치를 기반으로 정보를 제공했고, 이후에는 60개 도시, 또 430개 도시로 늘렸다. 2017년 후반에는 인공위성 정보와 대기 모델링 정보로 부족한 면을 채우면서 지금은 내가

---

* 미래의 산업 역사학자들에게 알림. 2000년대 초반 모든 '기술 스타트업'은 사무실에 '테이블 축구' 기계를 두고 있었다. 2010년대에는 테이블 축구가 탁구대로 바뀌었다.

사는 옥스퍼드셔를 포함한 작은 도시들까지 제공 대상을 확대했다. "대기 보고서 앱은 우리가 사용자 기반을 구축할 수 있도록 해주었습니다. 또 사람들이 실제로 습관을 바꿀 수 있다는 사실을 어떻게 보여줄지 방법을 모색하는 수단이기도 했습니다." 그는 설명한다. 한편 그의 플로우에 대한 계획은 훨씬 원대하다. "매우 정확한 현지 측정치가 있다고 해도 개인적인 노출은 실제로 사람들이 어디에서 사는지, 어떤 활동을 하는지, 환기를 얼마나 자주 하는지에 따라 매우 다를 수 있습니다. 그러니까 만일 오염이 심한 곳에서 운동으로 달리기를 해서 과호흡을 한다면 물론 다른 사람보다 오염물질을 더 많이 들이마실 수 있습니다. 환경 관련 부처에서 고정 관측소 기반 시설에 많이 투자하는 이유는 언제 조치가 필요한지 결정하기 위해서입니다. 그러나 그들이 측정하지 못하는 것은 사람들이 살면서 실제로 무엇을 들이마시는지, 언제 사람들이 일하러 가면서 지하철이나 버스를 타고 차를 운전하거나 트럭 뒤에서 자전거를 타는지, 언제 집에 있는지 같은 것들입니다. 우리가 초점을 맞추려고 하는 건 개인적인 노출입니다."

플로우와 공식 고정형 측정기와 비교하면 정확도 면에서 어떤지 묻자 플룸의 캐나다인 홍보이사인 타일러 놀턴이 끼어들어 말한다. "우리 제품은 고정형 측정기를 대체하려고 만든 것이 아닙니다. 그러니까 양쪽이 모두 필요한 거죠. EPA(미국 환경보호청)이 정한 기준에 따라 시험하거나 그러지 않아요. 그게 중요한 게 아닙니다. 하지만 탄광 속 카나리아 같은 겁니다. 행동할 수 있도록 해주는 겁니다. 만일 오염물질에 노출이 지나치게 많다 싶으면 좀 더 조사해볼 수 있을 겁니다. 제 친구 한 명은 EPA에서 일하는데, 거대한 수백만 달러짜리 측정기를 사용합니다. 마치 집에서 사용하는 망원경을 NASA와 비교하는 것과 같아요. 제가 느끼기에 우리 사회가 접근하는 방식은 완전히 잘못된 것 같습니다. 고정된 장소에서의 측정은 운이 좋은 경우라고 해도 도시 전체에 겨우 십여 개밖에 없어요. 만일 미시간의 작은 도시에 살고 있다면 한 개도 없을 겁니다. 그리고 혹시 한 개 있다고 해도 자료를 수집하고 이해하기에는 능력이 부족할 거예요. 대기오염물질은 고정된 측정소 주변에 그냥 죽치고 앉아 친절하게 놀고 있지 않습니다. 도시 전체에 균일하게 퍼지죠. 오염물질은 움직이고 변하고 이동합니다. 위아래로 섞이고 어디든 없는 곳이 없죠. 두 가지 모두 필요합니다. 평균치를 구할 수 있는 큰 관측소도 필요하지만, 항상 유동적인 시스템도 필요한 겁니다. 측정 대상인 공기가 그렇듯 말이죠."

심지어 잔뜩 욕을 먹은(나와 짐 밀스가 욕했다. 2장 참조) 플라스틱 확산 튜브는 평균 NO_2 농도밖에 알려주지 못하지만, 걱정이 많은 시민들 사이에서 인기가 높다. 환경 자선 단체인 지구의 친구들은 2016년에 대중을 상대로 자신들의 웹사이트에서 '깨끗한 공기 기기 세트'를 10파운드에 파는 캠페인을 시작했다. 그 속에는 확산 튜브와 사용법, 무료 분석을 위한 반송용 봉투가 들어 있었다. 지금까지 수천 개의 '깨끗한 공기 기기 세트'가 팔렸고 그 결과는 영국 인터넷 지도에 표시되어 있다. 확산 튜브가 NO_2 농도를 재기에 끔찍할 정도로 둔감한 수단이기는 하지만, 지방 당국에 제시할 증거라는 측면에서 보면 실제로는 플로우나 레이저 에그 같은 기기의 실시간 측정치보다는 훨씬 나은 면도 있다. 짐 밀스는 내게 말한다. "만일 지방 당국에 지금 전화해서 이렇게 말했다고 하죠. 내가 중국제 먼지 측정기를 쓰고 있는데 이런 수치가 나왔다. 분명히 그들은 아주 친절하게 대하고 귀를 기울일 겁니다. 하지만 어쩌면 전화를 끊고 나서 이렇게 말할 수도 있어요.

'또 어떤 친구가 싸구려 기계를 사서 우리한테 우리 관측소 수치가 전부 틀렸다는군.'" "하지만 확산 튜브는 별로 정확하지 않잖아요?" 내가 묻는다. "네. 하지만 만일 10파운드짜리 확산 튜브를 사서 한 달 동안 두었다가 연구실에 보내고 다시 돌려받았는데 법정 허용치가 넘는 수치가 나왔다면 무슨 조치를 해야만 한다고 주장할 이유를 갖게 되는 겁니다. 왜냐하면. 그 정보는 전자기기와 마찬가지로 불확실하지만, 우리는 그 불확실성을 이미 잘 파악하고 있고 그런 식으로 수십 년 동안 정보를 쌓아두었으니까요."

나는 이번 장에서 말한 몇 가지 이론을 시험해보기로 했다. 내 딸이 다니는 유치원은 붐비는 도로의 로터리 옆에 있다. 혼잡한 시간대에는 유치원 건물을 중앙에 두고 네 방향에서 차가 길게 늘어선 채 조금씩 앞으로 움직인다. 엉성한 출입문만 지나면 바로 딸아이가 노는 운동장이다. 나는 유치원과 연락해 혹시 내가 확산 튜브를 사용해 오염물질에 대한 노출 수준을 시험해 봐도 되는지, 나중에 엉성한 출입문 대신 도로와 운동장 사이에 식물로 벽을 세울 수 있는지 문의한다. 그들이 이런 문제를 논의하는 데 있어 얼마나 개방적인지 알 수 없다. 영국의 대부분 학교는 정부에서 운영하지만, 맞벌이를 위한 유치원 대부분은 영리를 추구하는 사기업이다. 대기오염 수치가 높다는 것처럼 부정적인 인상은 사업에 좋지 않다. 내 요청을 들어주려면 시간과 돈이 들 텐데, 그 두 가지는 보육 사업 분야에서 그리 풍부하지 않은 것들이다. 다행스럽게도 유치원 원장은 나를 만나보고 싶다고 한다.

나는 대기오염에 대한 보고서와 지역 당국의 대기오염 수치, 식물로 이루어진 녹색 벽의 효과에 대한 책자로 무장하고 원장을 만나러 간다. 원장인 톰은 영국인 괴짜로 계절에 어울리지 않는 산타클로스 같은 외모를 하고 있다. 하얀 수염이 잔뜩 났고 녹색 양모 조끼를 입었다. 그는 확산 튜브를 설치하겠다는 내 제안을 그 자리에서 받아들이고 녹색 벽을 설치하는 방법을 즉시 알아보겠다고 한다. 나는 지구의 친구들에서 깨끗한 공기 기기 세트를 주문해 두 개의 확산 튜브를 운동장의 도로 쪽에 2주 동안 설치해 둔다. 몇 달 뒤에 결과가 왔는데 운동장의 평균 NO_2 농도는 $20.4\mu g/m^3$인데 도로에서 가장 멀리 떨어진 곳 건물에 설치했던 튜브의 수치는 겨우 $1.3\mu g/m^3$이다. EU의 평균 허용치인 $40\mu g/m^3$보다는(짐 밀스는 만일 이 수치를 넘는다면 지방 당국에 조치를 요구할 수 있다고 말했다) 한참 낮지만, 도로에서 가까운 쪽의 수치는 여전히 우려스럽다. 차가 다니지 않는 밤을 포함한 평균 수치가 그렇게 높다면 한창 러시아워일 때의 수치는 분명히 훨씬 더 높을 것이다. 나는 녹색 벽을 세우자는 의견을 낸다. 그리고 연구 문헌을 참고해 침엽수로 두껍고 키가 큰 장벽을 세우자고 추천한다. 오염물질은 잎에 들러붙는데 잎이 떨어지는 나무는 일 년에 절반밖에 써먹지 못한다고 나는 톰에게 말한다. "네, 네, 좋습니다. 간단해요. 저도 마음에 듭니다. 아이들에게 가장 좋고 따님께 가장 좋은 방향으로 해야죠." 나는 내가 왜 걱정했는지 궁금해하며 유치원을 떠난다. 학교나 유치원은 언제나 아이들의 이익을 가슴 속 깊이 생각해야만 한다.

몇 주가 지나고 작업자들이 11그루의 어리지만 이미 높이가 2미터나 되는 침엽수와 함께 도착한다. 즉각적인 효과는 제한적이겠지만 일 년 정도 지나면 나무가 더 크고 무성하게 자랄 것이고, 딸아이가 노는 운동장은 전보다 대기오염 농도가 낮아질 것이다. 그러면 딸아이와 친구들이 밖에서 놀 때 더 안전해질 것이다. 나는 더 행복하고 안심이 되었고 어쩌면 약간의 자부심도 느꼈다. 그러나 나는 아침에 딸아이를 유치원에 데려갈 때마다 그리고 매일 오후 다시 데리러 갈 때마다 매일 줄을 서서 배기가스를 뿜어내는 자동차들을 노려보는 자신을 발견한다. 자동차가 없다면 해결해야 할 NO_2 문제 따위는 존재하지 않을 것이다.

Part 10

깨끗한 공기의 대가

나는 도노라 사태의 생존자이자 미국의 탁월한 역학자 가운데 한 명인 데브라 데이비스 박사와의 인터뷰를 고대하고 있었다. 그러나 그녀 남편에 관해 조사해볼 생각은 하지 않았다는 점을 인정하지 않을 수 없다. 전화로 통화할 때 그녀는 손자가 브람스 피아노 협주곡을 연주하는 걸 보기 위해 부부가 미시간주에 여행가 있다는 이야기를 한다. 누군가 아침을 준비하는지 그릇 달그락거리는 소리가 배경음으로 들린다. 이번 통화는 몇 주 전부터 약속을 잡아둔 것이었지만 왠지(일부러 그러는 듯 그릇 부딪히는 소리가 나는 걸 보면) 함께 있는 '누군가'는 기분이 매우 좋은 것 같지는 않다.

2002년 《연기가 물처럼 흘렀을 때》라는 책을 써서 대기오염이 많은 주목을 받도록 했던 데브라와 인터뷰하면서 우리는 역학적, 독성학적 증거에 관해 이야기를 나누었다. 그런 다음 정책 결정권자들이 절박함이 없다는 이야기를 나눈다. 그렇게 많은 사람의 생명을 파괴하고 끝장내는데 왜 아무것도 하는 게 없죠? "제가 이 나이를 먹고도 이 일을 그만두지 못하는 이유 중 하나가 그거예요." 그녀는 한숨을 내쉰다. "환경 정책의 전체적 접근방식은 아주 근본적인 요구사항을 갖고 있어요. 그건 바로 시체를 보여달라는 거죠. 경제학자들이 말하는 건 시체가 나오기 전에는 증거가 없다는 거예요." 그리고 이어지는 우리 대화는 마치 무대 위 연극처럼 보인다. 그러니 무대 위 장면을 상상해 보라. 역학자와 경제학자 부부는 휴가를 보내는 중이다. 아침을 먹으려 준비하는 중에 기자가 전화를 걸어오는데…….

데브라(다급하게 전화기에 대고) : 남편이 지금 같은 방에 있다는 걸 말해야겠네요.

남자(시리얼 그릇을 날카롭게 테이블에 내려놓으며) : 나도 이야기를 좀 해야겠어.

데브라 : 좋아, 그래! 내 남편은 경제학자고, 어쩌다 보니 EPA소속 고위급 경제학자였어요. 우리는 바로 이 문제를 두고 40년 넘게 긴 토론을 해왔어요. 자, 남편인 리처드 모겐스턴을 소개하죠. 전직 경제학자이자 EPA 부청장 대행이었어요. (그녀는 수화기를 넘겨준다.)

리처드 : 데브라는 역사적으로 밝혀진, 자기 견해를 뒷받침하는 상황을 언급합니다. 당연히 그래야 하겠죠. 하지만 모든 문제가 초기 연구에서 나온 결과처럼 나중에도, 말하자면 테트라에틸 납이나 뭐, 그런 것처럼 심각한 문제로 밝혀지지는 않아요. 그러니까 우리가 처한 상황은 우리 모두 알 수 없는 걸 다루고 있다는 것, 그러니까 사회가 알 수 없는 대상을 다루고 있다는 겁니다. 우

리는 불확실성의 세계에서 살아가고 있다는 거예요. 자, 사람들이 어떤 화학물질이 진짜로 엄청나게 해롭다고 생각하는 상황이라고 합시다. 그런데 일고 보니 동물을 대상으로 실험을 했을 때만큼 사람에게는 해롭지 않아요. 제가 생각하고 있는 건 휘발유의 어떤 성분인데 어떤 동물을 대상으로 실험을 했어요. 그런데 한 동물에게는 발암 효과가 나타났는데 다른 동물을 대상으로 했더니 그 효과가 나타나지 않는 겁니다. 하지만 더 큰 요점은 여러분이 요구하고 있는 변화가 얼마나 규모가 큰지 계산을 해야만 한다는 겁니다. 간단한 것처럼 보이겠죠. 연구하고 문제를 찾아서 금지하거나 노출을 줄인다. 하지만 가끔은 그렇게 간단하지 않아요. 그리고 가끔 사회는 어떤 위험이 있는지 이해하는 상태에서도 그 일자리를 원하기도 합니다.

데브라(멀리서 소리를 지른다) : 중국의 코크스 제조 가마 노동자들 얘기를 해주지 그래!

리처드 : 할 거야! 오래전 중국에 갔을 때 일입니다. 저는 중국에 여러 번 갔었는데, 중국에 처음 갔을 때 생긴 일입니다. 코크스 가마 꼭대기에서 사람들이 뭔가를 쓸어내고 있었어요. 미국에서는 오래전 금지된 작업이죠. 우리는 사람들이 그런 작업을 하게 두지 않고 대신 작업을 대신에 하는 기계를 만들었습니다. 중국인들은 우리가 갔을 때 여전히 그런 방식을 쓰고 있었습니다. 그래서 내가 철강 공장을 구경시켜 주던 사람에게 말했습니다. "이런, 저거 엄청나게 위험한 행동이라는 거 사람들이 아는지 모르겠군요. 코크스 가마에서 나오는 벤젠 가스가 진짜로 몸에 안 좋다는 연구 결과가 있습니다." 그러자 중국인 사내가 말하더군요. "아, 네. 우

리도 압니다." 그래서 내가 말했죠. "저기 코크스 가마 위에서 일하는 사람들도 알고 있다는 건가요?" 그랬더니 그가 말하더군요. "아, 그럼요. 저 사람들도 압니다." 내가 말했습니다. "그럼 왜 저런 일을 하는 거죠?" 그러자 사내가 말했습니다. "에, 저 사람들은 여기서 일하는 다른 사람들보다 추가 수당을 받아요. 그래서 위험을 무릅쓰고 자진해서 저 일을 하는 겁니다." 그 말을 들으니 제게 경제학적이면서 사회학적인 질문이 떠오르더군요. 그래, 우리는 문제가 있다는 보고서를 갖고 있어. 하지만 사람들은 같은 보고서에도 매우 다르게 반응하지. 어떤 사람들은 그 일을 하겠다고 나서는 대신 추가 돈벌이를 택해. 문제를 그냥 받아들이는 대신 이익을 취하는 거야. 불확실성조차 없는 상황이었습니다. 과학적 증거가 차고 넘치기 때문이죠.

데브라 : 과학적 증거라는 건 아프고 죽은 사람이 많다는 증거라는 뜻이잖아.

리처드 : 그래, 맞아. 코크스 가마에서 나오는 벤젠에 관해서는 확실해진 거지. 하지만 지금 논의하는 다른 예에서는 불확실성이 있어. 모든 경우에 문제가 있다고 확인되지는 않아. 하지만 사람들은 말하지. "좋아, 난 경제적 이득을 택하겠어"라고 말이야. 그러니까 정책을 결정하는 사람들의 딜레마는 경제적 이득이 매우 적거나 아니면 건강에 대한 피해가 아주 큰 상황을 찾아내야만 한다는 거야. 그래서 그런 것들을 규제하는 거지. 하지만 세상은 만만치가 않아.

팀(이때쯤에는 기자라기보다는 부부싸움 중간에 끼어든 침입자 같은 기분이다) : 하지만 그건 늘 일관되게 펼쳐지는 업계와 정치인의 지연 전술 아닌가요? '100퍼센트 원인이 밝혀지지 않는다면, 뭔가 조치를 하기 전에 좀 더 많은 연구가 필요하지 않나요?'라고 말하는 것 말입니다.*

리처드 : 네, 그건 지연 전술이죠. 그걸 두고 논쟁하지는 않겠습니다. 내가 말하는 건, 만일 그 문제를 건강이라는 관점과 사람들에게 미치는 부정적 영향만으로 좁게 본다면 그저 지연에 불과하겠죠. 만일 그걸 사회적 관점, 그러니까 '사람들이 이런 일을 하도록 둔다면 사회적으로 가치가 있을까? 다른 대안은 없을까?'라고 한다면요? 이차대전을 생각해봅시다. 영국과 미국의 모든 사람이 엄청나게 위험한 상황에서 일하며 군수품과 무기를 생산했습니다. 그 과정에서 많은 사람이 죽었죠. 전투에서 죽은 사람을 제외하고도 물품 생산과정에서 사람들이 죽었습니다. 그럴 가치가 있었을까요? 사회 전체적으로 본다면 사람들 대부분은 그렇게 행동하지 않았더라면 결과는 더 끔찍했을 거라고 주장합니다. 여러 가지 문제가 있어요. 제 생각에 조금 단순하게, 사회 체계 속 일부 특별한 패배자들에게 초점을 맞춰야 한다고 생각합니다. 왜냐하면, 복잡한 문제라서…….

데브라(격분한 상태) : 이런, 맙소사!

---

* 2017년에 EPA 청장이었던 스콧 프루잇은 이런 전술을 아주 좋아했다. 2017년 중반 그는 성명을 발표했다. "미국 국민은 CO_2에 관한 진정하고 적법하고 전문가들이 검토하고 객관적이고 투명한 토론을 볼 자격이 있습니다." 실제로 기후 변화에 관한 정부간 협의체(IPCC)에서 나온 다섯 개의 보고서를 포함해 수십 년 동안 전문가들이 검토를 거듭하고 있음에도 그런 토론이 이뤄진 적이 없다는 시각도 존재한다. 2017년 말에는 프루잇이 다시 미국의 뉴스 채널 CNBC와의 인터뷰에서 인간이 만들어내는 공해가 기후변화를 초래하는지를 두고 '엄청난 이견'이 있으며, '우리는 계속 논쟁하고 분석하고 검토해야 할 필요가 있다'라고 말했다. 이 문제를 두고 과학계에서 의견의 불일치는 거의 존재하지 않는다. 하지만 반복적으로 그렇다고 말하면 현재 상황은 끝없이 이어질 수도 있다.

에어 쇼크

리처드 : 어쨌든 제 생각은 그렇습니다.

데브라(팀에게) : 자, 이제 왜 우리가 소위 '격렬한 대화'를 나누고 살아야 하는지 알겠죠?

팀 : 자, 그러면 남편이 방금 하신 말에 대해서는 뭐라고 응수하겠습니까, 데이비스 박사님?

리처드 : 대꾸할 말이 없겠죠! 좋아, 말해 봐. 말해보라고!

데브라 : 얼마나 손해를 입을 것인지에 대한 예측 때문이야.

리처드 : 그러시겠지!

데브라 : 인간의 목숨과 삶의 질이 더 가치가 있다고 생각해, 아니면 즉각적인 경세 빌전이 디 기치가 있다고 생각해? 존 메이너드 케인스가 했던 유명한 말이 있어. '장기적으로는 우리 모두 죽는다.' 물론 경제학자들은 장기적으로 생각하지 않는 경향이 있고 단기적으로 생각하지. 자, 나도 누구든 일자리에서 잘리는 걸 원하지는 않아. 하지만 우리는 건강 문제를 무시하는 경향이 있다고 생각해. 특히 즉각적이고 확실한 단기적 이익이 있다면. 예를 들어 스웨덴을 보자고. 누가 봐도 스웨덴은 우리보다는 민족적 동질성이 더 큰 나라지. 그들은 1970년대와 1980년대에 힘겹게 농약의 80퍼센트를 사용 금지했어. 농약의 위험 때문에 시민들을 농약에 노출하고 싶지 않았기 때문이야. 위험이라는 것 대부분은 확실히 밝혀지지 않았고 그저 실험적인 증거에 기초하고 있었지만 말이야. 그런데도 그들은 그냥 금지해 버린 거야. 미국은 지금도 같은 농약 가운데 일부를 사용해. 이곳 업체들이, 특히 요새는 건강 문제를 염려하는 사람들보다 훨씬 힘이 세기 때문이지.

리처드 : 그래서 결과적으로 우리가 스웨덴 사람들보다 덜 건강하

다는 거야?

데브라 : 결과적으로 어떤 질병에서는 그렇지. 알츠하이머나 치매, 또…….

리처드 : 하지만 그걸 증명할 수는 없잖아. 그런 결과가 미국과 스웨덴의 다른 차이 때문에 그런 게 아니라는 점을 증명할 수 없다고.

데브라 : 잠깐만. 그건 내가 미리 규정을 했던 거야. 스웨덴은 민족적으로 우리보다 더 동질성이 크다고 했잖아.

리처드 : 마지막으로 이렇게 말하죠. 데브라가 저보다 조금이라도 사회적으로 높은 계층이라는 뜻이 아닙니다. 어쨌든 우리 두 사람 모두 상대적으로 사회에서 편하게 사는 부류죠. 그런 사람들이 먹고살려고 몸부림치는 사람들에게 조언하는 겁니다. 포기하고 거래하겠다는 사람들에 관한 문제라는 거죠. 건강 보호가 경제적 비용보다 중요하다는 보는 사람들 가운데 대부분은 걱정 없이 사는 사람들이라는 거예요.

팀 : 하지만 꼭 양자택일의 문제가 아니지 않나요? 가장 취약한 사람들을 보호하자는 거잖아요.

데브라 : 맞아요. 꼭 양자택일할 필요는 없어요

리처드 : 공짜 점심이 존재하지 않는다는 건 아니지만, 세상에 공짜는 그렇게 많지 않아요. 대부분 모든 일에는 비용이 따릅니다. 뻔히 보이든 그렇지 않든 말이죠. 봐요, 나도 지지하는 사람이에요. 나는 환경반대론자가 아니라고요. 난 그저 경제적 영향을 무시하는 건 너무 단순한 생각이라는 걸 지적하는 것뿐입니다.

나는 함께 나눈 대화의 모든 것이 아주 마음에 들었다. 두 사람의 대화 내용이 중요한 '마지막 장'의 요점을 강조하고 있다는 생각이 들었기 때문이다. 그러니까 이런 것들이다. 지금까지 대기오염에 관해 알아봤는데, 우리는 상황을 바꿀 능력이 있는가? 아니면 그냥 알게 된 내용을 그대로 받아들여야 하는가? 공기를 깨끗하게 만드는 일의 경제적 영향은 순이익인가, 순손실인가?

대기오염이 가장 중요한 대중의 건강 문제라는 걸 고려해 들어가는 비용과 이익을 먼저 살펴보는 것으로 그 질문에 대답해보도록 하자. 〈랜싯〉 위원회에 따르면 고소득 국가에서 대기오염과 관련한 질병을 치료하는데 들어가는 비용은 연간 전체 의료비의 1.7퍼센트이고 중간소득 국가에서는 7퍼센트나 된다. '추가로 대기오염과 질병 사이의 관계가 파악되면 대기오염 관련 질병에 대한 비용은 아마도 증가할 것이다.' 위원회는 거의 매일 새롭게 발견하고 있는 대기오염과 새로운 질병과의 관련성을 언급한다. OECD는 회원국에서 부담하는 국제적 대기오염 관련 의료비용이 2015년 210억 달러에서 2060년에는 천7백6십억 달러로 증가할 것으로 믿고 있다. 한편 복지 관련 비용은 조 단위를 훌쩍 넘길 것이다. UN이 2016년 발표한 자료에 따르면 유럽 전체의 대기오염에 따른 사망과 질병으로 인한 비용이 이미 연간 1조6천억 달러나 되는데, 이는 유럽 전체의 국내총생산(GDP)의 10분의 1에 가까울 정도다. 유럽 10개 국가에서는 GDP의 20퍼센트가 넘는다. 2012년 남아프리카공화국의 한 연구에 따르면 한 해 모든 사망자의 7.4퍼센트는 미세먼지에 만성적으로 노출된 것이 원인이었는데, 비용으로 따지면 GDP의 6퍼센트 또는 2백억 달러에 달했다. 아프리카 전체를 두고 보면 2013년 대기오염이 원인인 조기 사망으로 인한 경제적 비용은 야외 대기오염으로 대략 2천백5십억 달러, 실내 대기오염으로 2천3백2십억 달러였다.

이런 식의 통계로 이번 장을 모두 채울 수도 있다(하지만 자비심에서 또 가독성을 위해 그러지 않겠다). 런던의 대기오염으로 인한 총 경제적 비용은 2010년에 37억 파운드이다(유감스럽게도 가장 최신 정보다). 하지만 그런 비용은 정확히 어디서 나오는 걸까? 예를 들겠다. 〈환경 보건 전망〉이라는 학술지에 실린 2015년 뉴욕대학교 의과대학이 주도한 논문에서는 PM에 대한 노출이 원인인 조기 분만의 경제적 비용을 계산했다. 한 가지 대기오염 분야가 미치는 딱 한 가지 건강 문제를 다룬 것이다. 총비용은 조기 분만이 원인으로 다섯 살이 될 때까지 발생한 질병의 치료비 그리고 그 이후 발달 장애와 인지능력 감소로 잃어버린 경제 생산성 비용까지 포함하고 있다. 미국에서 전체적으로 PM2.5이 원인인 조기 분만과 관련한 연간 비용은 50억9천만 달러로 추산된다고 한다. 이런 결과는 '임신 중에 대기오염에 대한 노출을 줄이는 걸 목표로 규제 제도를 도입하면 경제적 이득을 얻을 수 있다는 생각이 든다'라고 저자는 말한다.

2015년 EPA가 진행한 비용 편익 분석은 이렇게 설명한다.

조기 사망의 발생, 특히 미세먼지에 대한 노출과 관련한 조기 사망 발생을 방지하면 1990년에 만들어진 대기오염방지법에 근거를 두고 진행하는 거의 모든 프로그램에 직접적인 이익이 된다……. 첫 번째, 대기질과 대기오염에 대한 노출 그리고 그로 인한 조기 사망 위험의 변화는 분명히 존재한다. 두 번째, 조기 사망 위험에서의 이런 변화는 중대한 경제적 가치를 가질 것으로 추정된다.

직접적인 의료비 지출 말고도 복지 성과와 노동자 생산성이 경제에 큰 영향을 미친다. 〈랜싯〉 위원회는 대기오염과 관련해 발생한 생산성 저하는 저소득 국가와 중간 소득 국가에서 GDP를 2퍼센트까지 감소시킨다는 걸 알아냈다. 국제적으로 대기오염으로 인한 직장에서의 체력과 생산성 저하로 인한 비용은 연간 4조6천억 달러로 국제 생산량의 6.2퍼센트에 달한다. 어떻게 이런 일이 가능한지 보기 위해 매우 작은 규모로 다시 들여다보자. 2016년 마셜 경영대학원이 중국의 전화상담센터 두 군데에서 진행한 연구에서는 대기질 지수(AQI) 기준으로 대기오염 수준이 높아지면 전화상담센터 직원들이 하루에 처리할 수 있는 통화 수가 줄어든다는 사실을 밝혀냈다. 직원들은 대기오염 수준이 좋음(AQI 0~50)인 경우에 대기오염이 나쁨(AQI 150~200)일 때보다 생산성이 5~6퍼센트 증가했다. 농업 분야에서 별도로 진행한 연구에서는 캘리포니아의 과일 수확 노동자를 대상으로 삼았는데, 오존이 10ppb 달라졌을 때 수확한 과일 양으로 측정하는 노동자 생산성이 5.5퍼센트 감소했다. 연구 저자들은 미국 전체에서 오존을 10ppb 줄인다면 농업 분야 노동시장에서 약 7억 달러의 비용을 절약할 수 있다고 해석했다. 이런 모든 상황은 머릿속의 '우리가 공기를 깨끗하게 할 돈이 있나?'라는 질문을 뒤집어놓는다. 이렇게 큰 비용을 아끼지 않아도 되나?

UN은 세계적으로 납 함유 휘발유를 단계적으로 사용 금지한 조치만으로 일 년에 2조4천5백억 달러에 해당하는 경제적 이익이 생겼다고 추정한다. 그 안에는 건강 증진, 조기 사망 감소, IQ 상승(그로 인한 평생 소득의 증가) 그리고 폭력적 범죄 감소가 포함된다. 프랭크 켈리는 내게 유럽 내 어디서든 "도시의 배기가스를 줄이고 도심에서 석탄 발전소를 없애는 조치를 시행하면, 정부는 대기질의 향상과 기대수명의 증가, 다른 이유로는 설명할 수 없는 특정 질병의 감소를 확인할 수 있었습니다. 그러니까 대기 정화에 돈을 쓰면 큰 이득을 얻게 된다는 겁니다. 왜냐하면, 의료비는 언제나 그보다 더 많이 들어가거든요"라고 말했다. 대기오염 감축을 위해 가까운 곳까지 자동차로 이동하는 대신 도보나 자전거처럼 활동적인 이동 수단을 이용하는 행동에 대해 영국 최고의료담당관 연례 보고서는 이렇게 설명한다. '어린이 한 명이 걷거나 자전거를 타고 등교하면 건강상의 이득, NHS 기금, 생산성 향상, 대기오염과 교통혼잡의 감소 등에서 각각 768파운드 또는 539파운드만큼의 이득을 얻을 수 있다.' 이동 수단 사용자가 연료나 자동차 관리 부문에서 절약하는 금액은 제외한 계산이다.

캘리포니아대학 샌디에이고 캠퍼스의 대기 기후과학 교수인 비랍하드란 라마나탄은 2016년 WHO의 뉴스 게시판에 '대기오염 문제에 대한 완벽하고 실현 가능한 해결책이 존재하지만, 모두 근거 없는 믿음에 둘러싸여 있다는 점이 비극이다'라고 썼다. 그가 생각하는 가장 큰 오해는 대기오염을 막는 비용이 그로 인한 이득보다 더 클 것이라는 생각이다. '캘리포니아에서 연구한 바에 따르면 만일 공기를 깨끗하게 하는 데 1달러를 투자하면 캘리포니아에 30달러로 돌아온다. 건강이 엄청나게 개선되는 이익도 있지만, 새로운 일자리가 대규모로 생기고 그로 인해 사람들의 복지가 개선된다.'

또 다른 큰 오해는 경제가 발전하기 위해서는 화석연료를 캐내 태워야 한다는 믿음이다. 2010년부터 독일의 GDP는 상승 곡선을 그렸지만, 같은 기간 총 전력소비량과 1차 에너지소비량, 온실가스 배출량은 모두 하향 추세를 보였다. 2015년 파리에서 열린 기후 관련 회담에서 캘리포니아 상원에서 온 대표가 비슷한 자랑을 했다. "우리는 성공리에 탄소를 GDP에서 분리했습니다." 캘리포니아에서 생산하는 원유는 2009년부터 매년 줄고 있지만, 주 경제는 같은 기간 5퍼센트 성장했다. 사실 화석연료는 저렴하게 얻을 수 없다. 한 보고서를 보면 유럽은 2014년부터 2016년까지 매년 화석연료의 생산과 소비에 적어도 천백2십억 유로의 보조금을 지급했다. 우리는 정부 지원 없이 더는 이익을 내지 못하는 석탄 회사에 여전히 자금을 지원하는데, 이유는 그들이 견고하고 강력한 정치 로비를 하기 때문이다. 유럽에서는 석탄생산 사기업(공기업이 아니다)에 대한 재정적 지원에만 연간 최소 33억 유로가 지출된다. 그리고 그건 단지 국내 시장에 국한한 이야기다. 여러 나라가 석탄과 원유를 수입하는 업계에 어마어마한 규모의 지원을 한다. 모든 해상 운송의 3분의 1이 그저 원유를 세계 곳곳으로 옮기는 데 이용된다는 사실을 기억해야 한다. 미국 CIA에 따르면 미국은 세계 최대 원유 수입국으로 하루에 785만 배럴의 원유를 수입하고 하루에 겨우 59만900 배럴을 수출한다. 인도는 세계에서 세 번째로 많은 원유를 수입하는 국가이다. 어떤 식으로든 재생가능 에너지로 자급자족을 이루어내야 한다는 것은 경제적으로 완벽하게 타당한 결정이다.

누구든 이 문제에 대한 정부 정책의 영향에 의문이 생긴다면 내가 델리에서 만났던 멕시코 대사 멜바 프리아가 한 말을 생각해보면 좋겠다. "멕시코는 인도에서 연간 150만 대의 자동차를 수입합니다. 택시나 우버 차량은 전부 벤토인 것 같아요. 우리가 인도에서 수입하는

150만 대의 자동차는 촉매변환장치가 달려 있습니다. 우리는 어디서 수입하든 촉매변환장치를 설치해야만 하고, 그 장치는 이런저런 기준을 충족해야 합니다. 그러니까 그런 기술은 인도에서 개발돼 있는 상태입니다. 하지만 인도에서는 사용하지 않아요. 우리와 같은 규정이 없기 때문이죠. 또 인도는 황, 알루미늄, 납이 들어 있지 않은 휘발유를 수출하지만 그걸 사용하지는 않습니다."* 2014년 대법원에 제출된 한 보고서에 기재되면서 알려진 또 다른 경제적 자살골은 버스가 자가용보다 자동차세를 더 낸다는 점이다. 그 결과 버스 회사들을 희생한 대가로 자가용 택시 영업이 크게 늘기도 했다.**

역사적으로 깨끗한 공기를 위한 법률은 극적 효과를 드러내며 작동하는 것으로 나타났다. 영국의 대기오염방지법(1956년)은 당시 대기오염의 원인을 놀라운 속도로 해결했다. 가장 주목할 만한 것들은 이산화황과 석탄 연기에서 나오는 PM10이었다. 이 법은 지방 당국에 연기 제어 구역 설정 권한을 주어 허가받은 무연 연료만 사용하도록 했고, 40퍼센트의 보조금을 통해 일반 가정이 석탄 대신 가스나 전기로 대체할 수 있도록 했다. 일반 가정에 격변을 일으킬 것을 알지만 긴급한 상황이라는 걸 인식한 상태에서 택한 채찍과 당근을 함께 사용하는 접근방식이었다. 1970년대가 되자 영국 주요 도시의 공기는 그 누구도 생각하지 못했을 정도로 바뀌었다. 우리는 같은 일을 다시 해내

---

* 이런 식의 이중 잣대는 인도에서 특별할 것이 없다. H. F. 윌리스는 1972년에 쓴 글에서 영국 자동차 제조사들은 '수출용 자동차에는 반드시 적용해야 하는 안전장치들을 왜 국내 시장용에서는 무시하는지' 물었다.

** 전기 삼륜차 역시 잠깐 델리에서 인기를 끌다가 2012년 금지되었다. 아마도 '안전상의 이유'로 금지된 것 같다. 몇 년의 소송을 거쳐 마침내 2015년 3월에 '전기 삼륜차법'이 통과되어, 적재 무게와 속도에 제한을 두긴 했지만 전기 삼륜차의 운행이 허가되었다. 하지만 전기 삼륜차 운전사로 나설 수도 있는 사람들이 망설이는 건 어찌 보면 당연하다.

에어 쇼크

야 할 필요가 있다. 디젤 차량의 성공(서부 유럽에서 신규 판매 차량 가운데 디젤 차량의 비율은 단 9년 동안(1997년에서 2006년) 22퍼센트에서 51퍼센트로 늘었다) 역시 정부 정책의 전환으로 얼마나 빠른 변화가 가능한지 보여주고 있다. 디젤 차량 대신 전기차나 수소 연료전지 차량의 장려정책을 같은 방식으로 실시했다면 인간 건강에 최악의 오염물질인 NOx와 나노먼지의 농도는 급격하게 떨어졌을 것이다.

우리는 그런 일이 벌어질 거라는 첫 번째 신호가 보이기 시작한다. 2016년 10월 독일의 입법 기구인 연방 상원은 2030년이 되면 배기가스 없는 차량만 도로 위를 운행할 수 있다는 결의안을 통과시켰다. 또 유럽연합 집행위원회에 유립연합 전역에서 같은 조치를 고려해달라고 요청했다. 도쿄는 2003년 이후 사실상 디젤 엔진을 금지했다. 2016년 12월 멕시코시티에서 열린 C40 시장 총회에서 세계 주요 네 도시의(파리, 마드리드, 멕시코시티, 아테네) 시장들은 2025년까지 그들 도시에서 모든 디젤 차량을 금지하기로 약속했다. 또 전기, 수소, 하이브리드 차량의 사용을 장려하기 위해 '사용 가능한 모든 수단을 동원'하고 자전거와 도보를 위한 기반 시설을 개선하기로도 약속했다. 파리 시장 안 이달고는 혹시 있을지 모르는 모호함에 대한 비난을 피하고자 직설적으로 "우리는 우리 도시에서 디젤을 금지하고 싶습니다"라고 말했다. 이 말은 그저 공허한 미사여구가 아니었다. 그녀의 파리 환경 등급 계획(7장 참조)은 목적을 이루는 단계별 수단을 보여준다.

마찬가지로 암모니아를 가장 많이 배출하는 농업 분야에서도 배출가스 규제는 사실 농부들에게서 뺏어가는 것보다 그들에게 주는 것이 더 많다(그리고 그들 주위를 둘러싼 사회에도 마찬가지로 작용하는 것이 분명하다). 네덜란드는 1990년에서 2016년 사이 분뇨처리와 가축 사육 시설의 배출가스 인증제 등 다양한 규제를 통해 암모니아 배출을 64 퍼센트 줄였다. 그 계획에 네덜란드는 연간 약 5억 유로의 예산을 사용한 것으로 보이는데, 그로 인한 연간 사회적 이득은 농부들이 절약한 비료 1억5천만 유로를 포함해 9억에서 37억 유로나 되었다.

대기오염을 줄이는 것으로 경제적 순이익을 얻게 될 것이라는 확신이 있다고 해도 여전히 질문은 남는다. 애초에 그런 기획과 기반 시설 프로젝트에 들어갈 예산은 어디에서 얻어낼 수 있는가? 7장에서 언급한 대로 캘리포니아에서는 대기오염을 유발한 당사자들이 돈을 내도록 한다. 캘리포니아의 배출권 거래제로 얻어낸 수익금은 대기오염에 가장 많이 영향받은 지역사회에 보조금이나 대출금 형태로 분배된다. EU의 배출권 거래제 그리고 중국이 2017년 말에 시작한 비슷한 제도 역시 같은 일을 해낼 수 있다. 배출권 거래제는 1990년 미국의 대기오염방지법 개정의 중심 내용이었다. 데브라 데이비스의 남편인 리처드 모겐스턴이 EPA에서 일할 때 도입되었는데, 산성비와 이산화황 배출가스를 주 표적으로 삼았다. 하지만 배출권 거래제 같은 멋진 제도가 없는 도시에서도 (당연히 이미 그렇게 하고 있겠지만) 어떤 형태로든 대기오염 범죄자들에게 벌금을 부과할 수 있다. 이런 제도는 깨끗한 이동 수단을 위한 기반 시설 그리고 대안이 되는 깨끗한 이동 방식과 난방으로 전환하는 거주자들에 대한 장려금 지급 등으로 방향이 바뀌어야 한다.

물론 그런 정책은 제조업계에는 절대로 인기가 없다. 메리 니콜스와 함께 NRDC 로스앤젤레스 사무소를 세운 제임스 손턴은 주장한다. "자동차 업계는 규제가 새로 생길 때마다 늘 말하죠. '그건 불가능해요, 그건 불가능해요, 그건 불가능해요.' 하지만 알고 보면 매번 거짓말이었어요. 그들은 캘리포니아의 속도를 늦추려고 소송하느라 시간을 제법 썼습니다. 하지만 모든 규제는 늘 책임을 져야 할 일이었고, 확실한 과학에 근거를 두고 있었고 그러니 해야만 할 일들이었습니다." 영국으로 싸움의 무대를 옮긴 뒤 EU의 NOx 제한을 준수하게 하려는 그의 행동에 영국 정부는 비슷하게 저항을 했다. 대부분 클라이언트 어스와의 소송에 의해 강제된 것이지만 마침내 영국은 일부 NOx와 교통량을 감축할 계획을 2017년에 내놓았다. 그중에는 2040년까지 휘발유와 디젤을 사용하는 신차의 판매를 금지하는 조치도 포함되어 있다.

하지만 정부는 클라이언트 어스가 오랫동안 요구해 온 다른 중요한 조치들에 대해서는 느린 움직임을 보여주고 있다. 그중에는 배기가스 요금제 구역 운영과 디젤 차량 폐기 계획이 포함되어 있다. '디젤 차량 폐기'라는 아이디어에는 운전자에게 보조금을 지급해 그들의 오래된 디젤 차량을 새로 나온 전기차로 바꾸게 하려는 의도가 들어 있다. 영국 정부는 전에도 차량 폐기 계획을 2009년에서 2010년 사이에 시행한 적이 있다. 불경기 속에서 그 제도는 국내 자동차 업계에 절대적으로 필요한 생명줄이 되어 주었는데, 새로운 모델의 차량을 판매하는 동시에 국가의 배기가스 감축 목표를 달성하는 데 도움을 줄 수 있었다. 10년 이상 지난 자동차나 밴을 폐기하고 새 차량을 사면 천 파운드의 보조금이 지급되었고, 같은 금액을 자동차 제조사에서 지원해 전체 2천 파운드를 받을 수 있었다. 정확히 같은 이유로 지금도 같은 제도가 필요하다. 영국 북동부에서 리프 모델을 생산하는 닛산 같은 국내 전기차 제조사들은 새로운 고객층이 필요하고, 도시들은 달성해야 할 더욱 엄격해진 NOx 기준이 있다. 디젤 차량은 폐기할 필요가 있다.*

"그렇다면 정부는 그런 정책에 사용할 돈을 어디서 구할 것인지 궁금하겠죠?" 손턴은 도움을 주듯 묻는다. "독일은 그냥 자동차 업계에서 엄청난 금액의 기부금을 받았습니다. 2억5천만 유로였을 겁니다. 내가 마이클 고브(영국 환경장관)에게 제안한 것은 디젤 조작 장치를 설치한 자동차 회사들을 상대로 소송을 제기하고 30억에서 50억 파운드 사이에서 합의한 다음 그 기금을 차량 폐기 계획에 사용하라는 거였습니다." 그 사람 반응이 어땠냐고요? "제안하면서 어떤 법률을 이용할 수 있을지 법률 검토를 해주겠다고 했더니 그는 '검토 결과를 보면 정말 좋겠네요'라고 말했습니다. 그러니 두고봐야죠. 미국에서는 제 생각에 폴크스바겐이 200억 달러에 합의한 것 같습니다. 엄청난 폐기 계획을 시행한다고 해도 200억 달러나 필요하지는 않아요."

정부가 끌어낼 수 있는 수단은 언제나 업계나 시민 행동 그룹이 사용 가능한 수단보다 더 클 것이다. 베이징에 있는 NOx 저감 구역 난방 보일러 단지를 방문했을 때 매니는 내게 말했다. "산둥에 있는 한 공장 사람을 만났는데 이러더군요. '고맙긴 한데 지금 당장은 당신네 기술이 필요 없습니다. 우리나라 NOx 기준은 50ppm이거든요.' 그들이 말하는 건 기본적으로 이렇습니다. "5ppm을 만들 수 있다니 대단하네요. 하지만 우린 그럴 필요가 없어요.' 만일 규정에 따라 5ppm을 만들어야 한다면 사람들은 이 기술을 살 겁니다. 하지만 공장에서 일하는 사람들이 이타적이어서 오염 수준을 더 낮추려 할 거로 생각하

---

* 2017년 닛산은 정부를 기다리는 걸 포기하고 직접 기획한 폐기 계획을 제안했다. 영국 소비자들에게 최대 2천 파운드를 지원하고 닛산 리프로 차를 바꾸는 사람들의 중고차를 보상 판매해 주었다. 하지만 오직 한 달짜리 시험적 행사였다.

에어 쇼크

지 말아야 해요. 이 모든 일의 요지는 결정을 끌어내는 것이 규제라는 겁니다.”

하지만 규제는 제대로 집행할 때만 효과적이다. 2011년 1월 발효된 이스라엘의 대기오염방지법은 대규모 산업단지는 환경보호부로부터 배출가스 허가를 받도록 했는데, 단지별로 배출 허용치를 정한다. 전직 공중보건연합 사무국장이자 고향인 하이파에서 주요 보건 활동가로 일하는 로니트 피소는 그런 규정이 늘 지켜진다고 믿지는 않는다. “환경보호부는 구역 내 어떤 공장이든 개입해 직접 배기가스 시험을 할 권한을 갖고 있습니다. 출입구 경비원들은 관계자들이 들어갈 수 있도록 해줘야 해요. 저는 개인적으로 동료들을 데리고 방문 검사에 참여한 적이 있습니다. 하이파 만에 있는 한 정유 탱크 공장을 방문했는데, 경비원이 상사가 출입을 거부한다면서 출입문에서 우리를 세 시간 이상 붙잡고 들여보내 주지 않았습니다. 완전히 법을 어긴 거죠. 환경부에서는 아주 조치도 없었습니다. 내가 말했죠. ‘이봐요, 저 친구들 벌금 매기고, 특별 청문회를 열어야 해요. 공장 책임자를 기소해야 한다고요.’ 아무 대답이 없어요. 업계는 돈이 많고, 고위직과 인맥도 많아요. 정부 고위직 사람들이요. 그들이 언론을 통제하고, 사실 그들은 모든 걸 통제하죠. 다른 한편에는 시민들이 있습니다. 그들은 일주일이 멀다 하고 스스로 만든 웹사이트에 사진을 찍어서 올려요. 굴뚝에서 동네를 더럽히는 온갖 가스가 나와 하늘로 올라가는 모습을 말이죠. 사람들은 더는 당국을 신뢰하지 않습니다. 이건 아주 아주 중요한 문제에요.”

이런 문제는 2015년 차이징이 중국에 관한 다큐멘터리 〈언더 더 돔〉에서 주제로 다뤘던 것이기도 하다. 중국 내에서 배기가스에 관한 법률의 강제적 시행은 놀라울 정도로 약하고, 시장들과 사업체 경영자들이 대놓고 카메라 앞에서 규제를 비웃을 정도이다. 이 영화로 인한 항의에 따라 중국은 발 빠르게 규제를 이행하는 노력을 강화했다. 2016년 중국의 환경보호부 장관 천지닝은 국영방송에서 177만 개 사업체를 조사한 결과 191000개 업체에서 불법행위를 찾아냈으며 34000개 업체에서 임시로 생산을 중단했고 20000개 업체는 폐쇄했다고 밝혔다.[*]

2017년 10월 델리의 〈힌두스탄 타임스〉에 따르면 심각한 대기오염에 대응하기 위해 새롭게 시행하는 단계별 행동계획(GRAP)이 있지만, 등록 차량이 천만 대가 넘는 도시의 교통 당국에서 해당 규제를 시행할 인력은 겨우 250명에 불과하다고 한다. 새로운 규제는 버스와 트럭, 다른 주를 오가는 차량의 검사, 주를 넘나드는 디젤 트럭의 사용 중지, 그리고 필요한 경우 시행하는 번호판 홀짝 운행제를 포함한다. 250명의 인력 가운데 기소 권한이 있는 사람은 50명이 안 된다. 한편 상업 시설에 녹색 자격증을 발급하고 공사현장에서의 PM 관리와 수천 대의 불법 디젤 발전기 사용 금지, 대중에 대한 건강 경고 발령, 대기오염 수준 측정 들의 업무를 담당하는 델리 대기오염 통제위원회 역시 직원이 60명밖에 안 된다고 알려져 있다. 10년 이상 된 디젤 차량과 15년 이상 된 휘발유 차량을 금지하는 새로운 법률은 마찬가지로 강제하기 쉽지 않다고 중앙도로연구소(CRRI)의 샤르마 박사는 내게 말했다. "이제 실행이 문제입니다. 그리고 부패도 문제죠. 10년이 넘

---

[*] 중국은 해당 다큐멘터리 영화가 발표되기 하루 전에 천지닝을 환경부 장관에 임명했다. 이런 상황은 〈언더 더 돔〉이 당국을 놀라게 한 스캔들이 아니라 오히려 당국의 도움을 받아 연출된 것이라는 주장에 힘을 보태고 있다. BBC의 보도에 따르면 다큐멘터리의 원고와 인터뷰 내용은 상영 전에 전국인민대표대회에 보내 반응과 의견을 받았다고 한다.

은 차량을 쉽게 구분할 수 있는 영국이나 미국과 달리 인도에서는 수백만 대의 차량이 델리 도로 위를 돌아다니고 있고 모두 감시할 수가 없습니다. 미허가 차량을 몰고 다니는 위험을 감수한다면 붙잡힐 가능성은 거의 없어요. 교통경찰관이 이런 문제에 개입하는 것도 번거로운 일입니다. 그러니까 경찰은 차량을 압수하는 대신 그냥 간단히 벌금을 매기고 말겠죠. 아주 좋은 법률과 제도를 시행해도 그걸 강제하는 것은 매우 힘듭니다." 하지만 그렇게 말하면서도 그는 법률을 어기는 사람들에게 개인적인 동정심을 느끼고 있다. 샤르마 박사 본인도 15년 이상 된 휘발유 차량을 갖고 있다. "상태가 완벽해요. 필요한 수치는 전부 충족하고 있습니다. 유일하게 충족하지 못하는 건 15년이 더 되었다는 거죠. 그런 차를 제값의 1퍼센트도 주지 않는 고물 장수에게 넘겨야 하는 건 참으로 괴롭습니다." IIT의 카레 교수 역시 같은 이야기를 한다. "사람들은 이번 금지 조치를 도무지 받아들이지 못하고 있어요. 일단 사서 사용하기 시작하면 우리는 자동차를 가족처럼 여깁니다." 그는 밭을 태우는 행위 역시 델리 주변 지역에서 '금지되었지만 강제되지는 않는다'고 덧붙여 말한다.

그와 대조적으로 멕시코시티가 대기오염에 맞서 싸우며 취한 급진적 조치는 뚜렷하다. 멜바 프리아 대사는 최근에 멕시코시티에 갔다가 아침 달리기를 하러 나갔던 경험을 들려준다. "누군가 뒤에서 탁탁탁 뛰는 소리가 나더니 남자 목소리가 영어로 말하는 거예요. '저, 사모님, 뛰지 마세요!' 그래서 멈췄죠. 경찰관이었어요. 그가 말했어요. '미국인이세요? 대기질 경고 상황에서 뛰는 건 미국인밖에 없어요. TV 좀 보세요, 사모님.' 그는 마치 멍청한 짓 좀 하지 말라고 말하는 것 같았어요. 휴대전화를 꺼내서 봤더니 대기질지수(AQI)가 156이

더라고요. 150부터는 비상이거든요. 그런 상황에서 사람들은 뭘 할 수 있고 뭘 할 수 없는지 받아들이고 있어요." 멕시코시티에서 1단계 경보는 AQI가 150(또는 시간낭 오존 농도가 155ppb 또는 PM10이 24시간 동안 215μg/m³를 넘으면)이면 발령한다. 학교와 정부 기관들은 모든 야외 활동을 중단해야 하고 모든 공공 공사현장과 보수 작업 현장은 작업을 중단해야 한다. 그리고 시민들은 (프리아 대사가 알게 된 것처럼) 야외 운동은 건강에 해롭다는 조언을 받게 된다. 파리의 환경등급 계획과 비슷한 스티커 시스템도 적용된다. 모든 차량은 창문에 00, 0, 1, 2 중 하나의 숫자를 표시한 홀로그램 스티커를 붙이는데, 00은 배기가스가 가장 적은 차량(이를테면 전기차)이고 2 스티커는 가장 배기가스를 많이 배출하는 차량이라는 뜻이다. 1단계 경보가 발령하면 2 스티커를 붙인 차량은 운행이 금지되고 1등급 스티커를 붙인 차량은 번호판 홀짝수에 따른 격일제 운행을 시작한다. 2단계 경보가 발령되면 (AQI 200 이상) 1, 2등급 스티커 차량 모두 운행이 금지된다. 0등급 차량은 모든 상황에서 운행할 수 있다. 이것이 청사진을 만들 때 고려할 또 하나의 요점이다. 아무리 대기오염 관련 법규가 훌륭해도 그 법을 뒷받침할 엄격한 집행이 필요하다는 것이다.

세계를 깨끗하게 만드는 과정에서 이번에는 우리가 의도하지 않은 결과는 피해야만 한다. 2000년대에 디젤을 장려할 때, CO_2를 줄여보겠다는 좋은 의도가 있었는지도 모른다(우리가 5장에서 살펴본 것과 같이 나는 그렇지 않다고 의심한다). 그 과정에서 결과적으로 NOx와 PM이 증가했고(이 부분을 사탕발림으로 꾸며서는 안 된다) 결국 수만 명이 희생당했다. 비슷하게 나무를 태우는 난로 역시 과거(그리고 지금도) 지속 가능한 연료라는 이유로 연기가 어디까지 퍼져가는지 생각하지

에어 쇼크

도 장려하는 바람에 가정용 난로는 제이차세계대전 이후 처음으로 영국에서 가장 주요한 대기오염의 원천이 되었다. 두 가지 상황 모두 정책 결정권자들이 과학자 한두 명과 이야기만 했어도 미리 결과를 내다볼 수 있었다. 하지만 그런 일이 다시 발생할 가능성을 줄이는 쉬운 방법이 있다. '더 깨끗한' 연료를 태우는 것은 답이 아니다. '재생가능 에너지'라는 말에서 '재생가능'의 의미를 잊지 말자. 지구가 내놓을 수 있는 생물학적 연료의 양은 유한하다. 하지만 태양과 풍력에너지는 그렇지 않다(적어도 인류 문명이 신경 써야 할 시간대에서 보면 그렇다). 차량을 나아가게 하는 엔진 속이든 난방이나 요리를 위한 것이든, 우리는 인구밀도가 높은 지역에서 연료를 태우는 행동을 멈춰야 한다. 일부 재생가능 에너지는 대기질의 측면에서 너그럽다. 태양, 수소, 풍력, 연료전지, 그리고 지열 및 공기 열원 에너지들이 그렇다. 다른 것들, 예를 들어 바이오매스, 바이오디젤과 우드칩 연료는 PM과 NOx를 배출한다. 그러니 매우 간단하다. 도시 지역에서는 앞에서 말한 것들을 사용하고 뒤에서 말한 것들은 사용하지 말자. 브라질에서는 혼합 휘발유 연료에 들어갈 수 있는 바이오에탄올의 비율이 오래전부터 법률로 정해져 있었다. 혼합 연료가 좋은 이유는 많지만, 대기질은 장점에 속하지 않는다. 전통적인 휘발유와 비교해 PM2.5 농도는 대체로 비슷하지만 첨가된 에탄올 때문에 오존 농도가 올라간다는 사실이 연구로 밝혀졌다. 단 하나의 연구일 뿐이지만 요점은 확실하다. 연료를 태우면 늘 대기오염이 발생한다는 것.

전기화가 답이다. 2017년 여름 요크에 앨리 루이스를 방문했을 때 그는 내게 말했다. "전기를 만들어내기 위해 뭔가를 태워야 할 필요는 이제 아주 많이 줄었습니다. 10년 전에 처음 전기 발전에 관한 강의를 했는데, 그때는 영국에서 재생가능 에너지가 차지하는 비율이 아주 낮았고, 재생가능 에너지로 전기를 생산할 수 없다는 의견이 다수였습니다. 10년이 지난 지금 저는 영국 전력 대부분이 재생가능 에너지로 만들어진다고 가르치고 있죠. 현재 가장 큰 원천은 풍력입니다. 석탄을 사용하지 않을 때도 있습니다. 풍력 터빈의 변속기와 태양광 발전 분야의 개선 속도는 거의 상상하기 어려울 정도입니다. 5년 전만 해도 한낮이 되어 전력 수요가 최고에 이르면 가스를 이용한 발전이 대부분을 맡았습니다. 그리고 원자력과 석탄도 꾸준히 일정 부분을 담당하고 있었죠. 하지만 이제 태양광이 전력을 공급합니다. 경이로운 일이죠."

캘리포니아 주지사 제리 브라운은 2017년 12월 하나뿐인 지구 정상회의에서 캘리포니아가 재생가능 에너지 비율 50퍼센트를 계획보다 10년 일찍 달성했다고 밝혔다. 그것은 관련 기술의 가격은 내려가고 성과는 오르고 있기 때문이라고 앨리는 주장한다. 블룸버그 뉴에너지 파이낸스(BNEF)에 따르면 태양광 발전의 비용은 2009년에서 2018년 사이 77퍼센트 낮아졌고 해안 풍력발전은 38퍼센트 낮아졌다. 전기차가 사용하는 리튬이온배터리 가격은 같은 기간 79퍼센트 하락했는데, 그 사실을 두고 BNEF의 에너지 경제 부문장은 '화석연료 업계가 오싹하게 했다'라고 말했다. 2018년 기준으로 30만 명 넘는 미국인이 재생가능 에너지 업계에서 일하는데, 그에 비해 석탄 산업 종사자는 겨우 5만2천 명에 불과하다. 이런 현상은 정치적 성향을 가리지 않는다. 전통적으로 공화당 지역인 텍사스, 유타, 노스캐롤라이나는 각각 1기가와트 이상의 태양광 발전 설비를 설치했다(각각 70만 가구 이상에 전기를 공급할 수 있다). 캘리포니아주는 그 이후 2045년까지의 재생가능

에어 쇼크

에너지 비율 목표가 100퍼센트라고 선언했고, 미국 전체가 2050년까지 100퍼센트로 가야 한다고 요구했다. 그 말이 희망 사항에 불과하다거나 아니면 그냥 그럴 예산이 없을 거로 생각한다면, 스탠퍼드의 마크 제이콥슨 교수의 수상 경력을 자랑하는 2015년 연구를 보자. 그는 풍력, 수력, 태양광(WWS)만으로 전력망을 100퍼센트 구성하는 일이 2050년까지 가능하리라 예측했다. 또, 여러 가지 요인으로(기저부하 에너지, 에너지의 저장 방식, 최악의 기상 상황에서 에너지 주가 생산 방안 등) 미래의 재생가능 전력망은 전통적 전력망과 비교해 비용이 40퍼센트 저렴할 것이라고 했다. 연구는 재생가능 전력 시스템은 kWh당 평균 비용을 10.6센트로 예측했는데, 전통적인 전력망의 평균 비용은 27.6센트였다.* 이유는 간단하다고 제이콥슨은 말한다. 재생가능 에너지는 '연료비가 아예 없는 데 전통적 방식의 연료비는 시간이 지남에 따라 상승하기 때문'이다.

세계에서 가장 부자인 나라에는 괜찮은 정도일 수도 있지만, 다른 모든 나라는 어떨까? 2017년 제이콥슨과 동료들은 같은 연구를 139개국을 대상으로 반복해 진행했고, 재생가능 에너지가 화석연료보다 항상 시간이 갈수록 저렴하다는 걸 알아냈다. 그들은 또한 재생가능 에너지 100퍼센트 사용으로 전환하면 모든 나라가 전력 공급을 사우디아라비아나 러시아 같은 외부 국가에서 구하는 것이 아니라 각자 자신의 전력을 책임지고 생산하면서 2천4백3십만 개의 정규직 일자리를(화석연료 분야에서 사라지는 일자리까지 계산한 순 증가분) 만들

---

* 확률적 추정치의 비교(이를테면 최선과 최악인 상황에 대한 예측 사이의 범위)는 여기에서도 유용하다. 재생가능 에너지는 최악의 상황(14.1센트/kWh)에서도 화석연료의 최선의 상황(17.2센트/kWh)보다 유리하다.

어 낼 수 있을 거라고 주장했다. 분명히 낙관적이긴 하지만 그렇다고 제이콥슨과 그의 수많은 공저자가 독불장군 문외한이라고 할 수도 없다. 100퍼센트 재생가능 에너지로의 전환을 예측한 24편의 논문을 정리한 2017년의 한 문헌을 보면 '100퍼센트 재생가능 에너지 시스템은 그냥 가능한 것뿐 아니라 화석연료를 기반으로 한 시스템에 비해 비용 면에서 경쟁력이 있다'고 한다.

심지어 국제해운회의소의 사이먼 베넷조차 해상 운송의 감소가 세계에 어떤 의미를 줄 것인지에 대한 상상을 해보여 날 놀라게 했다. "세계가 탈탄소화한다면 화석연료의 이동에 영향을 미치게 될 겁니다. 무엇보다 이동하는 화석연료는 해상 수송의 대략 30퍼센트의 수요를 맡고 있습니다. 만일 해안을 기반으로 한 경제가 탈탄소화한다면 선박들은 많은 양의 원유를 세상 곳곳으로 나를 이유가 없겠죠. 그러니까 세계의 나머지 국가들이 탈탄소화한다면 아마도 해상 운송 수요가 감소할 것이고 선박의 배기가스 배출이 줄어들 겁니다."

그렇다면 여러분은 우리가 이미 올바른 길로 나아가는 중이라고 주장할 수도 있을 것이다. 그렇다면 우리는 그냥 등을 기대고 앉아 방향이 바뀐 바람에 실려 깨끗한 공기가 불어오기를 기다리기만 하면 될 것이다. 그 말에는 진실한 부분도 있지만 틀린 구석도 많이 있다. 한 가지는 당신이 2050년에 살아 있을 거라고 어떻게 자신하겠는가? 그 때가 되면 당신의 아이들, 손자들은 몇 살이 되어있을까? 만일 우리가 여전히 수십 년 동안 NOx와 PM, 나노먼지의 높은 농도를 겪어내야 한다면, 그로 인한 건강 문제를 마음 편하게 생각할 수 있는가? 대중이 참여하고 압박하지 않는다면 많은 기득권 세력은 기꺼이 청정에너지로의 전환을 무기한 늦출 것이다. 그리고 잘못된 정치는 언제나 상황을 망가뜨릴 수 있다. 작은 예를 들어보면, 영국 에너지부에서는 2014년에 상대적으로 소규모인 전력 공급자들이 풍력 및 태양광이 약할 때 전력망에 도움을 줄 수 있도록 예비전력공급시장 경매를 시작했다. 이 제도는 디젤 발전기의 호황을 불러왔다. 그리고 디젤 발전기는 가스를 배출한다. 사실 이 정도는 이제 우리도 알고 있지 않은가? 2015년 12월 예비전력공급시장의 경매를 통해 소규모 디젤 또는 가스 발전 전력 공급자들이 1GW 이상의 계약을 따냈다. 그 상황은 미래의 전력 공급이 내가 LCV 모터쇼에서 봤던, 디젤 발전기에 연결되어 외로이 서 있던 전기차 충전기와 많이 닮은 모습일 것 같다는 생각이 들게 했다. 그런 식으로 시스템에 애초에 포함된 자살골이 너무 많아 전부 고려할 수가 없을 정도다.

세계가 대기오염을 막으면 뭐가 좋은지 깨달아가고 있지만, 정치는 언제든 쉽게 일을 망칠 수 있다. 브렉시트와 트럼프 같은 대중영합주의의 여진이 과거의 장밋빛 산업사회로 돌아가겠다는 약속을 내걸고 환경법에 맞서는 쪽으로 물길을 돌리려고 위협하고 있다. 하지만 우리가 확인한 것처럼 과거 산업사회는 전혀 희망적이지 않다. 데브라 데이비스는 과거 도노라의 아연 공장 노동자가 회상했던 끔찍한 작업환경에 관한 증언을 인용한다. "처리가 끝난 아연을 삽으로 퍼내려고 나보다 앞서 다섯 명이 들어갔습니다. 전부 다 쓰러졌어요. 엄청나게 아팠죠. 제가 여섯 번째로 들어갔습니다. 저도 견딜 수 없었어요. 입원해서 일주일을 있었지만 일터로 돌아가지 못했습니다. 아연 공장 노동자 중에 서른을 넘겨 산 사람이 거의 없어요."

끔찍한 대기오염은 정치인들에게 그들의 도시를 깨끗하게 만들도록 강제하는 걸까? 나는 과학자이자 역사학자인 피터 브림블콤에게 영국의 1956년 대기오염방지법이 1952년 런던의 그레이트 스모그 사태로 인한 필연적 결과였느냐고 물었다. "아뇨, 필연적이었다고 생각하지 않아요." 그는 말한다. "수많은 이유로 강력한 저항이 있었습니다. 스모그 당시 주택부 장관이었던 해럴드 맥밀런은 매우 우려가 컸습니다. 그는 1936년 제정된 공중위생법에 연기 금지 관련 조항이 많이 들어 있다고 생각했습니다. 그리고 많은 정치인이 사람들에게 가정에서 어떻게 행동하라고 말할 수 있겠느냐며 매우 걱정했습니다. 개인의 자유에 대한 끔찍한 훼손이라는 거였죠." 정치적 의지 그리고 대중적 지지를 통해 이루어진 결과였다. "제가 보기에 대기오염방지법은 우리가 환경 관련 법령을 어떻게 만들어야 하는지 보여주는 중요한 정치적 선언이었습니다." 피터가 말한다. "그리고 어떻게 개인적 자유를 제한할 것인지, 어떻게 새로운 기술을 제공하며 일해나갈 것인지, 대기를 개선하는데 필요한 지식을 만들어낼 자금을 어떻게 모을 것인지를 보여주었죠."

그리고 자동차 업계의 로비가 있다. 나는 CARB와 EU에서 정하는, 갈수록 엄격해지는 배기가스 기준을 충족하고자 노력하는 자동차 제조사들에게 약간의 동정심을 품고 있다. 하지만 우리가 알아본 것처럼 많은 회사는 노력을 전혀 하지 않고 있으며, 억지로 한다고 해도 그들이 만드는 자동차들은 실생활 환경에서 시험하면 늘 기준을 충족하지 못한다. 생산현장에서 판매를 기다리고 있는 모든 차량이 이런 상황이다. 2018년 초반 자동차 업계 단체인 SMMT는 디젤 자동차가 환경에 좋다면서 판매를 독려하는 마케팅 캠페인을 펼치며 반격을 시도했다(어디서 본 것 같지 않은가?). SMMT가 만들어 퍼뜨린 트위터 글과 인포그래픽에는 이런 식의 뒤틀린 정보가 들어 있었다. '최근에 나온

유로6 자동차는 역사상 가장 깨끗하다.' 이 말은 디젤의 매우 더러운 역사의 맥락에서 보자면 마치 새로 나온 치즈 듬뿍 든 햄버거가 설탕을 넣지 않은 빵으로 만들었기 때문에 '가장 건강에 좋다'는 말이나 다름없다. 그리고 이런 자동차들이 '엔진에서 나오는 대부분 NOx가 배기 파이프로 가기도 전에 해가 없는 질소와 물로 변하게 하는 기술을 채용하고 있다'고 말한다. EQUA의 유로6 충족 자동차들에 대한 실생활 시험 결과를 본(5장 참조) 나는 이 주장에 대해 그렇지 않다고 내답하겠다.

공기를 깨끗하게 만드는 일도 진행 중이지만 숨기는 방법도 있다. 역사적으로 우리는 매우 조심스럽게 양쪽의 균형을 유지해 왔는데, 지금은 끝이 보이지 않는 은폐 국면에 갇혀 있는 것일 수도 있다. 가정에서 사용하는 싸구려 탁상용 공기청정기는 20달러에 불과하지만, 그것으로 우리가 매일 하늘로 뿜어내는 가스와 먼지의 양에 맞설 수는 없다. 내 책상 위에는 세제에서 뜯어낸 상품권이 놓여 있다. '차분하고 깊게 숨을 들이쉬세요. 8명 가운데 한 분씩 공기청정기를 선물로 드립니다.' 숨 쉴 공기는 이제 경쟁으로 따내는 상이 되었다. 1980년대 SF 코미디 영화 〈스페이스볼〉에서는 멜 브룩스가 연기한 불운한 대통령 스크룹이 '페리에'라는 상표의 캔 속 공기를 들이마시는 장면이 나온다. 그가 지배하는 행성의 공기가 너무 더러워졌기 때문이다. 그 패러디 SF 영화는 2013년 중국의 진취적인 사업가가 길거리에서 깨끗한 공기가 든 캔을 판매하면서 걱정스러울 정도로 짧은 시간 내에 현대의 진실이 되었다. 그런 일은 일회성으로 끝나지 않았다. 2015년 캐나다의 스타트업인 바이탤러티 에어는 '로키산맥의 공기'를 담은 8리터짜리 캔 4천 개를 한 개에 100위안(15달러)에 중국으로 보냈다. 2016

년 또 다른 베이징의 사업가가 캔에 넣은 공기를 팔기 시작했다. 이번에는 베이징의 오염된 공기를 담고 있었는데, 여행객들이 기념품으로 집에 가져가는 용도였다. 2017년 내가 판매점을 방문했을 때 점주는 수천 개의 오염 공기 캔을 하나에 4달러 정도에 팔았고 '새로운 오염 관련 상품이 오늘 입고되었습니다'라고 말했다. 베이징 오염 글로브라는 이 제품은 스노 글로브처럼 생겼는데, 안에는 베이지의 상징인 CCTV 탑이 있고 흔들면 회색 오염물질이 그 주위로 흘러 다닌다.

원인보다는 증상에 맞서 싸우겠다는 원대한 계획도 있다. 네덜란드의 미술가이자 발명가인 단 로세하르더는 2013년 처음 베이징을 방문했을 때 야외 공기 정화기라는 아이디어를 떠올렸다. 공기 중에서 PM을 빨아들일 수 있는 거대한 진공청소기를 세우는 것이다. 3년에 걸쳐 여러 개의 시제품을 거친 로세하르더는 중국 환경보호부 후원으로 베이징의 751 디파크에 7미터 높이의 '스모그 프리 타워'를 선보였다. 타워는 정전기 현상을 이용해 공중에 떠다니는 먼지를 끌어들인다. "우리는 병원 실내에서 사용하는 방식을 알아냈고, 그걸 크게 만들었습니다." 로세하르더는 말한다. "작은 먼지들이 양전하를 띠도록 만든 뒤 타워 안쪽 음전하를 띤 표면 바닥이 끌어당기도록 합니다. 기본적으로 오염 먼지를 꼭대기에서 빨아들여 아래로 잡아당기는 겁니다." 타워는 축구장 넓이의 공간에 있는 PM의 75퍼센트를 모으게 되어있고, 사용하는 전기는 1400와트로 실내 탁상용 공기 정화기 평균보다도 작다. 일단 수거한 먼지는 부업으로 검은색 물질로 보석처럼 압축해 판매하고 있다. 찰스 황태자는 '스모그 프리' 커프스단추를 한 세트 갖고 있다. 로세하르더와 그의 팀은 현재 스모그 프리 타워의 규모를 어떻게 하면 확대할 수 있을지 고민 중이다. "현재 계산을 하고 있

에어 쇼크

습니다. 베이징 같은 도시에서 실제로 20에서 40퍼센트의 오염물질을 줄이려면 얼마나 많은 타워를 세워야 할까? 수천 개까지는 아니고 수백 개가 될 겁니다. 한 개를 건물 크기로 더 크게 만들 수도 있습니다."

하지만 그는 이미 패배한 것인지도 모른다. 2018년 산시성의 성도인 시안은 태양광 보조 대규모 청소 시스템(SALSCS)이라는 이름의 장비를 발표했다. 높이가 100미터 가까이 되어 거의 30층 건물 높이였다. 이 아이디어는 2015년 미네소타대학교의 한 박사 논문에서 처음 제안되었다. 시안의 시스템은 커다란 유리 온실에 100미터 높이의 굴뚝이 튀어나온 모습으로 구성되어 있다. 온실 속 공기가 태양에 의해 온도가 높아지면(뒷마당에 있는 온실과 똑같고 오지 크기만 더 크다) 위로 상승하면서 먼지를 거르는 필터가 장착된 굴뚝을 통해 다시 빠져나가면서 꼭대기에서 깨끗한 공기가 나오게 된다. 단기간 관측을 해보니 타워 주변 구역의 PM2.5 농도를 약 12퍼센트 낮출 수 있었다. 예상에 따르면 500미터 높이의 SALSCS 타워(엠파이어스테이트 빌딩보다 100미터가 더 높다)가 8개 있다면 베이징의 PM2.5 농도를 15퍼센트 낮출 수 있다. 비디오 광고를 보여주는 형태의 타워는 이미 설계를 마친 상태이다. 블레이드 러너 영화에서 도용한 것일 수도 있다. 나란히 선 거대한 필터 타워에서 자욱한 배기가스가 계속 쏟아져 나오고, 눈부신 광고가 계속 물건을 소비하라며 사람들을 부추긴다.

2017년 말 런던에서 열린 사모가톤(스모그를 해결하는 사업과 기술 아이디어로 스타트업들이 벌이는 경쟁) 준결승전을 참관했을 때도 똑같이 불편한 느낌이 있었다. 구글 캠퍼스에서 열린 사모가톤 런던 준결승전은 30명 정도가 모여 진행하는 친밀한 분위기이다. 반짝거리는 새 운동화를 신은 참가자들은 긴장한 듯 서성대며 자신의 아이디어를 발표할 순서를 기다리고 있다. 무대 뒤쪽 스크린에는 최근에 캠퍼스에서 있었던 행사 내용이 트위터 글로 표시되고 있는데, 그 가운데는 위키피디아 설립자 지미 웨일스가 한 말도 보인다. '실패하는 일이라고 아예 하지 않으면 충분한 혁신을 이뤄내지 못한다.' 5분 발표가 차례로 진행되면서 빠른 속도로 주제가 드러난다. 제안된 사업들은 다음과 같다. 도시 환경 속에서 유료로 깨끗한 공기를 마실 수 있는 작은 공간. 아기 몸 주위에 115파운드짜리 공기 정화기를 설치한 유모차. 개선된 내부 공기 여과 시스템을 갖춘 자동차. 앉은 사람을 위해 공기를 정화해주는 도시형 벤치. 이들은 대기오염의 원인을 막으려는 노력은 하지 않고 어떻게든 가려서 공기가 마음에 들도록 만들려고 한다. 그건 마치 담배 회사들이 담배 때문에 건강을 걱정하자 처음 선보인 대응과 같은 느낌을 준다. 그들은 담배 끝에 작고 하얀 필터를 붙이고는 말했다. '이제 괜찮아요. 여러분은 계속 담배를 피울 수 있습니다.'

　캔에 든 공기, 30층짜리 타워, 공기 필터를 내장한 유모차는 우리의 어리석음, 우리가 이미 얼마나 잘못된 길에서 헤매고 있는지를 보여주는 신호이다. 그것들은 또한 패배를 인정하고 있다. 그리고 패배를 인정하는 것은 일부 도시들의 선택권으로 여전히 남아 있다. 델리에서 라나 다스쿱타가 내게 말했다. "중산층 사람들이 논의하는 대기오염 대책은 거의 전부 마스크나 공기청정기 같은 내용입니다. 문제에서 벗어날 수 있는 온갖 종류의 방법으로 돈 주고 구하는 거죠. 정말 터무니없는 짓이죠. 반면에 차를 덜 몰고 다니라는 식으로 말하는 건 아주 심한 모욕이 되는 겁니다. 제가 아는 사람들은 기본적으로 홀수 번호판 차 한 대 짝수 번호판 차 한 대를 소유하려고 해요. 그래야 어떤 경우에서도 불편을 겪지 않을 테니까요." 홀짝 운행제는 겨우 두 번 실시되었고 총 20일밖에 지속하지 않았는데도 이런 식이다. "사람들은 규제로 발생하는 결과에서 자신을 보호할 수 있는 길을 언제든 찾아냅니다." 라나가 말했다.

하지만 대기오염의 원천을 제거하는 건 힘든 선택이 아니다. 그 선택 역시 혁신적이고 첨단기술을 포함한 미래의 꿈이지만, 대신 멜 브룩스가 연기하는 스크룹을 대통령으로 모실 필요가 없다. 스탠피드의 제이콥슨 교수는 더할 나위 없이 간단하게 표현한다. "만일 세계가 모든 분야를 전기화한다면, 그리고 전력을 바람과 물, 태양에서 얻을 수 있다면, 미래의 발전은 그 어떤 내기오 염도 만들어내지 않을 겁니다."(만일 이 책에서 딱 한 문장을 기억하고 싶다면, 이 문장을 선택할 것!)

제조업체들은 나름대로 경쟁사보다 더 매력적이고 더 깨끗하다고 생각하는 대안을 소비자들에게 제안한다. 테슬라의 전기차 모델S는 2016년 메르세데스를 제치고 미국에서 가장 많이 팔린 고급 승용차가 되었는데, 2017년에는 2위인 경쟁사보다 거의 두 배의 판매량을 보였다. 블룸버그 뉴에너지 파이낸스는 전기차 소유 비용(구매 비용과 유지 비용을 합친 금액)은 2022년이 되면 내연기관 자동차 소유 비용보다 저렴해지리라 예측한다. 볼보는 2025년부터 전기차만 판매하겠다는 목표를 갖고 있다. 같은 해에 노르웨이, 오스트리아, 네덜란드는 새로 판매하는 모든 차량이 배기가스를 전혀 배출하지 않는 걸 계획하고 있다. 런던의 이즐링턴 자치구의 로라 페리는 그녀가 소상공인과 거주자들에게 제안하는 배기가스 없는 대안이 "단지 감당이 가능한 정도가 아니고 오히려 돈을 절약할 수 있게 해줍니다"라고 말한다. "저랑같이 일하는 어떤 친구는 전기 밴 차량을 사용해 디젤유를 사용하지 않아 일 년에 4500파운드를 아끼고 있습니다. 디젤에 돈을 덜 쓰게 되면 고객과 가족이 들이마실 공기를 깨끗하게 만들 수 있습니다. 사람들은 그런 걸 편안하게 받아들이고 이해합니다."

다른 무엇보다 소비자의 구매력이 변화의 속도를 높일 수 있다. 월드 이코노믹 포럼의 안토니아 가웰은 이렇게 쓴다. "우리는 모두 매일 결정을 내린다. 우리는 자동차를 타거나 자전거를 타고 출근할 수 있다. 반복해 사용 가능한 머그잔을 사용할 수도 있지만 매일 아침 플라스틱 컵을 쓰고 버릴 수도 있다. 우리는 사 먹는 음식이나 구매하는 옷에 대해 질문을 할 수도 있다. 개인의 이런 행동들은 사소해 보일 수도 있지만, 전체로 보면 상대적으로 깨끗한 상품 시장을 키울 수 있고, 오염을 유발하는 것으로 알려진 제품에 대한 수요를 줄일 수도 있다." 배기가스가 없는 제품이 늘 비싸다는 생각은 솔직히 말이 되지 않는다. 대부분이 테슬라를 살 수는 없다. 그렇지만 제정신인 도시라면 대부분이 테슬라를 갖는 것을 목표로 삼지도 않을 것이다(오슬로는 제외해야겠다. 그곳에서는 2017년 신차 매출에서 테슬라가 1위를 차지했다). 더 많은 사람이 걷고 자전거를 타고 대중교통을 공유하고 차량 공유 모임에 가입하도록 하는 것이 최종 목표이며, 이 모든 대안들은 자동차를 소유하는 것보다 비용이 저렴하다.

디젤 배기가스로 가득 찬 실험실에서 자전거 타는 실험을 했던 심장병학 교수 데이비드 뉴비는 오염된 공기 속에서 자전거 타는 일의 위험성을 다른 누구보다 잘 알고 있다. 하지만 그는 자신의 자전거를 타고 매일 출근할 때 에딘버러의 가파른 언덕을 오르내리며 낡은 차량이 뿜어내는 시커먼 매연을 마신다. 그는 자신의 아이들이 차를 타지 않고 1.6킬로미터나 되는 거리를 걸어 등하교하도록 고집하고 있다.

그는 아이들이 노출되는 공기가 깨끗하지 않다는 사실을 알고 있다고 말한다. 하지만 그가 자동차 한 대를 거리에 보태면 공기가 더 유독해질 것임을 알고 있다. "우리는 사람들이 다시 걸어 다니도록 할 방법을 찾아내야 합니다." 그는 말한다. "만일 자동차를 모두 없애고 사람들이 여기저기서 모두 걷거나 자전거를 타고 다닌다면, 세상에 그건 정말 살기 좋은 곳이겠군요."

그러니 최종 목표는 확실하다. 100퍼센트 재생가능 에너지와 배기가스 없는 교통수단. 하지만 목표가 **대기오염을 아예 없애는** 것인가? 나조차 그건 너무 먼 얘기라고 말할 것이다. 일단 그건 불가능한 일이다. 많은 사람이 걷거나 자전거를 타고 다니기만 해도 먼지가 공중으로 떠오르면서 PM이 발생한다. WHO는 PM의 안전한 허용치를 $20\mu g/m^3$으로 정해두고 있지만, 과학이 발달할수록 '안전한 수치'라는 건 존재하지 않는다는 사실이 드러나고 있으며, 5에서 $10\mu g/m^3$씩 농도가 올라갈 때마다 그만큼 건강에 대한 영향은 나빠진다. "미세먼지 발생을 많이 줄여서 어떻게 해도 $20\mu g/m^3$를 넘지 않는 때가 올 거로 생각하지는 않습니다." 앨리 루이스가 주장한다. "지금 사람들 논쟁은 그게 아니에요. 우리는 아직 사람들이 '좋아, 다음 번 허용치 농도는 얼마로 할까?'라고 말할 단계에 이르지 못했다고 생각합니다."

세인트 바츠 병원의 크리스 그리피스는 믿고 있는 바를 이렇게 말한다. "사람들에게 안전하다는 증거를 기반으로 대답해야 합니다. 사람들은 다른 방식으로 집을 난방하면 행복하게 살 수 있을 겁니다. 불을 피우는 걸 모두 좋아하지만 만일 그런 행동이 건강에 미치는 영향이 명백하다면 우리는 그렇게 하는 게 옳은 일인지 그렇지 않은지 다시 생각해 봐야 합니다. 만일 건강에 미치는 영향이 알려졌다면 어떻게 행동해야 할지 결정해야만 합니다. 그렇지만 그렇다고 해서 그 누구도 모닥불을 피울 수 없는 일종의 스탈린주의자 세상에서 살아가야 한다면 그건 우리가 원하는 바가 아닙니다." 그는 현재 대부분 국가의 일반적인 바와 레스토랑에서는 담배를 피우지 못하게 한다는 사실에서 유사점을 찾는다. 크리스는 말한다. 우리가 어렸을 때는 담배 연기에 휩싸여 사는 것이 아무렇지도 않았다. 현재는 금연 방침에 아무도 이의를 제기하지 않는다. "만일 참고할 수 있는 자료가 있다면, 공공장소에서 어떤 행동이 적절하고 허가할 수 있는지 변경하는 건 문제라고 생각하지 않습니다."

일부 국가에서는 지기고 싶어 하는 분화적 금기가 있다. 디왈리 축제 기간의 폭죽놀이에 대한 논쟁은 점차 가열되었는데, 폭죽놀이를 인도의 전통으로 보기 때문이다. 델리 시민 여러 명이 내게 지적한 것처럼 폭죽은 많은 사람이 인정하는 것보다 훨씬 현대적인 전통이다. 하지만 디왈리 축제일 밤에 불꽃놀이가 전혀 없기를 바라는 사람이 있을까? 아니면 미국 독립기념일이나 영국의 가이 포크스의 날에 축하 불꽃놀이가 없어도 될까?* 오스트레일리아 사람들이 전기 조리기를 대신 사용하면서 바비큐를 포기하게 될까? 무례하게 들릴지 모르지만 중요한 내용이다. 나는 4장을 시작하면서 토르티야를 구울 때 PM2.5 수치에 깜짝 놀랐다는 이야기한 적이 있다. 자, 솔직히 말하자면 나는 요새도 토르티야를 굽고 있다. 그런 식으로 요리해야 더 맛있기 때문이지만, 주방에 나 혼자 있을 때만 그렇게 요리한다. 나야 개인적인 위협과 맛 사이에서 도박할 수 있지만, 그런 상황에 아이들을 노

---

* 로스앤젤레스 카운티에서는 독립기념일 축하를 포함해 가정에서 하는 불꽃놀이는 이미 불법이다. 이유는 대기질과 산불의 위험 때문이다.

출할 수는 없다.

헬싱키에 갔을 때 가장 좋은 예를 찾았다. 헬싱키는 얼마 되지 않는 오염물질을 없애기 위해 다른 누구보다 많은 일을 하는, 공기가 깨끗한 도시이다. 한 가지 예외가 있으니 그건 사우나다. 핀란드 사람들은 사우나를 정말 좋아하고 대부분 가정이 최소한 한 개 이상의 사우나를 갖고 있다(핀란드에는 약 2백만 개의 사우나가 있는 것으로 추정되는데, 인구는 겨우 5백 3십만 명이다). 헬싱키 대도시권에서 내연기관에서 비롯된 배기가스 배출량의 4분의 3에 해당하는 양의 PM이 나무 연소에서 발생하고, 그 가운데 절반은 나무를 태우는 사우나에서 발생한다. 교통수단에 관해 이야기하려고 삼포 히에타넨과 만났을 때 나는 참지 못하고 궁금해하던 내용을 슬쩍 물어보았다. 혹시 헬싱키 시민들을 설득해서 나무를 태우는 사우나를 전기용으로 바꿀 수 있을까? "아뇨. 이유는 나무 사우나가 최고라서 그래요." 그가 말한다. 처음에는 농담인 줄 알았다. 하지만 그러다 그가 진심이라는 깨달았다. "핀란드의 벽난로 제조업체들은 상당히 혁신적이고 이런 문제를 연구하고 있습니다. 이를테면 새로운 디자인으로 난로를 만들어 나무를 좀 더 효율적으로 태우는 방법을 찾는 거죠. 깨끗하게만 태우면 문제가 없을 겁니다." 다시 말하지만, 더 깨끗하게 태우는 방법은 없다. 고체연료는 당연하게도 가스를 배출한다. 하지만 헬싱키 시내의 환경보호를 맡은 헬싱키 환경센터(전기 사우나의 좋은 점을 설명하는 소책자를 나누어 준다)를 책임지고 있는 에사 니쿠넨조차 나에게 말했다. "핀란드에서 사우나는 성적인 존재입니다. 물론 전기로 불을 땔 수도 있죠. 하지만 나무를 태우면 더 좋습니다."

만일 위험이 있음에도 사회 전체가 문화적 금기를 만족스럽게 생각한다면 괜찮은 걸까? 하지만 대체로 사회는(국가, 도시, 마을, 동네) 그렇게까지 동질적이긴 어렵다. 가장 취약하고 권리를 박탈당한 사람들이 불균형적으로 대기오염의 영향을 받는다. 종종 오염을 일으키는 많은 사람은, 특히 집에 있는 개개인은 기본적인 인식 부족으로 스스로 끼치는 피해를 알지 못한다. 그들의 선택을 사회의 모든 부문이 동등하게 참여해 강조하고 토론해서 재차 동의하거나 금지해야 할 필요가 있다. 그러나 원유를 정제해 우리가 타는 차량의 연료탱크에 주입하는 일에 그 어떤 문화적 또는 거룩한 애착이 있다고 믿고 싶은 마음은 없다. 궁극적으로 만일 대안 에너지원이 우리에게 같은 속도로 달릴 수 있게 해준다면, 그래서 우리에게 같은 이동 시간과 편안함을 제공하면서도 배기 파이프에서 오염물질이 전혀 나오지 않는다면 그 에너지원이 뭐든 누가 신경을 쓰겠는가? 우리는 전기와 수소 자동차가 지금까지 말한 모든 관점에서 휘발유와 디젤에 뒤지지 않음은 물론 사실은 오히려 낫다는 걸 알고 있다. 전기 모터는 연료를 넣는 엔진보다 더 빨리 가속할 수 있고 기어가 필요 없으며 주행도 매끄러우면서 조용하다. 게다가 제대로 기반 시설을 갖추기만 하면 자전거는 전기차보다 재빠르고 건강에 좋고 훨씬 저렴하다. 청사진에서 고려할 마지막 요소는 명확하다. 최대한 빨리 도시에서 모든 휘발유와 디젤 차량을 금지하는 것이다. 산업계에서 오염물질을 배출하는 자들과 최악의 자동차 산업 사기에 벌금을 물려 그 교체 비용을 감당하면 된다.

대영박물관을 방문했을 때 애나 데이비스배럿이 내게 마지막으로 보여주고 싶었던 것은 그녀가 새롭게 기획 전시한(사실은 그녀의 첫 번째 기획이다) 천 년 전 수단인들의 유골들이었다. 유골은 그들이 앓았던 질병을 명확하게 보여주는데, 많은 질병은 대기오염과 연관이 있

에어 쇼크

었다. 유리 상자 안쪽 뼈와 척추들은 TB(폐결핵)나 뼈에 발생한 암으로 휘어지고 뒤틀리고 여러 가지 방식으로 손상되어 있었다. "이런 것들은 천식이나 만성 폐쇄성 폐 질환과 함께 나타나는 겁니다." 애나가 말한다. "어쩌면 다른 병으로 고생했을 수도 있죠." 나는 이 유골들이 현재 공기의 품질이 우리 몸에 미치는 영향을 보여줄 수 있느냐고 묻는다. "그럼요. 저도 건강에 대한 인식을 높이고 싶습니다. 사람들이 이렇게 얘기할 수 있으면 좋겠어요. '이것 봐, 옛날 사람들이 전부 호흡기 질병으로 고생했잖아. 끔찍하군. 어쩌면 우리는 오늘날 대기질에 대해 생각하는 방식을 바꿔야 하는 건지도 몰라'라고 말이죠. 만일 직접적인 증거를 본다면, 이를테면 부비강 속 뼈나 갈비뼈가 변한 걸 직접 확인한다면 더 놀라겠죠." 이 책을 쓰는 동안 나는 스스로 몸 상태를 점검해보았다(아주 사소한 사항이라는 걸 얼른 덧붙여야겠지만). 나는 만성 비염이 앓고 있는데, 적어도 내 경우에는 가벼운 건초열과 비슷해 일 년 내내 몸에서 떠나질 않는다. 하루는 특별히 발작적으로 기침이 나서 검사를 해봐야겠다고 생각했는데 결과는 너무나 명확했다. '연중 발생이 가능하며 자동차 엔진 배기가스 등 대기오염으로 인한 것일 가능성이 있음.'

대기오염은 우리 삶의 질에 영향을 끼친다. 이 책을 읽는 모든 사람 그리고 그들이 아는 모든 사람까지. 대기오염과 어린 시절의 신체 발달 저해와의 놀라운 연관성을 고려하면, 만일 우리가 밭 태우기, 납이 든 휘발유, 규제 없는 해상 연료 사용으로 인한 오염물질을 흡입하지 않고 자랐더라면 모두 현재보다 더 건강하고 더 똑똑한 사람이었으리라는 사실은 확실하거나 그랬을 가능성이 크다고 할 수 있다. 이 책을 시작하면서 언급했던 납 오염과 어린 시절의 IQ 저하와의 관계를 다룬 첫 번째 연구를 기억하는가? 1980년대 영국의 납 오염 연구에서 일부를 담당했던 빌 율 교수는 2018년 BBC의 라디오 다큐멘터리에서 다음과 같이 회상했다. "물론 논란은 있습니다. 반대하시는 분은 "IQ"를 신뢰할 수 없다고 말할 수 있습니다. IQ는 아침저녁으로 다르다면서 말이죠. 그리고 혈액 속 납 농도에 따라 4에서 5점 차이가 난다고 해서 중요한 것은 아니라고 할 수도 있죠. 저는 그 점에 관해 많이 생각해 봤습니다. 일반적인 IQ의 분포, 그러니까 종 모양의 곡선을 생각해보세요. 그리고 이제 그 종 모양 곡선 전체가 왼쪽으로 이동한다고 생각해봅시다. 다른 말로 하면 낮아진다는 거죠. 중간에서는 별 차이가 없다고 볼 수 있습니다. 하지만 가장 낮은 쪽 구역, 그러니까 IQ 70 이하 구간에 속하는 아이들의 수는 두 배가 될 겁니다. 엄청난 거죠."

영국에서 마지막으로 남았던 납 함유 휘발유는 2000년에 사라졌다. 율 교수는 또 이렇게 말했다. "요즘은 안전한 수준이라는 것이 존재하지 않는다는 전반적 의식이 공유되고 있습니다. 거의 40년 전 제가 납에 관한 연구를 시작할 때는 소아과 의학 서적에 어린이 혈액 1데시리터에 납 60mg이 보통 허용되는 수치라고 적혀 있었습니다. 현재는 1데시리터에 5mg이면 아이들에게 해로운 것인지 의문을 품을 수 있는 수준까지 혈중 납 농도가 전체적으로 떨어졌습니다. 과거에는 그런 질문을 할 수가 없었죠. 사실상 거의 모든 어린이의 혈중 납 농도가 1데시리터에 10mg가 넘었으니까요." 1980년대에 어린 시절을 보낸 나도 혈중 납 농도가 데시리터 당 10mg가 넘었을 테고, 그로 인해 인지능력 손상이 있었을 것이다.[*] 2030년대와 2040년대의 독자들이 보기

---

[*] 혹시 독자들이 이 책에서 조금이라도 실수를 찾아낸다면 오직 이로 인한 것이 틀림없다!

에어 쇼크

에 오늘날의 디젤 배기가스 농도나 극미세먼지, NOx는 요즘 우리가 납 함유 휘발유를 보는 것처럼 놀라운 일일 수도 있다. 그리고 요즘 어린이들은 내가 1980년대에 그랬던 것 이상으로 높은 농도의 디젤 배기가스와 나노먼지에 노출되고 있는 것일 수도 있다.

도시에서 자라는 어린이들은 전기차가 다니는 도로와 자전거 도로 옆에서 살 수 있다. 재생가능 에너지로 전력을 공급하는 집에서 살고 오염물질이 거의 없는 공기를 마시며 살 수도 있다. 달성 가능한 꿈이다. 지금 당장 여러분이 사는 도시나 마을, 집 뒷마당에서 이룰 수 있다. 기후변화와 달리 대기오염에서는 '기온 2도 상승 시나리오'도 없고 '우리가 아무리 노력해도 상황은 나빠질 것이다'라는 식의 지식도 존재하지 않는다. 도시의 대기오염은 지역적이고 단기간 지속되고, 원천을 차단할 수 있다. 오염을 막으면 그 대가는 즉각적이며 극적으로 나타난다. 배기가스 없는 저탄소 미래가 10년이나 20년 뒤에 찾아올지 아니면 100년 뒤에 찾아올 것인지는 대중의 압력과 정치적 의지에 달렸다. 우리에게 달린 것이다.

2018년 6월 21일. 그해의 가장 긴 날이었고, 아마도 나 개인적으로도 그해에 가장 긴 날이었다. 나는 새벽 다섯 시가 넘은 시간부터 딸아이들과 일어나 있었다. 아이들도 일찍 뜬 해에 벌써 일어나 있었고, 지금 나는 맨체스터로 가는 긴 기차 여행 중이다. 영국의 두 번째 전국 청정대기의 날이다. 옆에 놓인 에그는 은퇴를 앞두고 마지막으로 임무를 수행하고 있다. 디젤 기차에 타고 있는 현재는 PM2.5 수치가 23μg/m³을 가리키고 있다. 이상적인 상황보다는 높지만 걱정스러울 정도는 아니다. 그래도 버밍엄 뉴스트리트 역에서 열차를 갈아탈 때는 델리에 있을 때처럼 수치가 미친 듯이 세 자리 숫자로 변하기도 한다.

영국 환경장관 마이클 고브는 방금 트위터를 통해 열정적 메시지를 전달했다. 영국이 행복한 청정대기의 날을 보내길 기원하며 모두 우리가 어떻게 차를 타는지 어떻게 집을 난방하는지 어떻게 아이들을 학교에 보내는지 생각해보자고 했다. 주요 도로인 더 마운드가 오늘 행사로 차량 진입이 통제된 상태에서 에딘버러의 사람들은 흥분한 느낌을 소셜미디어로 전한다. 그들은 '도로를 되찾자'라는 팻말을 든 사진을 올리고 정기적으로 자동차 없는 날 행사를 하자고 주장한다. 작년 청정대기의 날에 런던 이즐링턴 자치구에서 사귄 친구들이 제공하는 '자전거 이용자 무료 조식'을 받기 위해 자전거 사용자들이 행복한 표정으로 줄을 섰다. 런던에서 자전거를 탈 때는 대개 남에게 인정받을 일이 없지만, 이번에는 그들에게 감사하는 사람들이 있다. 나는 의료전문가들로 이루어진 사회단체 영국 건강연합의 메시지를 온라인으로 공유한다. 내용은 다음과 같다. '자동차로 움직이는 이동의 25퍼센트를 도보나 자전거로 바꾸면 영국의 의료비 지출 11억 파운드를 아낄 수 있습니다!' 나는 맨체스터에서 청정대기의 날 행사를 경험하고 그레이터 맨체스터의 시장인 앤디 버넘과 인터뷰를 할 예정이다. 아내는 기저귀를 더 많이 사야 한다고 문자를 보내온다. 지금은 11시 10분으로 사실 내 하루는 이제 막 시작된 셈이다. 머리가 아프기 시작한다. 그러나 오늘은 거의 다 완성한 《에어 쇼크》 책을 위한 마지막 여행이고, 나는 이 여행을 최대한 잘 활용할 생각이다.

맨 먼저 청정대기의 날 행사를 위해 폐 검진 텐트를 세워둔 맨체스터 로열 인퍼머리 병원을 찾는다. 정오에 도착한 나는 점심 휴식 시간을 맞아 무료 검진을 받으려고 줄을 선 간호사들 뒤에 선다. 검사 방식은 폐활량 측정이다. 전화기 만한 모니터에 연결된 튜브에 있는 힘껏 숨을 6초간 불어넣는 것이다. 내 앞에 선 간호사는 키와 몸무게가 비슷한 사람들 평균보다 폐가 작지만 크게 걱정할 일은 아닐 거라는 말을 듣는다. 그녀는 걱정스러워하는 것 같다. "제가 그럼 정상이 아니라는 건가요?" 그녀는 묻는다. 검사를 맡은 사람은 그녀는 정상이라며 안심시키고 사람들은 모두 폐 크기가 제각각이라고 말한다. 하지만 어쨌든 그녀의 폐는 평균보다 작다. 점심 휴식 시간이 거의 끝난 간호사는 서둘러 다시 일자리로 돌아간다. 텐트에서 나가던 그녀는 동료들에게 "내가 비정상이래!"라고 웃으며 말한다. 나는 진행을 맡은 사람들에게 비슷한 결과와 이런 식의 반응이 많은지 묻는다. 조금 있다고 그들은 대답한다. 호흡이 곤란할 때가 많다는 한 사내에게는 동네 병원을 방문해보라는 조언을 한다. 내 순서가 되자, 나는 깊이 숨을 들이마시고 내뱉는다. 6초는 긴 시간이고 폐가 견딜 수 있는 시간은 3초밖에 안 되는 것처럼 느껴지지만, 진행자는 계속 숨을 불어넣으라고 말한다. 어지러운 것 같다. 하지만 내 폐의 크기는 괜찮다는 결과가 나오는데, 상위 88퍼센트에 속한다고 한다. 강제호기량(FEV1)과 최대 흡기값(FVC)이 나왔는데 이 두 가지 용어는 6장에서 캘리포니아 어린이들의 폐에 관한 연구를 공부하면서 배운 단어라서 기억하고 있다. 나는 평범한 폐와 비교해 영구적으로 능력이 모자라는 모든 어린이는 그 원인이 단지 도로에서 얼마나 가까운 곳에서 살았는지라고 생각한다. 아까 간호사도 그 어린이들 가운데 한 명이 아니었을까 궁금하다. 폐 검사 결과와 함께 청정대기의 날 팔찌를 공짜 선물로 주는데, 뜬금없이 자동차 방향제가 하나 포함되어 있다. "어쩌면 청정대기의 날과 딱 맞는 생각은 아닐지도 모르겠어요!" 자원봉사자 한 명이 웃으며 말한다. 근처 벤치에 앉아 글을 쓰다가 만삭인 여성과 그녀 남편 옆에 앉았다는 걸 깨닫는다. 아마도 산부인과 병동이 근처에 있는 것 같다. 나는 두 사람에게 첫 아이냐고 묻는다. 그렇다고 한다. 그들에게 행운을 빌어주던 나는 여행을 시작한 곳으로 돌아왔음을 깨닫는다. 4년 전 나는 부모가 되는 여행, 깨끗한 공기를 찾는 여행을 시작했다.

30분 걷기로 마음을 먹는다. 그러면 병원에서 익스체인지 광장까지 갈 수 있을 텐데, 그곳에서 나는 시장을 만나기로 약속했다. 그리로 걸어가려면 옥스퍼드 로드를 지나야 하는데, 그곳은 최근에 주요 도로에 분리된 자전거 차선을 추가하고 낮에는 자가용 출입을 금지한 곳이다. 버스와 자전거밖에 보이지 않는다. 에그의 수치는 1μg/m³를 가리킨다. 헬싱키를 제외하고 주요 도시의 도심에서 한 번도 본 적 없는 수치이다. 걸어가는 동안 열심히 확인한 에그의 수치는 대개 한 자리 숫자를 벗어나지 않는다. 대학교를 홍보하는 광고판에는 '어떻게 세상을 바꿀 것인가?'라는 문구가 기념 깃발처럼 가로등 높이 걸려 있다. 버스가 많이 다니는 상황에서도 자전거 이용자들은 중간에 있는 버스 정류장에서 멈추거나 속도를 늦출 필요가 없다. 자전거 전용도로는 버스 정거장 뒤쪽으로 돌아서 이어지기 때문이다. 버스 운전자들은 도로의 차량에 방해받지 않고 운행할 수 있지만, 속도에서 이득을 보는 건 자전거 이용자들이다. 모두가 혜택을 얻고 있다.

익스체인지 광장에는 또 다른 폐 검진 텐트가 세워져 있고, 다양한 전기차와 자전거를 체험해볼 수 있는 행사가 열리고, 자원봉사자들이 청정대기의 날 관련 전단을 나누어 주고 있다. 그리고 그 한가운데 시장이 TV 기자들에게 둘러싸여 있다. 과거 파리에서 예상치 못한 상황에서 바스티유 광장에 도착하는 안 이달고 시장과 맞닥뜨렸던 기억이 난다. 하지만 이번에는 정식으로 인터뷰를 약속해 둔 상황이다. 앤디는 최근 파리에서 이달고와 회담을 하고 막 돌아온 상황으로, 그곳에서 그는 이곳 도시에서 운행하는 모든 버스를 배기가스 없는 버스로 만들겠다는 약속을 했다. 그는 이달고와 런던의 사디크 칸의 업적에서 영감을 받았다는 사실을 인정한다. 하지만 그는 그 두 도시의 노력을 뛰어넘어 그레이터 맨체스터를(약 270만 명의 거주자와 1300제곱킬로미터의 면적을 가지고 있다) 세계적으로 대기질이 뛰어나고 저탄소 혁신을 선도하는 도시로 만들 수 있기를 희망하고 있다. 그의 야망은 맨체스터를 '영국 나머지 지방보다 10년 앞서 탄소 중립 지역'으로 만들고 싶은 것이라고 그는 내게 말한다. "그 말은 많은 변화가 있어야 한다는 뜻입니다. 교통뿐 아니라 건물과 에너지 사용 면에서도 그렇죠. 우리는 전혀 다른 방식의 계산 방식을 대중에게 제공해야 합니다. 그 방식 속에서 사람들은 건물과 자동차의 구매 비용이 아닌 전체 사용 기간의 비용을 고려해야 하죠. 만일 탄소 제로 주택을 갖게 된다면 구매 가격에 좌절할 수도 있지만, 난방이나 연료비 청구서는 과거보다 훨씬 줄어들 겁니다. 일단 전기차를 사기만 한다면 유지비는 더 저렴해질 거고요. 우리는 모든 신규 주택이 탄소 제로가 되어야 하는 날짜를 정해둘까 생각하는 중입니다. 그게 어떤 의미가 있느냐면, 일단 그런 식으로 시한을 정해두면 시장이 그에 따라 움직이게 됩니다." 나는 그에게 2015년부터 적용된 프랑스 법률에 따르면 신규 상업용 건물은 태양 전지판이나 녹색 옥상을 갖춰야만 한다는 사실을 말해준다. "우리도 사실상 같은 제도를 검토하고 있습니다." 그는 확인해준다. "우리는 탄소 제로로 가야 합니다. 먼저 움직이는 곳에 경제적인 이득이 생길 거로 생각하기 때문입니다. 21세기 경제를 이끌어가는 두 가지 큰 동력이 있습니다. 디지털화와 탈탄소화입니다. 그 두 가지 분야에서 앞서나가는 도시들이 가장 번영할 것입니다."

그의 말 가운데 일부는 물론 노련한 정치인의 세련된 수사학이다. 우리에게 지금 다른 무엇보다 필요한 것은 말이 아니라 행동이다. 그에게 내가 만든 도시의 깨끗한 공기를 위한 청사진(305페이지 참조) 프린트물을 내밀고 변화의 속도에 좌절하고 있다고 말해준다. 이 청사진에는 이미 알고 있고 해야 할 일을 적었을 뿐 대단히 놀랄 내용은 없다고 나는 말한다. 청사진에 있는 내용을 우리가 하지 못하는(**시장**이 하지 못하는) 이유는 무엇일까? "해결책이 여기 있군요." 시장은 청사진을 훑어보며 말한다. "그리 복잡하지는 않습니다. 의지는 있어요. 우리에게 수단을 주면 우리가 해낼 겁니다. 진짜로요. 내일이라도 말이죠. 이건 불평등한 건강, 건강 불공정에 관한 문제입니다. 중요한 문제죠. 커다란 BMW를 타고 가난한 동네 아이들이 있는 곳의 공기를 더럽히는 사람들을 어떻게 그냥 둘 수가 있겠습니까? 그건 안 될 일이죠. 그리고 악덕 버스 사업자가 오래된 디젤 버스를 학교 앞으로 다니도록 하는 것도 안 될 일입니다." 그렇지만 런던의 모든 버스 가운데 37퍼센트가 전기차거나 유로6 기준을 충족하는 데 비해 우리가 이야기를 나누는 2018년 중간쯤 그레이터 맨체스터는 그 비율이 겨우 10퍼센트에 불과하다. 그런 문제는 시장이 당연히 그리고 재빨리 해결해야 하는 문제 아닌가? "문제는 해내느냐의 여부가 아니라 시기입니다. 우리는 아직 빠르게 해결할 수 있는 재정적 체계를 갖추지 못하고 있습니다. 1980년대에 우리는 영국의 버스 사업이 국영에서 민영화되면서 규제를 풀어주면 더 좋은 서비스를 받을 수 있고 가격은 저렴해질 거라는 말을 들었습니다. 하지만 완전히 반대 상황이 벌어졌죠. 어제 제 딸이 버스를 타고 6.4킬로미터를 이동하는 데 4파운드를 썼습니다. 교통을 여전히 시에서 운영하는 런던에서는 요금이 얼마인지 압니까? 1.5파운드예요. 규제가 풀린 버스 사업은 하향식 경쟁을 벌였습니다. 모두가 수익성 좋은 노선에 몰려들어 꽉 막힌 도로에서 대기오염을 만들어낸 겁니다. 게다가 북부 잉글랜드는 철도 사정이 아주 좋지 않아 사람들은 다시 자가용을 사용하기 시작한 겁니다." 하지만 2017년 5월부터 그레이터 맨체스터는 영국 정부로부터 새롭게 교통 분야를 더 엄격하게 관리할 수 있는 기능을 포함한 권한을 넘겨받았다. "우리는 이제 버스 사업을 규제할 힘이 있습니다. 그리고 저는 그들에게 다음 단계에서는 모든 버스가 배기가스 없는 상태가 되어야 한다고 말해두었습니다." 나는 그에게 혹시 밀턴 킨스의 전기 버스는 운행하는 중에 무선으로 충전되기 때문에 버스가 재충전하려고 멈출 필요가 없는 방식으로 3년 동안 운영해 왔다는 걸 아느냐고 묻는다. 그는 놀란 것처럼 보인다. 그는 알지 못하고 있다. 그리고 처음이 아니지만 나는 국제적인 일도 아니고 심지어 같은 나라 안에서도 도시끼리 의사소통이 부족하다는 사실에 의아함을 느낀다.

버넘은 확실하게 좌파 정치인이다. 그는 지난 노동당 정부에서 장관을 지냈고 고향이자 그레이터 맨체스터에 속한 과거 탄광 지역인 리에서 하원의원이었다. 그래서 나는 그에게 뭔가 날 계속 괴롭혀온 의문을 물어본다. 그 질문은 10장에서 데브라 데이비스의 남편인 리처드를 괴롭혔던 것으로, 깨끗한 공기를 위한 행동의 비용 문제였다. 나는 공기를 깨끗하게 만드는 일이 사회에 순이익을 가져온다고 믿고 있지만, 필요한 초기 비용은 어디서 조달할 수 있는가. 또 상대적으로 가난한 사회 구성원들에게 어떻게 그들의 차를 전기차로 바꾸라고 요구하고 집을 개조해서 재생가능 에너지로 난방을 하도록 요구할 것인가. "제가 살던 곳은 예전에 탄광촌이었습니다." 그는 말한다. "하지만 어떤 면에서는 그쪽 사람들이 더 잘 이해하고 있어요. 그런 산업은 호흡기 질병이라는 유산을 남겼기 때문이죠. 그곳 하원의원으로 일하면서 산소통 두 개를 몸에 매달고 다니는 늙은 광부 유권자들을 만나는 건 아주 흔한 경험이었습니다. 그래서 그곳 사람들은 먼지와 오염물질 속에서 숨을 쉬면 사람들 폐가 손상된다는 걸 모두 알고 있습니다. 어쩌면 그곳은 나쁜 공기 그리고 나쁜 공기가 어떤 영향을 끼치는지 잘 기억하고 있는 가장 가난한 동네일 수도 있습니다." 과거에 대한 보상을 위해 그는 전국적인 차량 폐기 계획을 세워 오래되어 오염물질을 많이 내뿜는 차량을 대체할 수 있게 되기를 원한다. 그래서 개인과 사업체가 배기가스가 적은 차량이나 다른 지속 가능한 형태의 운송 수단으로 바꿀 수 있도록 지원하되 수입이 적은 이들에게 더 많은 지원을 할 수 있기를 바란다. 이 '깨끗한 공기 기금'은 정부와 자동차 제조사가 공동으로 자금을 지원할 것이다. 하지만 그의 도시에 사는 사람들에게 가장 중요한 것은 전기차와 저탄소 주택이 '사람들 돈을 절약하도록 해준다는 사실'이라고 그는 말한다. "바로 그때부터 이 계획은 실제로 움직이게 될 겁니다. 녹색 생활이 더 유지비가 적게 든다는 걸 이해하는 순간에 말이죠."

버넘 시장과 이야기를 나눈 뒤 나는 주위에 서 있는 다른 청정대기의 날 행사 부스를 둘러본다. 지난해 청정대기의 날 런던 행사장 이후 전기 자전거를 타본 적이 없지만, 그렇다고 해서 굳이 다시 경험해보고 싶은 생각도 없다. 하지만 맨체스터 바이크 하이어의 대표 파볼이 내게 말을 걸더니 자전거를 타보라며 설득한다. 폐 검진 텐트와 전기차 홍보부스 사이에서 파볼의 작은 회사는 소상공인들이 밴 자동차 대신 그가 운영하는 대여 자전거로 물건을 배달하도록 설득하는 중이다. 그의 회사 배달원들은 전기 보조 화물 자전거를 타고 맨체스터 전체를 누비면서 중요 회사들과 지역 자영업자들에게 물건을 배달한다.

그는 자전거가 다른 대안과 비교해 비용이 저렴하고 더 빠르고(자전거는 밴 자동차가 접근하지 못하는 곳에도 갈 수 있다) 더 깨끗하다고 말한다. 회사가 잘 돌아가긴 하지만 그는 자신이 말하는 내용에 고개를 끄덕이며 동의하다 결정적인 계약 시점이 되면 결국은 디젤 밴을 이용한 배달만 고집하는 큰 회사 사람들과 수없이 만나 회의를 해야만 한다는 상황에 좌절하는 중이라고 한다. 파볼이 보여준 수많은 화물 자전거들은 번쩍거리는 새것이 아니라 험하게 사용한 듯한 중고품들이지만, 그나마 괜찮은 건 매우 실용적으로 보인다는 점이다. 특별히 울퉁불퉁하게 생긴 한 자전거는 앞에 단단한 금속제 상자를 매달아 한 번에 250킬로그램을 실어 옮길 수 있는 능력이 있다. 파볼은 내게 자전거를 타고 혼잡한 광장에서 한 바퀴 돌아보라며 고집을 피운다. 나는 자전거가 뒤집혀 나와 누군지 모를 불행한 구경꾼이 깔리기라도 할까 봐 거절하려 애써 보지만, 그는 쉽게 다룰 수 있으니 꼭 좀 타보라고 말한다. 그래서 타본다. 그리고 그의 말이 옳다. 자전거는 깨끗한 녹색(실제로는 푸른색) 짐 운반용 짐승이다. 평범한 자전거보다 오히려 안전하게 느껴지는데, 마치 해치백 승용차보다 랜드로버를 탈 때 느끼는 더 안전한 기분이 든다. 그리고 과거 그린위치에서 전기 자전거를 탔던 경험처럼 오르막길을 미끄러져 올라가면서는 슈퍼맨이 된 것 같은 느낌이다. 이제 나는 이런 자전거를 하나 사서 아이들을 태우고 학교로 달려가고 싶은 마음이 생긴다.[*]

맨체스터를 방문한 걸 기회로 처음 테슬라 자동차의 내부를 경험해 볼 수 있었다. 여러 해 동안 테슬라에 관해 써왔지만 한 번도 차에 타

---

[*] 힘들이지 않고 가볍게 언덕을 올라가면서 어쩌면 아이들에게는 전기의 도움을 받는다는 얘기는 할 필요 없을 것이다.

볼 기회는 없었다. X와 S 두 가지 모델을 전시하고 있었는데, 내가 상상했던 그대로의 느낌이었다. 트랜스포머처럼 스마트폰에서 자동차가 된 것이다. 멋진 디지털 경험이다. 넓은 창문이 휘어지며 운전석 위를 감싼 모습이 외부를 안으로 끌어오는 듯한 느낌을 준다. 대부분 스포츠카에서 느끼는 고립감은 보이지 않는다. 혹시 점차 필연적으로 다가올 완전 자율 주행의 단계를 대비하기 위한 것은 아닌가 하는 생각이 든다. 그때가 오면 핸들이 필요 없어지고 운전자는 자유롭게 하늘의 구름을 바라볼 수 있을 것이다. 익스체인지 광장에는 BMW i와 닛산의 리프 최신 모델도 전시되어 있지만 테슬라처럼 자세히 살펴보고 싶은 마음이 생기지 않는다. 그냥 자동차처럼 생겼다. 테슬라는 슈퍼스타가 되었고 십대 아이들은 줄을 서서 차에 앉아보고 셀카 사진을 찍는다. 제트 엔진으로의 외도나 직원을 대량으로 해고한 일이 떠올라 일론 머스크의 매력이 조금 빛바래기는 하지만 나는 여전히 테슬라가 전기차를 화려하면서도 꼭 갖고 싶은 제품으로 만들어낸 점에 찬사를 보낸다. 인기 스타처럼 매력적인 면이 무척 마음에 든다. 나도 그렇고 누구든 테슬라를 살 형편이 전혀 되지 않는 사람도 그 매력을 인정한다면 그나마 살 수 있는 전기차를 사게 될 것 같다.* 그리고 그 대상은 어쩌면 닛산의 중고 리프가 될 수도 있다(그리고 나는 시장 자체가 없던 시절부터 그리 매력적이지 않지만 부담스럽지 않은 가격의 전기차를 힘겹게 대량생산해온 닛산에도 마찬가지로 찬사를 보낸다).

맨체스터는 헬싱키를 많이 생각나게 한다. 궤도전차라는 같은 유산이 이제 크게 성과를 내고 있다. 에그의 수치만 봐도 알 수 있다(잠깐

---

* 또는 공유하거나 렌트 또는 리스를 하게 될 것이다.

택시를 타고 에그를 옆자리에 두고 측정했는데, 델리에서 그렇게 해본 뒤로 처음이었다고 기억한다. 수치는 3μg/m³이다.) 물론 지형적인 이점도 있는데 맨체스터는 세계에서 춥고 바람과 비가 많은 지역에 속한다. 하지만 그것만이 공기가 깨끗한 도시 이야기의 전부가 아니다. 절박함과 열망이 중요하다. 헬싱키처럼 맨체스터도 시민들이 자전거를 이용하게 만들려고 계획하고 있다. 올림픽 사이클 메달리스트이자 그레이터 맨체스터의 자전거 이용 및 걷기 위원회 위원장 크리스 보드먼은 도시 전체에 1600킬로미터에 달하는 자전거 및 도보용 길을 만들자는 제안을 했다. 그 안에는 120킬로미터의 네덜란드식 자전거 전용도로와 1400개의 안전 건널목 그리고 과거 콘크리트 황무지였던 곳을 앉아 즐길 수 있도록 꾸민 녹색 공용 공간도 포함되어 있다.

하지만 내게 가장 큰 인상을 남긴 도시는 언제나 베이징이 될 것이다. 국제적인 용어로 말하자면 대기오염으로 버림 받은 천민이라 할 수 있다. 세계에서 가장 대기오염이 심한 곳. 오염 비용에는 신경도 쓰지 않은 채 산업이라는 기반에서 부를 쌓아가는 초강대국의 수도. 그러던 그들이 브레이크를 밟고 가만히 멈춰서 '다른 식으로도 할 수 있어'라고 말했다. 2013년 에어포칼립스의 현장이었던 베이징이 공기를 깨끗하게 만들 수 있다면 그렇게 하지 못할 도시는 없다. 더는 핑계를 댈 수 없다. 그 어떤 도시도 그들의 대기오염은 다르고 피할 수 없다면서 핑계를 댈 수는 없다. 대기오염의 역사는 계속 반복하며 순환하고 있다. 다행스럽게도 그 역사 속에는 어떻게 개선할 수 있는지 반복적인 교훈도 함께 들어 있다.

앤디 버넘은 내게 말했다. "맨체스터는 2백 년 전에 산업혁명을 이끌었고 그 결과 사람들에게서 깨끗한 공기를 빼앗았습니다. 이제 우

에어 쇼크

리가 깨끗한 공기를 되찾는 일에도 앞장서야 합니다. 사람들에게 그런 식으로 접근해야 합니다. 우리는 모든 걸 깨끗하게 청소하는 동시에 미래의 번영을 만들어나갈 수 있습니다."

나는 그날 저녁 미래에 대한 희망을 품고 맨체스터를 떠난다. 자동차 방향제와 기저귀 한 박스를 들고 원고 마감에 대한 부담감을 안은 채 사람 가득한 디젤 통근 열차를 타고. 조바심이 나지만 희망을 품고 있다.

- 최대한 빨리 도심에서 모든 휘발유와 디젤 차량의 운행을 금지할 것. 그렇게 하는 방법으로는 파리의 환경등급 제도를 따라 하면 된다. 이에 대한 그리고 이하 다른 제도의 비용은 가장 큰 대기오염원을 찾아 돈을 내게 하면 된다.

- 디젤 버스를 모두 전기 버스로 바꿀 것.

- 도보와 자전거 기반 시설에 투자하라. 특히 인도, 안전한 자전거 도로(물리적으로 자동차 도로와 분리된) 그리고 자전거 주차장이 중요하다.

- 낮에 주요 쇼핑가는 걸어 다니는 환경으로 만들 것. 연구해 보면 걸어 다니는 사람이 늘면 지역 경제에 도움이 된다.

- 도시를 녹색으로 만들 것. 나무를 심고 공원을 보호하고 건물에는 녹색 옥상을 만들도록 요구할 것.

- 혼잡한 도로와 학교, 병원에는 녹색 벽을 설치할 것.

- 재생가능 에너지 적용의 목표를 정할 것. 2030년까지 재생가능 에너지 적용을 100퍼센트까지 끌어올린다는 목표를 정하고 달성을 위해 5년마다 단계별 계획을 수립할 것. 새로 짓는 건물은 태양 전지판처럼 자체 재생가능 에너지 생산을 할 수 있도록 할 것.

- 전기차 충전소 수를 획기적으로 늘릴 것. 모든 주택가 가로등처럼 기존의 기반 시설을 개조해 사용하는 방법도 고려할 것.

- 전기차에 대한 주차비를 단기간 내에는 무료로 운영할 것.

- 주택 밀집 구역에서 나무나 석탄을 사용하는 고체연료 난로를 금지할 것(달리 감당할 수 있는 난방 대책이 없는 경우에는 그 문제부터 해결할 것).

- 철도 당국과 정부가 협업해 철도를 전기화하고 디젤 열차를

없애는 계획을 세울 것.

● 항구 도시 : 모든 항구는 '콜드 아이어닝' 장치를 갖춰야 한다. 선박이 항구에 들어오면 육상의 전력망에 연결해 엔진을 사용하지 않도록 하는 것이다.

● 아무리 대기오염방지법이 훌륭하다고 해도 집행이 중요하다. 집행기관에 적절한 예산을 지원할 것.

● '환경 정의' 계획을 실행해 최악의 대기오염으로 괴로워하는 사람들을 찾아낼 것. 그리고 위에서 지적한 모든 투자를 그들을 위해 먼저 사용할 것.

- 도시를 위한 청사진을 읽고 주변 지방자치 정치인들에게 로비를 시작할 것. 정치인들은 그런 관점에서 어떻게 행동하고 있는가? 만일 그들이 아무것도 실행하지 않고 있다면 왜 그런가? 만일 그들이 예산이 충분하지 않다고 말한다면 오염원을 찾아 벌금을 매기고 있는지, 그 돈을 어떻게 쓰고 있는지 물을 것.

- 주변에 있는 정부의 대기질 관측소를 확인할 것. 실시간 대기질 수치를 알려주는 앱을 깔 것. 개인적으로 휴대용 대기오염 측정기 구매를 고려할 것. 어떤 식으로든 살고 일하는 주변 지역의 대기오염 상황을 공부할 것.

- 뭔가를 태우기 전에(자동차 속 연료이든 모닥불 속 석탄이든) 꼭 필요한 행동인지 또는 혹시 가스를 배출하지 않는 다른 대안이 있는지 고민할 것.

- 짧은 거리를 이동할 때 차를 이용하는 대신 걷거나 자전거를 타거나 대중교통을 이용할 것(만일 몸이 부실하거나 나처럼 게으르다면 전기 자전거나 스쿠터를 고려해볼 것).

- 도시에 산다면 전기차 공유 서비스에 가입하라. 서비스가 없다면 회사에 연락해 당신이 사는 곳에서 서비스를 해달라고 요청하라.

- 자동차를 사야 한다면 시장에 나온 전기차(특히 중고 전기차나 하이브리드 모델을 고려할 것)와 정부의 보조금이 가능한지 확인하라.

- 집에서 사용하는 에너지를 100퍼센트 재생가능 전력으로 바꿀 것.

- 태양 전지판이나 지열 또는 공기열 난방 등 직접 생산해 사용하는 재생가능 에너지를 고려해볼 것.

- 주택 밀집 구역에 살고 있다면 절대로 나무를 태우는 난로를 설치하지 말 것. 판매용 자료에서 아무리 '자연 친화적'이라고 주장해도 소용없다. 숲속 오두막에 살고 있다면 나무를 태워도 된다.
- 동네 학교와 유치원에 녹색 벽을 설치하고 '도보 통학버스'을 도입하자고 건의하라(245페이지 참조).
- 혼잡한 도로 근처에 살거나 디젤 기차가 다니는 철도 또는 디젤 발전기 주변에 살고 있다면 녹색 벽이나 녹색 옥상을 설치하라. 인터넷에 만드는 요령이 여러 가지 올라와 있지만, 쥐똥나무나 침엽수 울타리로 충분하다.
- 겁먹지 말 것! 대기오염이 끔찍한 도시에 살아도 개인적인 노출은 줄일 수 있다. 큰 도로 주변으로 다니지 말고 골목으로 걸어 다니거나 자전거를 타고 다니자. 큰길을 따라 걸어야 한다면 연석에서 멀리 떨어져 건물 쪽으로 붙어서 걸으면 나노먼지에 대한 노출을 줄일 수 있다.
- 마스크, 에어필터, 유모차 필터는 솔직히 개인적인 결정이다. 도움이 될 수 있다. 아무 도움이 안 되어도 사람들이 대기오염에 대해 인식하고 그 문제를 논의하도록 만들 수 있다. 그러나 온종일 필터가 달린 공간 속에서 사는 게 아니라면 어차피 대기오염에 노출될 수밖에 없다. 그러니 우선 위에서 제안한 것들을 해야 한다. 하지만 어떻게든 스스로 보호할 수 있는 모든 대책을 실행하라.

참고문헌

프롤로그

1 Wright. J. P., et al. 2008. 'Association of Prenatal and
Childhood Blood Lead Concentrations with Criminal
Arrests in Early Adulthood', PLoS Medicine.
2 'Our Lives with Lead', In Their Element , BBC Radio 4,
January 2018.

1장 : 가장 끔찍한 스모그는?

1 Berridge, V. and Taylor, S. 2005. The Big Smoke: Fifty Years
after the 1952 London Smog, Centre for History in Public
Health, London School of Hygiene & Tropical Medicine.
2 Wallis, H.F., The New Battle of Britain , Charles Knight & Co,
1972.
3 'Report of the Special Rapporteur on the implications for
human rights of the environmentally sound management and
disposal of hazardous substances and wastes on his mission to
the United Kingdom of Great Britain and Northern Ireland',
UN Human Rights Council, September 2017.
4 'The NDTV Dialogues: Tackling India's Killer Air', NDTV
(New Delhi Television Ltd), 19 November 2017.
5 'Heart attacks, respiratory diseases, cancer, NCDs cause of six
out of 10 deaths in India', Hindustan Times , 14 November 2017.
6 'Pollution stops play at Delhi Test match as bowlers struggle
to breathe', Guardian , 3 December 2017.
7 Davis, D. 2002. When Smoke Ran Like Water , Basic Books.
8 L' Enqu e te Globale Transport, Observatoire de la mobilit é en
Î le-de-France (OMNIL), 2013.

2장 : 가스에 둘러싸인 삶

1 Baumbach, G., et al. 1995. 'Air pollution in a large tropical
city with a high traffic density – results of measurements in
Lagos, Nigeria', Science of the Total Environment 169.
2 Lewis, A. 'Air Quality and Health', University of York
lecture [slides as seen in 2017].
3 Fioletov, V. E., et al. 2016. 'A global catalogue of large sulphur
dioxide sources and emissions derived from the Ozone
Monitoring Instrument', Atmospheric Chemistry and Physics .
4 Sahay, S. and Ghosh, G. 2013. 'Monitoring variation in
greenhouse gases concentration in Urban Environment of
Delhi', Environmental Monitoring and Assessment .
5 Sindhwani, R. and Goyal, P. 2014. 'Assessment of trafficgenerated
gaseous and particulate matter미세먼지/부유성 고형물 emissions and
trends over Delhi (2000 – 2010)', Atmospheric Pollution Research .
6 Landrigan, P. J., et al. 2018. 'The Lancet Commission on
pollution and health', The Lancet .
7 Davies, S. 2018. Chief Medical Officer annual report 2017: health
impacts of all pollution – what do we know? , Department of
Health and Social Care.

3장 : 미세먼지

1 Wang, Z., et al. 2013. 'Radiative forcing and climate
response due to the presence of black carbon in cloud
droplets', Journal of Geophysical Research: Atmospheres .
2 Davis, D. 2002. When Smoke Ran Like Water , Basic Books.

4장 : 불이 없으면 연기도 없다

1 Lewis, M. E., et al. 1995. 'Comparative study of the

prevalence of maxillary sinusitis부비강염 in later Medieval urban and
rural populations in Northern England', American Journal of
Physical Anthropology .
2 Seinfeld, J. H. and Pandis, S. N. 2006. 'Atmospheric
Chemistry and Physics: From Air Pollution to Climate
Change', Wiley.

5장 : 디젤을 향한 질주

1 Vidal, J. 'All choked up: did Britain's dirty air make me
dangerously ill?', Guardian , 20 June 2015.
2 'Fine Particles and Health', POST Technical Report, June
1996.
3 Laxen, K. 'Will backup generators be the next "Dieselgate"
for the UK?', environmental SCIENTIST , April 2017
4 Kumar, et al. 2011. 'Preliminary estimates of nanoparticle
number emissions from road vehicles in megacity Delhi and
associated health impacts', Environ Sci Technol .
5 Li, N., et al. 2016. 'A work group report on ultrafine
particles (American Academy of Allergy, Asthma &
Immunology): Why ambient ultrafine and engineered
nanoparticles should receive special attention for possible
adverse health outcomes in human subjects', Journal of Allergy
and Clinical Immunology .

6장 : 숨을 쉬기 위한 투쟁

1 Gauderman, W. J., et al. 2015. 'Association of Improved Air
Quality with Lung Development in Children', New England
Journal of Medicine .
2 Findlay, F., et al. 2017. 'Carbon Nanoparticles Inhibit the
Antimicrobial Activities of the Human Cathelicidin LL-37
through Structural Alteration', Journal of Immunology .

7장 : 최고의 스모그 해결책?

1 Nguyen, N. P. and Marshall, J. D. 2018. 'Impact,
efficiency, inequality, and injustice of urban air pollution:
variability by emission location', Environmental Research
Letters .

9장 : 로드 레이지

1 Tainio, M., et al. 2016. 'Can air pollution negate the health
bene fits of cycling and walking?', Preventive Medicine .

10장 : 맑은 공기의 대가는?

1 Trasande, L., et al. 2016. 'particulate matter 미세먼지/부유성 고형물 Exposure and
Preterm Birth: Estimates of U.S. Attributable Burden and
Economic Costs', Environmental Health Perspectives .
2 Chang, T., et al. 2016. 'The effect of Pollution on Worker
Productivity: Evidence from Call Center Workers in
China', National Bureau of Economic Research .
3 Zivin, J. G. and Neidell, M. 2012. 'The Impact of Pollution
on Worker Productivity', American Economic Review .
4 Singh. S. 'Metro Matters: Delhi can't grudge what it takes to
breathe easy', Hindustan Times , 23 October 2017
5 Jacobson, M. Z., et al. 2015. 'Low-cost solution to the grid
reliability problem with 100% penetration of intermittent
wind, water, and solar for all purposes', PNAS .
6 Jacobson, M. Z., et al. 2017. '100% Clean and Renewable
Wind, Water, and Sunlight All-Sector Energy Roadmaps for
139 Countries of the World', Joule .
7 'Our Lives with Lead', In Their Element , BBC Radio 4,
January 2018.

감사의 말

가장 먼저 언제나 아내 퍼트리샤 브레케에게 감사한다. 아내의 지지와 지혜, 인내심 그리고 기초 과학 지도가 없었다면 이 책을 쓸 수 없었을 것이다. 온 마음을 다해 아내에게 감사한다.

에이전트인 로저스 콜리지 앤드 화이트의 제니 휴슨은 이 책의 제안서를 제대로 만들 수 있도록 자신감을 불어넣어 주었고 채찍질도 해주었다. 고맙게 생각한다. 이 책이 아이디어에서 실제 책이 될 수 있도록 시간과 조언을 아끼지 않은 훌륭한 과학 저자 알라나 콜렌, 클라이언트 어스의 팀 레이드 그리고 캐리 플릿에게 감사한다.

처음으로 써보는 책을 신중하고 통찰력 있게 편집해준 블룸스버리의 짐 마틴과 애나 맥더미드에게도 무척 감사한다.

글을 쓰고 자료를 조사하면서 만났던 감사해야 할 분들이 너무 많아 일일이 적을 수가 없다. 혹시 이 책에 인용된 분들은 이것으로 대신 제 감사의 인사를 받아주시길 바란다(솔직히 독자들은 여기보다는 본

문 속에서 여러분의 이름을 볼 것이다!) 하지만 몇몇 특별히 언급해야 할 분들이 있다. 처남인 이완 존스는 내게 편지와 링크 자료, 급하게 찍은 자료 포스터의 사진, 완벽하고 인내심 넘치는(그리고 자세하기까지!) 수학 계산과 공학 설명을 보내주었다. 알파센스의 존 사뗄은 내가 "하려는 일"을 찾아내 소중한 초기 방향 설정을 해주었다. 이웃이나 마찬가지인 닐 월리스는 아버지의 훌륭한 책《영국의 새로운 전투》에 뒤지지 않는 매우 유용한 글을 써주었다. 운송 전문가인 루카스 네커먼이 내게 전기차와 자율주행기능을 이용해 여행하는 취미를 만들어준 데 감사한다. 그리고 수잰 윌리엄스에게 내용을 글로 옮겨준 일과 (마찬가지로 유용했던) 유머 감각에도 감사한다.

여행 중 날 맞아준 분들께도 감사드린다. 델리의 반다나와 그녀의 아버지인 비노드는 머무는 동안 따뜻하게 환대해주고 관대하게 도움을 주었다. 베이징에서는 매니 메넨데스가 시간을 내주고 안내를 해주고 더할 나위 없이 재미난 일행이 되어주었다. 어떻게 감사를 해야 할지 모르겠다. 파리에서는 좋은 친구로 날 재워주고 친밀하게 대해준 애너벨과 고양이에게 감사한다.

원고 마감일이 괴로울 정도로 다가오는 사이 도움을 주고 지지해준 해나 가트렐에게 감사한다. 그리고 물론 지난 2년 동안 이 주제로 나와 이야기를 나눠준, 그리고 이제 책이 나왔으니 한참 더 그래야 할 모든 친구와 가족에게 감사한다.

마지막으로 이미 이 책을 내 아이들과 조카들에게 바쳤지만(그건 분명하다. 아이들이 미래 그 자체이기 때문이다), 2018년 내가 이 책을 쓰고 있을 때 젊은 나이에 세상을 떠난 두 친구에게도 이 책을 바치고 싶다. 리처드 실버와 벤 콜렌. 그들은 내게 계속해서 영감을 주고 있다.

에어 쇼크

초판 1쇄 인쇄 2020년 5월 13일
초판 1쇄 발행 2020년 5월 18일

지은이 팀 스메들리
옮긴이 남명성
펴낸이 정용수

사업총괄 장충상 본부장 홍서진
편집장 박유진 편집 김민기 정보영 책임편집 박유진
디자인 김지혜 영업·마케팅 윤석오
제작 김동명 관리 윤지연

펴낸곳 ㈜예문아카이브
출판등록 2016년 8월 8일 제2016-000240호
주소 서울시 마포구 동교로18길 10 2층(서교동 465-4)
문의전화 02-2038-3372 주문전화 031-955-0550 팩스 031-955-0660
이메일 archive.rights@gmail.com 홈페이지 ymarchive.com
블로그 blog.naver.com/yeamoonsa3 인스타그램 yeamoon.arv

한국어판 출판권 ⓒ ㈜예문아카이브, 2020
ISBN 979-11-6386-045-7 03300

*책값은 뒤표지에 있습니다. 잘못 만들어진 책은 구입하신 곳에서 바꿔드립니다.